卫生监督法律实务

主　编　杨淑娟　沈秀芹

浙江工商大学出版社
ZHEJIANG GONGSHANG UNIVERSITY PRESS

图书在版编目(CIP)数据

卫生监督法律实务 / 杨淑娟,沈秀芹主编. —杭州:浙江工商大学出版社, 2016.10

(卫生法学系列丛书)

ISBN 978-7-5178-1375-0

Ⅰ. ①卫… Ⅱ. ①杨… Ⅲ. ①医药卫生管理—法规—基本知识—中国 Ⅳ. ①D922.16

中国版本图书馆 CIP 数据核字(2015)第 268246 号

卫生监督法律实务

杨淑娟　沈秀芹 主编

责任编辑　沈　丹　胡亚娟
封面设计　林朦朦
责任印制　包建辉
出版发行　浙江工商大学出版社
(杭州市教工路 198 号　邮政编码 310012)
(E-mail:zjgsupress@163.com)
(网址:http://www.zjgsupress.com)
电话:0571-88904980,88831806(传真)
排　　版　杭州朝曦图文设计有限公司
印　　刷　浙江云广印业股份有限公司
开　　本　710mm×1000mm　1/16
印　　张　31.75
字　　数　580 千
版 印 次　2016 年 10 月第 1 版　2016 年 10 月第 1 次印刷
书　　号　ISBN 978-7-5178-1375-0
定　　价　69.00 元

“卫生法学系列丛书”总主编

吴崇其

“卫生法学系列丛书”副总主编

徐勤耕	张以善	刘　群	王　毅	蒲　川
张　静	张际文	田　侃	石俊华	罗　刚
王　萍	赵　敏	李冀宁	邓　虹	郑雪倩
陈志华	王梅红	仇永贵	石　悦	杨淑娟
丁朝刚	冯正骏	戴金增	解　放	胡晓翔
崔高明	古津贤	王国平		

“卫生法学系列丛书”工作指导委员会

“卫生法学系列丛书”编纂委员会

本书作者

主　编： 杨淑娟　沈秀芹

副主编： 闫　闯　王　萍　马国强

编　委：（以姓氏笔画为序）

于　娟（吉林大学）　万兵华（吉林大学）

马国强（吉林大学）　王　萍（哈尔滨医科大学）

王琳璐（吉林大学）　王弘宁（吉林大学）

石　悦（大连医科大学）　史　蕾（大连医科大学）

曲艳芳（大连市职业病监督所）　刘玉璐（长春市儿童医院）

李　涛（吉林省卫生监督所）　杨淑娟（吉林大学）

辛佳锶（滨州医学院）　沃红梅（南京医科大学）

沈秀芹（山东大学）　张义全（吉林省卫计委）

张旭红（吉林省卫生监督所）　张馨予（重庆医科大学）

陈　颖（昆明医科大学）　罗　秀（川北医学院）

郑成彬（大连市职业病监督所）　赵　梁（吉林省出入境检验检疫局）

赵凌云（吉林大学）　赵纪星（吉林大学）

骆　凝（吉林省医疗急救指挥中心）

贾湝媛（吉林大学）　顾加栋（南京医科大学）

蒲　川（重庆医科大学）　窦志勇（辽宁省卫生监督局）

赫名飞（吉林大学）

前　言

教育部《关于全面提高高等教育质量的若干意见》(教高〔2012〕4 号)进一步要求深化教学改革,不断完善高素质应用型人才培养体系,加快创新教育教学改革,提升学生创新实践能力;要求根据专业特色和人才培养要求,分类制定实践教学标准,增加实践教学比重,确保各类专业实践教学质量。可见,创新教育和实践能力的培养已经成为应用型高校教学改革的目标,建立适合人才培养目标的课程体系和编写支持该体系的教材是实践教学改革不可缺少的内容,创新教育的人才培养需要高质量、实践性、创新性的教材。以往编写或翻译的卫生监督方面的书籍多是重在理论,而各级专业人员都迫切需要实践方法方面的系统论著。《卫生监督法律实务》力求梳理最新的卫生监督执法法律法规与卫生监督理论,在总结近年来卫生监督工作实践经验的基础上,形成一部理论指导下的、实践应用性较强的实践教学教材,其内容以实用的卫生监督工作方法为主,同时也对卫生监督的概念及其基本理论进行了概括介绍。

本书从编写人员组成、编写体例到实务性、创新性都较现有国内同类相关教材具有新颖性和指导性。本教材编写成员既有高校从事卫生监督理论教学研究的专家教师,又有多年从事卫生监督执法实践、具有实践经验的卫生监督行政管理人员、卫生监督执法人员,故本教材具有非常强的针对性和实用性,体现了理论与实践的结合。本教材既在各章节的编写中穿插案例分析,又有专篇进行典型案例评析,体现了较强的实务性。本书内容针对最新法律和政策进行解读,如《食品安全法》《职业病防治法》《环境保护法》及众多新实施的条例、办法和细则。同时本教材对国家卫生行政部门与计划生育行政部门合并后的相关政策、名称的运用进行了阐释。此外,本教材中监督法律实务中的文书、程序的编写均采用卫生行政部门最新规定的文本,具有一定的前沿性和创新性。

目　录

第一编　卫生监督法律实务概论

第二编 卫生监督法律实务分论

第三编　卫生监督法律实务典型案例解析

第一编

卫生监督法律实务概论

第一章　卫生监督基本理论

教学目的

1. 掌握卫生监督的概念、原则。
2. 熟悉卫生监督的效力。
3. 了解卫生监督的分类。

第一节　卫生监督概述

卫生监督是政府卫生行政部门依据公共卫生法律法规的授权，对公民、法人和其他组织贯彻执行卫生法律法规的情况进行督促检查，对违反卫生法律法规、危害人体健康的行为追究法律责任的一种卫生行政执法行为。卫生监督行为存在于我们生活中的方方面面，它不仅关乎我们每个人的个人利益，更深切地影响着我国在卫生领域贯彻依法治国的基本方略。因为卫生监督行为对公民的重要性不言而喻，而马克思主义认为实践是检验真理的唯一标准，所以卫生监督的理论必须同其实践相结合，才能发挥出其应有的功效。本书便侧重于卫生监督法律实务的介绍。

一、卫生监督的概念

卫生监督是指国家的卫生行政机关或法定机构依据法律、法规授权在其管辖范围内，按法定程序对有关生产经营企业、事业单位和个体经营者执行卫生法律、法规、标准，进行检查、监测、监督和处罚的具体行政行为，对违反卫生法律、法规及危害人体健康的行为追究法律责任的卫生行政执法行为的总称。

卫生监督学的研究包括基本理论和实务理论研究。实务是指实际的事务，它与理论相对，前者指研究实际操作中的问题，后者则研究原理性问题。所以，卫生监督实务即是在实施卫生监督过程中遵循的操作标准、操作方法、操作程序等。实施卫生监督过程中对其相对人的权利和义务产生直接的影响，即体现在卫生监督、管理和社会生活中推行国家卫生政策，实施卫生法律、法规，从而维护公民权益，提高国民健康水平。

在我国现阶段，卫生监督的主体必须是卫生行政部门或由卫生法律、法规授权或合法委托的卫生监督机构，其他国家机关、企事业单位、社会组织非经法定授权，没有监督权。卫生监督的对象包括公民、法人和其他组织在内的卫生监督相对人。卫生监督的依据包括卫生法律、法规、规章和其他规范性文件。卫生监督的内容是监督相对人是否贯彻执行公共卫生法律、法规和制度。

二、卫生监督的功能

卫生监督作为国家一项重要的法律制度和行政管理活动，有着特定的社会功能，能对社会及其成员产生特定的影响。卫生监督的功能是在卫生监督的运行和发展过程中逐渐形成、发展、完善起来的，是一种内在的、多方位多角度的效能统一体，是其本质属性的外在表现力和其存在的社会意义。卫生监督的整体功能是由具体的功能相聚而成的，不能割裂卫生监督功能的整体性，单纯片面地仅注重其某一方面的具体功能。

卫生监督的功能就是卫生监督所具有的效能，体现在监督实务中主要包括以下几个方面：

（一）制约功能

制约既是一种自然现象，也是一种社会现象。这种客观存在的相互制约作用，保持了自然界和人类社会的平衡发展。就卫生监督制度而言，就是卫生行政机关的卫生监督行为对相对人有关权利的限制和具体行为上的牵制。例如，在生产经营的各个环节，从卫生监督的角度进行各方面的检查、核准和限制，以保证能够准确迅速地做出反应，纠正其中可能出现的偏差，从而实现社会生活各方面的协调运作。这种作用体现了政府的公共职能。

（二）规范功能

法律具有规范作用，即有规范人们行为的导向作用。卫生监督作为抽象卫生法律的具体表现从直观的层面上显示了法律的规范作用，通过对守法者行为的认可和对违法者行为的惩罚，指出什么样的行为是合法的，什么样的行为是违法的，或者是必须被禁止的。基于卫生法律规范可分为授权性规范与义务性规范两种，所以卫生监督的规范功能也包括确定性规范和选择性规范两种。确定性规范是卫生监督机关通过强制相对人的具体行为而体现出来的命令性和禁止性要求；选择性规范则是通过卫生监督保障法授予人们的选择权，通过对具体卫生违法案件的处理，来影响周围人的行为选择。

（三）预防功能

在卫生监督的对象所从事的有关社会卫生事务和行为，或涉及卫生方面内容的各种活动中，卫生监督始终渗透于其中的每个环节和各个方面。它是我国以预防为主的卫生工作方针的具体化，是强制和规范社会卫生事务或行为的一种制度。如对公共场所新建工程项目要进行卫生审查，从规划、选址、设计、施工及竣工验收几个环节依次审查把关；发现有不符合卫生标准和要求时，及时提出改进意见，采取积极有效的措施，使其符合卫生标准和要求，把有害健康的因素消除在建成投放使用之前，做到防患于未然。公共场所正常运营后，不放任自流，还要对其进行经常性的检查，强制规范其经营行为，并及时发现和制止危害公众健康的各类隐患因素的发生。它在对社会卫生事务或行为进行法制管理的过程中，必须渗入每项具体事务或行为之中，在参与中实施监督。所以卫生监督不是消极被动地监督，不是孤立单纯地针对一个或某些阶段的监督，而是积极主动参与监督对象的整个运作过程，提前发现和排除可能发生危害健康的各种问题和潜在因素。

（四）促进功能

卫生监督的目的不只是发现问题，查出卫生违法行为，而是要通过对问题或违法行为的分析，找出和发现卫生工作中的薄弱环节和产生问题的根源，并进行研究和梳理，形成强大的信息源，为卫生监督工作提供改进的依据。还可以总结经验教训，针对问题提出弥补措施和解决方法，不断改善和调整涉及卫生活动的各方面、各环节、各要素之间的矛盾，从而促进社会在卫生活动的各个方面与社会整个运行过程及各环节和各要素协调一致，和谐同步发展。同时，还要对卫生监督过程中发现、反馈的问题和工作中的薄弱环节进行深入分析、研究和梳理，从而形成强大的信息源，为卫生监督的决策者和执行者提供改进工作的科学依据，进而在管理、制度和立法上最终完善社会保护人类健康的运行机制。总之，卫生监督在很大程度上能促进社会系统的各方面、各环节和各领域，特别是涉及卫生活动的各方面不断地得到完善，从而有效地保护人民的健康和社会运行的良性循环，促使生产力水平的不断提高。

三、卫生监督的作用

卫生监督的作用是与其功能密不可分的，卫生监督作为我国法制建设的重要组成部分，是国家依法管理社会卫生公共事务的重要职能和手段，发挥着其他任何职能无可替代的重要作用。

（一）保护公民健康

卫生监督为保障公民的健康和提高公众的健康水平发挥着重要作用。卫生监督是卫生法实施并得以实现的基本保证。国家各项卫生法律规范的基本宗旨集中到一点就是要保障公民健康，为公民生活、劳动、学习创造良好的卫生环境，提高公民的健康水平。卫生法的这些目标，需要通过卫生监督的运行得以实施。

卫生监督,使良好的卫生环境得以保证,危害的因素得以控制,公民的健康得以保护;使公民生活在安全、卫生的环境中;使病患获得科学、有效的救治,不断提高健康水平。

（二）建立良好的卫生秩序

卫生监督是实施国家卫生职能和打击卫生违法活动的重要手段。卫生监督作为法律手段之一,是政府法制工作中不可分割的组成部分。各级卫生行政部门贯彻执行卫生法律、法规的过程本身,就是一种国家意志的体现,是国家职能的行使,且以国家强制力作为保证,依法规范社会成员与卫生相关的各项活动,使各种卫生相关活动在卫生法规定的范围内严格按照卫生标准和卫生要求开展,依法制止各种有碍健康的活动,调整与卫生相关的社会关系,打击以破坏卫生环境、损坏公民健康为代价的不正当竞争,使公民在一个良好的卫生秩序中生活、劳动、学习。

（三）维护卫生合法权益

实施卫生监督是保护国家、团体、公民个人有关卫生方面合法权益的重要措施,通过其监督检查、卫生许可、应急事件处理、行政强制、卫生处罚等手段,维护国家和社会公共卫生利益,保护公民、法人和其他组织的合法卫生权益。如随着经济的发展,职业卫生问题日益受到关注。卫生监督通过其积极主动的监督活动,控制和改善公众生活、劳动的卫生状况,提高卫生环境质量,防止各种有害因素对健康的危害,进而提高人民群众的健康素质,保护社会生产力,使卫生法赋予人们的合法卫生权益得以实现。卫生监督还可以通过实施行政指导、行政处理、行政调解、行政复议等职能,使公民合法权益受到的损害得以救济和补偿。

（四）制裁卫生违法行为

卫生监督作为一项国家行政执法活动,体现了国家维护社会卫生秩序的意志,并以国家强制力作为保证。卫生监督以国家名义依法对各种违反卫生法律、法规、规章的行为给予行政处罚,施以行政强制,充分显示卫生监督的国家意志性和强制性,显示出卫生监督打击一切卫生违法行为、保护公众合法卫生权益的重要职能,有效地保障国家各项卫生法律规范、卫生措施、卫生制度的实施。

（五）进行卫生指导和教育

卫生监督通过其各项职能的实施,使卫生法律、法规对社会成员的引导、预测、评价、教育作用在公众的现实生活中直接、形象、具体地显示出来,发挥无可替代的作用;使公众直观认识到卫生法律规范要求什么、鼓励什么、禁止什么、反对什么,违反卫生法律规范的后果是什么,起到教育和指导公众卫生行为的作用,从而使公众的卫生意识和卫生法制意识不断提高,进而提升公众的卫生法律素质,培养良好的卫生习惯,树立卫生法制观念,自觉依法办事,自觉遵守卫生法律规范，履行卫生法律义务；使卫生法律规范的各项要求，成为公民的自觉行动，促进全社会卫生水平的提高。

（六）促进卫生法制发展

卫生监督通过实施各项职能，可以在监督过程中发现各种各样的卫生问题，为国家卫生立法和制定卫生政策反馈有价值、有意义的信息，促进国家卫生法律制度的不断完善，改革各种不合理的卫生制度，提高卫生立法水平，促进卫生法制建设的发展。同时卫生监督职能的运行，也伴随着卫生法制的发展和社会经济的发展，并能在实施的过程中进一步得到提高和完善。

卫生监督活动的开展，在促进法制社会建设、增强人的法制意识、提高各级卫生行政部门工作人员和广大人民群众的法制观念、增强依法办事的自觉性、认真履行卫生法规所规定的义务等方面，起着不可替代的作用。

（七）启动和促进卫生工作

卫生监督各项职能的运行，可以启动有关卫生工作的开展，发挥卫生工作在保障公民健康中的整体作用。如在职业卫生监督、传染病监督、食品卫生监督中发现疾病问题，就可以启动疾病控制工作运行，将执法工作转向疾病控制。卫生监督作为一项卫生行政执法工作，通过其主动的监督活动、信息的反馈，可以为国家卫生工作提供更多的工作效果信息、卫生社会问题等资料，促进国家卫生制度的进一步完善，促进卫生工作水平的进一步提高。

第二节　卫生监督分类

卫生监督可以从不同的角度进行分类。卫生监督的分类原则是卫生监督理论在监督实务中的不同表现形式。按照卫生监督的过程，可以将其分为预防性卫生监督和经常性卫生监督；依照专业来划分，则可以把卫生监督分为疾病控制与公共卫生监督（包括公共场所卫生监督、劳动卫生监督、放射卫生监督、化妆品卫生监督、传染病卫生监督、学校卫生监督、国境卫生监督等）、医政监督、药政监督和其他有关卫生监督等；根据监督行为的性质，可以将卫生监督分为羁束卫生监督行为与自由裁量卫生监督行为、依职权卫生监督行为与依申请卫生监督行为、要式卫生监督行为与非要式卫生监督行为。

一、预防性卫生监督与经常性卫生监督

按照卫生监督的过程可以将其分为预防性卫生监督和经常性卫生监督。

（一）预防性卫生监督

预防性卫生监督（preventive health supervision）是指卫生监督机关依据公

共卫生法规对城乡规划和基本建设项目(新建、扩建、改建、续建等)所开展的设计卫生审查和竣工验收的监督活动。通过城乡规划的卫生审查可以全面、客观地评价区域性环境卫生质量、局部环境污染、卫生防护效益等,从而提出措施,以防止、克服自然灾害和工程灾害,创造出清洁舒适,有利于身心健康,有利于为生产、工作、学习和生活等创造良好的环境和场所。城乡规划卫生的主要内容包括:合理确定各种建设用地,规划功能分区与布局,如居住区规划卫生、公共场所规划卫生、工业区规划卫生、给水和排水规划卫生、居民健康保护等。通过建设项目的设计卫生审查则可以对建设项目的规划、选址、布局、设施等进行全面审查,看其是否符合有关法规和标准的要求;在竣工验收时审查是否达到了卫生要求和卫生标准,使之在建成投入使用后不致发生局部不良环境危害或污染外界环境。

总之,预防性卫生监督旨在从规划布局和建筑设计上贯彻卫生要求,达到保护环境,控制污染和有关公害,增强人民体质,保障人民健康,并造福子孙后代的目的。可以说,开展预防性卫生监督是贯彻预防为主方针最积极、最有效、最基本的工作方法。

(二)经常性卫生监督

经常性卫生监督(regular health supervision)指卫生监督机关定期或不定期地对管辖范围内的企事业单位、个人或有关社会组织遵守公共卫生法规的情况进行的日常性监督活动。经常性卫生监督属事中监督,可以是定期的,也可以是不定期的。如《化妆品卫生监督条例实施细则》第二十八条规定:“地市以上卫生行政部门对已取得化妆品生产企业卫生许可证的企业,组织定期和不定期检查。定期检查每年第一、第三季度各一次。”其第三十二条又规定:“每年对辖区内化妆品批发部门巡回监督每户至少一次;每两年对辖区内化妆品零售者巡回监督每户至少一次。”卫生监督机关通过现场实地调查、巡回监督、抽样检验、定点监测以及技术资料的审查等做出客观的卫生学评价,借此来全面了解认定生产经营单位、企事业机构及工作人员的生产经营活动是否遵守和符合有关卫生法规的要求。

各卫生学科的工作对象专业范围不同,经常性卫生监督检查的重点也有所不同。劳动卫生的经常性卫生监督主要内容有:劳动条件中职业性有害因素是否存在及其危害程度;生产环境中的毒害因素是否符合卫生标准,有害作业岗位是否已设有效的防护措施,其使用维修情况及其效果如何;是否有对接触职业有害因素的职工进行就业前及就业后的定期健康检查,结果如何;对健康检查等资料的登记及管理如何,发现职业病患者后是否及时处理;劳动岗位有无安全卫生操作规程,接触尘毒工人是否佩戴必要的个体防护用品及其定期检查更新制度如何等。

经常性卫生监督的重点是了解和掌握健康证、卫生许可证的持有情况，环境卫生、产品质量、污染状况以及有无发生危害生产经营人员及消费者健康的隐患等，以便及时发现问题、查明情况、找出原因，进而采取措施并及时予以纠正。对于查出的严重违法行为，卫生监督机关则代表国家进行必要的行政处罚；对其中触犯刑律的，则提请司法部门依法追究刑事责任。

二、羁束卫生监督和自由裁量卫生监督

卫生监督以受公共卫生法律、法规和规章拘束的程度为标准，可分为羁束卫生监督和自由裁量卫生监督。

(一)羁束卫生监督

羁束卫生监督(restricted action of health supervision)指公共卫生法律、法规和规章对行为的内容、形式、程序、范围、手段等做了较具体和明确规定的卫生监督行为。卫生监督机关实施羁束行为，必须严格依法办事，依照规定，不能或很少能以自己的评价权衡、裁量参与其间，不能带有随意性，否则就是违法行为。如申请开办化妆品生产的企业，必须具备规定的条件和要求，卫生行政部门才能发给“化妆品生产企业卫生许可证”，不够条件和要求的不能随意降低条件和要求发给许可证。

(二)自由裁量卫生监督

自由裁量卫生监督(freely comidered action of health supervision)是指公共卫生法律、法规和规章等法律规范在规定行为的内容、形式、程序、范围和手段等方面留有一定的选择余地或幅度，或者只做原则性规定，可以由卫生监督机关根据对法律规范的理解和对相对人的行为状况的了解给予综合考虑所采取的卫生监督行为，这类行为是卫生监督机关可以斟酌、选择、掺杂自己的意志于其间的行为。

(三)羁束行为和自由裁量行为的关系

羁束与自由裁量的卫生监督行为的划分并不是绝对的。羁束是相对于自由而言的，羁束行为一般也存在一定的自由裁量的成分，公共卫生法规不可能在所有情况下对卫生监督所做出的行为都做具体、明确的规定。从目前正在适用的公共卫生法律规范的总体情况看，卫生监督机关所实施的行政处罚，绝大部分都有自由裁量的余地或幅度。所以，在卫生监督活动中卫生监督机关和卫生监督人员一定要注意，不能滥用自由裁量权，自由裁量也必须合法、适当。因此，卫生监督机关在实施自由裁量行为时，不准违反授权法的目的，更不能超越卫生法律、法规和规章规定的自由裁量范围。否则，依法行政就会变成专制行政、违法

行政。

在卫生监督中，划分羁束行为和自由裁量行为的意义，首先是便于对不同的卫生监督行为提出不同的要求；其次是便于在卫生行政诉讼中，对不同的卫生监督行为，进行不同程度的司法审查和不同的判决。一般羁束行为只确定是否违法的问题，法院在卫生行政诉讼中可予以全面审查，若确定其违法，违反了法律规定的作为义务或不作为义务，即可以撤销。而自由裁量行为一般只确定行为是否适当的问题，法院在卫生行政诉讼中只审查其是否违反授权法的目的，是否滥用裁量权和是否越权等，而对其行为的方式、实施程序或限度的确定等，除非显失公正，否则法院一般不予审查和变更。

三、依职权卫生监督与依申请卫生监督

按卫生监督的性质分类，卫生监督可以分为依职权卫生监督与依申请卫生监督。

(一)依职权卫生监督

依职权卫生监督(health supervision in accordance with authority)即根据公共卫生法规赋予的职权，不待相对人的申请而由卫生监督机关主动做出的卫生监督行为。因其是不待请求而主动为之的行为，故又称为主动监督行为。如卫生检疫机关对我国口岸实施的卫生检疫行为，卫生监督机关对经销伪劣化妆品的违法行为人所实施的行政处罚行为等，都属于此类行为。采取依职权卫生监督行为应注意的是：首先，卫生法律法规规定无须相对人的申请，卫生监督机关须主动做出，否则即为失职；其次，必须依职权做出，即卫生监督机关必须有做出监督行为的职权，并且这种职权必须在其权限范围内正确实施，超越职权及其权限实施卫生监督行为，都是法律所禁止的，同样要依法追究责任。

(二)依申请卫生监督

依申请卫生监督(health supervision in accordance with application)指卫生监督机关只有在相对人申请的条件下，才能依法采取的卫生监督行为。如审批、发放卫生许可证的行为；对生产特殊化妆品进行审核，并发给批准文号的行为。申请是相对人根据卫生法律、法规的规定，为获得某种权力的单方意志体现，它是卫生监督机关被动的监督行为的先决条件。针对该类行为卫生监督机关负有作为的义务。对相对人的申请，卫生监督机关必须给予一定的答复，无论拒绝或是批准，均不得无故拖延或拒批不复。

依申请卫生监督具有以下特征：

(1)依申请卫生监督是以行政相对人的申请为前提的。

(2)依申请卫生监督是授益性行政行为。

(3)依申请卫生监督的目的在于抑制公益上的危险,抑制影响维持公共利益的因素,确保国家财政收入。

(4)依申请卫生监督必须依法做出。

(5)依申请卫生监督是要式行政行为。行政管理相对人必须按照法定程序提出书面申请。

四、要式卫生监督与非要式卫生监督

以卫生监督是否必须具备一定的法定形式为标准,还可以将卫生监督分为要式卫生监督和非要式卫生监督。

(一)要式卫生监督

要求卫生监督(formal action of health supervision)是指必须依据法定方式进行或必须具备一定的法定形式,才能产生法律效力和后果的卫生监督行为。如国务院卫生行政部门审核发给新资源食品、保健食品的批准证书或批准文号,就必须是书面的,即一种要式行为。

(二)非要式卫生监督

非要式卫生监督(informal action of health supervision)是指卫生法律法规未规定一定具体方式或形式,允许卫生监督机关依据情况自行选择适当方式或形式进行的卫生监督行为。这类行为无论是采用口头形式、书面形式,还是电话、电报等各种其认为适当的形式,都可以生效。例如,从业人员健康检查通知,既可以为口头、电话形式,也可以为书函形式,它们皆能达到告知被检者的目的。

划分要式行为和非要式行为,便于对不同的卫生监督行为提出不同的要求,从而达到既保障卫生监督行为的严肃性,又保证卫生监督行为效率的目的。大多数卫生监督行为,由于它们直接涉及相对人的权益,卫生法规就必须规定明确的形式,以防止事后发生争议,一旦事后发生争议,也便于查明责任归属和解决争议。这也是贯彻依法行政原则的具体体现,即卫生监督机关的监督活动要执法有据,无法律根据不得为之。而少数卫生监督行为,不直接涉及相对人权益或特别需要赋予卫生监督机关自由裁量权,卫生法规将行为方式或形式的选择权留给卫生监督机关,有利于提高卫生监督行为的效率。一般非要式行为仅限于特定的场合和条件。

第三节　卫生监督法律效力

卫生监督的法律效力在卫生监督实务中以卫生监督行为和卫生监督执法文书的法律效力形式表现出来。卫生监督法律文书的法律效力详见第六章,本章

介绍卫生监督行为的法律效力。

一、卫生监督行为的成立、撤销、废止、变更和消灭

(一)卫生监督行为的成立

卫生监督行为的成立须具备一定的要件。这里的成立要件是指卫生法律法规要求卫生监督机关实施监督行为时所必须遵守的条件。只有遵守这些条件，卫生监督行为才能有效，并具有法律效力。否则，该行为就不具有法律效力，为无效行为或可撤销行为。

卫生监督行为成立的要件主要包括：

(1)行为的主体合法。即只有具备卫生监督主体资格的卫生监督机关才能进行卫生监督行为。

(2)行为不超越权限。即卫生法律、法规确定了卫生监督机关的职责权限，卫生监督机关只能在职权范围内代表国家行使权力，实施卫生监督行为。

(3)行为内容合法。即卫生监督行为的内容要符合卫生法律、法规的规定。

(4)行为符合法定形式。对于卫生法律、法规要求有特定法定形式的，卫生监督机关在具体实施中只有遵照执行，即按法定形式实施其行为才能有效成立。

(5)行为符合法定程序。即卫生监督行为只有按照卫生法律、法规规定的程序和步骤进行，才能合法成立。

总之，卫生监督行为的有效成立，必须主体合法、不超越权限、内容合法、形式合法和程序合法，缺一不可。

(二)卫生监督行为的撤销

卫生监督行为的撤销是指卫生监督行为在适用过程中，发现不符合生效要件的情况，由有权机关依法予以撤销，使该行为向前、向后均失去法律效力。

(三)卫生监督行为的废止

卫生监督行为的废止是指卫生监督行为在成立时是合法的，后来由于情况发生变化，使其不宜继续存在，从而失去效力。被废止的卫生监督行为在废止前的行为后果依然有效，自废止之日起不再起效。

(四)卫生监督行为的变更

卫生监督行为的变更是指对已经发生效力的卫生监督行为，发现其不当或因情况变迁，使原监督行为变得部分不适用，从而对部分行为加以改变或使部分行为失去效力并做出新的规定。

(五)卫生监督行为的消灭

卫生监督行为的消灭是指卫生监督行为的效力完全停止，不复存在。除因撤销或废止使卫生监督行为消灭外，还包括卫生监督行为的对象已不复存在、期

限届满、相对人的义务履行完毕等情况。

二、卫生监督行为的效力

卫生监督行为是卫生行政部门代表政府依法实施的具体行政行为，具有法律效力。行为的效力是由行为的性质所决定的。卫生监督行为作为卫生监督主体代表国家依法实施的具体行政行为可以发生三种效力，即：确定力、拘束力和执行力。

（一）确定力

确定力（determination）是指卫生监督行为一经有效成立，就具有不得再行更改的效力。具体地说，已经确定的卫生监督行为非依法不得被任何国家机关或行为机关本身所随意变更或撤销，相对人更无权自行变更。

（二）执行力

执行力（execution）是指卫生监督机关依法采取一定手段，使卫生监督的内容得以完全实现的效力。如卫生监督机关可依法申请采取一定手段强制执行，以实现公共卫生秩序、公众健康和公共利益所要求的状态。

（三）拘束力

拘束力（restriction）是指卫生监督行为实施后，具有约束和限制的效力。有效的卫生监督行为，对卫生监督机关及相对人具有相同的约束力。例如，卫生监督机关依法吊销某食品生产企业的卫生许可证，实施这一行为的卫生监督机关或其他机关，不得以该食品生产企业合法来对抗。

第四节　卫生监督原则

卫生监督的原则贯穿于卫生监督活动全过程，是指导卫生监督机构实行卫生监督行为的基本精神、原理和准则，是所有监督活动都必须遵循的基本准则。

一、依法行政原则

卫生监督经历了从传统行政性管理走向法制化管理的过程，同时也实现了从卫生专业机构执法向卫生行政部门执法的职能转移。依法行政是法治的重要标志。卫生行政机关（或授权机关）要在国家卫生行政管理领域内坚持依法办事，只有保证所进行的卫生监督行为合法、适当、有序、高效，才能达到保护人民健康、促进社会发展的目的。其一，依法行政要以卫生法律、法规为依据；其二，适用的卫生法律、法规准确无误；其三，在法定权限范围内正当行使监督权。

依法行政的基本要求：

（一）合法行政

卫生行政机关实施行政管理，应当依照法律、法规、规章的规定进行；没有法律、法规、规章的规定，卫生行政机关不得做出影响公民、法人和其他组织的权利和义务的决定。

（二）合理行政

卫生行政机关实施行政管理应当遵循公平、公正原则。要平等对待行政管理相对人，不偏私、不歧视。卫生行政机关行使自由裁量权应符合法律目的，排除不相关因素的干扰；所采取的措施和手段应当必要、适当；实施行政管理可以采用多种方式实现行政目的的，应当避免采用损害当事人权益的方式。

（三）程序正当

卫生行政机关实施卫生行政管理，除涉及国家秘密和依法受到保护的商业秘密、个人隐私外，应当公开，注意听取公民、法人和其他组织的意见；要严格遵循法定程序，依法保障行政管理相对人、利害关系人的知情权、参与权和救济权。当卫生行政机关工作人员履行职责，与行政管理相对人存在利害关系时，应当回避。

（四）高效便民

卫生行政机关实施卫生行政管理时，应当遵守法定时限，积极履行法定职责，提高办事效率，提供优质服务，方便公民、法人和其他组织。

（五）诚实守信

卫生行政机关公布的信息应当全面、准确、真实。非因法定事由并经法定程序，卫生行政机关不得撤销、变更已经生效的卫生行政决定；因国家利益、公共利益或者其他法定事由需要撤回或者变更卫生行政决定，应当依照法定权限和程序进行，并对卫生行政管理相对人因此而受到的财产损失依法予以补偿。

（六）权责统一

卫生行政机关依法履行经济、社会和文化事务管理职责，要由法律、法规赋予其相应的执法手段。卫生行政机关违法或者不当行使职权，应当依法承担法律责任，实现权力和责任的统一。依法做到执法有保障、有权必有责、用权受监督、违法受追究、侵权须赔偿。

二、预防为主原则

预防为主是我国卫生工作方针的一个重要内容，也是卫生监督应当遵循的一项基本原则。国家建立卫生监督制度的目的，就是要保护公民的健康，维护正常有序的卫生秩序，创造良好的社会卫生环境。预防为主、防治结合是卫生监督工作的一项基本工作思路。卫生监督应当立足于防，加强卫生审查，进行预防性卫生监督、经常性卫生监督检查，严格纠正和制裁有碍健康的不法行为，预防不卫生行为和疾病的发生，提高公民健康水平。

三、遵守法定程序原则

随着民主与法制的不断发展，人民群众为了实现宪法所赋予的享有生命健康的权利，已不满足于仅通过政府实施的一般法律监督，还要求通过卫生立法进一步确立各种具体法律制度，要求政府提供各种具体的法律途径和形式，对卫生行政机关行使职权实行监督制约，在卫生监督实务中保护自己的权益不被卫生行政机关及卫生监督人员违法、越权或滥用权力的行为所侵犯。

卫生监督行为只有符合法定的形式、遵守法定的程序，才能产生相应的法律效力，否则，一旦管理相对人提出行政诉讼，无论卫生监督主体做出的处罚决定是否正确，都会因程序违法而使执法主体处于不利地位。卫生监督程序是卫生行政执法主体依法对管理相对人做出具体卫生监督时应遵循的方法、步骤、期限及其所构成的行为过程。一般违反规定程序主要表现在步骤、形式、方法、时限等方面。

四、以事实为依据原则

以事实为依据，就是要求卫生监督机构和人员在运用卫生法律、法规处理卫生违法案件时，必须一切从实际出发，尊重客观事实，以事实为依据，坚持实事求是的精神。

五、独立审理卫生违法案件原则

卫生监督机关依法独立地审理卫生违法案件，不受任何机关、团体或个人的干涉。独立审理卫生违法案件的原则包括两层含义：一是卫生监督机关审理违法案件的依据是卫生法律、法规，按照法定的程序、原则、处罚范围和手段，对相对人进行处理；二是卫生违法案件由卫生监督机关审查、处理，其他机关无权处理。

思考题

1. 论述卫生监督的概念及功能。
2. 结合实例分析卫生监督的分类。
3. 卫生监督的基本原则有哪些？

第二章　卫生监督法律关系与卫生监督执法主体

教学目的

1. 掌握卫生监督法律关系的构成要素。
2. 熟悉卫生监督法律关系的产生、变更和消灭。
3. 了解卫生监督主体的分类。

第一节　卫生监督法律关系

卫生监督法律关系是卫生监督法律、法规的重要组成部分，工作人员熟悉并掌握卫生监督法律关系有助于在卫生监督实务中厘清复杂的案情，保证在卫生监督实践中依法行政、依法监督。

一、法律关系释义

法律关系(legal relationship)是一种特殊的社会关系，是指依据法律规范调整人们行为时产生的权利义务关系。在分析和处理纠纷时，法律人必须对当事人之间是否存在法律关系、存在何种法律关系做出准确的判断。法律关系的不同意味着法律纠纷的性质不同，意味着解决纠纷的实体法和程序法不同。为妥当地处理好法律纠纷，还需要调查了解法律关系的主体、客体的具体状况，确定法律关系主体的权利、义务和责任。

法律关系的特殊性体现在它是在法律规范调整社会关系的过程中形成的，不同于没有法律规范参与的一般社会关系，如果没有法律规范参与则没有法律关系存在的现实可能性。例如，同事关系、同学关系、同乡关系这样一些社会关系由于不存在与之对应调整的法律规范，不能成为法律关系，只能是一般社会关系。调整一般社会关系所依据的是道德规范，基本不涉及法律所调整的层面。但是，当同事关系中出现借贷纠纷，同学关系中出现人身伤害，同乡关系中出现招摇撞骗的时候，这些一般社会关系除了由道德规范调整外还需要考虑相对应的法律规范，明确主体间在法律上的权利和义务。比如，同事间出现借贷纠纷，参加工作的人一般来说都是完全民事行为能力人，借贷纠纷适用民事法律规范调整；同学之间的人身伤害情况，视同学年龄和伤害情况而分别考虑适用《治安管理处罚法》和《中华人民共和国刑法》；同乡间出现招摇撞骗同样如此，结合具体案情决定适用的法律规范。当然被法律规范调整的同时，道德规范也会相应地维系着这些社会关系。法律规范的作用是保障社会秩序的良好运行，使一些普通道德规范所管控不了的区域由国家有关机关依据法律规定而予以调整，明确主体间的权利义务，促进社会良性发展。

由以上分析可见，法律关系同一般社会关系相比，具有以下几个特征：第一，法律关系是以法律规范的存在为前提的社会关系；第二，法律关系的内容为人们依据法律规范所形成的权利、义务关系；第三，法律关系是法定的，不以人的意志为转移，由国家有关机关予以保障。

二、卫生监督法律关系释义

法律通过调整社会关系来发挥作用。每一个法律部门都调整着特定方面的社会关系。如民法调整平等主体之间的财产、人身关系；行政法调整行政执法活动过程中所涉及的行政法律关系；刑法是规范刑事法律领域中的犯罪与刑罚的法律关系。法律通过不同的部门法调控不同的法律部门来发挥法律规范的效用。

卫生监督法律关系（legal relationship of health supervision）是指卫生监督主体依照卫生法律、法规规定进行卫生监督执法过程中形成的卫生行政管理人与卫生行政管理相对人之间的权利义务关系。作为一种法律关系，卫生监督法律关系与一般法律关系存在不同，具有如下四个明显的特征。

（一）卫生监督法律关系形成于卫生监督执法过程中，其目的是保障和维护人民生命健康

卫生在《辞海》中的解释为：社会和个人为增进人体健康，预防疾病，创造合乎生理要求的生产环境、生活条件所采取的措施。随着现代社会的发展，卫生已经具备了更多层次的含义，不单指人的生理健康，还包括人的心理健康等。卫生监督法律关系以保障和维护人体综合健康为目的，包括医药卫生行政管理和医药卫生预防保健服务。

（二）卫生监督法律关系由卫生法律、法规、规章、规范性文件予以确认和调整

卫生监督法律关系有其特定的调整范围，医药卫生领域的行政管理和预防保健由卫生监督法律体系予以规范。如卫生行政机关对执业医师的注册管理、卫生监督机构对食品生产经营场所许可证的检查，以及卫生行政机关对医疗机构发生医疗事故的处理等。

(三)卫生监督法律关系是一种纵横交错、内外交叉、多学科汇聚的法律关系

卫生监督法律、法规与其他的部门法关系密切,卫生监督法律关系与刑法、民法、行政法等法律关系都有交叉。卫生监督执法过程离不开相关法律部门的参与,具体案件视具体案情来决定所适用法律规范。

(四)卫生监督法律关系的主体必有一方具有特殊身份

卫生监督法律关系的主体通常是享有国家的卫生监督职权,能够以自己的名义独立为卫生监督行为承担相应法律责任的卫生监督机构及其行政执法人员。特殊情况下是法律法规授权的组织。卫生行政机关依据国家赋予的权力行使卫生监督权,是国家意志和国家权力的体现。

卫生监督法律关系的这些特点是相互联系、相互依存的,耦合地存在于卫生监督执法过程中。理解卫生监督法律关系要把以上特点综合起来了解和掌握。

三、卫生监督法律关系的构成

卫生监督法律关系的构成同其他法律关系一样,都是由主体、客体和内容三个方面的要素构成。三个要素必须同时存在,缺一不可。缺乏其中任何一个要素都会导致该卫生法律关系无法形成或继续存在。

(一)卫生监督法律关系的主体

卫生监督法律关系的主体是指参加卫生监督法律关系,在卫生监督法律关系中享有权利、承担义务的人或组织。它是以卫生行政机关为代表的卫生监督机构和卫生监督相对人,即由卫生监督执法主体和守法主体组成。

1.卫生监督执法主体——卫生监督机构。

卫生监督执法主体,简称卫生监督主体,指依据法律规定享有国家卫生监督职权,能够以自己名义独立从事卫生监督管理活动,并独立承担由此产生的法律责任的组织。卫生监督机关以卫生行政机关为代表,包括卫生计生行政部门、国境卫生检疫机构、食品药品监督管理部门等。并不是所有的行政主体都是卫生行政机关,只有依法享有国家卫生行政权的组织才能成为卫生行政机关,依法享有,以自己名义对外行使卫生行政权力才能成为卫生监督法律关系的执法主体。

2.卫生监督守法主体——卫生监督相对人。

卫生监督相对人指在卫生监督法律关系中,与卫生监督主体相对的,被卫生监督主体的管理行为影响其权利义务的个人、组织。作为卫生监督法律关系的主体,要依法具有法律意义上的行为能力和权利能力。卫生监督相对人包括国家机关、企事业单位或社会团体等组织,也可以是自然人,包括本国公民、外国公民和无国籍人。

(1)国家机关。当国家机关处于卫生监督相对人地位时,其与卫生监督机关

的地位也是不平等的。因为卫生监督主体享有国家卫生监督权，依法对卫生监督相对人行使行政审批、卫生监督或是卫生行政处罚。无论哪种卫生监督职权的行使都是依法所做的行政行为，国家机关在这种法律关系里作为卫生监督相对人必须依法履行相应行政行为确定的义务。

(2)企事业单位。卫生监督法律关系所包含的主体范围很广，涉及的企事业单位也比较分散，并不能仅以行业标准进行划分。比如，我国现行卫生法规中设定的卫生监督机关设置就分别分散于《食品安全法》《国境卫生检疫法》《传染病防治法》《母婴保健法》《药品管理法》《执业医师法》《献血法》《职业病防治法》《人口与计划生育法》《学校卫生工作条例》《医疗机构管理条例》《公共场所卫生管理条例》等法律文件中。具体到各个监督相对人更是种类繁多，既有食品生产、经营单位，又有医疗保健机构、学校、公共场所等。因此，这里的企事业单位需要在具体的案例中具体分析，并没有统一特征的限制。

(3)社会团体。它是指中国公民自愿组成，为实现会员共同意愿，按照其章程开展活动的非营利性社会组织。卫生社会团体包括中国红十字会、各种卫生专业人员组成的学术性团体(学会)、协会等。如原卫生部《人体器官移植技术临床应用管理暂行规定》："医疗机构开展人体器官移植技术临床应用，必须按照《医疗机构管理条例》和本规定，向省级卫生行政部门申请办理器官移植相应专业诊疗科目登记。申请办理器官移植相应专业诊疗科目登记的医疗机构原则上应当为三级甲等医院，并必须具备下列条件：(一)有具备人体器官移植临床技术应用能力的本院在职执业医师和与开展的人体器官移植相适应的其他专业技术人员；(二)有与开展的人体器官移植技术临床应用相适应的设备、设施；(三)有人体器官移植技术临床应用与伦理委员会；(四)有完善的技术规范和管理制度。"这里的人体器官移植技术临床应用与伦理委员会就属于社会团体，它也是要接受卫生监督主体的卫生监督的。

(4)自然人。包括我国公民、外国公民和无国籍人。自然人作为卫生监督法律关系中的卫生监督管理相对人时，基本不存在由于国籍而影响其主体地位的情况。如《国境卫生检疫法》第四条："入境、出境的人员、交通工具和集装箱，以及可能传播检疫传染病的行李、货物、邮包等，均应当按照本细则的规定接受检疫，经卫生检疫机关许可，方准入境或者出境。"这里的入境、出境时监督重点并不是国籍，而是入境、出境人员的身体健康情况。再如《传染病防治法》第十二条："在中华人民共和国领域内的一切单位和个人，必须接受疾病预防控制机构、医疗机构有关传染病的调查、检验、采集样本、隔离治疗等预防、控制措施，如实提供有关情况。疾病预防控制机构、医疗机构不得泄露涉及个人隐私的有关信息、资料。卫生行政部门以及其他有关部门、疾病预防控制机构和医疗机构因违法实施行政管理或者预防、控制措施,侵犯单位和个人合法权益的,有关单位和个人可依法申请行政复议或者提起诉讼。”这里的个人和单位都没有国籍的限制。

(二)卫生监督法律关系的客体

卫生监督法律关系的客体就是卫生监督法律关系主体的权利和义务所指向的对象。卫生监督法律关系的客体是卫生监督法律关系的具体化,是抽象的卫生监督法律关系的内容所指向的具体明确目标。它一般包括以下几种:

1.公民的生命健康权。

生命健康权是公民的一项最基本权益,是人类生存和发展的前提和基础。生命健康权包括生命权、健康权、身体权。《世界卫生组织法》规定:“享受最高而能获致之健康标准,为人人基本权利之一。”健康权载于诸多国际和区域人际条约以及世界各地的国家宪法。我国宪法作为国家的根本大法,也明确规定:“国家发展医疗卫生事业,发展现代医药和我国传统医药,鼓励和支持农村集体经济组织、国家企业事业组织和街道组织举办各种医疗卫生设施,开展群众性的卫生活动,保护人民健康。”其他卫生法律、法规的立法宗旨也都是保护广大公民的生命健康。因此,每一个具体的卫生监督法律关系都可最终追溯至保护公民生命健康,它是卫生监督法律关系所要保护之终极目的。

2.卫生行为。

卫生行为是指卫生监督法律关系的主体有意识做的有法律意义的活动。这里的法律意义指当符合法律规定时,将受到法律的确认和保护,违背法律规定时将受到法律的制裁。卫生行为又可以细化为卫生作为和卫生不作为。卫生作为是指卫生监督主体积极的作为。如《麻醉药品和精神药品管理条例》第四条规定:“国家对麻醉药品药用原植物以及麻醉药品和精神药品实行管制。除本条例另有规定的外,任何单位、个人不得进行麻醉药品药用原植物的种植以及麻醉药品和精神药品的实验研究、生产、经营、使用、储存、运输等活动。”当行为人违反法律规定,以积极的行为进行麻醉药品和精神药品的实验研究、生产、经营、使用、储存、运输等活动时,即为卫生作为。卫生不作为则是相对于卫生作为而言的,指行为人负有实施某种积极行为的特定法律义务,并且能够实行而不实行的行为。不作为是行为的一种特殊方式,与作为具有一种相反关系。如《执业医师法》规定:“对急危患者,医师应当采取紧急措施进行诊治;不得拒绝急救处置。”如果某医师在工作期间没有履行对急危患者的救助义务,表面上看没有积极的行为,但实际上正是这种消极的不作为导致了患者死伤的严重后果,卫生行政部门会依法追究当班执业医师的不作为责任。

3.物。

物是指现实存在,能够为人所控制和使用并具有一定价值,在卫生医疗和卫生管理工作过程中需要的生产资料和生活资料,如药品、食品、化妆品、医疗器械等。物能够在卫生监督法律关系主体间产生占有、转让,并由此引起卫生法律关系主体权利义务的变更。不同的卫生法律规范所规定的物也不同。如《食品安全法》第二条规定:“供食用的源于农业的初级产品(以下称食用农产品)的质量安全管理,遵守《中华人民共和国农产品质量安全法》的规定。但是,制定有关食用农产品的质量安全标准、公布食用农产品安全有关信息,应当遵守本法的有关规定。”

(三)卫生监督法律关系的内容

卫生监督法律关系的内容是指卫生监督法律关系的主体依法所享有的权利和承担义务的内容。它是卫生监督法律关系的基础,是卫生监督法律关系中最基本的要素。卫生监督法律关系的内容可以细化为卫生监督机构的权利、义务和卫生监督相对人的权利、义务的内容。

1.卫生监督机构的权利和义务。

卫生监督机构的权利是依据卫生法的相关规定在职责权限范围内做出某种行政行为。这种行政行为可以是对卫生监督相对人进行行政、业务的管理和指导权,对上述对象所从事的与健康相关产业的许可、命令和决定权;也可以是对违反卫生法规的人和事依法做出处理的制裁权。

卫生监督主体的义务是法律规定卫生监督主体必须履行的责任,即必须依法行使职权,有接受被管理者监督的义务,有为公民提供咨询服务的义务等。《食品安全法》第五条第二款规定:“国务院卫生行政部门依照本法和国务院规定的职责,组织开展食品安全风险监测和风险评估,会同国务院食品药品监督管理部门制定并公布食品安全国家标准。”这些规定均体现了卫生监督机构的义务,可以概括为管理性义务、服务性义务和接受监督的义务。

2.卫生监督相对人的权利和义务。

卫生监督相对人有权对卫生监督机构的工作进行监督,对于卫生监督机构对其所做出的处理决定及违法失职行为,有权检举、起诉和申诉,并有获得赔偿和补偿因侵权行为造成损失的权利。

卫生监督相对人的义务则表现为遵守卫生法律、法规,接受卫生监督机构管理、指导、委托,配合卫生监督机构的监督、检查,为自己的违法行为承担相应的法律后果。

随着法治进程的不断深化,卫生监督法律关系的内容也随之不断丰富,从而更好地保障宪法所赋予公民的生命健康权益。

四、卫生监督法律关系的产生、变更和消灭

任何法律关系都是不断变化的，会不断产生新的法律关系，变更、消灭旧有的法律关系。卫生监督法律关系同样如此，由于卫生法律事实的存在而发生相应的产生、变更和消灭。

（一）卫生监督法律关系的产生

卫生监督法律关系的产生是指由于一定法律事实的发生，卫生监督法律关系的主体之间产生一定的权利和义务关系。如：某医学专业毕业生顺利通过执业医师资格考试，取得了医师执业资格证书，为了成为一名合法的执业医师，到卫生行政部门进行执业注册。从相对人到卫生行政部门申请进行注册时起即产生了卫生行政部门与其之间具体的卫生监督法律关系。再如，某企业申请开办药品生产企业，当申办人向拟办企业所在地的省、自治区、直辖市药品监督管理局提出申请之日起，卫生监督主体就与其发生了具体的卫生监督法律关系；当其完全符合相关条件程序开办药品生产企业后又因生产销售假药，药品监督管理机关依法对其进行行政处罚，则双方之间又产生行政处罚的卫生监督法律关系。

（二）卫生监督法律关系的变更

卫生监督法律关系的变更是指由于一定法律事实的发生，当事人之间既存的某种卫生法律关系发生一定的变化。卫生法律关系的主体、客体、内容三者中任何一项或几项要素发生变化即为卫生法律关系的变更。主体变更如由于法律规范的变动，卫生监督机关的职权将进行重新划分。再如医疗机构之间合并、分立，产生新的主体，使卫生监督法律关系的主体变更。客体变更指卫生监督法律关系主体权利义务所指向对象的改变。如卫生监督部门在监督检查某个体食品加工厂时，监督检查的客体是合法的食材，结果在监督检查过程中发现该厂违规销售国家珍稀动物，由此客体变更为珍稀动物。内容变更指卫生监督法律关系中主体权利义务的改变。

（三）卫生监督法律关系的消灭

卫生监督法律关系的消灭是指由于一定法律事实的发生，卫生监督法律关系主体之间现存的权利和义务关系终止，即卫生监督法律关系消灭。权利义务是相对的，任何一方主体资格的消灭均会导致法律关系消灭。如企事业单位的破产注销、公民的死亡、卫生法律规范的废止等均会导致卫生监督法律关系的消灭。

（四）卫生监督法律关系产生、变更、消灭的条件

卫生监督法律关系的产生以卫生监督法律规范的存在为前提，但是卫生监督法律规范只是为人们的行为设立了一定的模式，要想让应然的行为模式转化

为实然的权利义务关系必须具备一定的法律事实。卫生法律事实是指由卫生法律法规所规定的，能够引起卫生监督法律关系产生、变更、消灭的行为和事件。行为和事件的分类标准同是否与卫生监督法律关系主体的意志有关。与卫生监督法律关系主体意志有关的是卫生法律行为，它是主体有意识、有目的的行为，又分为合法行为与违法行为。如卫生监督员依法进行的监督、检查、罚款、没收等行为是合法行为。再如医疗机构违法将临床用血出售给单采血浆站或血液制品生产单位的行为，必将引起卫生行政部门的处罚，从而引起卫生监督法律关系的产生。与卫生监督法律关系主体意志无关的为卫生法律事件，它是不以人的意志为转移的。如传染病流行、疫情的发生是不以我们的意志为转移的，但是传染病出现会导致卫生监督法律关系的产生、变更、消灭。再如，人的自然出生、正常死亡等都是不以我们的意志为转移的，但是人的自然出生会产生新的卫生监督关系主体，而人的死亡又导致了旧的卫生监督法律关系主体的消灭。

第二节　卫生监督执法主体

卫生监督法律规范的实施离不开卫生监督执法主体。徒法不足以自行，有了法律规范，必须还要有执法守法的主体。卫生监督执法主体是卫生监督机构，卫生监督守法主体是卫生监督相对人。卫生监督执法主体的依法监督行为决定着卫生监督的质量和实效。

一、卫生监督执法主体的概念和特征

（一）卫生监督执法主体的概念

卫生监督执法主体指依据法律规定享有国家卫生监督职权，能够以自己名义独立从事卫生监督管理活动，并独立承担由此产生的法律责任的组织。卫生监督机关以卫生行政机关为代表，包括卫生行政部门、国境检疫机构、药品监督管理部门、人口和计划生育管理机关等。卫生监督执法主体在实践中行使着卫生监督权，保障人民的生命、身体健康。

根据原卫生部《关于卫生监督体系建设的若干规定》，卫生监督执法主体的主要职责是："依法监督管理食品、药品、化妆品、消毒产品、生活饮用水及涉及饮用水卫生安全产品；依法监督管理公共场所、职业、放射、学校卫生等工作；依法监督传染病防治工作；依法监督医疗机构和采供血机构及其执业人员的执业活动，整顿和规范医疗服务市场，打击非法行医和非法采供血行为；承担法律法规规定的其他职责。"

（二）卫生监督执法主体的特征

1. 卫生监督执法主体是享有国家卫生监督权的组织。

卫生监督执法主体是组织而不是个人，虽然现实生活中经常表现为由卫生监督人员完成卫生监督活动，但是卫生监督员只是卫生监督主体的构成要素之一，是代表监督主体行使职权的，只是单位雇员的一种形式。当卫生监督员代表卫生监督执法主体行使监督权时，由此产生的一切后果是由卫生监督机构承担的。卫生监督机构作为卫生监督执法主体是能够以自己名义做出卫生监督行为，并且对自己行为的法律后果独立承担责任的。

2. 卫生监督执法主体依法在法定权限内行使监督权。

卫生监督执法主体的权限是法律所赋予的，能够成为卫生监督执法主体的只能是享有国家卫生监督权、从事卫生监督管理活动的卫生行政机关，或者法律、法规授权的组织。卫生行政机关或者法律、法规授权的组织在卫生法律、法规所规定的权限范围内独立行使职权并承担由此产生的法律责任。如果其行使职权超出了卫生法律、法规所授权的范围，则其卫生监督行为并没有法律依据，从而失去其法律效力。

3. 卫生监督执法主体具有单一性和对执法权的垄断性。

卫生法律、法规对于具体卫生行为监督主体的确定都是单一的，即授予一个机关或单位以监督权，绝不授予两个或两个以上的机关或单位监督主体的资格。例如，《公共场所管理条例》中绝不可能同时授予卫生行政部门和疾病预防控制机构以卫生监督权，而只将监督权授予卫生行政部门。当然，在同一法规中可能出现两个以上的监督主体，如《学校卫生工作条例》授权教育行政部门和卫生行政部门共同进行管理和监督，但二者的职责是有区别的。教育行政部门负责学校卫生工作的行政管理，卫生行政部门负责对学校卫生工作的监督指导。这是由于对同一客体的管理分解为几个不同方面，且有几个不同的主管部门负责。但即使在这种情况下，就其中某个方面，如卫生要求的遵守，是只授予卫生一个部门监督，不会出现两个以上部门同时对一个对象进行同一行为的监督执行。所以，卫生监督执法主体在卫生监督工作中是唯一的，在任何情况下都不会出现对统一监督事项授权给两个以上的主体。卫生监督执法主体的单一性，使卫生监督主体的监督权力具有垄断性，它对管理相对人实施卫生法规授予的职权不与第二者、第三者分享。合法卫生监督执法主体之外的机关、单位行使卫生监督权就是非法行政，是绝对不容许的。

4. 卫生监督执法主体从事监督活动具有独立性。

卫生监督执法主体独立完成卫生法规赋予的义务，采取的是清晰明了的权力、义务、责任一身担的方式，同时也划清了上下级之间的责权关系，某行政区域的卫生监督执法主体全权负责本辖区内属于本级卫生监督机关管辖范围的卫生监督任务，上级卫生监督主体不得与之重复管辖。也就是说，同级的政府机关和上级的业务指导机关对卫生监督执法主体的违法行政行为可以进行监督，对处理不当的案件可令其纠正，但不得违法干预其正常的卫生监督工作，也不能代替其履行卫生监督职能。

二、卫生监督执法主体的确立及法源

卫生监督执法主体的卫生监督权是法律所赋予的，因此卫生监督执法主体的确立也是由卫生法律、法规所明确规定的。《学校卫生工作条例》《中华人民共和国母婴保健法》《献血法》《执业医师法》《中华人民共和国药品管理法》《中华人民共和国人口与计划生育法》《国境卫生检疫法》《公共场所卫生管理条例实施细则》《中华人民共和国职业病防治法》《中华人民共和国食品安全法》等都在法律条文中确立了执法主体。

由以上规定不难看出，大多数情况下，卫生法律、法规将卫生监督权授予了卫生行政部门，卫生行政部门也就当然地成了卫生监督执法主体。在一些特定领域中，则由专门机关负责卫生监督职权。如国境卫生检疫机关负责国境卫生检疫的卫生监督，药品监督管理局负责药品的监督检查，计划生育行政部门负责计划生育工作和与计划生育有关的人口工作。一些特殊情况下，还存在某些机构职能交叉、权责不明的现象，相信随着立法的完善，卫生监督执法主体的规定也会逐步完善。

按照原卫生部《关于卫生监督体系建设的实施意见》的规定：卫生监督机构根据承担的职责应设置综合管理、卫生许可、监督检查、队伍管理与执法稽查等内设机构。省和副省级城市的卫生监督机构根据工作需要，可设立相应的专业科室。

三、卫生监督机构

根据目前卫生法律、法规授权和国务院的决定，卫生监督机构包括卫生计生行政部门、卫生监督机构、国境卫生检疫机关、食品药品监督管理机构和中医药管理机构等。

（一）卫生计生行政部门

我国卫生行政部门依法定授权和法定程序成立，承担着国家公共卫生事务和卫生行政管理的职能机关，如国家卫生与计划生育委员会和各省、自治区卫生计生委、各市县卫生计生委。卫生计生行政部门的行政职权始于卫生计生行政部门的成立，因此，其承担的各项管理工作并不需要专门的法律授权。但根据我国法制建设的惯例，执行卫生监督职能的主体，必须由卫生法律、法规专门授权。因此，卫生行政部门取得了卫生监督执法主体的资格，是法定的卫生监督机构。

2006 年，原卫生部将原卫生监督司更名为卫生监督局，其主要职能为：综合

管理卫生监督工作并依法组织实施；研究拟订卫生监督工作的有关法律法规草案、标准、政策建议、规划、规范和制度；按照职责分工监督管理食品、化妆品、学校、环境、放射和职业卫生等工作；依法组织开展对医疗机构和采供血机构执业行为的监督检查工作；整顿和规范医疗服务市场；依法组织开展对传染病、地方病防治工作的监督检查工作；组织协调、督查督办有关大案、要案；监督指导地方卫生监督工作。2013年3月17日，根据第十二届全国人民代表大会第一次会议批准的《国务院机构改革和职能转变方案》和《国务院关于机构设置的通知》（国发〔2013〕14号），设立国家卫生和计划生育委员会，为国务院组成部门。

（二）卫生监督机构

卫生监督所由国务院确定为卫生行政执法执行机构，负责本辖区内的卫生监督执法工作。具体任务有：卫生标准管理；卫生许可受理与评审；食品、化妆品、饮用水及涉水产品、消毒产品、医疗服务、职业病和传染病防治；公共场所卫生监督等。

1.卫生监督机构的主要职责。

（1）负责卫生许可和执业许可的申请受理、初审、上报以及批准后证书发放的具体工作；

（2）负责公共卫生、健康相关产品、医疗卫生机构、个体诊所和采供血机构的卫生监督工作；

（3）组织卫生监督执法检查，协调卫生行政部门定期向社会通报监督结果；

（4）对卫生污染、中毒事故等重大、突发事件进行调查取证，采取必要的控制措施，提出处理意见；

（5）对违反卫生法律、法规的案件，开展调查取证，提出行政处罚建议和处理意见；

（6）负责卫生信息的收集、整理、分析和报告，承担现场监督监测、采样工作；

（7）对新建、扩建、改建工程的选址、设计进行卫生审查和竣工验收；

（8）负责卫生监督执法的投诉、举报的受理和查处工作；

（9）开展卫生法律法规知识的宣传教育和咨询服务；

（10）参与对卫生监督技术支撑机构的资质认证，承担卫生行政部门交付的其他卫生监督任务。

2.卫生监督机构的设立。

2005年原卫生部发布的《关于卫生监督体系建设的若干规定》指出："卫生监督工作实行分级管理。中央、省、设区的市、县级人民政府卫生行政部门内设卫生监督机构并下设卫生监督执行机构，负责辖区内卫生监督工作。县级卫生监督机构可在乡镇派驻卫生监督人员。"确立了卫生监督体系的构建模式。

2006年6月28日原卫生部制定了《关于卫生监督体系建设的实施意见》，各级卫生监督机构的名称统一为省(自治区、直辖市)、市(地、州、盟)卫生厅(局)卫生监督局，县(区、旗)卫生局卫生监督所。县级卫生监督机构原则上应按照划片设置、垂直管理的原则，在乡(镇、街道)设置卫生监督派出机构(条件不具备的地方可在乡镇聘任卫生监督人员)。

(三)国境卫生检疫机构

入境、出境的人员、交通工具、运输设备以及可能传播检疫传染病的行李、货物、邮包等物品，都应当接受检疫，经国境卫生检疫机关许可，方准入境或者出境。在中华人民共和国国际通航的港口、机场以及陆地边境和国界江河的口岸(以下简称国境口岸)，设立国境卫生检疫机关，实施传染病检疫、监测和卫生监督。我国国境卫生检疫由国家质量监督检验检疫总局及所属的各级出入境检验检疫机构承担。

国境卫生检疫机关根据国家规定的卫生标准，对国境口岸的卫生状况和停留在国境口岸的入境、出境的交通工具的卫生状况实施卫生监督。国境卫生检疫机关设立国境口岸卫生监督员，执行国境卫生检疫机关交给的任务。国境口岸卫生监督员在执行任务时，有权对国境口岸和入境、出境的交通工具进行卫生监督和技术指导，对卫生状况不良和可能引起传染病传播的因素提出改进意见，协同有关部门采取必要的措施，进行卫生处理。

(四)食品药品监督管理机构

食品药品监督管理机构是综合监督食品、保健品、化妆品安全管理和主管药品监管的直属机构，负责对药品(包括中药材、中药饮片、中成药、化学原料药及其制剂、抗生素、生化药品、生物制品、诊断药品、放射性药品、麻醉药品、毒性药品、精神药品、医疗器械、卫生材料、医药包装材料等)的研究、生产、流通、使用进行行政监督和技术监督；负责食品、保健品、化妆品安全管理的综合监督、组织协调和依法组织开展对重大事故的查处；负责保健品的审批等。国家食品药品监督管理局于2003年4月16日正式挂牌成立，随后，地方机构相继成立。

(五)中医药管理机构

中医药管理机构是代表国家管理监督中医、中医中药结合、中西医结合以及民族医疗医药的监督机关。其主要职责：

(1)依据国家卫生、药品的有关政策和法律法规，研究拟定中医、中医中药结合、中西医结合以及民族医疗医药的方针、政策和发展战略；组织起草有关法律、法规并监督执行。

(2)根据各类卫生技术准则和中医药自身特点，拟定中医医疗、保健、中药、护理等有关人员的技术职务评定标准和医疗、保健、护理等人员执业资格标准并监督实施；参加制定国家基本药物目录和执业中药师资格标准。

(3)规划、指导和协调中医医疗、科研、教学机构的结构布局及其运行机制的改革；拟定各类中医医疗、保健等机构管理规范和技术标准并监督执行。

(4)对中医医疗、预防、保健、康复、护理及临床用药等进行监督和业务指导；依据有关规定在中医行业推行医药人员执业资格制度。

(5)研究和指导中西医结合工作，拟定有关管理规范和技术标准；监督和协调管理中西医结合的医疗、研究机构。

(6)研究和指导藏医、蒙医、维医等各民族医疗医药工作；组织各民族医疗医药的理论、医术、药物的发掘、整理、总结和提高；拟定和逐步完善相关的制度规范和技术标准；监督和协调管理各民族医疗、医药机构。

(7)拟定和组织实施中医药科学研究、技术开发规划，加强重点实验室建设；管理国家重大中医药科研项目，组织重大中医药科技成果的奖励、推广和保密工作。

(8)在国家教育方针指导下，组织拟定和实施中医药教育发展规划，加强中医药人才培养，注重中医药师承教育；对中医药教育质量进行监督和业务指导并在教育及实践中提高人才素质和专业水平。

(9)组织拟定中医药人员职业道德规范，倡导并监督医德医风建设，加强敬业爱岗宣传，提高中医行业人员思想道德素质和医疗保健服务质量。

(10)指导与协调中医药对外及香港特别行政区和澳门特别行政区、台湾地区的学术交流、人才培养和技术合作，推进中医药科学的国际传播。

(11)按规定权限负责局机关及直属单位的有关办公事务、人事管理和党群工作，联系相关中医药社会团体。

(12)承办国务院及卫计委交办的其他事项。

思考题

某区卫生监督机构在对某家医疗机构进行血液安全监督管理时，发现该医疗机构存在使用不合格血液的现象，同时意外发现这家医疗机构存在使用非医学专业技术人员从事医学专业活动的情况。

问题：1. 根据本案例谈谈卫生监督法律关系的产生、变更和消灭。

2. 请你指出本案例中卫生监督法律关系的主体、内容、客体。

第三章　卫生监督方式

教学目的

1. 掌握卫生许可的适用范围。
2. 掌握卫生行政处罚的种类。
3. 掌握卫生强制措施的实施方。
4. 熟悉卫生监督的其他手段。

案例分析

原告洪明珍，在泰州市主城区东园路 117 号沿街住宅楼(非商住楼)底层 101、102 室开办了一家小吃店。2005 年 9 月 30 日，洪明珍以“洪记小吃”为店名向泰州市卫生局申请领取制售快餐的卫生许可证。泰州市卫生局在受理、审查期间，接到与洪记小吃店同一住宅楼部分居民的投诉，反映洪记小吃店产生的噪声、油烟等环保问题，严重影响了住宅楼居民的日常生活和身体健康。故市卫生局以泰州市人民政府泰政复〔2002〕66 号文规定，自 2002 年 10 月 15 日起，不再批准在居民住宅楼内新建饮食娱乐经营场所为由，向洪明珍送达了不予批准通知书。洪明珍又于 2006 年 2 月 18 日，以“洪记小餐桌”的店名向泰州市卫生局申请卫生许可证，但许可范围由原来的制售快餐改为制售学生餐，考虑到经营范围的缩小，加之学生餐只有中午一顿，对周围环境影响不大，泰州市卫生局受理了原告的申请。由于审查期间多次接到同一住宅楼居民上访，泰州市卫生局以申请人未经环保评价合格为由，再次向洪明珍送达了不予批准通知书。洪明珍为此向泰州市人民政府提出行政复议，法制局以泰政复决字〔2006〕16 号下发行政复议决定书，认为环保评价合格并非卫生行政许可的法定条件，决定撤销被申请人做出的不予办理卫生行政许可的决定，被申请人对申请人的卫生行政许可申请重新审查。泰州市卫生局重新审查后，于 2006 年 7 月 22 日，向申请人洪明珍发放了卫生许可证。由于洪记小餐桌环保问题，泰州市环保局没有给予环境评价合格书，市工商行政管理局因环保前置不合格未发放营业执照，并牵头组织了取缔。为此，洪明珍分别把泰州市工商局、环保局、卫生局告上了海陵区人民法院，其中要求泰州市卫生局给其发放经济客饭的卫生许可证并赔偿经济损失 917900 元。法院经过审理，于 2006 年 10 月 12 日下达行政判决书，驳回原告洪明珍的两项诉讼请求。

请分析本案中卫生行政许可中存在的问题。

卫生监督手段是卫生行政部门为贯彻卫生法律规范，依法实施卫生监督职权过程中所采取的措施和方法。卫生监督的措施和方法主要有卫生法制宣传教育、卫生行政许可、卫生监督检查、卫生行政奖励、卫生行政强制、卫生行政处罚等。(来源：何建华课件，《行政许可证》知识解读——以案说法)

第一节　卫生法制宣传教育

一、卫生法制宣传教育的概念和意义

卫生法制宣传教育是指将卫生法律规范的基本原则、内容向社会做广泛的传播，使人们能够得到充分的认识、理解和教育，从而自觉地遵守卫生法律规范的一种活动。卫生法制宣传教育作为卫生行政部门普遍采用的一项手段，也是实施卫生法律规范的过程。其根本目的是通过卫生法制宣传教育，使公民、法人或其他组织了解卫生法、遵守卫生法、用好卫生法，以维护社会公共卫生秩序，维护公民、法人和其他组织的合法权益，保护人体健康。通过卫生法制宣传教育，可以使卫生行政相对人了解什么样的行为是合法的，什么样的行为是非法的、必须禁止且要受到制裁的，以使自己的行为符合卫生法律规范的要求。通过卫生法制宣传教育，将卫生监督置于公众的监督之下，有利于健全卫生监督工作，依法行政、严格执法。卫生法制宣传教育，可以使卫生行政执法人员明确自己在卫生监督工作中享有的权利和承担的义务，正确履行岗位职责，提高依法行政观念。

二、卫生法制宣传教育的形式

(一)一般性宣传教育

一般性宣传教育，是指通过电视、报纸、标语、图画等多种形式的宣传工具，向全社会进行广泛的卫生法制宣传，普及卫生法律知识，使人们受到教育。常见的形式有卫生系统开展法制宣传教育五年规划及其培训活动。就食品这一社会热点问题，2015 年修订的《食品安全法》第十条要求，各级人民政府应当加强食品安全的宣传教育，普及食品安全知识，鼓励社会组织、基层群众性自治组织、食品生产经营者开展食品安全法律、法规以及食品安全标准和知识的普及工作，倡导健康的饮食方式，增强消费者食品安全意识和自我保护能力。新闻媒体应当开展食品安全法律、法规以及食品安全标准和知识的公益宣传，并对食品安全违法行为进行舆论监督。《食品安全法》第四十四条还要求食品生产经营企业对职工进行食品安全知识培训。

一般性宣传教育存在的问题是由于政府投入宣教经费和卫生执法经费不足，卫生法制宣传教育滞后于当前社会发展的需要，对此应增加卫生法制宣传的经费投入，促使传播媒介机构、普法机构和卫生行政等部门切实担任起卫生普法的教育任务。

（二）具体宣传教育

具体宣传教育，是指卫生行政部门在具体的卫生监督活动中，通过纠正和处理相对人的违法行为，进行卫生法制宣传教育，真正做到惩罚与教育相结合。

针对性宣传教育现存的主要问题是宣传手段落后、内容单一、针对性不强以及对相对人法定培训考核不严格。卫生行政部门要加快开发易懂、生动、形象、内容丰富、易操作的多媒体卫生法制教学软硬件，以提高普法教学质量；对法定卫生知识、卫生法制要分类培训，突出行业特点进行针对性教育；严把考核关，开展实际基本技能操作和理论相结合的考核，达到考核的督促、监督作用。

第二节　卫生行政许可

一、卫生行政许可的概念

卫生行政许可是指卫生行政部门根据公民、法人或者其他组织的申请，按照卫生法律、法规、规章和卫生标准、规范进行审查，准予其从事与卫生管理有关的特定活动的行为。卫生行政许可是卫生监督的重要手段，在我国已成为一项独立的法律制度，即卫生行政许可证制度。这一制度规定了许可证的申请、核发、监督管理的系列规则，包括规定许可机关、许可范围、申请、审查、颁发许可证的具体程序以及监督检查、撤销、中止、更换、修改、废止许可证的方式、条件、期限和许可费用等内容的各种规则。

二、卫生行政许可的种类

卫生行政许可根据不同的标准，主要可以分为以下几种。

（一）一般许可和特殊许可

根据许可要求的不同，分为一般许可和特殊许可。

一般许可是指卫生行政部门对申请人没有特殊的数量限制和特别的要求，只要申请符合法定条件，卫生行政部门就给予许可或批准其申请。大多数卫生行政许可都属此类。例如，食品生产许可、食品流通许可、餐饮服务许可、公共场所的卫生许可等。

特殊许可是指卫生行政部门对申请人除规定了一般的法定条件外，还对申请人有特别限制的条件。例如，在一定区域内，医疗机构设置必须符合卫生资源配置区域规划的数量要求；又如，对采供血机构的设置必须由省级卫生行政部门统一规划，卫生行政部门不得随意批准设立采供血机构。

（二）行为许可和资格许可

根据许可性质的不同，分为行为许可和资格许可。

行为许可是指卫生行政部门根据相对人的申请，允许符合条件的相对人从事某种活动，采取某种行为的许可方式，如开业、生产、经营。大部分卫生行政许可属于行为许可，例如食品生产经营卫生许可证、医疗机构执业许可证等。

资格许可是指卫生行政部门根据相对人的申请，经过一定的考核程序核发一定的证明文书，允许其享有某种资格或具备某种能力。在我国，资格许可主要适用于专业性、技术性较强的行业和领域，如医师执业资格证书。若要从事某一行为，还必须在获得资格许可的基础上再次申领行为许可证，如取得医师执业资格后要从事医疗执业活动，还必须经过执业注册。

（三）公共卫生许可和医疗服务许可

根据许可内容的不同，分为公共卫生许可和医疗服务许可。

公共卫生许可：①食品生产许可、食品添加剂生产许可、食品流通许可、餐饮服务许可；②公共场所许可；③集中式供水单位卫生许可；④涉及饮用水卫生安全产品卫生许可；⑤化妆品生产企业、国产特殊用途化妆品、首次进口的化妆品、化妆品新原料卫生许可；⑥消毒产品生产企业、消毒药剂和消毒器械卫生许可；⑦射线装置工作许可证；⑧使用有毒物品作业场所职业卫生安全许可；⑨职业卫生技术服务机构资质认证、职业健康检查机构资质认证、职业病诊断机构资质认证；⑩三级、四级实验室从事高致病性病原微生物实验活动资格证书、取得资格证书的实验室从事高致病性病原微生物或疑似高致病性病原微生物实验活动许可，菌种、毒种和传染病检测样本采、运输、使用批准等；⑪利用新资源生产的食品、食品添加剂的新品集、保藏、携带种（含扩大使用范围）、进口无国家卫生标准食品、利用新原料生产食品容器、包装材料和食品用产品许可。

医疗服务许可：①医疗机构执业许可证；②中华人民共和国医师执业证书；③中华人民共和国护士执业证书；④大型医用设备配置许可证；⑤单采血浆许可证；⑥血站执业许可证；⑦中心血库采供血许可证；⑧射线装置工作许可证；⑨母婴保健技术服务执业许可证；⑩母婴保健技术考核合格证书；⑪医疗机构名称核准通知；⑫设置医疗机构批准书；⑬人类辅助生殖技术服务机构资质认定；⑭医疗广告证明（中医）。

三、卫生行政许可的设定

（一）行政许可设定的含义

行政许可设定，是指国家有关机关依照法定权限和法定程序创设行政许可规范的活动。设定行政许可，属于立法行为，是实施行政许可的基础。

（二）行政许可设定权的规定

《行政许可法》对行政许可设定权做了明确的规定：

（1）法律可以设定行政许可，尚未制定法律的，行政法规可以设定行政许可。

（2）尚未制定法律、行政法规的，地方性法规可以设定行政许可。

（3）法规、规章对实施行政许可做出的具体规定，不得增设行政许可，对行政许可条件做出的具体规定，不得增设违反上位法的其他条件。

（4）除法律、行政法规、地方性法规和省、自治区、直辖市人民政府规章外，其他规范性文件一律不得设定行政许可。

原卫生部《卫生行政许可管理办法》第四条规定，各级卫生行政部门实施卫生行政许可应当有下列法定依据：①法律、行政法规；②国务院决定；③地方性法规；④省、自治区、直辖市人民政府规章。各级卫生行政部门不得自行设定卫生行政许可项目，不得实施没有法定依据的卫生行政许可。

（三）卫生行政许可的范围

我国现行卫生法律、法规设定的卫生行政许可的项目和实施依据主要有：

（1）医疗机构设置及执业许可，法律依据：《医疗机构管理条例》。

（2）执业医师执业（含中医师）注册及执业证书核发，法律依据：《中华人民共和国执业医师法》和《中华人民共和国中医药条例》。

（3）设立造血干细胞资料库组织配型实验室审批，法律依据：原卫生部《非血缘造血干细胞移植技术管理规范》和《国务院对确需保留的行政审批项目设定行政许可的决定》。

（4）医疗机构开展戒毒脱瘾治疗审批，法律依据：《强制戒毒办法》。

（5）血站设置及单采血浆站许可，法律依据：《中华人民共和国献血法》《血站管理办法》和《血液制品管理条例》。

（6）医疗保健机构从事计划生育技术服务审批，法律依据：《计划生育技术服务管理条例》。

（7）母婴保健技术服务机构及服务人员执业许可，法律依据：《中华人民共和国母婴保健法》。

（8）计划生育技术服务机构从事产前诊断及使用辅助生育技术治疗不育症审批，法律依据：《计划生育技术服务管理条例》。

(9)中医医疗广告批准文号核发,法律依据:《中华人民共和国中医药条例》。

(10)运输高致病性病原微生物菌(毒)种或者样本审批,法律依据:《病原微生物实验室生物安全管理条例》。

(11)取得从事高致病性病原微生物实验活动资格证书的实验室从事某种高致病性病原微生物或者疑似高致病性病原微生物实验活动审批,法律依据:《病原微生物实验室生物安全管理条例》。

(12)使用二类传染病菌(毒)种单位审批,法律依据:《中华人民共和国传染病防治法》。

(13)职业卫生技术服务机构及职业健康检查、职业病诊断机构资质认证和职业病诊断医师资格认可,法律依据:《中华人民共和国职业病防治法》和《职业病诊断与鉴定管理办法》。

(14)消毒产品生产企业(一次性使用医疗用品的生产企业除外)卫生许可,法律依据:《中华人民共和国传染病防治法》和《国务院对确需保留的行政审批项目设定行政许可的决定》。

(15)放射诊疗技术及医用辐射机构许可和放射医疗工作人员证核发,法律依据:《放射性同位素与射线装置安全和防护条例》和《放射诊疗管理规定》。

(16)涉及饮用水卫生安全的产品卫生许可,法律依据:《国务院对确需保留的行政审批项目设定行政许可的决定》。

(17)医疗机构设置人类精子库审批和医疗机构开展人类辅助生殖技术许可,法律依据:《人类辅助生殖技术管理办法》《卫生部关于印发人类辅助生殖技术与人类精子库评审、审核和审批管理程序的通知》及国务院《关于第四批取消和调整行政审批项目的决定》将医疗机构开展人类辅助生殖技术和设置人类精子库的审批权限调整到省级卫生行政部门的规定。

(18)省立项新建、扩建、改建建设项目和技术改造、技术引进项目职业病危害预评价报告审核,法律依据:《中华人民共和国职业病防治法》(备注:放射诊疗)。

(19)公共场所卫生许可,法律依据:《公共场所卫生管理条例》。

(20)供水单位卫生许可,法律依据:《国务院对确需保留的行政审批项目设定行政许可的决定》。

(21)护士执业许可,法律依据:《护士条例》。

(22)乡村医生执业注册,法律依据:《乡村医生从业管理条例》。

(23)食品生产许可、食品流通许可、餐饮服务许可,法律依据:《食品安全法》《食品生产许可管理办法》《食品流通许可证管理办法》《餐饮服务许可管理办法》。

（四）卫生行政许可的形式

卫生行政许可的形式，是指卫生行政部门向申请人发放的行政许可证件的形式。

1. 许可证。

包括许可证、注册证、许可登记证、准许证、批件、批准文件、批准书和认可书等多种表现形式。我国现行的卫生许可证分为以下 5 个方面：①生产或经营许可证，如食品生产许可证、药品生产许可证、药品经营许可证和制剂许可证等；②卫生许可证，如公共场所卫生许可证、化妆品生产企业卫生许可证、集中式供水和二次供水设施清洗消毒单位卫生许可证等；③进出口许可证，如进口药品注册证、麻醉药品进出口准许证、精神药品进出口准许证等；④执业和工作许可（登记）证，如医疗机构执业许可证、单采血浆许可证、母婴保健技术服务执业许可证、大型医用设备配置许可证等；⑤批准文件和批准书，如新资源食品卫生审查批件、生产销售涉及饮用水卫生安全的产品卫生批准文件、设置医疗机构批准书等。

2. 批准文号。

对一些特殊产品，以颁发批准文号的方式给予行政许可并进行监督管理，是卫生行政许可区别于其他行业行政许可的一大特点，体现了对这些特殊限制的产品在进入生产和流通前的严格审查。目前，我国颁发批准文号的产品有药品和生物制品、化妆品、食品、生物材料和医疗仪器等四类。在实际工作中，上述产品的批准文号的颁发往往是与有关批件、产品证书的颁发结合在一起的。

3. 合格证书。

主要侧重于对与健康相关产品的审批和卫生服务人员的从业资格的管理。通常有以下 4 类：①产品证书，如新药证书；②健康合格证明，如食品生产经营人员健康证明；③执业证书，如医师执业证书；④其他证书，如预防接种证书。

四、卫生行政许可的效力

（一）许可证的效力

卫生行政许可属于重要的卫生行政执法行为，与被许可人的权益关系密切。卫生许可证一经颁发，即获得法律效力，具体体现在以下方面：

1. 证明力。

证明许可证持有者具有从事卫生法律法规所赋予的某种活动的权利和行为能力。

2. 确定力。

许可证一经颁发，即具有任何人都不得随意变更的效力。

3.拘束力。

被许可人取得卫生行政许可后，应当严格按照许可的条件和要求从事相应的活动。

(二)许可证的无效、失效、中止和吊销

1.许可证的无效是指由于申请人不当或违法获取许可证后被宣布该许可自始至终不发生法律效力。许可证无效多数是由于卫生行政部门的过失，也包括申请人采用不当方式取得许可。

《卫生行政许可管理办法》第五十七条规定："有下列情况之一的，作出卫生行政许可决定的卫生行政部门或者上级卫生行政部门，可以撤销卫生行政许可：(一)卫生行政部门工作人员滥用职权，玩忽职守，对不符合法定条件的申请人作出准予卫生行政许可决定的；(二)超越法定职权作出准予卫生行政许可决定的；(三)违反法定程序作出准予卫生行政许可决定的；(四)对不具备申请资格或者不符合法定条件的申请人准予卫生行政许可的；(五)依法可以撤销卫生行政许可决定的其他情形。被许可人以欺骗、贿赂等不正当手段取得卫生行政许可的，应当予以撤销。撤销卫生行政许可，可能对公共利益造成重大损失的，不予撤销。依照本条第一款的规定撤销卫生行政许可，被许可人的合法权益受到损害的，卫生行政部门应当依法予以赔偿。"

2.许可证的失效是指许可证有效期届满或许可活动业已完成，许可证不再具有法律效力。

《卫生行政许可管理办法》第五十八条规定："有下列情形之一的，卫生行政部门应当依法办理有关卫生行政许可的注销手续：(一)卫生行政许可复验期届满或者有效期届满未延续的；(二)赋予公民特定资格的卫生行政许可，该公民死亡或者丧失行为能力的；(三)法人或其他组织依法终止的；(四)卫生行政许可被依法撤销、撤回，或者卫生行政许可证件被依法吊销的；(五)因不可抗力导致卫生行政许可事项无法实施的；(六)法律、法规规定的应当注销卫生行政许可的其他情形。"

3.许可证的中止是指许可证暂时失去法律效力。

行政部门为制止许可证持有人的违法行为，有权命令许可证持有人暂时停止从事被许可的活动。中止期过后，许可证恢复其效力，被许可人可以重新从事许可活动。如果中止期过后，被许可人违法行为依然存在或更为严重，行政部门可吊销、注销许可证。例如，《卫生行政许可管理办法》第五十六条第二款规定："卫生行政部门发现被许可人从事卫生行政许可事项的活动，不符合其申请许可时的条件和要求的，应当责令改正；逾期不改正的，应当依法收回或者吊销卫生行政许可。"

4. 许可证的吊销是指许可证持有人违反许可证规定的内容，从事违法行为，行政部门撤销其许可证，使许可不再存在。许可证的吊销是对违法者的一种行政处罚。

五、卫生行政许可的法律责任

根据《卫生行政许可管理办法》第七章“法律责任”的规定，卫生行政许可法律责任具体分为：

（一）行政责任

1. 卫生行政部门及其工作人员违反规定，有下列行为之一的，由上级卫生行政部门责令改正；拒不改正或者有其他严重情形的，对直接负责的主管人员和其他直接责任人员依法给予行政处分：①对符合法定条件的卫生行政许可申请不予受理的；②不在卫生行政许可受理场所公示依法应当公示的材料的；③在受理、审查、决定卫生行政许可过程中，未向申请人、利害关系人履行法定告知义务的；④申请人提交的申请材料不齐全、不符合法定形式，能够一次告知而未一次告知申请人必须补正的全部内容的；⑤未向申请人说明不予受理或者不予卫生行政许可的理由的；⑥依法应当举行听证而不举行听证的。

2. 卫生行政部门及其工作人员违反本办法规定，有下列行为之一的，由上级卫生行政部门责令改正，并对直接负责的主管人员和其他直接责任人员依法给予行政处分：①对不符合法定条件的申请人准予卫生行政许可或者超越法定职权作出准予卫生行政许可决定的；②对符合法定条件的申请人不予卫生行政许可或者不在法定期限内做出准予卫生行政许可决定的；③索取或者收受财物或者谋取其他利益的；④法律、行政法规规定的其他违法情形。

3. 卫生行政部门不依法履行监督职责或者监督不力，造成严重后果的，由其上级卫生行政部门责令改正，并对直接负责的主管人员和其他责任人员依法给予行政处分。

4. 申请人提供虚假材料或者隐瞒真实情况的，卫生行政部门不予受理或者不予许可，并给予警告，申请人在 1 年内不得再次申请该许可事项。

5. 被许可人以欺骗、贿赂等不正当手段取得卫生行政许可的，卫生行政部门应当依法给予行政处罚，申请人在 3 年内不得再次申请该卫生行政许可。

6. 被许可人有下列行为之一的，卫生行政部门应当依法给予行政处罚：①涂改、倒卖、出租、出借或者以其他方式非法转让卫生行政许可证件的；②超越卫生行政许可范围进行活动的；③在卫生监督检查中提供虚假材料、隐瞒活动真实情况或者拒绝提供真实材料的；④应依法申请变更的事项未经批准擅自变更的；⑤法律、法规、规章规定的其他违法行为。

7. 公民、法人或者其他组织未经卫生行政许可，擅自从事依法应当取得卫生行政许可的活动的，由卫生行政部门依法采取措施予以制止，并依法给予行政处罚。

（二）刑事责任

1. 卫生行政部门及其工作人员违反规定，有下列行为之一，涉嫌构成犯罪的，移交司法机关追究刑事责任：①对不符合法定条件的申请人准予卫生行政许可或者超越法定职权做出准予卫生行政许可决定的；②对符合法定条件的申请人不予卫生行政许可或者不在法定期限内做出准予卫生行政许可决定的；③索取或者收受财物或者谋取其他利益的；④法律、行政法规规定的其他违法情形。

2. 卫生行政部门不依法履行监督职责或者监督不力，造成严重后果，涉嫌构成犯罪的，移交司法机关追究刑事责任。

3. 被许可人以欺骗、贿赂等不正当手段取得卫生行政许可，涉嫌构成犯罪的，移交司法机关追究刑事责任。

4. 被许可人有下列行为之一，涉嫌构成犯罪的，移交司法机关追究刑事责任：①涂改、倒卖、出租、出借或者以其他方式非法转让卫生行政许可证件的；②超越卫生行政许可范围进行活动的；③在卫生监督检查中提供虚假材料、隐瞒活动真实情况或者拒绝提供真实材料的；④应依法申请变更的事项未经批准擅自变更的；⑤法律、法规、规章规定的其他违法行为。

5. 公民、法人或者其他组织未经卫生行政许可，擅自从事依法应当取得卫生行政许可的活动，涉嫌构成犯罪的，移交司法机关追究刑事责任。

六、卫生行政许可的法律救济

根据《行政许可法》《行政复议法》《行政诉讼法》以及《最高人民法院关于审理行政许可案件若干问题》和《最高人民法院关于审理行政赔偿案件若干问题的规定》，公民、法人或者其他组织对卫生行政部门实施卫生行政许可享有陈述权、申辩权和依法要求听证的权利；有权依法申请行政复议或者提起行政诉讼；其合法权益因卫生行政部门违法实施卫生行政许可而受到损害的，有权依法要求赔偿。

第三节　卫生监督检查

一、卫生监督检查概述

（一）卫生监督检查的概念

卫生监督检查是指卫生行政部门为了实现卫生行政管理的目标和任务，依法对卫生行政相对人遵守卫生法律规范和履行卫生行政部门决定的情况进行察看、监督的卫生行政执法行为。

卫生监督检查是卫生监督主要的常用手段，也是做出行政处理决定的前提和基础。

（二）卫生监督检查的特征

1.依职权性。

卫生监督检查的主体是卫生行政部门及其卫生监督人员。

2.具体性。

卫生监督检查是行政监督检查具体行政行为之一，是针对特定的人、行为、事件与物进行特定的检查。

3.单方性。

卫生监督检查属于单方行为，卫生行政部门实施卫生监督检查无须以与相对人的合意为前提。

4.非处分性。

卫生监督检查不影响相对人的实体性权利义务，仅是卫生行政部门获得信息、调查取证的一种手段。如果监督检查发现相对人的违法行为，卫生行政部门将依法另行做出行政处罚等制裁性处理决定。

二、卫生监督检查的分类

（一）以被监督检查的对象是否特定，分为一般卫生监督检查和特定卫生监督检查

1.一般卫生监督检查，是指卫生行政部门对管辖范围内的行政管理对象遵守卫生法律、法规、规章的情况进行普遍的监督检查。

2.特定卫生监督检查，是指对某特定相对人遵守卫生法律、法规、规章的情况进行监督检查。

（二）以监督检查实施阶段不同，分为事前卫生监督检查、事中卫生监督检查和事后卫生监督检查

1.事前卫生监督检查，是指卫生监督检查的实施是在相对人的某一行为开始之前，其作用是防患于未然。例如，《职业病防治法》第十八条规定，职业病危害严重的建设项目的防护设施设计，应当经安全生产监督管理部门的卫生审查，符合国家职业卫生标准和卫生要求的，方可施工。

2.事中卫生监督检查，是指卫生监督检查的实施是在相对人的行为过程中，即行为开始之后、结束之前的整个阶段。

3.事后卫生监督检查，是指卫生监督检查的实施是在相对人的行为已经结束之后。

（三）以监督检查在时间上的不同，分为定期卫生监督检查和不定期卫生监督检查

1.定期卫生监督检查，是指卫生行政部门按照卫生监督检查工作计划和要求，相隔一段时间就要进行的有规律性的监督检查。例如，《医疗废物管理条例》第三十五条规定，县级以上地方人民政府卫生行政主管部门，应当对医疗卫生机构和医疗废物集中处置单位从事医疗废物的收集、运送、贮存、处置中的疾病防治工作，以及对工作人员的卫生防护等情况进行定期监督检查或者不定期的抽查。

2.不定期卫生监督检查，是指卫生行政部门没有固定时间间隔的卫生监督检查。

（四）以监督检查涉及范围不同，分为全面卫生监督检查与重点卫生监督检查

1.全面卫生监督检查，是指卫生行政部门在自己管辖范围内对所有相对人遵守卫生法律规范的情况实施全面的监督检查。

2.重点卫生监督检查，是指卫生行政部门针对局部范围内的相对人遵守卫生法律规范的情况实施的监督检查。例如，2015年修订的《中华人民共和国食品安全法》第一百零九条规定："县级以上地方人民政府组织本级食品药品监督管理、质量监督、农业行政等部门制定本行政区域的食品安全年度监督管理计划，向社会公布并组织实施。食品安全年度监督管理计划应当将下列事项作为监督管理的重点：（一）专供婴幼儿和其他特定人群的主辅食品；（二）保健食品生产过程中的添加行为和按照注册或者备案的技术要求组织生产的情况，保健食品标签、说明书以及宣传材料中有关功能宣传的情况；（三）发生食品安全事故风险较高的食品生产经营者；（四）食品安全风险监测结果表明可能存在食品安全隐患的事项。"

卫生监督检查根据卫生监督检查内容的不同，还可分为食品安全监督检查，医疗服务监督检查，职业卫生监督检查，放射卫生监督检查，公共场所卫生监督检查，传染病防治监督检查，学校卫生监督检查，化妆品、消毒产品、涉水产品监督检查等。

三、卫生监督检查的方式

卫生监督检查的方式，是指卫生行政部门为了达到卫生监督检查目的而采取的手段和措施。原卫生部《卫生监督员管理办法》第十五条规定，卫生监督员在法定范围内监督检查过程中可以行使下列职权：进行现场调查和监督记录，依

法取证和索取有关资料；进行现场采样，提出检测项目；对违反卫生法律、法规的单位和个人依法进行处理；参加对有害人体健康事故、假药案和疫情的调查处理。

卫生监督检查的方式主要有以下几种：

（一）调查

调查是获得第一手资料比较客观的方式，卫生行政部门通常都采用这种方式来查明相对人的守法情况。例如，《职业病防治法》第五十六条规定，卫生行政部门履行监督检查职责时，有权进入被检查单位和职业病危害现场，了解情况，调查取证。

调查作为卫生监督检查的一种方式，需要事先制定调查计划，明确具体的调查目的、要求、内容、方式、时间等。调查结束后，应当及时形成调查报告，全面客观地反映被调查的情况，并应有确凿的证据和翔实的资料，予以佐证。

（二）现场抽检和查验

现场抽检和查验是卫生监督检查的主要手段，是发现问题、消除隐患、总结经验的前提条件。

（三）查阅材料

查阅材料是卫生监督检查的重要手段，卫生监督机关通过对材料的核对、查证，判断其真实性、合法性，是了解和掌握相对人贯彻执行卫生法律规范的重要参考依据。查阅材料分为报送审查和就地审查。

（四）统计

凡是负有统计义务的相对人必须向主管机关如期上报相关的统计资料。卫生行政部门通过对统计数据的分析研究，掌握情况，发现问题，采取相应的行政措施。

2015 年修订的《食品安全法》第一百一十条就体现了多种卫生监督检查方式——县级以上人民政府食品药品监督管理、质量监督部门履行各自食品安全监督管理职责，有权采取下列措施，对生产经营者遵守本法的情况进行监督检查：①进入生产经营场所实施现场检查；②对生产经营的食品、食品添加剂、食品相关产品进行抽样检验；③查阅、复制有关合同、票据、账簿以及其他有关资料。

第四节　卫生行政奖励

一、卫生行政奖励的概念

卫生行政奖励是指卫生行政部门为鼓励先进，对自觉遵守卫生法律规范，为国家和社会做出较大贡献的卫生行政相对人依法给予精神利益或物质利益的行政行为。例如,《执业医师法》第三十三条规定,医师有下列情形之一的,县级以上人民政府卫生行政部门应当给予表彰或者奖励:①在执业活动中,医德高尚,事迹突出的;②对医学专业技术有重大突破,做出显著贡献的;③遇有自然灾害、传染病流行、突发重大伤亡事故及其他严重威胁人民生命健康的紧急情况时,救死扶伤、抢救诊疗表现突出的;④长期在边远贫困地区、少数民族地区条件艰苦的基层单位努力工作的;⑤国务院卫生行政部门规定应当予以表彰或者奖励的其他情形的。又如2015年修订的《食品安全法》第一百一十五条规定,对查证属实的举报,给予举报人奖励。

二、卫生行政奖励的原则

为了充分发挥卫生行政奖励的作用,在实施奖励行为时,一般应遵循以下原则:

1.奖励合法原则。

卫生行政奖励是一种依职权的行政行为,因此,主体是政府卫生行政部门;奖励的条件、内容、程序应当符合法律、法规的规定。

2.民主公正原则。

卫生行政奖励应坚持民主公正原则,奖励条件应当公布,奖励哪些单位、组织或个人,应当充分听取群众意见,增加卫生行政奖励的民主性和透明度。奖励必须公正合理,严格依条件评定。

3.功奖适应原则。

根据卫生法律、法规的规定,行政奖励分为若干种类和等级。成绩和贡献的大小不同,奖励的方式和等级也不一样。只有让每一个受奖者都能得到与他们所付出的劳动、取得的成绩、做出的贡献相适应的奖励,使其工作得到恰当的肯定和评价,才能使卫生行政奖励起到鼓励先进、鞭策后进的作用。

三、卫生行政奖励的种类

卫生行政奖励种类大致如下:

1.物质奖励,即发给受奖者有形的实物,如奖金、奖品等。

2.精神奖励,即给予受奖者某种荣誉,如表扬、记功、授予荣誉称号、颁发奖章、通令嘉奖等。

第五节　卫生行政处罚

一、卫生行政处罚的概念

卫生行政处罚是指卫生行政部门为维护公民健康，保护公民、法人或其他组织的合法权益，依法对相对人违反卫生行政法律规范、尚未构成犯罪的行为给予制裁的行政执法行为。具有以下特征：

1. 卫生行政处罚的主体是具有行政处罚权的卫生行政部门和卫生法律、法规授权的组织。

2. 卫生行政处罚的前提是相对人实施了违反卫生行政管理秩序的行为。

3. 卫生行政处罚是对违反卫生行政法律规范、尚未构成犯罪的相对人的制裁。如果相对人的行为触犯刑法，构成犯罪，就应当依法追究行为人的刑事责任，而不能以行政处罚代替刑事处罚。

4. 卫生行政处罚既要遵循卫生行政处罚的实体性规范，又要遵循卫生行政处罚的程序性规范。违反法定程序做出的卫生行政处罚归于无效。

二、卫生行政处罚的原则

(一)处罚法定原则

实施卫生行政处罚必须严格依照卫生法律、法规、规章的规定进行。

1. 处罚依据法定。

卫生行政部门对相对人实施行政处罚，必须有法律、法规或规章的明确规定，而且其设定的行政处罚必须符合法定的行政处罚设定权。超越法律规定的行政处罚设定权的法律规范不能作为行政处罚的依据；法律、法规、规章以外的其他规范性文件设定的处罚规定，也不能作为行政处罚的依据。

2. 处罚主体法定。

实施卫生行政处罚主体的职权是法定的。卫生行政处罚应当由法律、法规或者规章规定的具有卫生行政处罚权的卫生行政部门在其职权范围内依法实施。

3. 处罚程序法定。

卫生行政部门在实施卫生行政处罚时，应当严格依照法定程序进行。《行政处罚法》第三条规定，没有法定依据或者不遵守法定程序的，行政处罚无效。

实施卫生行政处罚，既要遵守《行政处罚法》的一般程序规定，又要遵守卫生行政主管部门依照《行政处罚法》制定的卫生行政处罚的具体程序规定，如原卫生部制定的《卫生行政处罚程序》《药品监督行政处罚程序规定》等。

（二）公正、公开原则

公正、公开原则，是指违法行为所应承担的责任和所受到的处罚相适应，即通常所说的“罚责相当”。

1. 公正原则。

公正原则要求：①卫生行政部门必须全面、客观、公正地调查、收集有关证据，查清违法行为的事实、性质、情节以及社会危害程度。②要以法律、法规、规章的明文规定为准绳，行使卫生行政处罚的自由裁量权时要合理、适当、公平，做到法律面前人人平等。③与案件有利害关系或与案件当事人有其他利害关系、可能影响案件公正处理的卫生监督人员，应当回避。

2. 公开原则。

主要体现在两个方面：一是，卫生行政处罚的规定要公开，即对违法行为给予行政处罚的规定必须公布；未经公布的，不得作为行政处罚的依据。二是，对违法行为的处罚决定、程序等要公开。

（三）处罚与教育相结合原则

通过卫生行政处罚纠正违法行为，进行宣传，教育其他公民、法人和其他组织自觉遵守卫生法律规范。

（四）权利救济原则

相对人对行政处罚不服的，有权依法申请行政复议或者提起法律诉讼，对因卫生行政机关违法给予行政处罚受到损害的有权依法提出赔偿要求。

三、卫生行政处罚的种类

《行政处罚法》规定了 7 种行政处罚的种类：①警告；②罚款；③没收违法所得、没收非法财物；④责令停产停业；⑤暂扣或者吊销许可证、暂扣或者吊销执照；⑥行政拘留；⑦法律、行政法规规定的其他行政处罚。按照行政处罚指向相对人权力的内容和性质，一般将上述几种行政处罚分为申诫罚、财产罚、能力罚和人身罚四大类。

（一）申诫罚

申诫罚，也称为声誉罚，以一定的方式对违反卫生法律规范的相对人在声誉上或名誉上进行惩戒。

警告，属于声誉罚，是指卫生行政部门对相对人违反卫生法律规范行为的谴责和训诫。其目的是通过给予相对人一种精神上的惩戒，以申明其有违法行为，并促使其以后不再违法，否则，就要受到更加严厉的制裁。警告是行政行为，必须由卫生行政部门以书面形式做出，并向本人宣布和送达本人，它不同于一般的口头批评教育。

(二)财产罚

财产罚,是指强制违反卫生法律规范的相对人履行金钱给付义务或者剥夺其财产的处罚。

1.罚款。

罚款是指卫生行政处罚主体强迫违法相对人缴纳一定数额的货币,依法使相对人的某些财产权遭到一定损失或被剥夺的处罚形式。

2.没收违法所得。

没收违法所得是指卫生行政处罚主体依法将相对人通过违法行为获得的财产收归国有的处罚形式。例如,2015 年修订的《食品安全法》第一百二十二条规定,违反本法规定,未取得食品生产经营许可从事食品生产经营活动,或者未取得食品添加剂生产许可从事食品添加剂生产活动的,由县级以上人民政府食品药品监督管理部门没收违法所得和违法生产经营的食品、食品添加剂以及用于违法生产经营的工具、设备、原料等物品;违法生产经营的食品、食品添加剂货值金额不足 1 万元的,并处 5 万元以上 10 万元以下罚款;货值金额 1 万元以上的,并处货值金额 10 倍以上 20 倍以下罚款。

没收违法所得与罚款的最大区别是:罚款指向的是合法财产,而没收违法所得指向的是非法财物。

3.没收非法财物。

没收非法财物是指卫生行政处罚主体依法将违禁物品或者违法相对人用以实施违法行为的工具予以收缴的处罚形式。违禁物品是指法律、法规禁止生产、销售、储存、运输的物品,如《食品安全法》规定禁止生产、销售的食品。用于实施违法行为的工具,主要包括非法获利的工具和与构成违法行为有关的物品,如非法行医的药品、器械、工具等。

(三)能力罚

能力罚,也称行为罚,是指影响相对人卫生行政法上的权利能力和行为能力的处罚。

1.责令停产停业。

责令停产停业是指卫生行政处罚主体责令违法相对人停止相关生产经营活动,从而剥夺或者限制违法相对人从事某种生产经营活动权利的处罚形式。责令停产停业具有以下特点:①通过限制或者剥夺违法相对人从事某种活动的能力,间接影响其财产权;②是对违法相对人处以不作为的义务;③只在一定时期内限制或剥夺违法相对人的生产经营权,如果违法相对人在法定期限内及时纠正,并履行了法定义务,仍可继续从事曾被停止的生产经营活动;④只适用于较严重的违法行为。

2.暂扣或者吊销许可证、执照。

暂扣或者吊销许可证、执照是指卫生行政部门依法暂时扣押或者撤销相对人已经获得的从事某种活动的资格证书,以限制或者剥夺相对人从事某种活动的特许权利和资格的处罚形式。

暂扣许可证、执照,是卫生行政部门对相对人采取的暂时中止其从事某种活动的权利和资格的处罚形式。被处以暂扣许可证、执照的相对人,在其改正违法行为或者经过一定时期后,再发还证件,恢复其行为资格,允许其重新享有该权利和资格。

吊销许可证、执照,是卫生行政部门撤销允许相对人从事某种活动的权利和资格的凭证,终止其继续从事所允许活动的处罚形式。吊销许可证、执照是对相对人的权利影响比较大、比较严重的一种处罚形式。例如,《执业医师法》第三十七条规定,医师在执业活动中,违反本法规定,有下列行为之一的,由县级以上人民政府卫生行政部门给予警告或者责令暂停六个月以上一年以下执业活动;情节严重的,吊销其执业证书;构成犯罪的,依法追究刑事责任:①违反卫生行政规章制度或者技术操作规范,造成严重后果的;②由于不负责任延误急危患者的抢救和诊治,造成严重后果的;③造成医疗责任事故的等。

(四)人身罚

人身罚,是指对公民的人身自由进行限制或者剥夺。根据《行政处罚法》规定,限制人身自由的行政处罚只能由公安行政机关做出。

四、卫生行政处罚的设定

行政处罚的设定,是指国家有关机关依照法定权限和法定程序创设行政处罚内容的活动。《行政处罚法》规定了不同位阶的法律规范性文件可以创设的行政处罚种类。

(一)法律的行政处罚设定权

1.可以设定各种行政处罚。

《行政处罚法》中规定的所有种类的行政处罚包括:警告、罚款、没收违法所得、没收非法财物、责令停产停业、暂扣或者吊销许可证、暂扣或者吊销执照、行政拘留,以及法律、行政法规规定的其他行政处罚。

2.限制人身自由的行政处罚只能由法律规定。

3.可以设定新种类的行政处罚。

除《行政处罚法》规定的六种具体行政处罚类外,法律还可以设定《行政处罚法》规定的"其他行政处罚"种类。

（二）行政法规的行政处罚设定权

1. 可以设定除限制人身自由以外的行政处罚，包括警告、罚款、责令停产停业、暂扣或吊销许可证、暂扣或吊销执照、没收违法所得、没收非法财物等。

2. 法律对违法行为已经做出行政处罚规定，行政法规需要做出具体规定的，可以在法律规定的给予行政处罚的行为、种类和幅度的范围内做出具体规定，但不得突破法律规定或与法律规定相抵触。

（三）地方性法规的行政处罚设定权

1. 可以设定除限制人身自由、吊销执照以外的行政处罚。因为吊销执照的行政处罚直接关系到相对人的生产、生活或生存的基本条件，因此，必须以全国统一的标准限制或剥夺，不允许地方立法设定。

2. 法律、行政法规对违法行为已经做出行政处罚规定，地方性法规需要做出具体规定的，必须在法律、行政法规规定的给予行政处罚的行为、种类和幅度的范围内规定。

（四）规章的行政处罚设定权

1. 可以在法律、行政法规规定的给予行政处罚的行为、种类和幅度的范围内做出具体规定。

2. 尚未制定法律、行政法规的，部门规章对违反行政管理秩序的行为，可以设定警告或者一定数量罚款的行政处罚。罚款的限额由国务院规定，如经营性的不超过 3 万元罚款，非经营性的不超过 1 万元罚款。

3. 尚未制定法律、法规（包括行政法规和地方法规）的，地方规章对违反行政管理秩序的行为，可以设定警告或者一定数量罚款的行政处罚。罚款的限额由省级人大常委会规定。

（五）非法律、法规、规章不得设定行政处罚

《行政处罚法》第十四条规定，除法律、行政法规、地方性法规、部门规章和地方规章可以设定行政处罚外，其他规范性文件不得设定行政处罚。

五、卫生行政处罚的适用

（一）卫生行政处罚适用的概念

卫生行政处罚的适用，是指享有卫生行政处罚权的机关在认定相对人违法的基础上，依照卫生法律规范规定的原则和具体方法，决定对相对人是否给予行政处罚和如何科以行政处罚，其必须符合以下条件：①卫生行政相对人的行为客观上违反了卫生法律规范的规定；②违法主体具有责任能力；③违法行为必须是卫生法律、法规、规章明确规定应当给予行政处罚的行为；④违法行为在法定的追诉时效期间。

（二）卫生行政处罚适用的基本原则

1.先调查取证后裁决原则。

只有首先通过全面、客观、公正的调查，收集有关证据，查明有无违法事实的存在，才能以客观事实为依据，依法做出裁决。没有违法事实或者违法事实不清的，不得给予行政处罚。

2.纠正违法行为原则。

实施行政处罚的根本目的是维护社会公共卫生利益和社会秩序，保护公民、法人或者其他组织的合法权益，该原则的确立是为了纠正违法行为，教育公民、法人和其他组织自觉守法。

3.一事不再罚原则。

它是指对违法行为人的同一个违法行为，不得以同一事实和同一依据，给予两次以上罚款的处罚。其目的在于防止重复处罚，以保护当事人的合法权益。主要有以下几种情况：①同一违法行为违反了一个法律规范，由一个卫生行政部门处罚的，该卫生行政部门不得以任何理由给予违法行为人两次以上的罚款处罚；②同一违法行为违反了一个法律规范，而两个以上卫生行政部门有处罚权的，应由其中的一个给予罚款处罚，另一个机关不得以同一事实和理由再给予罚款处罚；③一个违法行为违反了两个以上的法律规范，依法分别有两个以上的行政部门有行政处罚权的，若一个行政部门已经给予了一次罚款处罚的，其他行政机关就不能再给予罚款的处罚，但可以依法处以吊销证照等其他种类的行政处罚。

（三）卫生行政处罚的适用规则

1.责令改正。

《行政处罚法》规定："行政机关实施行政处罚时，应当责令当事人改正或者限期改正违法行为。"我国现行卫生法律、法规在规定有关行政处罚时，大多同时附有责令改正违法行为的规定。例如，《献血法》第二十条规定，临床用血的包装、储存、运输，不符合国家规定的卫生标准和要求的，由县级以上地方人民政府卫生行政部门责令改正，给予警告，可以并处1万元以下的罚款。

2.不予处罚。

不予处罚是指行为人虽然实施了违法行为，但在符合法定情形的特殊情况下，可以不追究行政责任，不予以行政处罚。根据《行政处罚法》第二十五、二十六和二十七条规定，下列情况不予处罚：①不满14周岁的人有违法行为的；②精神病人在不能辨认或者控制自己行为时有违法行为的；③违法行为轻微并及时纠正，没有造成后果的。

3. 从轻或者减轻处罚。

从轻处罚，是指卫生行政部门在法定的处罚种类和幅度内，适用较轻的处罚种类或者在处罚幅度范围内适用较轻的处罚。减轻处罚，是指卫生行政部门在法定最低限度以下适用处罚。根据《行政处罚法》第二十五、二十七条规定，①已满 14 周岁不满 18 周岁的未成年人实施违法行为的，从轻或者减轻行政处罚；②当事人有下列情形之一的，应当依法从轻或者减轻行政处罚：一是主动消除或者减轻违法行为危害后果的，二是受他人胁迫有违法行为的，三是配合行政机关查处违法行为有立功表现的，四是其他依法从轻或者减轻行政处罚的。

4. 从重处罚。

从重处罚是指卫生行政部门在法定的处罚种类和幅度内，适用较重的处罚种类或者在处罚幅度范围内适用较重的处罚。但《行政处罚法》对从重处罚的适用情节未做规定，只在一些具体的单行法律、法规中有规定。例如，2015 年修订的《食品安全法》第一百二十八条规定，违反本法规定，事故单位在发生食品安全事故后未进行处置、报告的，由有关主管部门按照各自职责分工，责令改正，给予警告；隐匿、伪造、毁灭有关证据的，责令停产停业，没收违法所得，并处 10 万元以上 50 万元以下罚款；造成严重后果的，吊销许可证。

5. 行政处罚与刑事处罚的合并适用。

行政处罚与刑事处罚的合并适用是指相对人实施的违法行为既违反行政管理秩序，又触犯刑律构成犯罪时，由于违法行为的竞合而产生的处罚竞合。在具体适用处罚时，一般采用以下三种形式：

（1）择一处罚：一方面对行为人已经依法追究刑事责任，足以达到惩处和预防违法目的的，就不再另行给予行政处罚；但是另一方面，对已经构成犯罪的相对人，应当依法追究刑事责任的，行政机关必须将案件移送司法机关，不得以行政处罚代替刑事处罚。只有在犯罪行为情节轻微，依法免予刑事处罚的情况下，行政机关才可以根据案件的具体情节给予行政处罚。

（2）对违法行为人既要追究刑事责任，又要给予行政处罚。例如，《医疗事故处理条例》第五十五条规定，对负有责任的医务人员依照刑法关于医疗事故罪的规定，依法追究刑事责任；尚不够刑事处罚的，依法给予行政处分或者纪律处分。对发生医疗事故的有关医务人员，除依照前款处罚外，卫生行政部门并可以责令暂停 6 个月以上 1 年以下执业活动；情节严重的，吊销其执业证书。

（3）折抵处罚：适用于行政处罚与刑事处罚在同一案件既涉及限制人身自由又涉及剥夺金钱等内容的处罚。《行政处罚法》第二十八条规定，违法行为构成犯罪，人民法院判处拘役或者有期徒刑时，行政机关已经给予当事人行政拘留的，应当依法折抵相应刑期。违法行为构成犯罪，人民法院判处罚金时，行政机关已经给予当事人罚款的，应当折抵相应罚金。

6.对违法行为的追诉时效。

对违法行为的追诉时效是指对违反卫生行政管理秩序的相对人依法追究行政责任，予以行政处罚的有效期限。《行政处罚法》第二十九条规定，违法行为在两年内未被发现的，不再给予行政处罚。法律另有规定的除外。

第六节 卫生行政强制

一、卫生行政强制的概念

卫生行政强制措施，是指卫生行政部门为实现卫生监督目的，预防和控制对健康的危害，防止危害因素扩散，依据有关卫生法律、法规的规定，对相对人的财产、人身，对特定的区域或场所等实施的暂时性控制的行为。具有以下特征：

1.暂时性。

卫生行政强制措施是紧急情况下的应急性手段，紧急情况和危险性消失即可以解除控制，不是最终行政行为。

2.强制性。

卫生行政强制措施是卫生行政部门依据自身职权直接对特定的主体行为、特定的物品、特定的场所和区域产生效力做出控制。

3.保全性。

卫生行政强制措施最终是为了保障卫生行政决定的合法有效实施，并不对相对方已有的权利予以剥夺，因此不是一种惩罚。

二、卫生行政强制措施的原则

1.法定原则。

卫生行政强制是对公民、法人或者其他组织权益产生深刻影响的公共权力，它不能来自一般授权，必须来自法律、法规的特别授权，严禁主体自我授权卫生行政强制。卫生行政强制法定原则要求：(1)法律优位。行政法规、地方性法规和规章都不得与法律相抵触，所有卫生行政强制行为都要与法律规定相一致。(2)法律保留。法律保留即有些强制措施必须由法律做出规定，法律之外的行政法规、地方性法规都不得做出规定。我国《行政强制法》比较全面地体现了行政强制法定原则的要求，包括：第一，明确规定行政强制的设定和实施，应当依照法定的权限、范围、条件和程序。第二，明确规定法律对行政强制措施的对象、条件、种类做了规定的，行政法规、地方性法规不得做出扩大规定；法律中未设定行政强制措施的，行政法规、地方性法规不得设定行政强制措施。第三，明确规定行政强制措施由法律设定。尚未制定法律，且属于国务院行政管理职权事项的，行政法规可以设定除限制公民人身自由、冻结存款汇款和应当由法律规定的行政措施以外的其他行政强制措施。

2.适当原则。

我国《行政强制法》第五条规定，行政强制的设定和实施，应当适当。采用非强制手段可以达到行政管理目的的，不得设定和实施行政强制。具体在卫生强制措施中要求：(1)设定卫生行政强制措施要合理，要在合法的前提下，在最大限度地保护公民健康权益不受侵害的前提下，同时兼顾相对人的权益；(2)对于卫生违法行为和卫生危害事件，能够采用非强制方式得以解决的，不应实施卫生行政强制措施，能够使用较轻卫生行政强制措施解决的，不应适用较重的卫生行政强制措施；(3)实施卫生行政强制措施，应当充分考虑一切相关的合理因素，对相对人有利的因素不应当被忽略；(4)最大限度地保护社会公共卫生利益和公民健康权益，尽可能地使相对人的损害缩减到最小的程度。

3.应急原则。

行政应急性原则是指在特殊的紧急情况下，出于国家安全、社会公共利益的需要，行政机关可以采取没有明确法律依据的或与通常状态下的法律规定相抵触的措施。它是现代行政法治原则的重要内容，是合法性原则的例外。一般而言，行政应急权力的行使应符合四个条件：一是存在明确无误的紧急危险；二是非法定机关不得行使应急权力，否则无效，除非事后经有权机关做出特别决定予以追认；三是行政机关做出应急行为时应接受有权机关的监督，尤其是权力机关的监督；四是应急性权力的行使应该适当，应将负面损害控制在最小的范围内。

卫生行政部门对非常紧急的卫生事件可以依法采取非常措施，控制违法行为的扩散和危害的扩大，以保护公民的健康权益。在紧急情况下，卫生行政部门、卫生监督人员还可以在获得卫生行政部门首长的明确授权或批准的情况下，先行实施卫生监督强制措施，而后再向卫生行政部门、行政首长报告，取得追认。如果不经追认则是违背法治原则的行为。

4.教育与强制相结合的原则。

主要表现为：在采取卫生行政强制之前，应当先告诫相对人并且通过说服教育，给予相对人依法自觉履行法定义务的机会。只有经过说服教育相对人仍不自觉履行法定义务时，才能实行强制。

5.禁止谋利原则。

《行政强制法》第七条规定，行政机关及其工作人员不得利用行政强制权为单位或者个人谋取利益。

6.救济原则。

《行政强制法》第八条规定,公民、法人或者其他组织对行政机关实施行政强制,享有陈述权、申辩权;有权依法申请行政复议或者提起行政诉讼;因行政机关违法实施行政强制受到损害的,有权依法要求赔偿。公民、法人或者其他组织因人民法院在强制执行中有违法行为或者扩大强制执行范围受到损害的,有权依法要求赔偿。

三、卫生行政强制措施的实施方式

1.限制公民人身自由的卫生行政强制措施。

主要有:(1)强制隔离治疗。强制隔离治疗,是指在指定场所进行医学观察和采取其他必要的预防措施。这种措施主要是针对患有法定传染病病人或疑似病人采取的强制措施,禁止其与外界接触并强制其接受治疗的行政强制措施。例如,《传染病防治法》第三十九条规定,医疗机构发现甲类传染病时,应当及时采取下列措施:对病人、病原携带者,予以隔离治疗,隔离期限根据医学检查结果确定;对疑似病人,确诊前在指定场所单独隔离治疗;对医疗机构内的病人、病原携带者、疑似病人的密切接触者,在指定场所进行医学观察和采取其他必要的预防措施。拒绝隔离治疗或者隔离期未满擅自脱离隔离治疗的,可以由公安机关协助医疗机构采取强制隔离治疗措施。《突发公共卫生应急条例》第四十四条规定,在突发事件中需要接受隔离治疗、医学观察措施的病人、疑似病人和传染病病人密切接触者在卫生行政主管部门或者有关机构采取医学措施时应当予以配合;拒绝配合的,由公安机关依法协助强制执行。

(2)强制隔离戒毒。强制隔离戒毒,是指公安机关实施的对吸毒成瘾人员,在一定时期内强制隔离,并进行药物治疗、心理治疗和法制教育、道德教育,使其戒除毒瘾的一种行政强制措施。《禁毒法》第三十七条规定,医疗机构根据戒毒治疗的需要,可以对接受戒毒治疗的戒毒人员进行身体和所携带物品的检查;对在治疗期间有人身危险的,可以采取必要的临时保护性约束措施。第三十八条规定,吸毒成瘾人员有下列情形之一的,由县级以上人民政府公安机关做出强制隔离戒毒的决定:拒绝接受社区戒毒的;在社区戒毒期间吸食、注射毒品的;严重违反社区戒毒协议的;经社区戒毒、强制隔离戒毒后再次吸食、注射毒品的。对于吸毒成瘾严重,通过社区戒毒难以戒除毒瘾的人员,公安机关可以直接做出强制隔离戒毒的决定。

(3)收容教育。收容教育,是指对卖淫、嫖娼人员集中进行法律教育和道德教育、组织参加生产劳动以及进行性病检查、治疗的行政强制措施。

2.对财产的卫生行政强制措施。

主要有封存、查封和扣押，强制销毁，卫生处理、查验、检验、征用、强制补救措施等。例如新修订的《食品安全法》第一百一十条规定，县级以上人民政府食品药品监督管理、质量监督部门履行各自食品安全监督管理职责，有权实施以下措施：查封、扣押有证据证明不符合食品安全标准或者有证据证明存在安全隐患以及用于违法生产经营的食品、食品添加剂、食品相关产品；查封违法从事生产经营活动的场所。《国境卫生检疫法》第十四条规定，国境卫生检疫机关对来自疫区的、被检疫传染病污染的或者可能成为检疫传染病传播媒介的行李、货物、邮包等物品，应当进行卫生检查，实施消毒、除鼠、除虫或者其他卫生处理。

3.对场所的卫生行政强制措施。

主要有对某些场所的强制消毒、强制封锁、限制出入等。例如《传染病防治法》第四十二条规定，传染病暴发、流行时，县级以上地方人民政府应当立即组织力量，按照预防、控制预案进行防治，切断传染病的传播途径，必要时，报经上一级地方政府决定，可以采取限制或者停止集市、集会、影剧院演出或者其他人群聚集活动的紧急措施。

4.对区域的卫生行政强制措施。

主要有宣布疫区、疫区封锁、封锁国境等。例如，《传染病防治法》第四十三条规定，甲类、乙类传染病暴发、流行时，县级以上地方人民政府报经上一级人民政府决定，可以宣布本行政区域部分或者全部为疫区；国务院可以决定并宣布跨省、自治区、直辖市的疫区。县级以上地方人民政府可以在疫区内采取本法第四十二条规定的紧急措施，并可以对出入疫区的人员、物资和交通工具实施卫生检疫。省、自治区、直辖市人民政府可以决定对本行政区域内的甲类传染病疫区实施封锁；但是，封锁大、中城市的疫区或者封锁跨省、自治区、直辖市的疫区，以及封锁疫区导致中断干线交通或者封锁国境的，由国务院决定。疫区封锁的解除，由原决定机关决定并宣布。

5.纠正和制止性卫生行政强制措施。

采用最多的方式是取缔。取缔，是指卫生行政部门在卫生监督中发现有关的卫生违法活动时，明令对该项活动予以取消和禁止的一种强制措施。

取缔并不是卫生监督所特有的行政强制措施，它是各类行政执法都普遍适用的一种行政强制措施。这里需要指出的是，不能将取缔这一强制措施与行政处罚相混淆。行政处罚最突出的一点是要损害被处罚主体的利益，使其财产权、人身权、能力权相应地受到损害，甚至是剥夺；而取缔只是取消违法行为，使之恢复到原本的合法状态，并没有实质上损害相对方的某种“权利”。原卫生部在《关于对执行中有关问题的批复》（卫法监发〔1998〕第15号）中指出，卫生行政部门对未经批准开办医疗机构行医或者非医师行医的违法行为进行取缔，是一种行政强制措施，不是行政处罚，不适用《行政处罚法》第四十二条关于听证程序的规定。又如，《献血法》第十八条规定，对非法采集血液、非法组织他人出卖血液等，由县级以上地方人民政府卫生行政部门予以取缔。

四、卫生行政强制的执行

（一）卫生行政强制执行的概念

卫生行政强制执行，是指卫生行政机关申请人民法院，对不履行行政决定的公民、法人或者其他组织，依法强制履行义务的行为。具有以下特征：

1.以相对人不履行行政法上的义务为前提。

2.相对人在法定期限内不申请行政复议或不向人民法院提起行政诉讼。

3.卫生行政强制执行只能由人民法院实施，卫生行政机关没有权力对相对人直接采取强制执行措施，只能向人民法院提出强制执行的申请，由人民法院执行。《行政强制法》第十三条规定，行政强制执行由法律设定。法律没有规定行政机关强制执行的，做出行政决定的行政机关应当申请人民法院强制执行。

4.卫生行政强制执行是对具体行政行为的执行。

5.卫生行政强制执行允许执行和解。

《行政强制法》第四十二条规定，实施行政强制执行，行政机关可以在不损害公共利益和他人合法权益的情况下，与当事人达成执行协议。执行协议可以约定分阶段履行；当事人采取补救措施的，可以减免加处的罚款或者滞纳金。

（二）卫生行政强制执行的方式

人民法院根据卫生行政部门的申请，实施强制执行的方式通常有以下几种：

1.加处罚款或者滞纳金。

加处罚款或者滞纳金是指行政机关对不履行法定义务或者行政决定确定的金钱给付义务的当事人，可用新的金钱给付义务，迫使其履行义务的执行方式。

2.划拨存款、汇款。

划拨存款、汇款是指行政机关对拒不履行金钱给付义务的当事人，直接划取其存款、汇款的执行方式。

3.拍卖或者依法处理查封、扣押的场所、设施或者财物。

拍卖或者依法处理查封、扣押的场所、设施或者财物是指行政机关对不履行金钱给付义务的当事人，将当事人被查封、扣押的场所、设施或者财物采取拍卖、变卖等方式进行处理，拍卖或者处理所得抵缴罚款等的执行方式。依照法律、法规规定有权查封、扣押场所、设施或者财物并且已经实施了查封、扣押措施的行政机关才可以采取这种行政强制执行方式。

思考题

1. 什么是卫生行政许可？它有哪些特征？
2. 卫生行政许可的范围和形式是什么？
3. 卫生行政处罚适用的规则有哪些？
4. 卫生行政强制措施实施的方式有哪些？
5. 卫生行政强制执行与卫生强制措施的区别有哪些？

第四章　卫生监督依据

教学目的

1. 掌握卫生监督依据的概念、分类及意义。

2. 熟悉政策依据、法律依据、技术依据、事实依据(证据)四个分类下的主要政策法规。

3. 坚持理论与实践相结合,对出现的卫生监督问题能判断出其适用的依据。

案例分析

2003年4月18日,贵州省黔东南州卫生监督所接到某公司15人的联名信,称该公司自2001年成立以来,拒绝对劳动者进行职业性健康检查,县卫生监督机构先后3次对该公司的职业卫生工作提出整改意见,均未能引起公司领导重视,职工为此反应强烈。接报后,所领导十分重视,立即组织专人负责对本案进行调查处理。

该公司为某县招商引资企业,于2001年3月建成投产,未经当地卫生行政部门审查批准,即竣工投产。对从事接触职业危害作业的劳动者没有依法组织上岗前、在岗期间的职业卫生知识培训和职业性健康检查,违反了《中华人民共和国职业病防治法》第三十一、三十二条的规定。案件调查终结后依法做出处罚:①立即改正违法行为;②罚款2万元。该公司接到行政处罚事先告知书后,其负责人称"目前企业正处于扩建阶段,经费困难,要求减轻处罚"并提出书面申请,同时该县政府也派专人到州卫生监督所为企业说情。州卫生监督所经咨询有关专业律师后认为"对方态度好,没有造成严重后果的可以改变处罚幅度"。为此,经集体讨论,做出由罚款2万元降为1万元的卫生行政处罚,并报经卫生行政部门负责人批准。罚款于2003年5月25日上缴当地财政,本案就此结案。(来源:中华人民共和国卫生部.卫生监督案例汇编.北京:法律出版社,2007.贵州省黔东南州卫生监督所提供)

问题:1. 本案在事实与证据方面应进一步阐述清楚哪些证据?

2. 本案行政处罚在法律适用方面有哪些值得商榷的问题?

第一节　卫生监督依据概述

一、卫生监督依据的概念

卫生监督依据(basis of health supervision)是指卫生监督活动借以成立的依据。卫生监督作为国家管理社会卫生事务的一项政府职能,是卫生监督主体在党和国家卫生政策的指导下,依据法定职权,将卫生法律规范,包括技术法规适用于现实社会卫生关系,依法处理具体卫生行政事务的活动。因此,卫生法律、法规、规章和技术法规既是卫生监督主体赖以存在并拥有卫生监督公共职权的根源,也是卫生监督主体实施各项卫生监督职能和做出各种卫生监督行为的依据。

二、卫生监督依据的分类及意义

卫生监督依据可分为:政策依据、法律依据、技术依据、事实依据(证据)。对卫生监督依据的归类和细化,是深化卫生监督体制改革的需要,也是依法行政的需要。2000 年《关于卫生监督体制改革的意见》的出台,推进了各级政府卫生行政部门卫生法制与监督职能的统一领导,各级卫生监督机构逐步建立,卫生监督执法体系基本形成。以往卫生行政执法一直处于一种严格、细致的专业化状态,执法队伍分散,力量薄弱。执法活动是以同一种卫生行政职权的分解状态对应不同的相对人的不同行为,形成一个行政主体对一个相对人在行使行政职权上的多次重复再现。卫生监督综合执法是相对于单专业执法、单项目执法的过细的专业化分工执法活动而言的,即将多年来卫生行政执法中的分散状态相对集中,统一对社会进行卫生行政执法行为,也就是卫生行政执法主体一次性的监督检查行为,可以同时对相对人各种与卫生相关的行为实施检查,从而克服过去那种对一个相对人的卫生行政职权重复行使问题。为进一步深化卫生监督体制改革,提高卫生行政执法质量和效率,把建立新的卫生监督运行机制作为卫生监督体制改革的基本目标势在必行。实行卫生监督综合执法是卫生监督体制改革的重要内容,是建立新的卫生监督运行机制的重要方面,直接关系到卫生监督体制改革的成功与否,其意义重大,迫切需要进行。

卫生监督综合执法的目标和措施,与依法治国的基本方略、依法行政的基本原则是完全一致的,符合社会法制统一的原则,符合法律规定的相对集中行政处罚权的基本精神。卫生行政部门依法开展卫生监督工作,保证了国家法律、法规的贯彻实施,对规范社会卫生行为,保障人民身体健康和生命安全,促进经济发展，维护社会稳定，发挥了重要作用。卫生监督依据的分类是卫生监督综合执法的要求。

第二节　卫生监督政策依据

一、卫生监督政策依据的概念

政策是党和国家为实现一定历史阶段的任务而制定的行动纲领或准则。卫生监督政策依据，一般是指党的机关、权力机关、行政机关等在一定的时期制定的对卫生监督具有规范性、指导性的有关政策性文件。卫生监督主体在实施卫生监督的过程中，对这些文件都需要贯彻执行，应当作为卫生监督的依据。例如，《中共中央国务院关于深化医药卫生体制改革的意见》提出，建立严格有效的医药卫生监管体制，强化医疗卫生监管，健全卫生监督执法体系，加强城乡卫生监督机构能力建设，强化医疗卫生服务行为和质量监管，完善医疗卫生服务标准和质量评价体系，规范管理制度和工作流程，加快制定统一的疾病诊疗规范，健全医疗卫生服务质量监测网络，加强医疗卫生机构的准入和运行监管，加强对生活饮用水安全、职业危害防治、食品安全、医疗废弃物处置等社会公共卫生的监管。依法严厉打击各种危害人民群众身体健康和生命安全的违法行为，加强药品监管，强化政府监管责任，完善监管体系建设，严格药品研究、生产、流通、使用、价格和广告的监管。推进依法行政，严格、规范执法，切实提高各级政府运用法律手段发展和管理医药卫生事业的能力，这是现阶段我国卫生监督必须贯彻落实的重要政策依据。

二、政策与法律的关系

（一）政策与法律的相同点

在我国，政策与法律在经济基础、体现的意志、思想理论基础和根本任务等方面都是一致的：①都建立在社会主义经济基础之上，由社会主义经济基础决定并为其服务；②体现的是广大人民的意志和共同利益；③都以马克思列宁主义、毛泽东思想、邓小平理论和“三个代表”重要思想作为指导思想；④都以促进和保障社会主义建设事业、促进社会生产力发展、促进社会进步为己任。

（二）政策与法律的区别

政策与法律在制定机关和程序、表现形式、调整的范围和方式、稳定性程度等方面，都有区别。①制定主体：有政府制定的国家政策，有党制定的政策，有地方机关制定的地方政策，有党和国家针对某一方面制定的具体政策，如宗教政策、民族政策、外交政策等；法律是由国家机关依据法定程序通过制定和认可的方式创制的。②表现形式：政策的表现形式通常采用纲领、决议、宣言、社论等，其内容比较原则、概括，很少以具体的条文来表述；法律通常采用成文法的形式表现出来，我国法律的表现形式有宪法、法律、行政法规、规章等，也有的国家采取判例法的形式。③调整范围：政策调整的范围非常广泛，不仅要处理已经发生的问题，而且要对正在形成或将要出现的问题做出反应，因而可以采取灵活多样的措施，具有较大的灵活性；法律调整的对象往往是较为稳定的社会关系，是对既有社会关系的确认、保护和控制，法律一旦制定出来，就要相对稳定地存在一个时期，不能朝令夕改。④实施方式：政策主要依靠宣传动员和说服教育来实施；法律以国家强制力保证其实施。

在我国，政策与法律的关系一直是社会主义法制建设过程中面临的一个突出的问题，要正确认识和把握政策与法律的关系。一方面，坚持依法治国的同时，不能完全忽视政策的作用，在复杂变化的社会中，政策具有不可替代的地位和重要性；另一方面，也要反对政策至上的倾向，把政策当成社会调整的主要手段。不仅要依靠政策，还要依靠法律，党对国家的领导，需要通过国家政权来实现，而国家政权的组织和运作仅仅依靠政策是远远不够的。现代国家应当是实行民主政治和法治的国家，我们要建立社会主义法治国家，不仅需要政策，更需要法律，应该坚持依法办事，维护法律的稳定性和权威性，同时又要根据新政策的精神适时地对法律做出修订，以使政策和法律的内容和原则互相协调。

三、政策对卫生监督的作用

在我国，政策与法律作为两种社会规范、两种社会调整手段，均承担着各自的职能，发挥着各自不可替代的作用。政策对卫生监督的作用，主要表现在以下几个方面：

（一）指导卫生监督立法

政策指导卫生监督的立法工作，并调整、修改有关的卫生管理的法规和规章，及时调整卫生监督的重点和计划。党的政策以科学的世界观、方法论为理论基础，正确反映客观规律，是对人民共同意志和利益的高度概括和集中体现。以党的政策为依据制定卫生监督法律、法规，在整个立法过程中，参考当时国家和党的政策的总体精神，体现党的行动纲领和一些基本的国策，对一些经过检验比较成熟的政策，通过法定机关和程序将其上升为法律规范。

（二）指导卫生监督法律规范的适用

政策指导卫生监督主体正确地适用卫生法律、法规和规章，处理相关的卫生事务，做出恰当的裁量。政策对卫生法律规范的执行具有指导作用。卫生监督主体在执法过程中,不仅要通晓卫生法律规范,而且要熟悉国家和党在各个时期所制定的政策,具有较高的政策水平。只有这样,才可能正确地适用卫生法律、法规和规章,处理相关的卫生事务,做出恰当的裁量。

(三)指导卫生监督措施的实施

政策指导卫生监督主体在国家尚未立法的有关方面实施必要的卫生监督措施。政策能及时反映客观情况,因而在卫生监督主体的卫生执法过程中,在卫生法律规范不明确、不具体,甚至没有法律规定而又需要对事务加以处理的情况下,它可以作为法律的非正式来源,有代行法律的作用,弥补法律规范的不足。

第三节　卫生监督法律依据

一、卫生监督法律依据的概念

卫生监督法律依据,是指卫生监督主体在实施卫生监督,做出卫生监督行为时遵照执行的法律、法规和规章的总和。《行政处罚法》第三条规定:“公民、法人或者其他组织违反行政管理秩序的行为,应当给予行政处罚的,依照本法由法律、法规或者规章规定,并由行政机关依照本法规定的程序实施。没有法定依据或者不遵守法定程序的,行政处罚无效。”因此,卫生监督主体在实施卫生监督,做出卫生监督行为时必须以相应的法律、法规和规章作为依据,没有法定依据或者与法律依据不一致的卫生监督行为是无效的行为,既不能产生法律效力,也不可能约束卫生监督相对人的行为。

二、卫生监督法律依据的形式

(一)卫生法律

卫生法律,是指由全国人民代表大会及其常务委员会制定颁布的有关卫生方面的规范性文件。它又分为两种,一是由全国人民代表大会制定的卫生基本法;二是由全国人民代表大会常务委员会制定的卫生法律。卫生基本法是国家为了保护人体健康,对全国卫生事业管理所制定的综合性、系统性的法律文件,其内容应当包括我国卫生工作方针、政策、基本原则、卫生基本制度,国家对公共卫生、健康相关产品、卫生机构和专业人员设置及职责的管理等。

目前,我国颁布实施的卫生法律共有 11 部:《中华人民共和国药品管理法》(1984 年 9 月 20 日第六届全国人大常委会第 7 次会议通过,2001 年 2 月 28 日第九届全国人大常委会第 20 次会议修订)、《中华人民共和国国境卫生检疫法》(1986 年 12 月 2 日第六届全国人大常委会第 18 次会议通过,2007 年 12 月 29

日第十届全国人大常委会第31次会议修订）、《中华人民共和国传染病防治法》（1989年2月21日第七届全国人民代表大会常务委员会第6次会议通过，2004年8月28日第十届全国人大常委会第11次会议修订）、《中华人民共和国红十字会法》（1993年10月31日第八届全国人大常委会第4次会议通过）、《中华人民共和国母婴保健法》（1994年10月27日第八届全国人大常委会第10次会议通过）、《中华人民共和国献血法》（1997年12月29日第八届全国人大常委会第29次会议通过）、《中华人民共和国执业医师法》（1998年6月26日第九届全国人大常委会第3次会议通过）、《中华人民共和国职业病防治法》（2001年10月27日第九届全国人大常委会第24次会议通过，2011年12月31日第十一届全国人大常委会第24次会议修订）、《中华人民共和国人口与计划生育法》（2001年12月29日第九届全国人大常委会第25次会议通过）、《中华人民共和国食品安全法》（2009年2月28日第十一届全国人大常委会第7次会议通过）、《中华人民共和国精神卫生法》（2012年10月26日第十一届全国人民代表大会常务委员会第29次会议通过）。此外，无论是基本法律，比如《刑法》《民法通则》，还是基本法律以外的其他法律，如《侵权责任法》《环境保护法》等有关卫生方面的法律规定，都是我国卫生监督的法律依据。

（二）卫生行政法规

卫生行政法规，是指由国务院根据宪法和法律制定颁布的有关卫生行政管理方面的规范性文件。国务院是我国最高国家权力机关的执行机关，是国家最高行政机关，它所制定和发布的卫生行政法规、决定、命令等规范性文件，对在全国范围内贯彻执行卫生法律，完成国家的卫生工作任务和卫生管理职能，具有十分重大的作用。卫生行政法规的地位和效力，低于卫生法律，但高于各级地方国家权力机关和行政机关制定的有关卫生方面的规范性文件，是地方性卫生法规制定的依据之一。目前，由国务院发布或批准发布的卫生行政法规有30余件。

（三）地方性卫生法规

地方性卫生法规，是指省、直辖市、设区的市及省会所在地的市和经国务院批准的较大的市的人大及其常委会，根据国家授权或为贯彻执行国家法律，根据本行政区域的具体情况和实际需要，在法定权限内制定、颁布的有关卫生方面的规范性文件。地方性卫生法规只在本辖区范围内有效，其地位和效力低于卫生法律和卫生法规，不得与卫生法律和卫生法规相抵触，否则无效。

（四）卫生自治法规

卫生自治法规，是指民族区域自治地方的国家权力机关行使法定自治权所制定、颁布的有关卫生方面的规范性文件。卫生自治法规只在民族区域自治机关的管辖区域内有效。

(五)卫生行政规章

卫生行政规章,是指有关行政机关依法制定的有关卫生行政管理的规范性文件。按卫生行政规章制定的主体来分,可分国务院卫生行政部门制定发布的卫生行政规章;省、自治区、直辖市人民政府制定发布的卫生行政规章;省、自治区、直辖市人民政府所在地的市和经国务院批准的较大的市的人民政府制定发布的卫生行政规章。这三种类型的卫生行政规章的法律效力等级是不同的,国务院卫生行政部门制定发布的卫生行政规章的效力高于省、自治区、直辖市人民政府制定发布的卫生行政规章,在全国有效;省、自治区人民政府制定发布的卫生行政规章的效力高于其下级人民政府制定发布的卫生行政规章。卫生行政规章不得与卫生法律、卫生行政法规相抵触。

根据原卫生部 2011 年第 5 号公告,原卫生部(含原国家食品药品监督管理局)现行有效的部门规章有近 200 件。

1. 综合类规章,如《卫生行政许可管理办法》(2004 年 11 月 17 日)、《关于卫生监督体系建设的若干规定》(2005 年 1 月 5 日)等。

2. 疾病预防与控制类规章,如《公共场所卫生管理条例实施细则》(2011 年 3 月 10 日)等。

3. 职业卫生类规章,如《放射工作人员职业健康管理办法》(2007 年 6 月 3 日)等。

4. 医疗执业类规章,如《护士执业注册管理办法》(2008 年 5 月 6 日)、《中外合资、合作医疗机构管理暂行办法》的补充规定二(2008 年 12 月 7 日)、《香港、澳门特别行政区医师在内地短期行医管理规定》(2008 年 12 月 29 日)、《台湾地区医师在大陆短期行医管理规定》(2009 年 1 月 4 日)等。

5. 健康相关产品类规章,如《药品不良反应报告和监测管理办法》(2011 年 5 月 4 日)等。

三、卫生监督法律依据的适用规则

1. 上位法优于下位法。除宪法中相关的卫生方面的法律规定具有最高法律效力以外,当不同位阶的卫生监督法律依据发生冲突时,应当选择适用位阶高的卫生监督法律依据,效力等级高的是上位法,效力等级低的是下位法。

2. 特别法优于一般法。同一机关制定的卫生法律、法规、规章、卫生自治条例和单行条例与一般规定不一致时,适用特别规定。

3. 新法优于旧法。同一机关制定的卫生法律、法规、规章、卫生自治条例和单行条例,新的规定与旧的规定不一致的,适用新的规定。

4. 同位阶具有同等法律效力的卫生部门规章之间、卫生部门规章与地方政府卫生规章之间具有同等法律效力，在各自的权限范围内施行。

四、常见重点社会卫生监督领域的法律依据

食品安全、公共场所、饮用水、化妆品等是人们生活的组成部分，其存在的卫生问题，涉及环境卫生学等公共卫生的各个领域，相关联的法律法规在公共卫生法律中显得尤为重要，在卫生监督实务中应加强重视。

第四节　卫生监督技术依据

一、卫生监督技术依据的概念

卫生监督技术依据，是指卫生监督主体在实施卫生监督，做出卫生监督行为时遵照执行的技术法规。技术法规（technical regulation）是规定技术要素的法规，它或者直接规定技术要素，或者通过引用标准、技术规范或规程来规定技术要素，或者将标准、技术规范或规程的内容纳入法规中。技术法规可附带技术指导，列出符合法规要求可采取的某些途径，即权宜性条款。

二、卫生标准

（一）卫生标准的概念

卫生标准（health standard），是指根据原卫生部《卫生标准管理办法》，为实施国家卫生法律法规和有关卫生政策，保护人体健康，在预防医学和临床医学研究与实践的基础上，对涉及人体健康和医疗卫生服务事项制定的各类技术规定。

卫生标准以保障人体健康为目的，以医药卫生科学成果和实践经验为依据，针对人的生存、生活、劳动和学习等有关的各种自然、人为环境因素和条件所做的一系列量值规定，以及为保证实现这些规定所必需的技术行为规定和管理要求，经有关部门协商一致，由主管部门批准，并以特定程序和形式颁布的统一规定。迄今，卫计委已组织制定并批准各类卫生标准 1800 余项，现行有效 1100 余项，涉及食品卫生、环境卫生、职业卫生、学校卫生、放射卫生、化妆品、消毒、职业病诊断、放射性疾病诊断、地方病与寄生虫病以及传染病诊断和控制、临床检验、血液等领域。其中国家标准（代号 GB 或 GB/T）731 项，国家职业卫生标准（代号 GBZ 或 GBZ/T）248 项，卫生行业标准（代号 WS 或 WS/T）190 项。一个以国家标准为主体，行业标准为特色的卫生标准体系初步形成。

卫生标准是标准的重要组成部分，是国家标准化工作的重要内容。卫生标准具有一般标准的基本属性和性质，又具有医药卫生行业的基本属性和性质。

卫生标准既是医药卫生科学的重要内容，又是国家重要的技术法规，是卫生行政部门进行卫生监督的法定依据。

（二）全国卫生标准委员会

全国卫生标准委员会是卫计委领导下的卫生标准技术管理和咨询组织，由卫生标准管理委员会和各专业卫生标准委员会组成。20 世纪 80 年代初，原卫生部专门成立了全国卫生标准委员会，下设 7 个专业卫生标准委员会。到 1997 年第四届全国卫生标准委员会成立时，其下设专业委员会已发展至 14 个。第五届全国卫生标准委员会还成立了卫生标准管理委员会，专门负责提出卫生标准工作的有关方针、政策，决定卫生标准管理工作中的重大问题。为适应卫生发展和改革的需要，加强和完善卫生标准工作，在总结工作经验的基础上，2008 年第六届卫生部卫生标准委员会成立，下设卫生标准管理委员会和食品卫生、环境卫生、职业卫生、放射卫生防护、学校卫生、化妆品、消毒卫生、职业病诊断、放射性疾病诊断、传染病、临床检验、血液、医疗服务、医疗机构管理、医院感染控制、卫生信息、病媒生物控制、寄生虫病、地方病、食品添加剂 20 个标准专业委员会。

卫生标准专业委员会的工作职责是：①提出本专业领域卫生标准发展规划和制、修订标准年度计划的建议，组织协调本专业领域卫生标准规划、计划的实施；②负责本专业领域卫生标准经费的日常管理；③负责标准草案的评审和已发布标准的复审工作；④负责对标准起草单位的督导工作；⑤负责卫生标准的技术咨询，参与卫生标准的宣贯工作，组织开展标准培训工作；⑥收集、整理国内外有关卫生标准的信息；⑦参与相应的国际标准化活动；⑧完成卫计委交付的其他工作。

（三）卫生标准的分类

1. 强制性标准、推荐性标准。

这是按卫生标准实施性质所做的划分。《中华人民共和国标准化法》规定，国家标准、行业标准分为强制性标准和推荐性标准。保障人体健康、人身财产安全的标准和法律及行政法规规定强制执行的标准是强制性标准，其他标准是推荐性标准。《中华人民共和国标准化法实施条例》规定，下列标准属于强制性标准：①药品标准、食品卫生标准、兽药标准；②产品及产品生产、储运和使用中的安全、卫生标准，劳动安全、卫生标准，运输安全标准；③工程建设的质量、安全、卫生标准等。强制性国家标准的代号为“GB”，推荐性国家标准的代号为“GB/T”。

《国家职业卫生标准管理办法》规定，国家职业卫生强制性标准包括：①工作场所作业条件的卫生标准；②工业毒物、生产性粉尘、物理因素职业接触限值；③职业病诊断标准；④职业照射放射防护标准；⑤职业防护用品卫生标准。

强制性标准，必须执行。从事科研、生产、经营的单位和个人，必须严格执行强制性标准，不符合强制性标准的产品，禁止生产、销售和进口。省、自治区、直辖市标准化行政主管部门制定的工业产品的安全、卫生要求的地方标准，在本行政区域内是强制性标准。推荐性标准，国家鼓励企业自愿采用。

2. 国家标准、行业标准、地方标准。

这是按照卫生标准适用范围所做的划分。《卫生标准管理办法》规定，原则上对需要在全国范围内统一的卫生技术要求，应制定国家卫生标准；对需要在全国卫生行业范围内统一的技术要求，应制定行业卫生标准；对局部地区适用的卫生技术要求，应制定地方卫生标准。

(1)国家标准：《中华人民共和国标准化法实施条例》规定，需要在全国范围内统一保障人体健康和人身、财产安全的技术要求，应当制定国家标准（含标准样品的制作）；药品、食品卫生的国家标准，由国务院卫生主管部门组织草拟、审批；其编号、发布办法由国务院标准化行政主管部门会同国务院卫生行政主管部门制定。法律对国家标准的制定另有规定的，依照法律的规定执行。国家标准的编号由国家标准代号、国家标准发布顺序号和国家标准发布年号构成。示例：GB ×××××-××××，GB/T ×××××-××××。

例如：药品标准。《中华人民共和国药品管理法》规定，药品必须符合国家药品标准。国务院卫生主管部门颁布的《中华人民共和国药典》和药品标准为国家药品标准。国务院卫生主管部门组织药典委员会，负责国家药品标准的制定和修订。

(2)行业标准：《中华人民共和国标准化法实施条例》规定，对没有国家标准而又需要在全国某个行业范围内统一的技术要求，可以制定行业标准（含标准样品的制作）。制定行业标准的项目由国务院有关行政主管部门确定。行业标准在相应的国家标准实施后自行废止。行业标准的编号由行业标准代号、行业标准发布顺序号及行业标准发布年号构成。行业标准代号由汉语拼音字母组成，并经国务院标准化行政主管部门审查确定并正式公布，如卫生行业为 WS。示例：WS ×××××-××××，WS/T ×××××-××××。

卫生行业标准在国务院标准化行政主管部门指导下，由卫生行政部门负责。卫计委批准发布的卫生行业标准，由主管部门领导签发卫计委通告发布；卫生行政部门与国务院其他部门共同批准发布的标准，由主管部门领导与其他部门领导共同签发；国家标准化管理委员会批准发布的标准，以卫生行政部门办公厅发文形式函报该委员会。卫生行业标准发布后，应以卫生行政部门办公厅发文形式函报国家标准化管理委员会备案。

(3)地方标准：《中华人民共和国标准化法实施条例》规定，对没有国家标准和行业标准而又需要在省、自治区、直辖市范围内统一的工业产品的安全、卫生要求，可以制定地方标准。制定地方标准的项目，由省、自治区、直辖市人民政府标准化行政主管部门确定。地方标准在相应的国家标准或行业标准实施后，自行废止。地方标准的编号由地方标准代号、地方标准发布顺序号及地方标准发布年号构成。汉语拼音字母“DB”，加上省、自治区、直辖市行政区划代码前两位数，组成地方标准代号。示例：DB ××/×××-××××。

(4)企业标准：《中华人民共和国标准化法》规定，企业生产的产品没有国家标准、行业标准和地方标准的，应当制定相应的企业标准，作为组织生产的依据。企业标准由企业组织制定(农业企业标准制定办法另定)，并按省、自治区、直辖市人民政府的规定备案。对已有国家标准、行业标准或者地方标准的，国家鼓励企业制定严于国家标准、行业标准或者地方标准要求的企业标准，以在企业内部适用。企业标准的编号由企业标准代号、企业标准发布顺序号及企业标准发布年号构成。汉字拼音字母“Q”，加斜线再加企业代号组成企业标准代号，企业代号可用大写拼音字母或阿拉伯数字或者两者兼用所组成。示例：留×××××××-××××。

3.技术标准、管理标准和工作标准。

按卫生标准的范围划分，包括技术标准、管理标准和工作标准三种。

(1)技术标准：按照对象特性分为四类。①基础标准：在一定范围内作为其他标准的基础并普遍使用，带有共性、规律性的具有广泛指导意义的标准。各个专业领域根据专业特性均有它不同的专业基础标准。比如常用量和单位、基本标志符号等。②方法标准：包括制定标准的基本方法，如流行病学方法、临床医学方法及其他方法的标准；又如生物监测、检验方法、分析方法等；再如生产方法、操作方法、工艺规程、试验方法等。③专业标准：按医药卫生领域特点，分为食品卫生、环境卫生、职业卫生、放射卫生防护、学校卫生、化妆品、消毒卫生、职业病诊断、放射性疾病诊断、传染病、临床检验、血液、医疗服务、医疗机构管理、医院感染控制、卫生信息、病媒生物控制、寄生虫病、地方病、食品添加剂等标准。④综合卫生标准：包括多学科、多专业卫生标准在内的综合性卫生标准。

(2)管理标准：包括技术行为要求及技术规范。具体有组织机构、各类人员、财务、仪器设备及技术评价、控制和管理的标准。

(3)工作标准：工作程序标准。按照岗位承担的职责和任务，规定任务数量、质量、工作程序和方法及评估方法，使管理量化，便于监督、考核和信息反馈。

三、卫生标准的内容

(一)制定卫生标准的事项

《卫生标准管理办法》规定，对下列事项应制定卫生标准：①食品、化妆品、生活饮用水以及涉及饮用水卫生安全的产品、消毒产品、卫生防护用品，其他各种与健康相关或含有毒有害因素产品的卫生及相关技术要求，上述产品生产、包装、贮存、运输、销售和使用过程中的卫生技术要求；②职业活动、职业病防治的卫生技术要求；③生活环境、工作场所、学校和公共场所的卫生技术要求；④卫生与健康评价的技术规程与方法；⑤卫生信息技术要求；⑥与疾病预防控制有关的卫生技术要求；⑦与医疗卫生服务质量和安全以及医疗机构管理有关的卫生技术要求；⑧与血液的采集、制备、临床应用过程及与血液安全有关的卫生技术要求；⑨与保证卫生技术要求相配套的检测检验方法和评价方法；⑩其他与保护国民健康相关的卫生技术要求。

（二）卫生标准的内容

1.食品卫生标准包括食品安全、卫生、营养和保健功能的技术要求及其检验方法、食品安全性评价程序、食品生产加工和餐饮业的卫生要求、食物中毒的预防诊断等。

2.环境卫生标准包括公共场所、生活饮用水、环境污染健康危害、污染控制技术、室内环境卫生、卫生防护距离、保健用品等。

3.职业卫生标准包括职业有害因素接触限值及配套检测方法、职业卫生防护标准、职业卫生基础标准、工业企业设计卫生标准、工作场所通用条件等。

4.放射卫生防护标准包括放射卫生防护基础标准，电离辐射、核设施及其场所、放射性同位素和射线装置的卫生防护标准，放射工作人员、公众、接受放射诊疗的患者和受检者的放射卫生标准，涉及放射性的产品、仪表的放射卫生标准，放射防护器材、仪表的防护性能标准，核与放射突发事件的卫生评价和医学应急标准，放射性及其辐照剂量的测量、卫生评价和质量控制等。

5.学校卫生标准包括学校卫生专业基础标准，学校建筑设计与设施卫生标准，学校生活服务设施卫生标准，学校家具、教具及儿童青少年用品卫生标准，教育过程卫生标准，儿童青少年健康检查及管理规范、健康教育规程等。

6.化妆品标准包括化妆品通用标准、化妆品基础标准、化妆品原料标准、化妆品产品标准、化妆品卫生安全评价方法标准、化妆品功效性评价方法标准、化妆品皮肤不良反应诊断和处理等卫生标准。

7.消毒卫生标准包括消毒相关产品卫生标准、消毒效果评价标准与方法、现场消毒操作应用规范及相关基础标准等。

8.职业病诊断标准包括职业病诊断及相关基础标准、生物监测标准、职业病名单和职业病分类、职业病诊断鉴定的技术规范和指南、职业健康监护技术规范等卫生标准。

9.放射性疾病诊断标准包括放射性疾病诊断标准、放射性器官损伤诊断标准、辐射诱发肿瘤诊断标准、核和辐射事故医学应急救治相关标准、放射性疾病救治和护理规范、用于辐射事故物理和生物剂量估算的技术规范、放射工作人员医学监督规范、辐射损伤远后效应医学随访规范等卫生标准。

10. 传染病标准包括传染病诊断、治疗、预防、控制，病原微生物实验室检测与生物安全、监测预警以及传染病防治监督执法等卫生标准。

11. 临床检验标准包括与临床检验专业生化、免疫、微生物、血液、PCR 等有关的技术标准及参考方法标准，与临床有关的检验技术规范等卫生标准。

12. 血液标准包括血液的采集、制备、临床应用过程及与血液安全相关的卫生要求等卫生标准。

13. 医疗服务标准包括医疗服务项目、医疗服务规范、医疗服务行为安全、医疗服务质量评价、护理服务规范及质量评价、药物临床应用指导、医务人员执业等卫生标准。

14. 医疗机构管理标准包括医疗机构的规模和结构、医疗机构设备及服务设施配置、社区卫生机构设施配置及人员配置、医用设备的安全卫生和安全使用、医疗机构内部组织、医疗机构标识等卫生标准。

15. 医院感染控制标准包括与医院感染控制相关的管理、评价、预防技术和技术规范等卫生标准。

16. 卫生信息标准包括医疗卫生领域卫生信息相关处理技术、管理体系、信息处理相关设备、信息技术、管理认证和网络安全等卫生标准。

17. 病媒生物控制标准包括病媒生物控制产品（包括效果评价方法、安全性评价方法、安全使用方法等标准）、重要环境和重点行业病媒生物控制技术、病媒生物突发事件应急处理、病媒生物密度监测、病媒生物抗药性检测、病媒生物防制服务机构资质评定与服务质量评价等卫生标准。

18. 寄生虫病标准包括寄生虫病诊断、防治及处理原则、预防与控制、病原生物实验安全标准、病原检测技术规范等卫生标准。

19. 地方病标准包括地方病诊断、病区划分、防治、致病因素消除等卫生标准。

20. 食品添加剂标准包括食品添加剂使用标准（食品添加剂的使用原则、允许使用的食品添加剂品种、使用范围及最大使用量或残留量）、食品添加剂产品标准（产品结构、规格、质量要求、检验方法）等卫生标准。

为了加强健康相关产品的许可和监督管理，卫生行政部门还以卫生规范的形式对相应的健康相关产品卫生要求及其配套检验方法都做了具体的限制和规定。

四、卫生标准在卫生监督中的作用

（一）卫生监督监测检验的规范性依据

在卫生监督过程中，监测检验是常用的手段之一。要使监测结果具有法律有效性，必须使监测检验方法规范化，这就需要制定统一的监测规范，即检验方法标准。所以，卫生标准是施行卫生监督，进行监测检验的技术规范。

（二）卫生监督评价的技术依据

卫生监督是对被监督单位执行卫生法律、法规，对是否符合卫生标准的状况做出判断，即通常所说的卫生评价。而对监测检验结果进行卫生评价的主要依据是卫生标准。

（三）实施行政处罚的法律依据

在卫生监督中，对违反卫生法律、法规的卫生监督管理相对人，将视其情节轻重做出相应的行政处罚。只有对其违反卫生法律、法规所导致的危害程度的大小做出正确判断，才能确定实施行政处罚的种类和幅度。而如何判定危害程度，卫生标准就是一个重要的尺度。从这一点上说，卫生标准是实施卫生行政处罚的法律依据。

（四）行政诉讼的举证依据

在行政诉讼中，作为被告的卫生行政机关对于做出的具体行政行为负有举证责任，应当提出做出该具体行政行为的证据和所依据的规范性文件，这其中就包括监测方法和监测结果有效性的卫生标准。如果行政机关在行政诉讼中不举证或者举不出证据，则将承担败诉的后果。

第五节 卫生监督事实依据（证据）

随着卫生事业的不断完善和发展，卫生工作整体内涵日趋丰富，且外延不断扩展，尤其是在卫生行政执法领域中，执法环境、执法内容、执法对象、案件性质均呈现出复杂化特点。近年来，由于卫生执法队伍对证据问题的忽视，部分卫生执法人员存在着“重实体、轻程序”的心理，再加上部分卫生执法人员法律水平有限，对证据缺乏判别能力，执法过程随意性较大，就使得卫生行政执法质量总体不高，处罚不公正的现象时有发生。因此，提高对事实依据（证据）重要性的认识，研究证据的应用问题，对卫生行政执法工作有着十分重要的意义。

一、卫生监督事实依据（证据）的概述

所谓事实依据（证据）通常是指能够成为证明根据的事物、事实、定理和真

理。卫生监督事实依据（证据）(evidence of health supervision)，是指卫生行政主管部门及其所属的卫生监督机构依照法定程序收集并审核认定的、能够证明案情真相并用作处罚决定依据的一切事实材料。事实依据（证据）具有法定的形式，依据《行政诉讼法》第三十三条规定，目前我国证据有以下七种法定形式：

（1）书证：用文字、符号、图形等书面材料所记载的内容、含义或表达的思想来证明案件事实的证明材料。书证主要表现为各种书面文件或纸质文字材料。卫生行政执法中常见的书证有询问笔录、卫生许可证件、健康合格证明、采样记录、检验合格证、生产经营活动的报表等。书证是最常见、最重要的证据形式。

（2）物证：能够以外部特征、存在状况、质量、属性等来证明案件事实的一切物品。物证与书证都属于"实物证据"，它们的区别在于：物证是以它的存在、外形、特征或性质去证明案件事实（其中也包括作为物证的"书面文件"），它是独立于主观意志以外的，具有客观性。

（3）视听资料：是指以录音带、录像带等音像资料为载体的图像或音响以及从计算机中提取的其他形式来证明案件的音像资料。视听资料是利用现代科技手段记载法律事件或法律行为的证据形式。

（4）证人证言：指除行政相对人以外知道案件真实情况的人，就自己所了解的案件事实向行政机关所做出的陈述。证人证言一般以口头形式表现出来，如卫生监督执法工作中常见的询问笔录等。

（5）当事人的陈述：行政相对人就案件的事实向行政机关所做的陈述和承认。

（6）鉴定意见：具有鉴定职权的鉴定部门受行政机关委托，运用专门的知识和技能，对案件中某些专门性问题，通过分析、检验、鉴别、判断而做出的科学结论。如卫生监督执法工作中常见的"不明原因食物中毒的专家评定意见"等。

（7）勘验笔录、现场笔录：行政机关执法人员对案件所涉及的标的物或物证，进行现场勘查、检验、测量、绘图，将情况和结果如实地记录下来，并当场制作的书面材料。现场笔录应当载明制作时间、地点和事件内容，由执法人员和当事人签名。

二、卫生监督事实依据（证据）的特征

1. 主体的专有性，即证据收集、操控的主体须是卫生行政机关、卫生监督机构及其执法人员。

2. 行为的程序性，即证据收集行为必须遵循一定的方式和步骤。程序性特征还必须符合形式逻辑和法律规范这两个隐性条件。

3. 依据的技术性，即以国家颁布的标准和检定规程去判定管理对象的行为

是否合法。因此，在卫生行政执法中检验报告这类证据基本上是必备的。

4.功能的直接性，即证据的原始功能、直接作用是证明案情的真相。

5.价值的专属性，即证据是用来作为处罚决定的依据，专门用于定性和量罚。

三、卫生监督事实依据（证据）的收集

卫生监督事实依据（证据）的收集是指卫生行政执法人员发现、采集、提取事实依据（证据）的活动。在卫生行政执法过程中，收集事实依据（证据）既是卫生行政机关的权利，也是义务。所谓权利是指通过调查取证，查明案件真实情况，当事人或者有关人员应当配合、协助，不得阻挠、隐瞒。所谓义务是指卫生行政机关收集事实依据（证据）应当全面、客观、公正，有关联性的事实依据（证据）应当收集，不得借口只收集对当事人不利或有利的事实依据（证据），使当事人受到不应有的追究或逃脱法律的惩处。所以，卫生行政执法人员要主动地去发现事实依据（证据），使用法律规定的方法和程序采集和提取事实依据（证据），更好地完成卫生行政执法任务。

（一）卫生监督事实依据（证据）的收集原则

收集事实依据（证据）是卫生行政执法活动的一项重要内容，是卫生行政机关依法行政的前提。收集事实依据（证据）必须遵循一定的原则，确保所得到的事实依据（证据）从内容到形式不仅符合法律的要求，而且要能够全面真实地反映案件事实。根据《行政处罚法》《行政诉讼法》等相关法律的立法精神和卫生行政执法实践经验，卫生行政执法事实依据（证据）的收集主要遵循以下原则：

1.客观收集原则。

事实依据（证据）收集必须客观，是对证据收集的最基本要求，卫生行政执法人员在调查取证过程中应当尊重客观事实，从案件的实际出发，实事求是。

2.全面收集原则。

全面收集事实依据（证据）原则是与客观收集原则相联系的，全面、客观是事实依据（证据）收集的两个最基本要求。收集事实依据（证据）必须全面，是从事实依据（证据）收集的范围和内容来讲的。这就要求卫生行政执法人员应根据案件实际尽量扩大调查范围，获取与涉及案件有关的所有内容，既要收集与案件有关的违法行为的事实依据（证据），也要收集与案件有关的有利于违法行为人的客观证据，不能片面收集某一类事实依据（证据），力争做到全面、正确。

3.及时收集原则。

证据收集必须及时，是指卫生行政执法人员发现案件后，应尽快到达案发现场，立即着手开始收集事实依据（证据），以免发生事实依据（证据）灭失，失去收集事实依据（证据）的机会。同样，收集证据不及时也有可能造成卫生行政违法

行为人隐匿、毁灭事实依据(证据)的可能。

4.依法收集原则。

卫生行政执法事实依据(证据)的收集必须符合法律的规定,包括收集事实依据(证据)的程序、方式和方法。收集事实依据(证据)的方法、手段是连在一起的。收集事实依据(证据)还必须遵守法律规定的程序,使用非法手段和违反法定程序收集的事实依据(证据)是无效的。

(二)事实依据(证据)收集的方法

根据卫生相关法律、法规和规章的规定以及卫生行政执法实践,卫生行政执法事实依据(证据)收集的方法有下列几种:

1.卫生行政检查。

卫生行政检查也称现场卫生监督。如在《行政处罚法》第三十六条中规定:"行政机关发现公民、法人或者其他组织有依法应当给予行政处罚的行为的,必须全面、客观、公正地调查,收集有关证据;必要时,依照法律、法规的规定,可以进行检查。"

《公共场所卫生管理条例》《中华人民共和国职业病防治法》《卫生行政处罚程序》等卫生法律、法规和规章等都有关于现场检查的规定,卫生行政检查是卫生行政执法的常规手段。卫生现场检查的任务主要是查明案件的现场状况,获取现场证据,并现场制作检查笔录。

2.事实依据(证据)先行登记保存。

《行政处罚法》第三十七条规定:"在证据可能灭失或者以后难以取得的情况下,经行政机关负责人批准,可以先行登记保存。"《卫生行政处罚程序》也有相同规定。证据先行登记保存作为行政执法调查取证的专门方法,在卫生行政执法中起到非常重要的作用,它能够使可能灭失的证据或者以后难于取得的证据,提前得到有效的固定,防止因自然或人为因素而失去某些有效证据。

3.卫生行政抽样取证。

《行政处罚法》第三十七条规定:"行政机关在调查取证时,可以采取抽样取证的方法。"由此可见,抽样取证是一种特定的调查取证方式。卫生行政抽样取证主要用于在调查大量物品的卫生状况时,采用随机抽取的小部分样品代表其全部物品的情况。要注意的是抽样的方法、数量必须符合法律、法规和规章的规定,或卫生规范、标准的要求。

4.调查询问。

调查询问是一种最常用方法,任何卫生行政违法案件都可以采用此方法进行调查。卫生行政执法人员通过询问当事人,听取当事人对案件情况的陈述,并记录下来作为一种事实依据(证据)。根据询问的对象不同,可分为证人证言和询问笔录两种。

5. 调取有关资料并进行复印、摘抄。

卫生行政执法人员有权向当事人或者其他人员索取与案件有关的一切资料。《公共场所卫生管理条例》第十三条、《传染病防治法实施办法》第六十条以及其他的卫生法律、法规和规章都有类似的规定，可根据案件情况对资料进行复印、摘抄或者其他形式的复制。

6. 拍摄、录音、录像等。

随着科学技术的发展，音像资料或视听资料作为事实依据（证据）使用越来越广泛。

事实依据（证据）的收集是一个复杂的问题，针对不同情况的案件，需要收集的事实依据（证据）也各不相同，但总的原则是，证据的收集主体即卫生行政机关必须在法定职权的范围内，依照法定的程序和方式，尽可能充分地收集证明材料，做到案件的每一个环节都有据可证、有据能证。

（三）事实依据（证据）的应用

卫生行政执法中事实依据（证据）的应用，是指卫生行政执法人员根据法律规定和办案经验，对事实依据（证据）材料进行的审核认定，并进而根据已认定的事实依据（证据）推断案件事实的过程。其主要包括对事实依据（证据）材料进行客观性、关联性、合法性（以下简称“三性”）的审核和对非法事实依据（证据）的排除，以及对事实依据（证据）之间证明力大小的判定。

1. 对事实依据（证据）客观性的审查。

卫生行政执法事实依据（证据）的客观性是指事实依据（证据）应该具有客观性，包括两方面的内容：首先，卫生行政执法事实依据（证据）的内容必须具有客观性，必须是对客观事实的反映；其次，卫生行政执法事实依据（证据）必须具备客观存在的形式，必须是人们可以感知的实物。根据案件的实际情况，可以从以下 5 个方面审查事实依据（证据）的客观性：①事实依据（证据）形成的原因；②发现事实依据（证据）时的客观环境；③事实依据（证据）是否为原件、原物，复制件、复制品与原件、原物是否相符；④提供事实依据（证据）的人或者证人与当事人是否具有利害关系；⑤是否存在影响事实依据（证据）客观性的其他因素。

2. 对事实依据（证据）关联性的审查。

卫生行政执法事实依据（证据）的关联性，也称相关性，是指所采用的事实依据（证据）必须与所证明的案件事实具有一定的联系，也就是审查事实依据（证据）与案件事实之间是否存在着内在必然的逻辑关系。一般来说，可从以下 4 个方面分析：①事实依据（证据）证明的事实是否是本案发生的事实或条件；②事实依据（证据）是否是本案所形成的；③事实依据（证据）所能证明的对象是否是本案的事实；④事实依据（证据）是否是本案发生过程中或本案导致的后果所产生的。

3. 对事实依据（证据）合法性的审查。

卫生行政执法事实依据（证据）的合法性审查包括以下 3 个方面的内容：①事实依据（证据）的主体必须符合有关法律、法规和规章的规定。做证的人是否具备证人的能力，与案件的当事人是否具有利害关系，鉴定结论中鉴定人是否具备鉴定资格，收集事实依据（证据）的人员是否具有卫生行政执法资格等。②事实依据（证据）的形式必须符合有关法律、法规和规章的规定。现场检查笔录是否采用卫生行政部门统一的卫生行政执法文书，是否有 2 名以上卫生行政执法人员签字，鉴定结论是否有鉴定人员签名等。③事实依据（证据）的收集程序和提取方法必须符合法律、法规和规章的有关规定。行政检查和调查应当公开进行，在调查之前调查人员是否向当事人或有关人员出示了证件，抽样取证中抽样的方法是否符合法律、法规、规章和卫生规范、标准的规定等。卫生行政执法事实依据（证据）只有在主体合法、形式合法、程序合法的情况下才有可能被采用。

4. 对非法事实依据（证据）的排除。

依据《行政诉讼证据规定》第五十七条的规定，以下材料因不同时具备证据的“三性”而不能作为定案依据，在审核过程中应当予以排除：①严重违反法定程序收集的证据材料；②以偷拍、偷录、窃听等手段获取的侵害他人合法权益的证据材料；③以利诱、欺诈、胁迫、暴力等不正当手段获取的证据材料；④在中华人民共和国领域以外或者在中华人民共和国香港特别行政区、澳门特别行政区和台湾地区形成的未办理法定证明手续的证据材料；⑤被当事人或者他人进行技术处理而无法辨明真伪的证据材料；⑥不能正确表达意志的证人提供的证言；⑦以违反法律禁止性规定或者侵犯他人合法权益的方法取得的证据；⑧其他不具备合法性和真实性的证据材料。

5. 对事实依据（证据）的证明力判断。

在对事实依据（证据）进行审核认定过程中，如果出现证明同一事实的数个符合法定条件的事实依据（证据）相互冲突，就需要先对这些事实依据（证据）的证明力大小做出判断，再根据证明力大的事实依据（证据）材料来证明案件事实。一般来说，可以按照以下原则分别认定：①国家机关依职权制作的公文文书的证明力优于其他书证；②鉴定结论、现场笔录、勘验笔录、档案材料以及经过公证或者登记的书证优于其他书证、视听资料和证人证言；③原件、原物证明力优于复制件、复制品；④法定鉴定部门的鉴定结论证明力优于其他鉴定部门的鉴定结论；⑤原始证据证明力优于传来证据；⑥直接证据证明力优于间接证据；⑦其他证人证言证明力优于与当事人有亲属关系或者其他密切关系的证人提供的对该当事人有利的证言；⑧数个种类不同、内容一致的证据证明力优于一个孤立的证据。

思考题

1. 什么是卫生监督依据？我国卫生监督的依据有哪些？
2. 政策对卫生监督的作用主要表现在哪些方面？
3. 卫生监督法律依据的适用规则有哪些？
4. 卫生标准有哪些分类？
5. 卫生标准的具体内容有哪些？

第五章　卫生监督程序

教学目的

1. 掌握卫生行政许可程序、卫生行政处罚程序的步骤和内容。
2. 熟悉卫生监督程序的概念、分类及基本原则。
3. 了解卫生行政检查程序的内容步骤。

案例分析

2000年1月15日，某食品监督员王某在检查中发现，某门市部自2000年1月7日以来经营食品未办理卫生许可证。经调查，该门市部8天的总营业收入为人民币204元，由于营业额太少，遂按无违法所得处理。该行政执法履行了有关的程序后，给予该门市部以下行政处罚：①取缔；②罚款人民币1000元。当事人在规定期限内提出了行政诉讼。当事人提出了下列理由：①食品监督员1人执法，且没有出示执法证件，违反了《行政处罚法》第三十七条的规定。②处罚条款引用错误。违法所得少不能按无违法所得计算。《食品卫生行政处罚办法》第七条第三款规定："不提供或不如实提供证明材料证明其违法所得的，按照没有违法所得查处。"不能因为营业额少就按无违法所得计算。（来源：郑州市卫生监督所张建华课件，卫生行政执法案例）

问题：相对人的诉讼理由是否成立？本案应该怎样处理？

第一节　卫生监督程序概述

一、卫生监督程序的概念

狭义的卫生监督程序，是指卫生监督行为成立的过程。广义的卫生监督程序，是指卫生监督主体按照一定的方式、步骤和顺序，依法对管理相对单位和相对人是否遵守卫生法律、法规或者规章制度的情况进行检查，并进行采样、检测、询问调查或调取有关资料的行为。所谓卫生监督方式，就是卫生监督行为在空间上的表现形式，即卫生监督应以什么样的方式进行，卫生监督行为需要什么样的表现方式。所谓步骤和顺序，就是卫生监督行为在时间上的形式要求，即卫生监督主体做出卫生监督行为应当先做什么，再做什么，需要经过哪些必备的环节。违背了卫生监督程序的方式、步骤和顺序，卫生监督行为就归于无效。过去人们用较多精力去研究卫生监督的实体问题，对卫生监督的程序问题则研究得不多，而在法治条件下，程序问题被放在相当重要的位置。法治的研究方式和法律的思维模式要求行政主体在任何情况下都必须注重做出行为的程序，在程序和实体问题同时存在时，程序应优于实体，首先考虑的问题是程序而不是实体。因为只有程序上公正、合法，才能保证实体的公正与合法，程序上若不公正、不合法，就难以保证实体上的公正与合法。这是应当引起执法者高度重视的。

二、卫生监督程序的分类

（一）内部卫生监督程序和外部卫生监督程序

这是以卫生监督程序的适用范围为标准划分的。

1. 内部卫生监督程序。

内部卫生监督程序是指卫生监督主体内部行政事务的运作程序。例如，卫生监督机关上下级之间的行文审批程序、机关内的公文办理程序、卫生监督员任免及奖惩程序、规范性文件的法律审核程序等。内部程序一般情况下主要是用于内部卫生监督行为，多数内部程序不会直接涉及卫生监督相对人的权利和义务。

2. 外部卫生监督程序。

外部卫生监督程序是指卫生监督主体实施外部卫生监督行为所适用的运作程序，即卫生监督主体行使卫生监督职权，依法管理社会公共卫生事务时所应适用的程序。例如，卫生监督主体实施卫生监督检查、卫生行政许可、卫生行政处罚时必须遵守的各种程序。外部卫生监督实施时，直接影响卫生监督相对人的权利和义务，因此是卫生监督程序的主要方面。加强外部卫生监督程度的法律化、规范化、民主化，增加外部卫生监督程序的透明度、公开度和卫生监督相对人对卫生监督过程的参与程度，对实施公正、合理、科学、高效的外部卫生监督具有重要意义。

内部卫生监督程序与外部卫生监督程序的划分并不是绝对的。在大多数情况下，一个卫生监督行为的做出，在其形成的过程中很难严格地区分是内部卫生监督程序还是外部卫生监督程序，两者往往是相互交融在一起的，特别是卫生监督主体实施外部卫生监督行为，绝对不能离开卫生监督的内部程序。例如，卫生行政处罚的合议程序、审核程序、机关负责人集体讨论程序、首长批准程序等，内部公文办理程序中的规范性文件公开制度等，同样是内部卫生监督程序的法律化和公开化。

(二)法定卫生监督程序和可自由裁量的卫生监督程序

这是以卫生监督程序是否有法律明确规定,是否需要卫生监督主体强制遵循为标准划分的。

1. 法定卫生监督程序。

法定卫生监督程序是指法律、法规对卫生监督主体实施卫生监督行为时有明确的程序规定和要求,卫生监督主体在实施卫生监督行为时,必须严格按照法律规定的程序实施行为,不得任意改变、增加或者减少卫生监督行为的方式、顺序和步骤。例如,卫生监督主体在实施卫生行政处罚时,必须先行告知当事人做出行政处罚的事实、理由和依据,听取当事人的陈述和申辩,否则该行政行为即为无效。同样,卫生监督主体在实施卫生行政许可行为时,也不得在法律规定之外任意增加当事人申请时的条件和增加新的步骤。法定程序是对卫生监督主体的羁束性要求,卫生监督主体不得违背,因此也称之为强制性卫生监督程序。

2. 可自由裁量的卫生监督程序。

可自由裁量的卫生监督程序也称为任意卫生监督程序或自由卫生监督程序,是指法律、法规对卫生监督主体实施某一卫生监督行为,没有明确规定必须遵循某一程序规则或者规定可以选择的几种方式或步骤,由卫生监督主体在实施卫生监督行为时自由裁量决定采取何种行政程序规则。具体表现为法律规范规定了实施卫生监督行为的基本程序,但是对一些次要程序则给卫生监督主体留有一定的自由裁量的余地,由卫生监督主体根据具体情况选择适当的监督方式和步骤。例如《卫生行政处罚程序》规定了实施卫生行政处罚的一般程序和简易程序,同时还规定对法人处1000元以下的罚款,对公民处50元以下的罚款,可以当场做出卫生行政处罚决定。这也是对卫生监督主体在实施行政处罚时可以自由选择程序的规定。

(三)抽象卫生监督程序和具体卫生监督程序

这是以卫生监督程序适用的对象是否特定为标准划分的。

1. 抽象卫生监督程序。

抽象卫生监督程序也称为一般卫生监督程序,是各种卫生监督行为普遍遵循的程序规则,具有普遍的适用性。

2. 具体卫生监督程序。

具体卫生监督程序是针对具体卫生监督行为的程序规则。一种情况是针对不同的监督行为有不同的卫生监督程序规则,例如卫生许可程序、卫生监督检查程序、卫生行政处罚程序等;另一种情况是针对卫生监督的具体对象,包括特定的人和特定的事件采取的特定的卫生监督程序。

(四)卫生监督的立法程序和卫生监督的执法程序

这是以卫生监督主体行使卫生监督职能和行为内容的不同为标准划分的。

1.卫生监督的立法程序。

卫生监督的立法程序是指卫生监督主体行使卫生行政立法权,制定卫生监督规范性文件时应当遵循的程序规则。立法程序是非常严格的,需要经过立项、调研、起草、论证、听证、审修、公告、备案等。

2.卫生监督的执法程序。

卫生监督的执法程序是指卫生监督主体实施具体行政行为时应当遵循的程序规则。由于卫生监督行为是多种多样的,卫生监督的行为不同使用的程序规则也不同,所以卫生监督的执法程序的种类也是多种多样的。例如,卫生许可程序、卫生监督检查程序、卫生行政处罚程序、卫生强制程序等。

此外,卫生监督程序根据卫生监督工作和卫生监督手段的具体内容,可以划分为预防性卫生监督程序、经常性卫生监督程序、卫生许可程序、卫生行政处罚程序、卫生行政强制程序等;根据卫生监督的专业类别不同,可以划分为食品卫生监督程序、化妆品卫生监督程序、血液卫生监督程序、职业卫生监督程序、学校卫生监督程序、公共场所卫生监督程序、医疗机构和卫生专业人员卫生监督程序、母婴保健卫生监督程序、药品监督程序、国境卫生检疫监督程序等。

三、卫生监督程序的基本原则

卫生监督程序的基本原则,是指卫生监督主体在实施卫生监督的过程中,在卫生监督程序上应当普遍遵循的基本准则和精神。卫生监督程序应当遵循哪些基本原则,目前尚无完全一致的规定,但总体上包括以下几个方面:

(一)程序合法原则

程序合法原则,是指卫生监督的程序必须依据法律规定,即卫生监督主体在实施涉及卫生监督相对人权利和义务的行为时,必须严格按照法律规定的程序办理,否则该行为无效。

程序合法原则是行政合法原则在卫生监督程序中的具体体现,也是卫生监督程序各项原则的基础条件,没有合法的前提,其他原则都是空谈。合法原则的具体内容包括:卫生监督的各项程序,特别是涉及卫生监督相对人权利与义务的程序规则,必须以法律、法规、规章的形式做出明确的规定,并予以公示;卫生监督主体在实施涉及相对人权利和义务的卫生监督行为时,必须严格按照法律规定的程序规则办理;法律有特别规定的程序规则,卫生监督主体必须严格遵守,违反法定程序的卫生监督行为无效。

(二)程序合理性原则

程序合理性原则,是指卫生监督主体在实施卫生监督行为时,程序不仅要符合法律的规定，而且还必须符合医学科学原理，符合客观实际情况，符合社会公德和常理。各种方式、步骤、顺序、时间等规则的适用，应当建立在正当考虑的基础上，不能滥用程序上的自由裁量权。

（三）程序公正原则

程序公正原则，是指卫生监督主体在实施卫生监督行为时，程序的适用必须建立在公正的基础上，平等地对待所有的卫生监督相对人，尽可能地排除各种有可能导致不平等和不公平的因素。公正原则是法律正义在程序上的具体体现，是卫生监督程序非常重要的基本原则，只有程序上的公正才能保证卫生监督行为在实体上的合法和公正。卫生监督程序公正原则，主要通过以下一些基本制度得以实现：

1. 回避制度。

即与卫生监督行为相对方或者具体监督事项有利害关系的监督人员应当回避，不参与该卫生监督行为的实施，以保证卫生监督行为形式上的公正性。

2. 合议制度。

即卫生监督主体在做出某些卫生监督行为时，有相应的卫生监督人员组成会议集体讨论研究，依法裁量，以保证卫生监督行为在实体上符合法律的规定和医学科学规律。

3. 调查取证制度。

即卫生监督主体在做出卫生监督行为前，必须客观公正地组织调查，收集有关证据资料，进行必要的检查、勘验、鉴定等。未经调查取证不能做出卫生监督行为。

4. 听证制度。

即卫生监督主体在做出卫生监督行为时，依据法律的规定按照一定的形式组织听证会议，听取卫生监督相对人和有关方面的意见。听证有利于卫生监督主体全面、客观、公正地了解案件事实，合法、公正地做出卫生监督行为。

（四）程序公开原则

程序公开原则，是指卫生监督主体在实施卫生监督的过程中，除法律有特别的规定，应当依法将卫生监督行为实施过程的各个环节，对卫生监督相对人公开，并自觉接受监督。程序公开原则主要体现在以下 4 个方面：

1. 卫生监督的法律依据应当依法公开，未经公开的规范性文件不能作为卫生监督的依据。

2. 卫生监督人员在执行卫生监督执法任务时，应当向相对人公开身份。

3. 在实施卫生监督时，卫生监督行为的过程应当依法公开，给相对人一定的参与机会。

4. 卫生监督的决定应当公开，依法送达卫生监督相对人，并告知其依法享有的权利。

（五）相对人参与原则

相对人参与原则，是指卫生监督相对人在卫生监督主体实施卫生监督行为时，在程序上对与自己权益有关的卫生监督行为具有知情和发表意见的权利。即卫生监督主体在实施卫生监督行为时，应当依法让该行为的承受者了解做出该行为的理由和可能对他们的权利义务的影响，并依法告知其享有的相关权利和听取相对人的意见。实施相对人参与的原则，必须以程序公开的原则做保障，没有程序上的公开实际上是无法让相对人参与的。相对人参与原则主要体现在以下 3 个方面：

1. 卫生监督主体进行卫生行政立法，应采取有效的方式征求有关机关、公民、法人或其他组织的意见，卫生监督相对人有权通过各种途径参与卫生立法活动，对卫生立法提出意见和建议。

2. 在卫生监督主体做出直接影响相对人权利义务的具体行政行为时，卫生监督相对人有权进行陈述和申辩。根据《行政处罚法》的规定，卫生监督主体在做出行政处罚决定前，应当告知被处罚人给予处罚的事实、理由和依据，告知相对人享有的进行陈述、申辩或者要求听证的权利。当事人进行陈述、申辩时，卫生监督主体应当认真听取，申辩理由成立的应当予以采纳。当事人要求听证的，卫生监督主体应当依法举行听证。

3. 卫生监督相对人有权了解为保护自身权益如何采取救济方式。卫生监督主体在做出具体卫生监督行为时应当告知相对人申请行政复议和提起行政诉讼的权利和时限。

（六）效率原则

效率原则，是指卫生监督程序的建立和采取必须有助于卫生监督行政效率的实现。卫生监督的主要目的是保护公民的健康和实现社会公共卫生利益，卫生监督活动经常面临卫生突发事件，具有很强的紧迫性；日常监督活动同样面对很多威胁公民健康的危害因素，必须迅速处理解决。因此，卫生监督活动必须在保护相对人合法权益和确保卫生监督行为合法、公正的同时，尽可能地提高效率，这样才能实现卫生监督的目的。卫生监督程序效率原则主要体现在以下 3 个方面：

1. 严格的时限规定。

例如，《传染病防治法实施办法》第五十三条规定，县级以上政府接到下级政府关于采取《传染病防治法》第二十五条规定的紧急措施的报告时，应当在 24 小时内做出决定。《药品管理法》第六十四条规定，依法对有关药品查封、扣押后，应当在7日内做出行政处理决定。

2.先行处理权的适用。

由于卫生监督的特殊性，需要紧急处理的情况很多，卫生法律规范在程序上经常赋予卫生监督主体在紧急情况下实施先行处理的特殊职权，这也可以说是卫生监督中的应急原则。

3.可以适用简易程序。

《行政处罚法》第三十三条规定，违法事实确凿并有法定依据，对公民处以50元以下，对法人或者其他组织处以1000元以下罚款或者警告的行政处罚的，可以当场做出行政处罚决定。

第二节 卫生行政许可程序

一、卫生行政许可程序的概念

卫生行政许可，是指卫生行政机关或法律授权的组织依法对管理相对人的申请，做出允许其从事某项控制性行为或者获得某种资格的具体行政行为，是国家管理社会卫生事务的重要手段。

卫生行政许可程序，是指公民、法人或者其他组织申请卫生行政许可和卫生行政机关，或法律授权的卫生监督机构审查申请，并向管理相对人颁发许可的具体步骤或者过程。

卫生行政许可程序除了具有卫生执法程序的一般特点外，还具有以下两方面的特点：

1.无申请即无许可。

卫生行政许可程序是依申请人的申请而启动的，卫生行政机关处于被动的地位。离开了公民、法人或其他组织的申请，卫生许可程序就不能开始。

2.法律明示告知。

卫生许可制度是国家对影响国计民生、人体健康、公共安全的行为或活动采取普遍禁止、个别解禁的一种管理方式。因此，为了使符合条件的个人、法人和其他组织能够取得一般禁止的活动或者行为的权利和资格，国家必须事先明确告知某一领域是实施许可制度的。明示的形式有国家权力机关或者行政机关发布实施法律、法规、规章的公告，以及卫生行政机关依照法律、法规、规章的规定发布的公告。告知的内容通常包括申请卫生许可的审核范围、对象、申请时间、程序、地点，以及所需要的材料等。

二、卫生行政许可的程序

（一）申请

申请即公民、法人或者其他组织为取得国家实施卫生许可管理的某一领域活动的权利或资格，依照法律、法规的规定向卫生行政机关提出请求颁发卫生许可证明的行为。公民、法人或者其他组织申请卫生许可的行为是一种程序性行为，一旦实施了申请行为就会产生一定的法律后果。卫生行政许可申请的内容和要求包括以下方面：

1. 卫生行政许可申请必须是书面形式。即申请人将请求颁发许可证明的意思明确地以文字材料的形式表达出来，并提交给卫生行政机关。

2. 卫生行政许可申请必须是明示行为。即申请者在向卫生行政机关提交申请时，必须表达出明确、肯定的意思，表明愿意从事许可范围内的行为与活动，请求颁发卫生许可证明的愿望。

3. 许可申请必须有具体的请求。申请者必须提出明确、具体的卫生许可请求，接受申请的卫生行政机关才能就申请是否属于本机关管辖，是否符合有关卫生法律、法规和规章的规定，是否应当给予许可证明等展开工作。

4. 许可申请必须陈述理由。即申请者必须将申请的理由、依据、条件等一并陈述，以便卫生行政机关审查。

5. 许可申请必须提交有关的文件或者材料。

（二）受理

卫生行政机关收到申请人提交的申请书和有关材料以后，应当在规定的时间内对卫生行政许可申请是否符合法定条件进行初步审查，并将是否受理的决定以书面形式告知申请者。初步审查的内容包括申请内容、申请主体、申请形式、申请管辖 4 个方面。

经初步审查，卫生行政机关应分别做出下列决定：属于本机关管辖范围、具备申请资格而且申请资料齐全的，书面通知申请人予以受理并确定具体承办人员；不属于本机关管辖范围的或不具备申请资格的，书面通知申请人不予受理、说明理由并告知申请人享有的复议权利；属于本机关管辖且具备申请资格但申请资料不齐全的，书面通知申请人限期补全并告知申请人逾期不补全的法律后果。

（三）审查

对卫生许可申请的审查内容，既包括程序性上的审查，也包括实质内容的审查。前者主要审查申请事项是否符合规定的程序、申请手续是否完备齐全等；后者主要审查申请事项是否符合有关法律、法规和规章的规定。卫生行政许可审查内容包括以下几方面：

1.申请资格审查。

申请人为法人的，应当审查其是否经过有关主管机关的审查批准。申请人为个人的，则应当就其是否经过工商行政管理机关初审同意、是否具有劳动能力、智力是否正常等进行审查。

2.申请材料的真实性和合法性。

申请人提供的材料应当完整，不得涂改。申请材料中各类文件的印章、签名等不得用复印件，如果因为特殊原因只能提供复印件时，须提供公证机关出具的证明该复印件同原件相同的公证文书。

3.对实物进行检验。

申请许可的是某种产品，如某种药品、某种化妆品或者某种涉水产品的生产许可证时，通常需要做一系列的卫生检验，以判定其成分、性质等是否符合相应的卫生法规和卫生标准的规定。为了保证卫生行政许可的公正与公平，承担这类卫生检验的机构和从事卫生检验的技术人员，均应当符合有关的法律规定。

4.现场审查。

这是卫生许可程序中最为关键的环节，为做好这一工作，承办人员在进入现场前应做好以下准备工作：

(1)承办人员要对与许可申请项目相关的卫生法律、法规和标准的有关规定，以及对现场审查的内容、工艺流程等有所熟悉与了解。

(2)拟定现场审查计划与提纲，以确保审查工作有条不紊和高效进行。

(3)准备现场审查所需要的性能合格的专业测试工具和现场审查所必需的各种卫生执法文书。

(4)现场审查前，书面通知申请人具体审查时间。

现场审查时，承办人员应当按照下列要求进行：

(1)承办人员应不少于2人，并出示证件、表明身份，说明理由。

(2)听取申请人对场所分布情况、周围环境特点、生产经营状况和自身卫生管理制度的介绍。

(3)对生产经营各环节的卫生状况和申请人场所周围环境等进行实地勘察。

(4)运用专业技术手段按照有关操作规范要求进行测试和采样。

(5)在审查过程中，承办人员用询问笔录、勘察笔录、调查笔录、摄影、摄像、录音等形式把生产经营场所卫生状况客观地记录下来，以作为同意或者不同意申请许可的依据。

(四)合议

现场审查结束以后，卫生行政机关组织有关人员依据相关的法律、法规、规章、规范性文件，卫生标准、卫生要求的规定，以及承办人现场取得的客观资料，对许可申请的事实进行认定，在充分讨论的基础上形成合议处理意见。一般有以下几种情况：

1.符合规定的，做出批准或同意试生产、试营业的决定。

2.不符合规定但可以进行整改的，做出限期整改的决定。

3.不符合规定的，做出不予批准的决定。

卫生监督机构应当自申请受理20天内做出审核决定，但法律、法规或规章另有规定的除外。对需要进行整改的申请项目，卫生监督机构在接到复审申请后，应在15日内进行审核，并提出复审意见。在规定整改期限内，未提出申请的，视为放弃申请。

（五）卫生行政许可证的颁发

1.审核机关与颁证机关分离。

2.卫生许可证应规范，写明许可的内容、期限，以及许可证的编号。

3.严格遵守法定的办理期限。卫生监督机构对批准的申请项目，在批准之日起10日内向申请人发放卫生行政许可证。

4.卫生行政许可决定应公开。

（六）卫生行政许可变更

持证相对人需改变所持有的卫生行政许可证中有关项目时，需提出相应的申请，经卫生监督机构核实，不属于变更的项目需重新申请发证；属于变更的项目，应当提供变更所需的材料，经审查做出卫生行政许可变更的决定。

第三节　卫生监督检查程序

一、卫生监督检查的方式

卫生监督检查的方式，是指卫生监督主体及其卫生监督人员为了达到卫生监督检查目的而采取的手段和措施。原卫生部颁布的《卫生监督员管理办法》规定，卫生监督员在监督检查过程中可以行使下列监督职权：进行现场调查和监督记录，依法取证和索取有关资料；进行现场采样，提出检测项目；对违反卫生法律、法规的单位和个人依法进行处理；参加对有害事故的调查处理。

根据不同的情况和需要，采取不同的监督检查方式。卫生监督检查的方式主要包括调查、查验、查阅材料和统计4种。

二、卫生监督检查程序

卫生监督检查程序，是指卫生监督检查的步骤和方式。一般来说，卫生监督检查的程序主要包括以下方面：

（一）进入现场

卫生监督主体及其卫生监督人员进入现场监督检查，必须有法律上的明确授权，否则不得随意进入现场进行检查。卫生监督主体及其卫生监督人员进入现场监督检查前，应当做好以下3点准备工作：

1. 熟悉被检查人的有关情况和现场检查的有关内容。

2. 备好现场监督检查所需的检验、测试、采样及取证工具。

3. 备好现场监督检查所需的文书。

根据有关卫生法律规定，卫生监督主体及其卫生监督人员进入现场监督检查时，应不少于2人。现场检查须进入洁净区域时，卫生监督人员应穿戴洁净衣帽、口罩及一次性手套，并遵守被检查人对卫生、安全的有关规定。现场监督检查的职权如下：

1. 听取被检查人根据监督检查内容所做的介绍。

2. 查阅被检查人的有关制度、检验记录、技术资料、产品配方和必需的财务账目及其他书面文件。

3. 以卫生专业技术手段进行实地检查、勘验、采样和检测。

4. 根据需要对有关人员进行了解。

（二）表明身份

卫生监督主体及其卫生监督人员实施卫生监督检查，在进入现场时，必须向相对人出示监督员证，否则，相对人有权拒绝接受检查。这里需要指出的是，表明卫生监督执法的证件一般需有特殊的形式，卫生监督主体的工作证或者公务制服，不能实际表明具有卫生行政执法权的功能，因此不能替代卫生行政执法的特殊证件。

（三）说明理由

卫生监督主体及其卫生监督人员在表明身份的同时，还应当向被检查者说明检查的来意及依据。说明理由一方面是为了防止卫生监督主体及其卫生监督人员滥用监督检查权力，损害相对人的合法权益；另一方面可以获得被检查人的理解、支持和配合。

（四）提取证据

卫生监督主体及其卫生监督人员在监督检查过程中需要提取相关的证据。

1. 制作现场检查笔录和询问笔录。

现场监督检查应当场制作现场检查笔录，由被检查人核对无误后，卫生监督人员和被检查人应当在笔录上共同签字，修改之处由被检查人签名或者印章覆盖。现场监督检查时，卫生监督人员可以对被检查人或有关证人进行询问，并当场制作询问笔录，由被询问人核对无误后，应当共同在笔录上签名。被检查人或被询问人对笔录内容有异议时，可在笔录上说明理由并签名，卫生监督人员应当在其后签名。被检查人或被询问人拒绝签名时，由 2 名以上卫生监督人员在笔录上签名，并注明被检查人拒绝签名情况，并可请在场的其他人员签名做证。

2. 现场采样或检测。

卫生监督人员进行现场采样或检测，应当制作采样记录和检测记录或在现场笔录上记录检测结果，并由当事人书面确认。

3. 调阅相关书面材料。

卫生监督主体及其卫生监督人员有权要求被检查人提供相关的书面材料。

现场检查所取证物应尽可能是原件、原物，调查取证原件、原物确有困难的，可由提交证据的单位或个人在复制品、照片等物件上签章，并注明“与原件(物)相同”字样或文字说明。在证据可能灭失或以后难以取得时，经卫生行政机关负责人批准后，可先行登记保存，并出具由卫生行政机关负责人签发的证据保存通知书。卫生监督主体应当在 7 日内对所保存的证据做出处理决定。

(五)保守秘密

卫生监督主体及其卫生监督人员在实施卫生监督检查时，可以接触到涉及相对人的某些技术秘密、业务秘密，甚至个人隐私，卫生监督主体必须承担保守秘密的义务。卫生监督主体及其卫生监督人员由于失密造成相对人权益损失的，要承担相应责任。

(六)采取措施

卫生监督主体及其卫生监督人员在实施监督检查时，有可能出现某些特殊或紧急情况，需要及时采取强制措施或临时控制措施，否则有可能造成难以弥补的损失。

(七)依法救济

卫生监督相对人在卫生监督检查中依法享有救济性权利。如不服卫生监督检查的，有权依法申请行政复议或者提起行政诉讼；对卫生监督检查造成其合法权益受到损失的，有权要求卫生行政机关予以赔偿。

第四节　卫生行政处罚程序

一、卫生行政处罚程序的概念

卫生行政处罚，是指卫生行政机关或法律法规授权的卫生事业组织，对公民、法人或其他组织违反卫生行政法律规范的行为所给予的制裁。

卫生行政处罚程序，是指在卫生行政处罚实施过程中，卫生行政处罚机关必须遵循的方式、步骤、顺序和时限等规范和制度。根据《行政处罚法》和原卫生部《卫生行政处罚程序》的规定，卫生行政处罚程序分为卫生行政处罚的决定程序和执行程序。卫生行政处罚的决定程序有一般程序、简易程序和听证程序。

二、卫生行政处罚的一般程序

卫生行政处罚的一般程序也称普通程序，是实施行政处罚的基本程序。具有内容完整、要求严格、适用广泛的特点。除了依法可以适用简易程序的案件外，其他行政处罚案件都应适用普通程序。

（一）一般程序的适用范围

一般程序是适用于所有行政处罚案件的通用程序，没有纳入可以适用简易程序范围的案件，都必须使用一般程序。具体说，卫生行政处罚一般程序案件的适用范围包括：对公民处以超过50元罚款的行政处罚，对法人或者其他组织处以超过1000元罚款的行政处罚；没收违法所得、没收非法财物；责令停产停业；暂扣或者吊销许可证、暂扣或者吊销执照等。

（二）一般程序的内容和基本操作步骤

1. 受理。

根据《卫生行政处罚程序》，卫生行政机关对下列案件予以受理：在卫生监督管理中发现的；卫生机构监测报告的；社会举报的；上级卫生行政机关交办、下级卫生行政机关报请的或者有关部门移送的。

2. 立案。

在案件受理后，卫生行政机关经初步审查认为符合下列条件的，应当在7日内予以立案：有明确的违法行为人或者危害后果；有来源可靠的事实依据；属于卫生行政处罚的范围；属于本机关管辖的。

立案报告是卫生行政机关对案件正式开展调查取证的依据。除在现场监督中发现违法事实清楚并适应简易程序，需要当场处罚的案件外，其他案件只有在立案以后，才能依法对当事人展开调查取证，采取强制措施。情况特殊需要现场立案采取调查取证措施的，必须在3日内补办立案报告手续。

3. 调查取证。

卫生行政机关通过收集各种与案件有关的事实材料，获得可以证明案件事实的各种证件的过程。卫生行政机关对案件的调查取证，必须有2名以上执法人员参加，并出示有关证件，并做到全面、客观、公正。

书证、物证、视听材料、证人证言、当事人陈述、鉴定结论、勘验笔录、现场检查笔录等，经卫生执法人员审查或调查属实的，都可以作为卫生行政处罚的证据。

4.合议。

《卫生行政处罚程序》第二十五条规定，承办人在调查终结后，应当对违法行为的事实、性质、情节以及危害社会程度进行合议并做好记录；合议必须由 3 名以上单数的监督员进行；对重大、复杂的案件，应集体讨论决定；有不同意见是少数服从多数。

合议应当根据认定的违法事实，依照有关卫生法律、法规和规章的规定分别提出下列处理意见：

(1)确有应当受行政处罚的违法行为的，依法提出卫生行政处罚的意见。

(2)违法行为轻微的，依法提出不予卫生行政处罚的意见。

(3)违法事实不能成立的，依法提出不予卫生行政处罚的意见。

(4)违法行为不属于本机关管辖的，应当移送有管辖权的机关处理。

(5)违法行为构成犯罪需要追究刑事责任的，应当移送司法机关。同时应当予以行政处罚的，还要依法提出卫生行政处罚的意见。

5.告知、听取陈述、申辩。

卫生行政机关在做出合议之后，应当及时将准备做出的行政处罚决定认定的事实、理由及依据告知当事人，并告知当事人依法享有的权利。就一般案件而言，应当告知当事人有陈述、申辩的权利；对拟给予较大数额罚款、责令停产停业、吊销许可证(照)处罚的案件，还应依法告知当事人有要求举行听证的权利。

卫生行政机关必须充分听取当事人的陈述和申辩，并进行复核，当事人提出的事实、理由或者证据成立的，应当采纳。卫生行政机关不得因当事人申辩而加重处罚。

6.处罚决定。

卫生行政机关应当自立案之日起 3 个月内做出行政处罚决定。因特殊原因，需要延长时间的，应当报请上级卫生行政机关批准。对于重大、复杂的行政处罚案件，应当由卫生行政机关负责人集体讨论决定。卫生行政机关做出给予当事人行政处罚决定的，应当制作行政处罚决定书，加盖行政机关的印章，载明有关的法定事项，并告知当事人不服处罚的，可以申请行政复议或向人民法院提起行政诉讼。

三、卫生行政处罚的简易程序

卫生行政处罚的简易程序，也称当场处罚程序，是指卫生行政执法人员对违反卫生行政法律规范的行为实施当场处罚的步骤、方式和顺序等各种规范的总和。简易程序具有简便、高效的特点。

（一）适用简易程序的条件

根据《卫生行政处罚程序》对于违法事实清楚、证据确凿并有下列情形之一的，卫生监督机构可当场做出卫生行政处罚决定：予以警告的行政处罚案件；对公民处以50元以下罚款的行政处罚案件；对法人或者其他组织处以1000元以下罚款的行政处罚案件。适用简易程序必须具备3个条件：

1. 违法事实确凿。

2. 有法定依据。

3. 处罚程度较轻。

（二）卫生行政处罚的简易程序包括以下具体步骤：

1. 出示执法身份证件，表明其执法者的合法身份。

2. 指出当事人的违法行为，说明给予行政处罚的理由及依据。

3. 告知当事人有进行陈述和申辩的权利、有权依法提起行政复议或者行政诉讼的权利。

4. 违法当事人对处罚的事实有争议时，执法人员应当进行现场调查取证，弄清事实情况。

5. 制作《当场行政处罚决定书》，由执法人员签名或者盖章后，当场交付当事人，并报所属行政机关备案。

四、卫生行政处罚的听证程序

卫生行政处罚的听证程序，是指行政机关在做出行政处罚决定之前，由行政机关指派专人主持听取案件调查人员和当事人就案件事实、处罚理由及适用依据进行的陈述、质证和辩论的法定程序。听证程序是一般程序中的一个环节，它发生在行政机关事先告知违法事实、处罚理由、依据和相关权利之后，在正式做出处罚决定之前这一阶段。

（一）听证程序的适用范围

根据《行政处罚法》，听证程序只适用于责令停产停业、吊销许可证或者较大数额罚款3种类型的行政处罚。《卫生行政处罚程序》第三十条规定，卫生行政机关在做出责令停产停业、吊销许可证或者较大数额罚款等行政处罚决定前，应当告知当事人有要求举行听证的权利。当事人要求听证的，卫生行政机关应当组织听证。听证费用由做出行政处罚的卫生行政机关组织支付，当事人不承担听证的费用。

（二）听证的原则

听证应当遵循公正、公开的原则。除涉及国家秘密、商业秘密或者个人隐私外，听证应当以公开的方式进行。听证人员应当由卫生行政机关内部的非本案调查人员担任，并且不得与本案有直接的利害关系。听证主持人由卫生行政机关负责人指定本机关内部的非本案调查人员担任。当事人认为听证主持人、听证员和书记员与本案有利害关系的，有权申请回避。

（三）听证程序的基本内容

1.告知听证权利。

卫生行政机关对于适用听证程序的卫生行政处罚案件，应当在做出行政处罚决定前，告知当事人有要求举行听证的权利。

2.听证准备。

卫生行政机关决定予以听证的，听证主持人应当在当事人提出听证要求之日起 2 日内确定举行听证的时间、地点和方式，并在举行听证的 7 日前，将听证通知书送达当事人。

3.听证的举行。

听证人员由卫生行政机关内部的非本案调查人员担任，并实行回避制度。当事人可亲自参加听证，也可以委托 1—2 名代理人参加。首先由主持人宣布听证会开始，宣布听证事项及其他有关事项，然后由案件调查人提出当事人违法事实、证据、处罚依据、行政处罚建议，当事人进行陈述、申辩。案件调查人员对认定的事实负有举证责任，当事人对自己提出的主张负有举证责任。经过调查取证人员与当事人相互辩论，由主持人宣布辩论结束，当事人有最后陈述的权利。最后由主持人宣布听证会结束。

4.听证笔录。

听证应当制作笔录，由听证主持人在听证后将听证笔录当场交当事人和案件调查人员审核，并签名或盖章。当事人拒绝签名的，由听证主持人在听证笔录上说明情况。

思考题

1.卫生监督程序的基本原则有哪些？

2.卫生许可的程序是什么？

3.简易程序与一般程序的区别是什么？

4.卫生监督检查中应注意哪些问题？

第六章　卫生行政执法文书

教学目的

1. 掌握卫生行政执法文书的概念、特征、制作原则。
2. 熟悉37种卫生行政执法文书的制作要求。
3. 了解卫生行政执法文书的演变过程。

第一节　概述

法律文书是行政机关使用的各类文书的重要组成部分，而制作和使用卫生行政执法文书是卫生行政部门及卫生监督执法人员实施卫生法律、法规，依法行政不可缺少的重要手段和有力工具，关系到维护卫生法律、法规的严肃性和权威性，是提高卫生监督工作质量的关键环节。卫生行政执法文书有效地规范了卫生行政机关的执法行为，在保障卫生法规的贯彻实施中具有十分重要的地位和作用。

一、卫生行政执法文书概念

卫生行政执法文书是卫生行政机关为实现卫生行政监督管理职能，在实施卫生监督、行政处罚过程中，针对特定的管理相对人就特定事项依法制作的具有法律意义的法律文书。卫生行政执法文书的概念包含以下五层含义：

（一）卫生行政执法文书的制作主体只能是依法行使卫生监督职权的各级卫生行政机关，其他机关和组织无权制作

各级卫生行政机关的内设机构和执行机构，虽然根据授权承担着某些卫生行政执法职能，但只能草拟文书，对外发布文书还是要以执法主体即卫生行政机关的名义。

（二）卫生行政执法文书以反映卫生行政机关具体的行政执法行为为核心内容

卫生行政执法行为是卫生行政机关在卫生监督管理过程中，对管理相对人赋予一定的权利或要求履行相应的义务。不是卫生行政执法活动的行为就不需要在卫生行政执法文书中反映出来。

（三）卫生行政执法文书是卫生行政执法程序的表现形式，是依法履行卫生行政执法职能的凭据

卫生行政执法程序的每一个步骤，都需要用相应的卫生行政执法文书体现，作为书面凭据，来证明卫生行政执法程序的合法有效，否则，卫生行政执法行为的合法有效性就无从反映。

（四）卫生行政执法文书必须依法制作，即卫生行政执法文书的制作必须以法律、法规和规章为依据

任何一份卫生行政执法文书的制作都要有法律、法规和规章作为依据，没有法律依据的卫生行政执法文书就缺乏合法性的基础，是无效的文书。卫生行政执法文书是具有特定法律效力或法律意义的文书。卫生行政执法文书的制作以法律、法规和规章为依据，按照规定的程序制作后，只对特定的管理对象产生法律效力，它不是具有普遍约束力的规范性文件。有关管理相对人必须按照文书设定的内容履行义务，不得拒绝、推诿。另外，有些卫生行政执法文书虽然对特定的管理对象不具有法律效力，但它可证明卫生行政执法程序的步骤、顺序和期限等，所以具有法律上的意义。卫生行政执法文书是供卫生行政部门或法律授权的卫生监督机构使用的文书。尽管卫生行政执法文书是由卫生监督员个人制作的，但是它代表的是卫生行政部门，而不是民间私人使用的文书。

二、卫生行政执法文书格式的标准化演变

（一）27 种卫生监督文书格式时期

为促进卫生行政执法工作的规范化，切实提高卫生行政执法文书的制作质量，原卫生部于 1992 年颁发了《关于统一 27 种卫生监督文书格式的通知》，各地于 1992 年 6 月起正式使用，第一次对卫生行政执法文书进行了统一，有力地促进了卫生行政执法工作质量。

（二）21 种卫生行政执法处罚文书格式时期

随着卫生行政执法工作的深入，原有的 27 种卫生监督文书制作也暴露出一些问题，原卫生部根据各地意见，于 1998 年以第 1 号部长令的形式发布了《卫生行政执法处罚文书规范》，统一了 21 种卫生行政执法处罚文书格式。这 21 种卫生行政执法处罚文书对促进卫生行政机关依法行政、规范行政处罚行为起到了较大作用。

（三）31 种卫生行政执法处罚文书格式时期

由于卫生监督体制改革，卫生行政执法向综合执法转变，原卫生部于 2002 年以第 34 号部长令的形式发布了《卫生行政执法文书规范》，规范了 31 种卫生行政执法文书的格式。同时，原卫生部 1992 年发布的《关于统一 27 种卫生监督

文书格式的通知》和1998年发布的《卫生行政执法处罚文书规范》被废止，但1992年发布的有关建设项目审批及卫生许可证的文书继续有效。

为加强国家卫生监督抽检工作，提高监督抽检工作效率，2006年4月6日卫生部对《卫生行政执法文书规范》第十三条、第十四条中，对产品样品确认的两种文书“产品样品确认通知书”和“产品样品确认书”做出修改，将执法文书目录中的“产品样品确认通知书”修改为“产品样品确认告知书”，删除第十四条和执法文书目录中的“产品样品确认书”及文书。当时卫生行政机关使用的卫生行政执法文书除了原卫生部1992年发布的有关建设项目审批及卫生许可证的文书外，共30种。

（四）37种卫生行政执法文书的格式时期

2012年9月6日原卫生部以卫生部令第87号的形式发布了《卫生行政执法文书规范》，再次规范了37种卫生行政执法文书的格式，自2012年12月1日起施行。新的《卫生行政执法文书规范》规定，实施卫生行政许可使用的文书，按照《卫生行政许可管理办法》及卫生行政许可文书样本执行。所以，目前，卫生行政机关使用的卫生行政执法文书为37种：产品样品采样记录，非产品样品采样记录，产品样品确认告知书，检验结果告知书，卫生监督意见书，卫生行政执法事项审批表，卫生行政控制决定书，解除卫生行政控制决定书，查封、扣押决定书，查封、扣押处理决定书，查封、扣押延期通知书，物品清单、公告、封条、案件受理记录，立案报告，案件移送书，现场笔录，询问笔录，证据先行登记保存决定书，证据先行登记保存处理决定书，案件调查终结报告，合议记录，行政处罚事先告知书，陈述和申辩笔录，陈述和申辩复核意见书，行政处罚听证通知书，听证笔录，听证意见书，行政处罚决定书，当场行政处罚决定书，送达回执、催告书，强制执行申请书、结案报告、续页，卫生行政执法建议书。

三、卫生行政执法文书的特征

卫生行政执法文书是卫生行政机关实施卫生法律、法规和规章的表现形式，是体现卫生行政执法活动的有效法律工具，具有特定的法律效力或法律意义。非经卫生行政机关依照法定程序的规定不能变更，其他任何机关、组织和个人都无权变更和私自制作。与其他的法律文书相比，卫生行政执法文书具有以下特征：

（一）制作的合法性

1. 制作的主体要合法。卫生行政执法文书制作主体只能是卫生行政机关，其他机关和组织都无权制作，否则，就失去了合法性，是无效的。

2. 制作的依据和内容要合法。卫生行政执法文书的制作必须以卫生法律、法规和规章以及相关的法律、法规为依据，没有法律依据的同样是不合法的，是无效的。

3. 制作的程序要合法。卫生行政执法文书的制作要严格遵循法律、法规和规章规定的程序，对规定必须履行相应手续的文书，应按照规定实事求是地进行。否则，虽然卫生行政执法文书的实体内容是合法的，但不符合法定的程序，也是不合法的。

（二）执行的强制性

卫生行政执法文书是依据法律、法规和规章制作的，所以，它是以国家强制力作为保障的，具有执行效力的卫生行政执法文书就具有强制性，一经做出，就产生法律效力，任何单位、个人必须严格执行。由于现行卫生法律、法规等没有赋予卫生行政机关强制执行权，如单位或个人不履行，可申请人民法院强制执行。但这并不影响卫生行政执法文书本身具有的强制性。

（三）效力的特定性

卫生行政执法文书是针对特定的对象或事件做出的具体行政行为，不是抽象行政行为，所以，不具有普遍的约束力。与抽象行政行为相比，它的对象是特定的，执行效力也是特定的。因此，卫生行政执法文书中记载的内容就不能是抽象的，应是具体的、特定的，不能是模棱两可或笼统的，而应是明确的、可操作的。

（四）内容的专业技术性

卫生行政执法的范围很广，涉及卫生领域多学科的专业知识和技术，因此与其他法律文书不同的是，卫生行政执法文书的内容体现出了本身的专业技术性。卫生行政执法涉及预防医学、临床医学、医学检验、工程等多学科知识，为此，在卫生行政执法文书中应体现专业技术的内容。卫生行政执法往往需要卫生检测和检验数据来提供科学依据，不仅要使用法律术语，而且也要使用卫生专业的术语和概念。卫生行政执法文书的专业性和技术性特征要求卫生行政执法人员不但要熟悉法律知识，而且要熟练掌握各种卫生专业知识、提高综合执法的能力和素质。

（五）形式的规范性

按照原卫生部颁布的《卫生行政执法文书规范》的规定，卫生行政执法文书属于程式化文书，必须有规范的表现形式。其规范性主要表现在：

1. 格式统一。2012 年颁布的《卫生行政执法文书规范》统一了 37 种卫生行政执法文书的格式，并对其适用对象、名称、文号和内容要素等做了规范要求，卫生行政执法人员必须严格按照要求制作，不得随意更改。

2. 结构固定。一般来说，卫生行政执法文书结构上可分为首部、正文和尾部三个部分。首部一般包括文书名称、文书编号、当事人基本情况等内容。正文是卫生行政执法文书的核心，一般包括违法事实和采取的证据、认定的理由和法律依据、做出的结论和处理意见等。尾部一般包括告知事项、签署意见、制作机关、制作日期和印章等。

3.用语规范化。卫生行政执法文书要求使用卫生专业和法律专用术语，语言表述要求准确、简明、统一，不得含糊、模棱两可或者口语化，尤其是填写式文书，要按照格式要求，使用统一规范语言，不得随意改动。

四、卫生行政执法文书的作用

（一）是卫生行政执法的表现形式

卫生行政执法文书是卫生行政执法程序的表现形式，是实施卫生行政法律、法规和规章的必要手段。卫生行政执法必须符合法定的程序，是否符合法定程序要以卫生行政执法文书具体体现出来。卫生行政执法属于一种具体行政行为中的要式行为，也就是说，卫生行政执法必须要用卫生行政执法文书表达，没有卫生行政执法文书的形式，卫生行政执法程序就无法体现，卫生行政执法行为就没有法律效力，卫生行政法律、法规和规章的实施就成为一句空话。卫生行政执法文书作为卫生行政执法活动的法律凭证，记载着卫生行政执法行为和卫生行政机关的执法意志，是保证卫生行政执法活动依法进行的必备工具和手段。只有通过卫生行政执法文书的形式，才能监督管理相对人履行法定的义务，积极按照要求进行整改，或处理各种违法行为，保证卫生法律、法规和规章的具体实施。

（二）是卫生行政执法活动的原始记录

卫生行政执法文书是卫生行政机关在日常卫生行政执法活动和查处违法案件中形成的，作为一种执法活动的载体，它忠实地记录了卫生行政执法活动的整个过程。为此，它不仅可反映卫生行政执法的真实水平，是复议机关和人民法院审理案件的重要证据，也在总结卫生行政执法工作经验、研究执法活动的规律、完善卫生行政执法工作等方面发挥了重要作用。

（三）是卫生法制宣传的重要途径

卫生行政执法文书通过记录卫生行政活动的全过程，作为卫生行政执法活动一种工具和手段，强化管理相对人对某一法律、法规和规章内容的理解，督促其依法履行法定义务。尤其是处理违法行为时，涉及违法实体问题内容记载的卫生行政执法文书，是对被处罚的管理相对人最具体和生动的教育。通过对其违法行为的记录，增强其遵纪守法的自觉性，提高自我管理水平。同时使广大人民群众了解卫生法律、法规和规章的内容，提高自我保护意识，以强化社会监督作用。

（四）是卫生行政执法人员培训的实用教材

卫生行政执法文书是研究和分析卫生行政执法活动或案例，总结经验教训的第一手基础资料。通过对卫生行政执法文书的分析，可以了解卫生行政执法人员的执法水平，有针对性地确定培训内容，实施强化培训。一些高质量的卫生行政执法文书可以为培训卫生行政执法人员提供示范实例，而制作质量有缺陷的卫生行政执法文书同样可以作为实例，使卫生行政执法人员引以为戒，不再出现类似错误。

(五)是考核卫生行政执法人员的重要内容

卫生行政执法文书制作质量直接反映卫生行政执法人员的执法水平和整体素质。每一份文书的制作，不仅体现了卫生行政执法人员的业务能力和法律素养，也能反映其观察、分析问题的能力，所以，卫生行政执法文书制作质量应成为卫生监督员任免的重要依据，是每一个卫生行政执法人员必须掌握的基本技能。

第二节　卫生行政执法文书的分类与制作

一、卫生行政执法文书的分类

对卫生行政执法文书进行分类，可以了解文书的性质、特点、用途、制作方法等。按照不同的标准，卫生行政执法文书可以有以下分类：

(一)外部执行文书、内部工作文书和证据文书

以文书的性质和用途为划分标准，卫生行政执法文书可分为外部执行文书、内部工作文书和证据文书。

1. 外部执行文书。这类文书是卫生行政机关为实施法律、法规和规章规定的程序、办理案件时要求管理相对人履行义务形成的卫生行政执法文书。如各类通知书、决定书和卫生许可证等。

2. 内部工作文书。这类文书主要是指卫生行政机关在卫生行政执法过程中为决定适用何种程序或请示问题等而形成的文书，为内部业务部门研究请示工作等时使用。如为了某个案件有关问题的请示、报告以及提请审批的各种文书、调查报告等(如立案报告、案件调查终结报告、卫生行政执法事项审批表、结案报告)。

3. 证据文书。这类文书是卫生行政机关在卫生行政执法过程中，依法收集、采取法定的七类证据材料所形成的文书。如现场笔录、询问笔录、采集样品的采样记录、鉴定结论等。

(二)填写式文书和叙述式文书

以制作方法为划分标准，卫生行政执法文书可分为填写式文书和叙述式文书。

1.填写式文书是指有统一格式并且固定项目明确，只需填写的文书。使用时根据不同情况，填上相关的内容即可加盖制作机关的公章，如案件移送书、产品样品采样记录、当场行政处罚决定书等。

2.叙述式文书是指针对不同情况，包括当事人情况、案件事实、法律依据和结论等进行综合评述或做出相应处理决定等使用的文书，主要叙述某一事项的实体内容。叙述式文书应根据不同内容，做出不同的表述，故文书长短不一，篇幅一般较填写式文书长。但叙述式文书也有固定的格式，每一种文书的框架结构是固定的。文书首部、正文和尾部三部分的项目是统一印制的，文书内容制作时不是简单填写，而是按照制作要求叙述。如现场笔录、卫生监督意见书、听证意见书、合议笔录等。

（三）卫生行政许可文书、卫生监督文书和卫生行政处罚文书

以文书所处的执法环节为划分标准可分为卫生行政许可文书、卫生监督文书和卫生行政处罚文书等。

二、卫生行政执法文书的制作原则

卫生行政执法文书是卫生行政执法程序的具体表现载体。为使卫生法律、法规和规章得以正确贯彻实施，确保卫生行政机关依法行政，保护管理相对人的合法权益，卫生行政执法文书的制作必须符合下列原则：

（一）合法原则

1.制作的主体合法。卫生行政执法文书制作的主体是卫生行政部门或法律授权的卫生监督机构，其他的行政机关或组织是无权制作的。如《传染病防治法》规定，县级以上地方人民政府卫生行政部门负责本行政区域内的传染病防治及其监督管理工作，则县级以上人民政府卫生行政部门就是传染病行政执法文书制作的主体。

2.所依据的法律文件合法。卫生行政执法文书的制作必须依据现行有效的卫生法律、法规，这就意味着法律文件的发布机关是合法的，文件本身是合法的，既不是作废的法律、法规，也不是未生效的法律、法规。在地方法规和国家法律同时存在的情况下应依据国家法律。

3.制作程序合法。为了防止滥用卫生监督执法权，卫生行政执法文书的制作，尤其是处罚类文书的制作，不仅要符合实体法的内容，还要严格依照法定的程序。目前卫生监督缺乏统一的程序，虽然在某个单项法规中规定了相应的程序，但还不够全面。在这种情况下，卫生行政执法文书的制作应该遵循法律及行政执法的一般程序或者卫生监督机关所制定的内部管理程序，尽量做到公平合理、无懈可击，减少由于程序问题而引起的行政复议和行政诉讼。

4. 内容合法。卫生行政执法文书中赋予或确认文书接受者的权利和所加之的义务以及幅度都应符合相应的法律法规。①要正确运用行政执法的自由裁量权，力求做到对违法者处理的幅度适当，避免倚轻、倚重，超出法定限度的现象；②要符合与这一行政行为直接相关的法律法规外，还应符合其他各项法律法规；③不能有越权内容，文书中的行政决定必须在其管辖职权范围内，如运用卫生监督文书不能吊销文书接受者的工商企业执照或者实施没有法律依据的处罚。

（二）客观性原则

卫生行政机关制作卫生行政执法文书必须以事实为立论和适用法律的依据。尤其是查处案件时，记录内容应是客观的事实，而案件的客观事实必须以证据为基础。制作卫生行政执法文书应在充分调查取证的前提下，采取客观、合法和有相关性的证据来证明案情。坚持实事求是，从实际出发，绝不允许主观臆断或编造、歪曲案件的客观事实。所以，制作的卫生行政执法文书应以客观描述的内容为主，不应是主观性分析、判断内容，更不应是夸大、虚假等内容，同时也应避免使用修饰的形容词、程度副词等。只有符合客观性原则的卫生行政执法文书，才能反映案件的本来面目，也才能保证文书的制作质量。

（三）准确性原则

1. 对象准确。制作卫生监督文书的主体必须与文书的接受者有明确法律关系，而且，该管理相对人必须是具有法律上权利能力和行为能力的公民、法人或其他组织。也就是说文书制作的对象应有法律规定的被监督的主体资格，必须是卫生法律、法规调整的管理相对人。

2. 标的物准确。记载在卫生行政执法文书的标的物必须是卫生法律、法规和规章调整的客体范畴，同时，标的物也不能张冠李戴，把不属于该管理相对人的标的物作为内容记录。如黄色录像带就不能成为卫生监督的标的物。对某甲的物品进行查封的行政控制时，就不能将某乙存在该处的物品进行查封，如有问题，应再行对某乙制作卫生行政执法文书。

3. 适用法律准确。制作卫生行政执法文书时要针对事实依据和案件性质引用相关的法律条文，不仅要引用卫生法律、法规和规章的名称，而且要引用具体的条、款、项、目。

4. 选用的文书要准确。每一种卫生行政执法文书都有其自己特定的用途和适用范围，不能相互取代。要根据执法的实际需要，采用相应的文书。如立案只能用立案报告而不能用案件受理通知书。准确性原则是卫生行政执法文书发生法律效力或法律意义的重要基础。

三、卫生行政执法文书制作要求

针对管理相对人制作的卫生行政执法文书，卫生行政执法人员必须着装整齐，表明身份，出示卫生行政执法证件。这也是《行政处罚法》规定的法定要求。

（一）选用文书要准确

按照卫生行政执法文书制作的原则，选用文书要准确，这是首要要求，否则，文书制作得再好，也是不符合要求的。

（二）项目要填写齐全

规范的卫生监督文书中，设定的各个项目都代表着特定的法律意义，是卫生监督执法所必需的重要信息。如文书接受者的名称以及相关的信息、制作文书的具体时间、文书文号或编号、制作文书的主体等都是缺一不可的。文书项目要填写齐全并逐项填写，不得空项，空项处一般用“无”字填写。制作文书如有空项无疑要损失某种重要的信息，严重时则可造成所制作的文书失去法律效力。例如，现场笔录没有被检查人的签字，就不能形成有效文书；具有执行意义的文书没有具体时间，诉期就无法认定。项目不但要填写齐全，而且还要准确。如文书接受者的名称错误，就可能导致其拒绝接受或者拒不执行。如因某种原因项目不能填写齐全时，对缺项的原因应该在备注中注明。

（三）实体内容要严谨

1. 描述事实案件的事实材料是客观存在的，它不以人们的意志为转移，但对案件材料的如何选择和组织，是制作卫生监督文书的技术问题。要选择符合制作文书宗旨的事实材料，要突出重点，选材要精确适当，所列的事实要有充分的说服力，并且要列举确凿的证据，事实和证据要相互印证。

2. 引用法律，一要引用权利或义务条款说明事实的违法，提出处罚或某一具体行政行为的理由；二是要引用处罚条款提出处罚的法律依据。

3. 行政决定要以事实为依据、以法律为准绳做出职权范围内的具体行政决定。

（四）运用语言要规范

卫生行政执法文书是实效性文书，有公文写作特点，对文字语言都有特殊的要求，准确规范的语言是高质量卫生行政执法文书的重要标志。所谓语言规范就是要正确的遣词造句，正确使用标点符号，做到言简意赅，切忌啰嗦重复，当然也应避免过分简单而影响意思的表达。

1. 卫生行政执法文书要按照国家公文的要求使用公文语体，语言要规范、严谨，文字平实，用语确切。语言应当朴素准确，不能渲染、虚饰、比喻和夸张，要直截了当，不歪曲，不隐晦。具体客观描述不应混入卫生行政执法人员的主观分析判断，不直接写概括性的结论，切忌使用“大概”“大约”“估计”“是否”“尚不清楚”“不完全统计”“10 余人”等模棱两可或推测性的词语。

2.语言使用“法言法语”和卫生专业术语。卫生行政执法文书是法律性文书，语言要郑重严肃，力求“法言法语”，尽量避免口语、方言，更不能写出污言秽语，还须注意褒贬词的使用。由于卫生行政执法文书是具有较强专业技术性的法律文书，在制作时应熟练、准确地运用法律名词和专业术语，使文书更加严谨、科学和规范。

3.语言要完整。文书中出现的各种名称，如法律名称、单位名称或当事人名称以及物品名称等都应该使用全称，不得随意省略。出现的数量词，如年、月、日、文号、序号、编号等都应使用阿拉伯数字。要统一使用国际计量单位量词，而且前后一致。

4.文句通顺、精练，没有错别字，避免使用不规范的简化字，避免使用形容词、程度副词等修饰词。要正确使用标点符号。

（五）符合程序法的要求制作

卫生行政执法文书主要应根据《行政处罚法》和原卫生部颁发的《卫生行政处罚程序》规定的一般程序、简易程序和听证程序的要求进行，要按照程序规定的顺序、步骤、期限和形式的要求制作文书，不得颠倒顺序，更不能超过期限。另外，笔录制作完成后还必须履行告知程序。

（六）制作程序要完备

有些卫生监督文书需要在卫生监督部门内部运转处理后，才能正式发出而产生效力。一些文书既要发给文书的接受者，又要存档，根据实际需要，有些文书采取联单式，有些文书采取存根式，而有些则需再行复制。例如，现场检查笔录在现场制作完毕后，要让被监督人签字，如拒不签字还应采取其他有效方式使该文书产生法律上的证据效力。执行类文书或具有重要意义的文书则须有送达回执，以示文书接受者收到。

四、卫生行政执法文书制作规范

为规范卫生监督行为，保障公民、法人和其他组织的合法权益，2012 年 9 月 6 日原卫生部颁布了《卫生行政执法文书规范》，自 2012 年 12 月 1 日起实施。

《卫生行政执法文书规范》对卫生监督文书制作提出如下要求：

（一）对印刷、填写、修改、打印的要求

1.现场使用的文书应当按照规定的格式印制后填写。两联以上的文书应当使用无碳复写纸印制并用黑色或者蓝黑色的水笔或者签字笔填写，保证字迹清楚、文字规范、文面清洁。

2.因书写错误需要对文书进行修改的，应当用横线划去错误处，在其上方或者接下处写上正确内容。对对外使用的文书做出修改的，应当在改动处加盖校对章，或者由对方当事人签名或者盖章。

3.文书也可以按照规范的格式打印。执法过程中需要利用手持移动执法设备现场打印文书的，在文书格式和内容不变的情况下，文书规格大小可以适当调整。

（二）对制作叙述性文书的要求

当场制作的现场笔录、询问笔录、陈述和申辩笔录、听证笔录等文书，应当在记录完成后注明"以下空白"，当场交由有关当事人审阅或者向当事人宣读，并由当事人签字确认。当事人认为记录有遗漏或者有差错的，应当提出补充和修改，在改动处签字或者用指纹、印鉴覆盖。

当事人认为笔录所记录的内容真实无误的，应当在笔录上注明"以上笔录属实"并签名。当事人拒不签名的，应当注明情况。采取行政强制措施时，当事人不到场的，应当邀请见证人到场在现场笔录上签名或者盖章。

（三）各类文书中有关共性栏目的填写方法

1.文书本身设有"当事人"项目的，按照以下要求填写：是法人或者其他组织的，应当填写单位的全称、地址、联系电话，法定代表人（负责人）的姓名、性别、民族、职务等内容（7项）；是个人的，应当填写姓名、性别、身份证号、民族、住址、联系电话等内容（6项）。"案件来源"按照《卫生行政处罚程序》的规定要求填写。

2.文书首页不够记录时，可以续页记录，但首页及续页均应当有当事人签名并注明日期。

3.案由的规范写法。案由统一写法为当事人名称（姓名）＋具体违法行为＋案。如有多个违法行为，以主要的违法行为作为案由。文书本身设有"当事人"项目的，在填写案由时可以省略有关当事人的内容。

4.对外使用的文书，其本身设定签收栏的，在直接送达的情况下，应当由当事人直接签收。没有设定的，一般使用送达回执。

5.文号与编号写法。文书本身设定文号的，应当在文书标注的"文号"位置编写相应的文号，编号方法为："地区简称＋卫＋执法类别＋执法性质＋〔年份〕＋序号"。文书本身设定编号的，应当在文书标注的"编号："后印制编号，编号方法为："年份＋序号"。

6.加盖印章的规定。为提高工作效率，现场使用的执法文书可以提前加盖印章，并做好领用登记管理。

7.装订要求。卫生行政执法案卷材料应当按照一案一卷形式进行装订，每卷顺序按照有关材料形成的时间先后顺序排列。

8.增加文书样式的规定。除本规范规定的文书样式外，省级卫生行政机关可以根据工作需要增加相应文书，并报卫计委备案。

9.卫生行政许可文书要求。实施卫生行政许可，按照《卫生行政许可管理办法》及卫生行政许可文书样本执行

10.预先设定的文书栏目，应逐项填写。摘要填写的文书栏目，应简明、完整、准确。签名和注明日期，必须清楚无误。文书中卫生行政机关的名称应填写机关全称。

第三节　具体卫生行政执法文书制作

一、产品样品采样记录

1.概念和作用。产品样品采样记录，是采集用于鉴定检验的健康相关产品及其他产品的书面记录。

产品样品采样记录的作用在于证明产品样品的法律身份，如样品的名称、规格、数量、生产日期或批号，样品的生产者或加工者、包装情况等；同时证明样品的真实来源是从被采样人处取得的；一定的产品肯定是特定的单位生产或加工的，如果离开了有效的《产品样品采样记录》，单纯的检验报告在作为法律证据时会失去应有的价值。

2.制作要求。采样记录应当写明被采样人、采样地址、采样方法、采样时间、采样目的等内容。

样品基本情况应写明样品名称、样品规格、样品数量、样品的包装状况或储存条件、样品的生产日期或批号、样品标注的生产或进口代理单位、采集样品的具体地点。

3.适用范围。《产品样品采样记录》是对与健康相关的产品及其他产品进行采样时所使用的卫生行政执法文书。不论该产品有无包装，是定型包装的可以使用，没有独立包装的也可以使用，但该产品应是在法律、法规规范范围内的产品。

4.制作说明

(1)被采样人：采样之前对样品本身拥有所有权或者进行管理的单位或个人。因为检验结果直接对被采样人的权益产生影响，所以必须依据营业执照或个人身份证正确填写被采样人一栏，否则检验结果就毫无意义。

(2)采样地址：填写实际采取样品的地址。

(3)采样方法：采样方法是否科学合理直接影响样品的客观性和合法性，所

以要按照不同采样目的和要求如实填写。一般按样品的代表性要求选择随机采样、选择采样等方法。随机采样用于一般定型包装物品的客观性抽检;选择性采样一般用于对投诉产品质量问题或可疑物品的典型性评价。对采样有特殊要求的,如样品要求无菌采样就必须标注采用无菌采样方法。

(4)采样时间:应填写采样开始时的时间,要清晰、准确。

(5)采样目的:一般分为监督、监测、鉴定、调查或填写具体的目的。

(6)样品名称:定型包装产品按包装上标注的商品名称填写,使用通用商品名的可在商品名前加上其标注的商标名。无定型包装的产品则按被采样人宣称的产品名称填写。

(7)规格:定型包装的产品一般以一个销售包装所含有的数或量表示,如250克/袋、10个/包等。散装的产品样品需在包装状况一栏标明散装,在规格栏内填写相应的计量单位,如克/份、毫升/份等。

(8)数量:应标明一份样品的具体数量和样品份数。如200毫升/罐的定型包装产品,每份样品需要采取3罐,样品份数为2份,则样品数量相应标示为3罐/份×2份。样品数量和所需要的份数按有关规定执行。

(9)包装状况或储存条件:有包装的注明包装的名称、完整性等。散装的,要注明是用什么容器或材料盛装,采取定型包装的产品一般应是包装完整的。储存条件是针对一些对储存条件有特殊要求的样品所设定的,无特殊要求的产品不填写。如需要冷冻(藏)食品须注明是否在冷冻(藏)场所存放等,必要时,可更具体填写。

(10)生产日期及批号:健康相关产品,均需标注生产日期或相应批号,采样时一定要按照实际标注填写。有批号的应填写批号,没有批号的则填写生产日期。因为生产日期与批号并非一一对应,有的生产企业规模较大,同一日期的产品,由于是由不同车间、不同班次生产,其批号标示是不一样的。不论检验结果合格与否,同一批次的检验结果不一定代表同一生产日期的产品。

(11)生产单位或进口代理单位:按所采样品的实际标注填写。

(12)采样地点:在明确采样地址的基础上具体描述采集样品的方位、处所。如某有限公司3号成品仓库。

(13)被采样人签名:被采样人是个人的,应由本人签署姓名和年、月、日,不得由他人代签,更不能由采样人代签。被采样人是单位的,由陪同人员签字,并可以请被采样人加盖单位公章,同时签注年、月、日。在签名的同时,最好的做法是由签名的人加按本人手印。

(14)卫生监督员签名:必须由两名以上执行采样任务的卫生监督员亲笔签名,同时签注年、月、日。

(15)卫生行政机关名称并盖章:填写相应的卫生行政机关的全称,并加盖卫生行政机关的公章。这里应特别注意的是,不能因为是卫生监督执行机构采样就填写卫生监督执行机构名称和加盖卫生监督执行机构公章(如某某卫生监督所)。因为采样作为卫生监督的一项行政职权,应由卫生行政机关行使,并以卫生行政机关的名义进行。

卫生行政执法文书

编号:

产品样品采样记录

被采样人:　　　　　　采样地址:　　　　　　采样方法:

采样时间:____年____月____日____时　　　　　　采样目的:

样品名称	规　格	数　量	包装状况或储存条件	生产日期及批号	生产或进口代理单位	采样地点

被采样人签名:　　　采样人签名________　________卫生行政机关名称并盖章

年　　月　　月　　　　　　　　　　　　　　　　年　　月　　日

备注:本记录一式三联,第一联留存执法案卷,第二联交被采样人,第三联随样品送检。

中华人民共和国国家卫生和计划生育委员会制定

注意:所采样品填写齐全后,在空白处应填写“以下空白”。

二、非产品样品采样记录

(一)概念和作用

非产品样品采样记录,是从有关场所采集鉴定检验用样品的书面记录。是卫生行政执法人员实施执法监督时,通过一定的仪器设备或其他方法,采集生物样品、场所、物品、环境等样品并证明样品真实身份、来源及采集过程的合法性、合理性所做的记录。非产品样品采样记录的作用与产品样品采样记录相同。

(二)适用范围

用于采集公共场所使用的公用物品或者在生产经营场所内产生的有害因素等样品的记录。主要在职业卫生、放射卫生、学校卫生、公共场所等卫生执法监督中采集空气样品、环境、物品表面微生物样品等时使用。由于所采用的方法、对样品采集的说明和被采样物品或场所的状况不同,所以,采集不同种类的非产品样品应当分别填写非产品样品采样记录。

(三)制作要求

非产品样品采样记录应写明被采样人、采样地点、采样方法、采样时间、采样目的、使用的设备或仪器名称、采集样品名称及份数。此外,还应当对相应的物品或场所的状况进行客观的描述。文书中所指的物品是公共场所日常用具用品、餐饮场所的餐具等。

(四)制作说明

1.被采样人:同产品样品采样记录。

2.采样地点:同产品样品采样记录。

3.采样方法:按照实际采样所使用的方法填写,如自然沉降法、涂抹法、集气法等。没有特定方法的可不填写或按实际填写。

4.采样时间:同产品样品采样记录。

5.采样目的:填写监测何种内容或项目。

6.采样设备或仪器:按照实际所使用的设备、仪器填写名称,有专门型号标示的要填写相应型号。

7.采集样品名称:按照实际采集的样品名称填写。如公共场所卫生监督中,采集空气中菌落总数的样品可填写空气微生物样品;用涂抹法采集毛巾、床单等物品表面的菌落总数的样品可填写毛巾涂抹样品、床单涂抹样品。健康危害事故调查中采集的生物样品直接填写呕吐物、洗胃液等。如一次采集数个相同种类的样品时应同时标注样品1、样品2、样品3。

8.采集样品编号:按照实际采集的样品编号填写,应避免编号重复。

9.采集样品份数:按照实际采集的样品份数填写。

10. 被采样物品或场所状况：描述记录一定要正确、客观地反映采样时的真实情况。如职业卫生监督采样时，要描述车间生产状态、机器运转情况、采样布点情况等，必要时可用示意图标明。另外还应对所采集的样品情况加以必要的说明，如涂抹法采集的样品应标明该样品涂抹的面积是多少，用沉降法采集的样品沉降的时间是多少。餐具和其他公共用具采样时应当标明存放的位置是否经过清洗或消毒等。此外采用专用仪器、设备采集的样品，还应对专用仪器、设备所采用的参数如流量、时间、转数等做详细记录。

（五）非产品样品采样记录格式

卫生行政执法文书

编号：

非产品样品采样记录

被采样人：

采样地点：

采样方法：

采样时间：______年______月______日______时

采样目的：

采样设备或仪器名称：

采集样品名称：

采集样品编号：

采集样品份数：

被采样物品或场所状况：

被采样人签名：　　　采样人签名______　______　卫生行政机关名称并盖章

年　月　日　　　　　　　　　　　　　　　　年　　月　　日

备注：本记录一式三联，第一联留存执法案卷，第二联交被采样人，第三联随样品送检。

中华人民共和国国家卫生和计划生育委员会制定

三、产品样品确认告知书

（一）概念和作用

产品样品确认告知书，是实施卫生监督抽检的卫生行政机关为确认产品的真实生产或者进口代理单位，向标签标注的生产或者进口代理单位发出的文书。

一般用于能够引起较严重后果的产品抽检，如向社会公布不合格结果或行政处罚前等，其作用在于防止被仿冒而受到伤害或引起纠纷（食品安全事件、专项检查等）。

（二）制作要求

告知书应当写明样品的基本情况，采样日期、被采样单位或者地址、样品标识的生产或者进口代理单位及地址、生产日期或者批号、标识、规格、样品名称等内容。还应当告知确认的方式、时间、地点、联系人、联系电话、联系地址和邮政编码等，并告知逾期未回复确认的，视为对样品真实性无异议。

（三）制作说明

1. 接受确认告知的单位：以产品包装上标注的生产单位或生产者名称为准，进口产品以标签加贴的进口代理单位名称为准。

2. 样品包装上标注的生产单位、生产日期或批号、商标、规格、包装状况等，要与《产品样品采样记录》相一致。

3. 要求确认的依据：一般填写卫计委《健康相关产品国家卫生监督抽检规定》第十一条。

4. 确认的联系资料情况：应将相关卫生行政部门的联系地址、邮政编码、联系电话、联系人、办公时间告知接受确认告知书的单位。

（四）产品样品确认告知书格式

卫生行政执法文书

产品样品确认告知书

文号：

____________：

本机关依法于_____年_____月_____日在____________________采集到标识为你单位生产（进口代理）的产品样品，产地为____________________，_____年_____月_____日生产的批号为______________，规格为__________，标识为__________的________________样品。根据__________的规定，你单位可在收到本告知书____日内将样品真实性的确认意见书面回复本机关或派员携带身份证明、单位授权证明到本机关对产品的真实性进行现场确认。

逾期未回复的，本机关将按照对样品真实性无异议处理。

对样品真实性有异议的，应在上述时限内提出并提供书面证明材料。

联系地址：

邮政编码：

联 系 人：

联系电话：

办公时间：

卫生行政机关名称并盖章

年　　月　　日

备注：本告知书一式二联，第一联留存执法案卷，第二联送产品生产或进口代理单位。

中华人民共和国国家卫生和计划生育委员会制定

四、检验结果告知书

（一）概念和作用

检验结果告知书，是卫生行政机关将抽检不合格样品的检验结果告知相应当事人的文书。

设立本文书的目的主要是保证当事人在对检验结果有异议时依法向卫生行政机关提起复核申请的权利。法律法规规定需告知当事人的，依法告知。没有规定的，一般不告知。

（二）适用范围

检验结果告知书的适用范围是指《健康相关产品国家卫生监督抽检规定》规定需要告知检验结果的健康相关样品。

（三）制作要求

应当写明被检验的产品或者其他物品的名称，检验结果不符合国家有关卫生标准规定的情况，并告知当事人依照规定是否有申请复核的权利及提出复核申请的期限等内容。告知不予复检的情况：①产品微生物指标超标的；②留样超过保质期的；③留样在正常储存过程中可能发生改变而影响检验结果的；④已进行过复检的；⑤逾期提出复检申请的；⑥样品的生产单位或进口代理商对其真实性提出异议，但不能提供有关证明文件的。

（四）制作说明

1. 被采样人名称。填写被采样人或者生产者名称。

2. 采集的样品名称。如实填写采集的样品或被检验产品、物质的名称。

3. 告知检验结果及当事人申请结果复核的依据和期限。

4. 当事人签收。由当事人签署姓名及日期。

5. 卫生行政机关加盖公章及签署日期。

注意：将检验报告和检验结果告知书送交当事人时应由当事人签收，送达时也应使用送达回执。

（五）检验结果告知书格式

卫生行政执法文书

检验结果告知书

文号：

______________：

本机关依法对你单位____________________________进行采样并委托有关单位进行了检验，检验结果不符合________________，详见检测报告（编号：________）。

依据____的规定，如对本检验结果有异议，可在收到检验报告之日起____日内提出书面复核申请，并申明理由。

有下列情形之一的，不予复检：

一、产品微生物指标超标的；

二、留样超过保质期的；

三、留样在正常储存过程中可能发生改变影响检验结果的；

四、已进行过复检的；

五、逾期提出复检申请的；

六、样品的生产单位或进口代理商对其真实性提出异议，但不能提供有关证明文件的。

特此告知。

联系人：

联系电话：

当事人签收：　　　　　　　　　　　　卫生行政机关名称并盖章

　　年　月　日　　　　　　　　　　　　　　年　　月　　日

备注：本告知书一式二联，第一联留存执法案卷，第二联送样品生产、代理或经营单位。

中华人民共和国国家卫生和计划生育委员会制定

五、卫生监督意见书

（一）概念和作用

卫生监督意见书是卫生行政机关制作的对被监督单位或个人具有指导性或指令性作用的文件。

卫生监督意见书的具体作用主要体现在两方面：一是警示作用，即管理相对人有轻微违法行为时，卫生行政机关可以不做出行政处罚，而以监督意见的形式责令其改正违法行为；二是技术指导作用，即通过监督意见指导和帮助管理相对人达到卫生法律规范设定的卫生标准和要求。

（二）适用范围

卫生监督意见书是一种多用途文书。凡是需要卫生行政机关对被监督对象提出卫生要求、改进意见、技术指导、卫生学评价、产品卫生质量评价等的均可使用。此外，对虽有违法事实，但情节轻微，不需要给予行政处罚的当事人提出责令改正意见时，应使用本文书。需要注意的是，卫生监督意见书是卫生行政机关表达正式意见时所使用的文书，对与监督工作无关的事项表达意见不能使用卫生监督意见书。但当卫生行政机关对当事人做出的意见、建议等没有相对应的文书可供选择时，都可以使用卫生监督意见书，但提出的意见必须符合法律、法规、规章和卫生规范、卫生标准的有关规定。

（三）制作要求

监督意见栏应针对发现的问题提出切实可行的改进办法，使其达到卫生标准或卫生要求，一般用于设施、设备、工艺、具体操作等。

对虽有违法事实，但情节轻微，不需要给予行政处罚的当事人提出责令改正意见时，应写明法律依据、改正期限及责令改正意见等内容。

（四）制作说明

1. 据实填写当事人名称、法定代表人或负责人姓名、单位地址、联系电话等。

2. 监督意见没有固定的格式，书写方法因人而异，但要遵循一定的规则：①作为正式意见一定要有针对性，针对存在的问题提出切实可行的意见，做到有的放矢；②要具有可操作性，并符合法律、法规、规范、标准的有关规定，意见应体现专业技术性；③文字、文法规范，意思表达正确、肯定；④要求被监督人改进的，一定要有明确的时间、期限；⑤文书制作完毕一定要认真地核对后，再交给被监督人，避免因言不达意影响卫生监督执法工作，损害卫生监督执法部门的形象。

3. 当事人签收：签收人签署姓名和日期。

4. 加盖卫生行政机关公章、签署日期。

（五）卫生监督意见书格式

卫生行政执法文书

编号：

卫生监督意见书

当 事 人：

地　　址：

联系电话：

监督意见：

当事人签收：　　　　　　　　　　　　卫生行政机关名称并盖章

年　　月　　日　　　　　　　　　　　　年　　月　　日

备注：本意见书一式二联，第一联留存执法案卷，第二联交当事人。

中华人民共和国国家卫生和计划生育委员会制定

六、卫生行政执法事项审批表

(一)概念和作用

卫生行政执法事项审批表,是在做出证据先行登记保存、行政强制、行政处罚等行政决定前,由卫生行政机关负责人对拟做出的行政决定意见进行审查,并签署审批意见的文书,它也适用于因情况紧急需要当场实施行政强制措施,事后补办批准手续的情形。

(二)制作要求

审批表应当写明当事人、案由、申请审批事项、承办人处理意见、审核意见及部门负责人审批意见等。

(三)制作说明

1.申请行政处罚审批时,申请审批事项中应当写明主要违法事实、证据、处罚理由及依据。申请证据先行登记保存、行政强制审批时,申请审批事项中应当写明原因及依据。

2.处理意见:提出证据先行登记保存、行政强制、行政处罚、案件移送、申请法院强制执行处理决定的具体意见。

（四）卫生行政执法事项审批表格式

卫生行政执法文书

卫生行政执法事项审批表

当事人：____

案由：____

____

申请审批事项：（请在以下项目□内选择打“√”）

□证据先行登记保存　　□查封扣押措施　　□查封扣押延期

□行政处罚听证告知　　□行政处罚　　□案件移送

□申请法院强制执行　　□其他事项：______________

（申请行政处罚审批时，申请审批事项中应当写明主要违法事实、证据、处罚理由及依据。申请证据先行登记保存、查封扣押审批时，申请审批事项中应当写明原因及依据。）

处理意见：

承办人：________　________

年　　月　　日

审核意见：

审核人：________

年　　月　　日

审批意见：

卫生行政机关负责人：________

年　　月　　日

中华人民共和国国家卫生和计划生育委员会制定

七、卫生行政控制决定书

(一)概念和作用

卫生行政控制决定书是卫生行政机关发现当事人生产经营的产品或场所已经或可能对人体健康产生危害,需要对物品或场所采取强制措施时发出的文书。

通过控制决定,防止已经或可能对人体健康产生危害的物品或场所继续生产经营,避免扩大危害范围。

卫生行政控制是卫生行政机关依法采取的行政强制措施。卫生行政控制虽然不是行政处罚,但它具有强制性,一经做出控制决定,相对人就必须执行。其目的是防止不良后果的发生或扩大。在控制期限内,相对人如果不履行控制决定,继续生产经营,可以依法进行相应的处罚或者从重给予处罚。

(二)适用范围

在各项行政执法中,卫生行政机关如果发现某种产品或者某个场所已经或者可能对人体产生危害的时候,在等待进一步科学证实过程中,为了防止危害人体健康的情况发生或继续造成危害,需要停止产品的生产销售或停止场所的使用时均可制作卫生行政控制决定书。

(三)制作要求

采取控制措施时必须慎重。要有相关法律、法规规定作为依据,法律、法规没有规定的就不能采取强制控制措施。对容易发生腐败变质的物品进行控制时要慎重,要防止在控制期内发生物品变质,如确需控制,应采取相应的保证措施。卫生行政控制决定书应写明当事人全称、控制的原因、控制的法律依据和做出处理决定的期限,对控制的物品或场所应写明物品或场所的名称、控制地点、控制方式等内容。

(四)制作说明

1.被控制主体名称:由于被控制对象可以是物品或者场所,所以被控制主体应是物品的所有人或者场所的经营者。

2.控制的原因:防止危害人体健康情况的发生或继续造成危害,并且符合相关法律、法规的规定。

3.控制的依据:填写相应法律、法规的具体规定。

4.控制对象:填写实际控制物品、场所的名称。被控制对象是物品的,还应对物品的主要性状做必要的描述,并标明物品的具体数量。

5.控制地点:控制对象为场所的,场所所在的地址就是控制的地点。控制对象是物品的,控制的物品实际在什么地方就写什么地方,越详细越好。

6.控制方式:根据法律、法规的规定,一般有“就地封存待查”“就地封存等候处理”“封存不得使用”“封闭”这些内容,“异地封存”常常与“封条”一起使用。

7. 控制的期限:控制不能无限期,按照卫生法律、法规的相关规定执行。因特殊事由可以申请延长期限,但必须避免无理由延长期限或多次重复控制的情况出现。

(五)卫生行政控制决定书格式

卫生行政执法文书

卫生行政控制决定书

文号

________:

鉴于____

____原因,根据

____

______________________的规定,本机关决定对下列物品或场所进行控制:

控制物品或场所名称	控制地点	控制方式

本机关将于______日内对被控制的物品或场所依法做出处理决定。此前,你单位不得销毁或使用被控制的物品或场所,并负有安全保障责任。如不服本控制决定,可依法申请行政复议或向人民法院起诉,但不影响本控制决定的执行。

当事人签收:　　　　卫生行政机关名称并盖章

年　月　日　　　　年　月　日________

备注:本决定书一式二联,第一联留存执法案卷,第二联交当事人。

中华人民共和国国家卫生和计划生育委员会制定

八、解除卫生行政控制决定书

(一)概念和作用

解除卫生行政控制决定书是卫生行政机关确认被控制的物品或场所不能或者已经不可能对人体健康构成直接或潜在危害时,决定解除控制而向当事人发出的文书。解除卫生行政控制决定书与卫生行政控制决定书相对应,其作用在于解除原卫生行政控制决定。当事人自收到解除卫生行政控制决定书之时起,就可以重新生产经营或者使用被控制的物品或场所,产品可以继续销售。解除卫生行政控制决定书要送达当事人才有效。

(二)适用范围

解除卫生行政控制决定书在实施卫生行政控制之后适用。另外,并不是向当事人下达了《卫生行政控制决定书》以后《解除卫生行政控制决定书》就一定会被解除。对场所查封以后的处理,在现行的卫生法律、法规中均没有规定其他的处理方法,所以肯定要解除控制,交还被控制人使用、处理。对物品的查封就不一定是解除控制,如果经过鉴定是符合法律、法规、标准规定的,一般应当依法解除控制,将物品交还被控制人使用、处理。如果经过鉴定不符合法律、法规和标准的规定,可以依据现行的卫生法律、法规做出其他相应的处理。

(三)制作说明

1.解除行政控制决定书通知的对象。即原被采取卫生行政控制措施的当事人。

2.做出行政控制决定的时间。填写制作原行政控制决定书的年月日。

3.行政控制决定书的文号。填写原《卫生行政控制决定书》的文号。文号一定要准确,否则,本文书即使送达当事人也没有任何价值,因为本文书为了使用填写方便,在正文部分没有设定其他诸如解除的场所或者物品名称、封存地点、数量的栏目。

4.当事人签署姓名及日期。

5.卫生行政机关加盖公章及签署日期。

注意:一是本文书一定要送达被控制人后才有效,完成文书制作并不能产生任何法律效力。二是要注意在法律、法律规规定的期限内制作并送达本文书。

（四）解除卫生行政控制决定书格式

卫生行政执法文书

解除卫生行政控制决定书

文号

__________：

本机关于______年______月______日做出的____________号《卫生行政控制决定书》，对你（单位）的有关物品或场所采取了相应的控制措施，经研究，现决定依法解除控制。

特此通知。

当事人签收：　　　　　　　　　　　　卫生行政机关名称并盖章

年　　月　　日　　　　　　　　　　　　年　　月　　日

备注：本决定书一式二联，第一联留存执法案卷，第二联交当事人。

中华人民共和国国家卫生和计划生育委员会制定

九、查封、扣押决定书

（一）概念和作用

查封、扣押决定书是卫生行政机关为制止违法行为、防止证据毁损、避免危害发生、控制危险扩大，依法对涉案的场所、设施或者财物采取查封、扣押措施时发出的文书。

（二）适用范围

在行政执法中，卫生行政机关如果发现某种物品、设施或场所已经或者可能对人体产生危害，证据可能毁损、为避免危害发生、控制危险扩大，需要停止产品的生产销售、停止设施或场所的使用、保全证据时均可制作本文书。

（三）制作要求

决定书中应当写明当事人的姓名或者名称、地址，查封、扣押的理由、依据和期限，查封、扣押的场所、设施或者财物的名称、数量等，并告知当事人申请行政复议或者提起行政诉讼的途径和期限。对物品需要进行检测、检验、检疫或者技术鉴定的，应当告知当事人所需的时间，同时告知查封、扣押的期间不包括检测、检验、检疫或者技术鉴定的期间。查封时常常与“封条”一起使用。

（四）制作说明

1. 当事人：由于被控制对象可以是物品、场所或者设施，所以被控制主体应是物品的所有人或者场所、设施的经营者，要写明全称。

2. 违法行为：写明危害人体健康的情况发生，能继续或造成危害的行为。并且注明违反的相关法律、法规的规定，应具体到条、款、项。

3. 查封、扣押的依据：填写相应法律、法规的具体规定。

4. 查封、扣押对象：查封、扣押的对象是物品的，需制作物品清单对物品的主要性状做必要的描述，并标明物品的具体数量。对象是场所或设施的应写明名称和位置。

5. 期限：按照卫生法律、法规的相关规定执行，一般是 30 天。因特殊事由可以申请延长期限，但必须避免无理由延长期限或多次重复查封、扣押的情况出现。

（五）查封、扣押决定书格式

卫生行政执法文书

查封、扣押决定书

文号

当事人：

地址：

经查，你（单位）________________________行为涉嫌违反________________________
__________的规定，根据________________________
____________的规定，本机关决定对你（单位）涉案物品予以扣押，详见物品清单；对你（单位）下列场所、设施予以查封：

本机关将于30日（不包括检测、检验、检疫或者技术鉴定期限）内对上述被查封扣押的场所、设施或财物做出处理决定。

如不服本决定，可在收到本决定书之日起60日内向__________或__________人民政府申请行政复议，也可在3个月内向__________人民法院起诉。

当事人签收：　　　　　　　　　　　　卫生行政机关名称并盖章

年　　月　　日　　　　　　　　　　　　年　　月　　日

备注：本决定书一式二联，第一联留存执法案卷，第二联交当事人。

中华人民共和国国家卫生和计划生育委员会制定

十、查封、扣押处理决定书

(一)概念和作用

查封、扣押处理决定书是卫生行政机关在规定的期限内对被采取查封、扣押行政强制措施的场所、设施或者财物做出处理决定时发出的文书。

(二)适用范围

卫生行政机关确认被查封、扣押的物品或场所不能或者已经不可能对人体健康构成直接或潜在危害时可制作本文书。查封、扣押处理决定书与查封、扣押决定书相对应,其作用在于对查封、扣押的物品或场所、设施做出处理。对场所查封以后的处理,在现行的卫生法律、法规中均没有规定其他处理方法的要予以解除,交还当事人使用、处理。对物品的查封如果经过鉴定是符合法律、法规、标准规定的,一般应当依法解除,将物品交还被控制人使用、处理;如果经过鉴定不符合法律、法规和标准的规定,可以依据现行的卫生法律、法规做出其他相应的处理。

(三)制作要求

处理决定书应当写明当事人的姓名或者名称,以及查封扣押决定书做出的时间、文号及具体处理意见。本文书一定要送达当事人后才有效,完成文书制作并不产生任何法律效力,要注意在法律、法规规定的期限内制作并送达本文书。

(四)制作说明

1.查封、扣押处理决定书通知的对象,与查封、扣押决定书当事人相一致,要写明全称。

2.做出查封、扣押处理决定的时间。填写制作原查封、扣押决定书的年月日。

3.查封、扣押决定书的文号。填写原查封、扣押决定书的文号。文号一定要准确,否则,本文书即使送达当事人也没有任何价值。

4.当事人签署姓名及日期。

5.卫生行政机关加盖公章及签署日期。

（五）查封、扣押处理决定书格式

卫生行政执法文书

查封、扣押处理决定书

文号

________：

本机关于____年____月____日对你（单位）做出的查封、扣押决定（文号：________）所查封、扣押的场所、设施或财物，经审查，依据《中华人民共和国行政强制法》第二十一条、二十七条和二十八条规定，本机关决定对你（单位）做出如下处理决定：

当事人签收：　　　　　　　　　　卫生行政机关名称并盖章

年　　月　　日　　　　　　　　　　年　　月　　日

备注：本决定书一式二联，第一联留存执法案卷，第二联交当事人。

中华人民共和国国家卫生和计划生育委员会制定

十一、查封、扣押延期通知书

(一)概念和作用

查封、扣押延期通知书,是因案情复杂,需要延长查封、扣押期限时发出的文书。

(二)适用范围

适用于卫生行政机关对决定延长查封、扣押期限时使用,与查封、扣押决定书相对应。

(三)制作要求

延期通知书应当写明当事人的姓名或者名称,查封扣押的期限,并说明理由。

(四)制作说明

1.查封、扣押延长通知书通知的对象,与查封、扣押决定书当事人相一致,要写明全称。

2.做出查封、扣押处理决定的时间。填写制作原查封、扣押决定书的年月日。

3.查封、扣押决定书的文号。填写原查封、扣押决定书的文号,一定要准确。

4.延长查封、扣押的期限。填写依据《中华人民共和国行政强制法》第二十五条决定延长查封、扣押期限的具体天数。

5.当事人签署姓名及日期。卫生行政机关加盖公章及签署日期。

（五）查封、扣押延期通知书格式

卫生行政执法文书

查封、扣押延期通知书

文号

当事人：

地址：

本机关于______年______月______日对你（单位）作出的查封、扣押决定（文号：____________），因____，依据《中华人民共和国行政强制法》第二十五条规定，经批准延长查封、扣押期限______日。

当事人签收：　　　　　　　　　　卫生行政机关名称并盖章

年　　月　　日　　　　　　　　　　年　　月　　日

备注：本决定书一式二联，第一联留存执法案卷，第二联交当事人。

中华人民共和国国家卫生和计划生育委员会制定

十二、物品清单

(一)概念和作用

物品清单,是做出查封、扣押、没收物品等行政决定时,附于查封、扣押决定书、行政处罚决定书等文书后,用于登记相关物品所使用的文书。

(二)适用范围

卫生行政机关制作查封、扣押、行政处罚决定等文书后,用于登记相关物品均可使用本文书。

(三)制作要求

物品清单应当注明被附文书的名称及文号,并写明物品名称、数量、生产或进口代理单位、生产日期及批号等内容,由当事人、案件承办人签名。

(四)制作说明

1.原文书的文号和名称。因物品清单是做出查封、扣押、没收物品等行政决定制作的决定书的附件,所以要填写原决定书的文号和名称,一定要与原文书一致,否则,本文书即使送达当事人也无法起到证明作用。

2.物品名称、数量、规格、包装状况或储存条件、生产或进口代理单位、生产日期及批号等栏目的填写与《产品样品采样记录》相关项目的填写相同。

3.当事人和承办人签署姓名及日期。

（五）物品清单格式

卫生行政执法文书

物品清单

（＿＿＿＿＿＿号＿＿＿＿＿＿文书附件）

物品名称	数量（单位）	规格、包装状况或储存条件	生产或进口代理单位	生产日期及批号	备注

以上物品品种、数量经核对无误。

当事人签字：　　　　　　　　　　　　　　　　　　承办人签字：

年　月　日　　　　　　　　　　　　　　　　　　年　月　日

备注：本通知书一式二联，第一联留存执法案卷，第二联交当事人。

中华人民共和国国家卫生和计划生育委员会制定

十三、公告

（一）概念和作用

公告是指卫生行政机关为制止违法行为或者防止危害后果扩大，对当事人的违法行为依法采取执法行为并需要公众知晓或者配合时使用的文书。

（二）制作要求

公告应当写明违法当事人的姓名或者名称、地点、违法事实、违反的法律条款、处理依据及时间、处理或处罚内容。

公告的纸张规格大小可以根据实际需要确定。

（三）公告格式

卫生行政执法文书

公　　告

文号

本机关于______年______月______日______时对____进行检查，经查实____。

上述活动违反了____的规定，被认定为非法行为，现决定依法对该单位____。

特此公告。

卫生行政机关名称并盖章

年　　月　　日

中华人民共和国国家卫生和计划生育委员会制定

十四、封条

（一）概念和作用

封条是为调查取证、保存证据或者防止危害进一步扩大等，对特定生产经营场所、物品等采取临时停止使用，以及禁止销售、转移、损毁、隐匿物品等措施时使用的文书。进行封存时将封条直接加贴在场所或者物品表面，以确定封存范围、期限。

（二）适用范围

封条往往与其他文书一起使用。最常见情况一是与查封、扣押处理决定书一起使用，对被控制场所或物品加以封存；二是与证据先行登记保存决定书一起使用，对登记保存的证据加以封存；三是必要时与产品样品采样记录一起使用，尤其是一些重要样品或者容易引起争议的样品，可与被采样人一起签字、盖章加以封存。

（三）制作要求

封条上应当注明日期和期限，并加盖公章。封条的规格可以根据实际需要确定。

（四）制作说明

封条是所有的卫生执法文书中制作最简单的，只要求填上封存的期限、封存的日期以及加盖封存机关公章。封条与其他文书一起使用时，若其他文书规定了封存期限的，封条的封存期限应与之相一致。

（五）封条格式

卫生行政执法文书

封条

封至　年　月

卫生行政机关名称并盖章

年　月　日

中华人民共和国国家卫生和计划生育委员会制定

十五、案件受理记录

（一）概念和作用

案件受理记录，是对检查发现、群众检举或者控告、上级卫生行政机关交办、下级卫生行政机关报请、有关部门移送来的案件，按照规定的权限和程序办理案件受理手续所做的文字记录。

案件受理记录是内部工作文书，一般不对外，其作用是为卫生行政机关立案、调查案件提供线索和信息。

（二）适用范围

案件受理记录适用于《卫生行政处罚程序》第十四条规定的四种情形：①在卫生监督管理中发现的；②卫生机构监测报告的；③社会举报的；④上级卫生行政机关交办或下级卫生行政机关报请或有关部门移送的。不论受理的案件线索是否属实，违法后果如何，是否属于本部门管辖，各级卫生行政机关都应当制作案件受理记录。

（三）制作说明

1.案件来源。案件来源的根据是《卫生行政处罚程序》第十四条规定的四个方面。

2.案发单位（人）。填写时应注意区分发案的是单位还是个人。如果发案的是单位，要写明单位名称、地址、法定代表人或负责人的姓名、性别、职务、电话。单位名称应填写单位全称，如果这个单位不具有独立法人资格，则应将它隶属的法人单位名称填上，如“××公司招待所”“××学校学生食堂”“××公司职工食堂”；如果发案的是个人，应填写其姓名、性别、民族、现工作单位，个体工商户的应再加上（××工商户户主），这对下一步的调查及分清法律责任承担者以及有关文书的送达等都具有重要意义。

3.受理时间。发现或接到报告、社会投诉举报和有关部门的移送书的时间。

4.案情摘要。应写明主要违法事实，包括发案时间、发案地点、重要证据及造成的危害及影响。如举报违法生产经营健康相关产品的，应详细记录物品名称、数量、存放地点、何时生产经营及有关情节，如腐败变质、掺杂掺假、异物、不符合卫生要求或造成中毒、死亡等内容。如果是电话举报或当面举报的，应围绕这些内容做好记录。如果是卫生机构检测报告、有关部门移送或书面举报的，应按上述要求做好摘要并附原件或举报材料。

5.负责人意见。有关领导在接到案件受理记录后，应对内容进行审查，并对是否同意经办人的意见做出批示。如果案件受理记录比较确切，可批示“本案可立案调查”。如果记录内容不够确切需要进一步调查的，则可批示“本案需要进一步核实”及由哪个部门承办。不属于本机关管辖的，应批示移送有管辖权的机关处理。负责人做出批示意见后应签名并注明日期。这里的负责人可以是卫生行政机关的负责人，也可以是有关主管科（处）室的负责人。由于案件受理记录不一定立案，有些案件需要进一步核实，因此，案件受理记录一般送有关的主管科（处）室负责人审批即可。

（四）案件受理记录格式

卫生行政执法文书

案件受理记录

（__________号__________文书附件）

案件来源：

案发单位（人）：

受理时间：____年____月____日

案情摘要：

经办人签名：

年　　月　　日

负责人意见：

负责人签名：

年　　月　　日

中华人民共和国国家卫生和计划生育委员会制定

十六、立案报告

(一)概念和作用

立案报告是对受理的案件进行初步核实后,确认有违法事实,属于本机关管辖,并需给予行政处罚的,为了对案件展开调查,向主管卫生行政机关负责人或主管科(处、室)负责人提出的书面报告。《卫生行政处罚程序》第十五条规定:"卫生行政机关受理的案件符合下列条件的,应当在七日内立案:(一)有明确的违法行为人或危害结果;(二)有来源可靠的事实依据;(三)属于卫生行政处罚的范围;(四)属于本机关管辖。"立案报告是卫生行政机关对案件正式开展调查取证的依据,卫生行政机关决定立案就应当制作立案报告,除在现场监督中发现违法事实并适用简易程序需要当场处罚的案件外,其他的案件只有在立案以后,才能依法对当事人展开调查取证,采取强制措施。因此,立案报告是重要的卫生行政执法文书之一,标志着执法开始进入处罚程序。

(二)适用范围

立案报告属于内部工作文书,一般不对外。它适用于卫生行政机关受理并需要立案调查的所有案件,但下列两种情况可以例外:一是如前所述,在卫生监督中发现适用简易程序的案件需要当场处罚的,可以不制作立案报告,但当场处罚后,必须在七日内报所属卫生行政机关备案;二是在日常卫生监督中发现有违法案件,因情况特殊需要现场立案采取调查取证措施的,可以先不制作立案报告,但必须在3日内补办立案报告手续。对于案件来源或违法事实不清楚的,卫生行政机关应不予立案。对于不属于卫生行政处罚范围或不属于本机关管辖的,则应当移送有管辖权的行政机关立案。

(三)制作说明

1.当事人。当事人指案发单位或个人。当事人是单位的,应当写明单位名称、地址、法定代表人或负责人姓名、性别、职务。单位名称应写全称,如果该单位是不具有法人资格的分支机构,应将所属的法人单位名称一并填上;当事人是个人的,应写明姓名、性别、年龄、民族或住址、工作单位等;当事人是个体商户的,应将其当作个人看待,在填写其姓名时,要注明是××个体工商户的户主。

2.案件来源、受理时间。填写内容必须与案件受理记录中的"案件来源""受理时间"一致。

3.案情摘要。案情摘要是立案报告的主体内容,也是卫生行政机关做出是否立案决定的依据。案情摘要应按违法行为或事实的性质和程度由大到小、从重到轻加以排列,逐个提出问题并加以简要说明。

4.案情摘要写完后,经办人要指明当事人违反的法律名称及具体条款,签署姓名及日期。

5.负责人审批意见。它是卫生行政机关负责人对查处案件的批示，包括是否同意立案，并签名。对于批准立案的，要确定立案的具体时间和两个以上案件承办人员。在确定案件承办人时要注意下列几种人不能作为案件的承办人员：一是本案当事人的近亲属；二是与本案有利害关系的人；三是与本案当事人有利害关系，可能影响案件公正处理的人；四是非卫生监督人员，即没有领取卫生监督员证件或行政执法证件的人员。

（四）立案报告格式

卫生行政执法文书

立案报告

当事人：

案件来源：　　　　　　　　　　　　　　　　　　　　受理时间：

案情摘要：

经初步审查，当事人的行为违反了____的规定，依法应当给予行政处罚，建议立案。

经办人签名：

年　　月　　日

负责人审批意见：

负责人签名：

年　　月　　日

中华人民共和国国家卫生和计划生育委员会制定

十七、案件移送书

（一）概念和作用

案件移送书是卫生行政机关经过审查，将不属于本单位或者本部门管辖的案件，移送有关单位或者部门处理的文书

案件移送书是对外使用的法律文书。受移送的有关主管部门或卫生行政机关可以此作为立案的依据，并应将查处情况及时反馈给案件移送机关。

（二）适用范围

案件移送书适用于卫生行政机关将不属于自己主管或管辖的案件，依法移送给有管辖权的主管部门或卫生行政机关时使用。一是将不属于卫生行政机关主管的案件移送给其他有关部门（如将受理的有关医疗广告的投诉案件移送给工商部门）；二是将不属于本机关管辖的卫生违法案件移送给有管辖权的卫生行政机关。

如果接受移送的卫生行政机关认为有关卫生行政机关移送的案件不属于自己管辖时，则不能再次自行移送和制作案件移送书，而应该报请共同上级卫生行政机关指定管辖。

（三）制作说明

1.受移送单位名称。应填写其机关名称的全称。

2.受理时间。应与案件受理记录中的“受理时间”相一致。

3.案由。它是指查处的具体案件的缘由，即当事人被查处的违法行为。写案由要把握两个因素：一是案件发生单位；二是案件内容，使人通过案由就可以看出需要调查的对象和主要事由。

4.移送法定依据。由于职能管辖和地域管辖的原因，有两种情况需要移送案件，所以，移送的法定依据也不同。一是卫生行政机关将违法案件移送有关的卫生行政机关的依据，应填写：《行政处罚法》第二十条、《卫生行政处罚程序》第九条；二是将不属于卫生行政机关主管的违法案件移送有关部门的依据，应填写《行政处罚法》第二十条及有关法律名称。将受理的违法医疗广告的投诉移送工商部门的法定依据可写为：《行政处罚法》第二十条、《中华人民共和国广告法》。

5.移送的材料目录。移送材料应列出目录清单，与案件移送书一并送受移送机关。

（四）案件移送书格式

卫生行政执法文书

案件移送书

文号

____________：

本机关于______年______月______日受理的________________________

____案件，

因为____，根据

____的规定，

应当由你单位处理。现将下列材料移送你单位，并请将查处结果函告本机关。

移送的材料目录：

卫生行政机关名称并盖章

年　　月　　日

备注：本移送书一式二联，第一联留存执法案卷，第二联交受移送单位。

中华人民共和国国家卫生和计划生育委员会制定

十八、现场笔录

（一）概念和作用

现场笔录是在案件调查、现场监督检查或者采取行政强制措施过程中，对与案件有关的现场环境、场所、设施、物品、人员、生产经营过程等进行现场检查时做的记录。

现场笔录客观记载了现场状况，是卫生监督中非常重要的证据类文书；是进行卫生行政处罚和行政诉讼的重要原始证据之一；是了解管理相对人的生产经营状况，进行卫生学评价的重要依据；也是制作立案报告的依据之一。通过笔录中的文字内容，可以再现现场客观存在的状况，使没有到过现场的人对现场的卫生状况以及生产经营者存在的违法事实有一个比较全面的了解。

（二）适用范围

现场笔录在查清案件违法事实、收集现场证据和日常执法检查时使用。

（三）制作要求

检查时间，要求写明到现场的年、月、日、时、分至离开是何时何分。检查地点，应写清勘验、察看地点的具体方位和具体地点，如×市×区×街×楼×号。检查内容记录，要将涉及案件事实的有关情况准确、客观地记录下来。现场检查笔录是一种证据类文书，现场检查及记录的过程，也就是调查取证的过程。因此，书写现场笔录时应遵循下列原则：

1. 客观性、真实性原则。制作现场笔录必须遵循客观性、真实性原则，只能如实记录，不能做任何分析推断。即要记录客观存在的违法事实和违法行为，而且这种违法行为和事实是卫生行政执法人员在现场观察到的。只有记录下现场客观存在的违法事实和违法行为的笔录才能起到直接证据作用，才符合证据客观性原则。因此，①没有亲眼看到的不能记；②分析判断的不能记；③群众举报的不能记；④管理相对人所讲的内容不能记。

2. 相关性原则。记录的违法事实、违法行为及卫生状况的内容，要与查处的案件相关或与卫生监督类别相关。监督哪一类就应记录哪一方面的内容，与案件无关的内容没有必要记。

3. 合法性原则。合法性原则是指记录的程序和手段必须符合有关法律规定。一是程序要合法。在现场检查时，一定要按照法律规定进行，如有两名以上卫生行政执法人员同时进行检查时，要出示检查证件，请被检查单位人员陪同，边检查边记录，笔录结束后要经被检查人核对无误后，写明“以上笔录属实”并签名。检查人员也应签名，同时注明执法证件号码，这样就能从文书上反映出执法人员履行了出示证件这一法律程序。二是手段要合法。即检查笔录、录像、拍照等都应该现场公开进行，不能今天检查，第二天才完成笔录，更不能伪造现场进行拍照和录像。

（四）制作说明

检查记录是现场笔录的重点和核心，应注意：

1. 记录顺序可以与勘验、检查工作的顺序一致，边检查边记录；也可以在检查结束后，当场对检查内容加以归纳整理，并结合法律条款内容有针对性地加以记录。在检查过程中，拍摄现场照片、提取物证的，也应同时记录下来。

2. 检查笔录要突出重点，抓住主要违法事实做详细记录，不能事无巨细全部记录。记录时只对现场状况和违法行为做记载，不做任何评价，不写处罚与否。

3. 对违法事实的描述必须准确、具体，不能以抽象概念代替具体的描写和叙述，如“卫生一般”“卫生不合格”“室内很脏”等。记录现场对违法事实的描述必须具体，主要从地点（部位）、内容、数量、状况等方面考虑。以“室内很脏”为例，就应该写明什么地方脏，脏的东西是什么等。如“在某客房内，地面有 10 处痰迹、有 6 个烟头、墙角有垃圾，茶几上的茶杯有鼠粪，衣橱内有蟑螂，天花板上有蜘蛛网”就描写叙述得很具体。对于一些具体的违法事实和违法行为的描写更要具体，能一看就具体了解。

4. 使用正确、书写规范。检查笔录不能当作催款单使用；不能当作产品推销广告；不能当作责令改正通知书；不能当作行政控制决定书；不能当作违法物品的收据或者清单。书写要规范，不要用简称。如“无证经营”“无证上岗”这样的记录就不能使人明白无什么证，这样的简称不但不能准确具体描写出违法行为，还容易产生歧义。不能写错别字，错别字不但影响文书质量，个别关键字也容易产生不良后果，必须引起高度重视。

5. 要记录物证和拍照的物品所在的位置、名称、数量、状态、标记等。如果在现场采取了行政控制措施或保存证据措施的，应该在记录中记载，使现场笔录与现场拍照、现场提取的实物证据互相印证，互相补充，构成证据锁链。

6. 一案多个现场或同一现场进行多次检查的，应当分别制作现场笔录，不能结合起来只制作一份笔录。现场笔录首页不够记录的，要用续页，不能用其他稿纸代替。现场检查笔录需要修改、补充的，应当在修改、补充后再履行签署手续。

7. 现场笔录制作完毕后应先编写页码，然后由当事人核对签名并注明时间。当事人对笔录内容无异议的，在笔录页末“当事人签名”上方的空白处写上“以上笔录属实”字样并签名。如果为多页的，每页都要签署姓名与时间。

（五）现场笔录格式

卫生行政执法文书

编号：

现场笔录

第______页共______页

当事人：

检查机关：

检查时间：______年______月______日______时______分至______时______分

检查地点：

卫生监督员示证检查，执法证件号码：____________、____________。

检查记录：

当事人签名：　　　　　　　　　　卫生监督员签名__________ __________

年　　月　　日　　　　　　　　　　　　　　年　　月　　日

中华人民共和国国家卫生和计划生育委员会制定

十九、询问笔录

（一）概念和作用

询问笔录，是为查明案件事实，收集证据，而向案件当事人、证人或者其他有关人员调查了解有关情况时做的记录，属于证据类法律文书。

制作询问笔录的作用一是可以收集案件所需要的相关证据材料；二是可以核实已取得的证据材料是否真实；三是可以在案件调查中扩大或发现新的违法事实及相关线索。

（二）适用范围

询问笔录适用于卫生行政执法人员为查清案件事实询问当事人、受害人、见证人、知情人或其他有关人员时使用。根据《卫生行政处罚程序》第二十一条规定，询问笔录（证人证言、当事人陈述）是重要的证据，经查证属实，可作为卫生行政处罚的根据之一。

（三）制作说明

1.页码。记录完毕，应逐页填写页码，最后一页应填上总页数。

2.被询问人。主要包括被询问人的姓名、性别、年龄、证件号码等。

3.询问机关。应填写卫生行政机关的名称。

4.询问时间。应写明询问的起止时间，即×年×月×日×时×分开始至×时×分结束。

5.询问地点。应写明询问的具体地点，如：×市×路×号××公司第×号会议室。注意不要将地点写成地址。

6.询问内容。调查人员提问及当事人、证人或其他人员陈述的记录。询问内容是询问笔录的主体，记录的询问内容是否客观、真实、全面，关系到整个调查活动的效果，也关系到询问笔录作为证据的有效程度。询问内容应当包括被询问人提供的与案件有关的全部情况，如案件发生的时间、地点、事实经过、因果关系、后果等内容。由于询问笔录必须当场制作，因此要求调查人员在对被询问人员进行调查前，必须全面熟悉案情，按本次询问拟达到的目的准备提问提纲。

首先，记录告知事项。即记录询问前表明身份，出示执法证件，同时告知当事人、证人或其他有关人员的相关法定义务和应负的法律责任等内容。其次，记录询问人的提问和被询问人的回答。记录提问应当简洁明确。被询问人的陈述是笔录的核心内容，是记录的重点，笔录应对被询问人的陈述内容的原意做忠实的记录，不能随意加进自己的理解和看法，也不能随意增删和更改。记录采用一问一答的对话形式。提问与被询问人的陈述应分别列段，并在段首标明“问”和“答”。

7.被询问人签名。记录完毕，应交被询问人核对，经核对无误的，由被询问人签名并注明时间;如果被询问人对记录有修改的,应在修改补充处按手印后签名,并在记录结束处写明“以上记录我看过,记录属实”。如果笔录为多页时,每页末都应签署。

8. 询问人、记录人签名。签署必须有两名以上卫生执法人员,并注明证件号码和询问时间。

9. 在询问笔录制作过程中应当注意几点:(1)询问被询问人必须有两名以上执法人员同时在场并出示执法证件;(2)询问被询问人应当个别进行,笔录也应当分别制作;(3)询问时不能诱导逼供,笔录必须当场制作。

(四)询问笔录格式

卫生行政执法文书

询问笔录

第______页共______页

被询问人:　　　　　　性别:　　　　　　年龄:

住　　址:

证件名称:　　　　　　号码:

询问机关:

询问时间:____年____月____日____时____分至____时____分

询问地点:

询问人员示证询问,执法证件号码:____________、____________。

现依法向你询问,请如实回答问题。

询问内容:

被询问人阅后签名:　　　卫生监督员签名__________　__________

年　　月　　日　　　　　　　　　　　　年　　月　　日

中华人民共和国国家卫生和计划生育委员会制定

二十、证据先行登记保存决定书

(一)概念和作用

证据先行登记保存决定书是要求当事人对需要保全的证据在登记造册后进行保管的文书,是一种证据类法律文书,具有强制性和可执行性。

(二)适用范围

适用于卫生行政执法机关在案件证据可能灭失或以后难以取得的情况下,先行采取保全物证措施时使用。

(三)制作说明

1.保存方式一般为“就地封存”或“指定地点封存”。

2.保存期限。应是卫生行政机关负责人签发之日起的7日内。如卫生行政机关负责人签发日期为2012年2月1日,则保存期限不得超过2012年2月7日。

3.保存地点。应填写实际保存的详细地点。注意不要将保存地点写成保存地址,保存地点比保存地址更具体,能体现保存地址内的具体方位。

4.保存证据清单。按清单的项目详细填写,填写的内容要准确清楚。

5.当事人签收。当事人收到决定书时,应核实保存的物品与实际物品是否一致,并在决定书上签名、签署日期。

6.卫生行政机关名称并盖章。应写明做出决定的行政机关名称及做出决定的时间,一般以领导签发的日期为准。

（四）证据先行登记保存决定书格式

卫生行政执法文书

证据先行登记保存决定书

文号

__________：

根据《中华人民共和国行政处罚法》第三十七条第二款规定，本机关决定对你（单位）下列物品作为证据以__________________________方式，从______年______月______日至______年______月______日，在____________________________________进行登记保存。

登记保存的物品清单如下：

物品名称	数量	规格、包装状况或储存条件	生产或进口代理单位	生产日期及批号

以上证据在保存的期限内应当妥为保管，未经本机关同意，不得销毁或转移。

当事人签收：　　　　　　　　　　　　　　　卫生行政机关名称并盖章

年　月　日　　　　　　　　　　　　　　　　年　月　日

备注：本决定书一式二联，第一联留存执法案卷，第二联交当事人。

中华人民共和国国家卫生和计划生育委员会制定

二十一、证据先行登记保存处理决定书

（一）概念和作用

证据先行登记保存处理决定书，是卫生行政机关在规定的期限内对被保存的证据做出处理决定的文书。它是与证据先行登记保存决定书相对应的卫生行政执法文书。它主要是决定先行登记保存的物品是否需要继续作为证据保存或做出其他处理决定。

（二）适用范围

适用于卫生行政机关对决定如何处理先行登记保存的证据时使用。

（三）制作说明

1.当事人做出登记保存决定书的日期及登记保存决定书的文号均必须与先行制作的《证据先行登记保存决定书》一致。

2.处理决定。处理决定的填写要简明，准确。对经过查实未发现当事人存在违法行为的，应当及时解除保存措施。对经过查实，应当依法没收或销毁的，应当另行做出行政处罚决定书予以依法处理。对经过查实，发现当事人存在违法行为，但需要做进一步的确认时，应当另行做出证据先行登记保存决定书或卫生行政控制决定书，延长证据登记保存时间。

需要注意的是：如果需要对保存物品予以没收、销毁或继续登记保存等处理时，绝不能以证据先行登记保存处理决定书来代替行政处罚决定书或卫生行政控制决定书或另行制作的证据先行登记保存决定书。

3.当事人收到处理决定书时，应当核实保存的物品与实际物品是否一致，并在处理决定书上签名且注明日期。

4.卫生行政机关名称并盖章及日期。处理决定书落款要写明做出处理决定的卫生行政机关的名称，如：××市卫生局。做出决定的时间一般以行政机关负责人签发的日期为准。

(四)证据先行登记保存处理决定书格式

卫生行政执法文书

证据先行登记保存处理决定书

文号

____________：

根据《中华人民共和国行政处罚法》第三十七条第二款规定，对本机关______年______月______日做出的____________________号《证据先行登记保存决定书》载明的作为证据保存的物品，做出以下处理决定：

当事人签收：　　　　　　　　　　　　　　卫生行政机关名称并盖章

年　月　日　　　　　　　　　　　　　　　年　月　日

备注：本决定书一式二联，第一联交当事人，第二联留存执法案卷。

中华人民共和国国家卫生和计划生育委员会制定

二十二、案件调查终结报告

（一）概念和作用

案件调查终结报告，是案件调查终结后，承办人就案情事实，对所调查问题性质的认识、对当事人责任的分析、对当事人的处理意见等，以书面形式向领导或者有关部门所做的正式报告。案件调查终结报告是卫生行政机关领导对案件进行集体讨论的基础，是卫生行政机关负责人做出行政处罚决定的依据之一。

（二）适用范围

除适用简易程序当场处罚的案件外，案件承办人员都必须制作案件调查终结报告。

（三）制作说明

1.承办机构，指负主要责任办理该案件的机构。由于案件调查终结报告主要是行政机关内部使用的文书，为方便管理，承办机构可具体写明承办案件的执行机构名称甚至明确到科室。如：××市卫生监督所环境卫生监督科。但如果是向上级主管部门报告的，应填写负责办理该案件的卫生行政机关的名称。

2.案情及违法事实。应简明扼要写清案件的经过、结果，对违法事实的分析和违反的法律条款等。

3.相关证据，应列明已经查证属实的，对案件处理有关联的所有证据。

4.争议要点，既应写明当事人与承办人之间对案情事实的不同观点，也应表明承办人之间对案件的相同或不同意见。如无争议则写“无”。

5.处理建议。在对违法事实和案情进行分析的基础上，提出是否给予行政处罚的具体意见。需要给予行政处罚的，可填写“本案经过调查，违法事实已查清，建议结束调查，予以行政处罚”等内容，并写明拟做出行政处罚的法律依据和处罚的种类、幅度等。不予处罚的，可填写“本案经过调查，据以立案的违法事实并不存在，建议终结调查并结案”。

6.承办人签名及注明日期。承办人指前述负责查处该案件的两名以上卫生监督员。

7.负责人签署意见及姓名和日期。负责人意见应由卫生行政机关负责人签署，并明确表明是否同意处理建议，如果认为需要合议，应提出合议的具体意见。

（四）案件调查终结报告格式

卫生行政执法文书

案件调查终结报告

当 事 人：

案　　由：

承办机构：

案情及违法事实：

相关证据：

争议要点：

处理建议：

承办人：__________ __________

年　　月　　日

负责人意见：

负责人签名：__________

年　　月　　日

中华人民共和国国家卫生和计划生育委员会制定

二十三、合议记录

（一）概念和作用

合议记录是对拟适用听证程序的行政处罚或其他重大行政处罚案件在调查终结后，组织有关人员对案件进行综合分析、审议时记录的文字材料。合议记录反映了卫生行政机关内部集体讨论案件的全过程，反映了合议参加人员对案件的态度和意见。合议记录是卫生行政机关复查案件的依据，属于内部工作文书，不对外使用。

（二）适用范围

合议记录是对于拟适用听证程序或其他重大行政处罚案件，在调查终结后进行合议时，所使用的文书。对于除上述情况及简易程序当场处罚的案件外的一般案件，可以不制作合议记录。但是对于较为复杂的案件及行政机关、执法机构认为需要进行合议的案件，应当制作合议记录。

（三）制作说明

1.页码。记录完毕，应逐页填写页码，最后应填写总页数。

2.合议主持人。应写主持人的姓名，不能用职务代替姓名。

3.参加合议人员。要逐一列出参加合议人员的姓名。

4.合议时间。应填写合议的起止时间。

5.合议地点。填写进行合议的具体地点。

6.合议意见。应当包括：违法事实、相关证据、处罚依据、合议建议。对不同的合议意见，应当如实记录。记录当事人实施违法行为的时间、地点、方式（手段）、实施什么违法行为以及与违法行为相关的物品、违法所得、违法行为造成的后果。如果多次进行的，应将每次的违法事实表述出来。列举与每一违法事实相关并经查证属实的证据，但不能写未经查实的；需写明证据的具体内容，不可用“证人证言”“鉴定结论”等代替。写明做出行政处罚、不予行政处罚或移送有关部门处理的法律依据。法律依据要明确具体，应写明法律法规的名称和具体的条、款、项。对合议建议应写明具体的处理意见，即是否给予行政处罚、给予何种行政处罚、是否要从轻或减轻处罚等建议。

7.合议记录。对合议人员的意见应按发言次序分别列段记录。合议人员对案件事实、案件的定性处理意见和理由应当详细记录。领导在合议中发表的意见应当具体记录。其他人员的发言与前发言意见相同的，只记结论性观点，与前发言持不同意见的应当具体记录。

8.合议结束后，记录人员应将合议记录交合议主持人和合议参加人员核对，经核对无误后，由合议主持人、参加人和记录人员分别在每页记录上签名并注明日期。

（四）合议记录格式

卫生行政执法文书

合议记录

第______页共______页

案由：

合议主持人：

参加合议人员：

合议时间：____年____月____日____时____分至____时____分

合议地点：

合议意见：（包括违法事实、相关证据、处罚依据及合议建议等内容）

合议记录：（记录合议的过程，对不同的合议意见应当如实记录）

合议人员签名：　　　　记录人员签名：

年　　月　　日　　　　年　　月　　日

中华人民共和国国家卫生和计划生育委员会制定

二十四、行政处罚事先告知书

(一)概念和作用

行政处罚事先告知书是在做出行政处罚决定前,告知当事人将要做出的行政处罚决定的事实、理由、依据以及当事人依法应当享有的权利的文书。

行政处罚事先告知书具有以下两方面的重要作用:其一,卫生行政机关在做出行政处罚决定之前制作该法律文书,是实施行政处罚(简易程序、听证程序除外)时履行必经法定程序的重要证据记载;根据《行政处罚法》第三十一条规定:"行政机关在做出行政处罚决定之前,应当告知当事人作出行政处罚决定的事实、理由及依据,并告知当事人依法享有的权利。"第四十一条规定:"行政机关及其执法人员在作出行政处罚决定之前,不向当事人告知给予行政处罚的事实、理由和依据,行政处罚决定不能成立。"因此,在做出行政处罚决定之前制作并送达行政处罚事先告知书,在行政处罚程序中具有极其重要的作用。其二,卫生行政机关在做出行政处罚决定之前向当事人送达该法律文书,对于保护当事人的合法权利具有重要作用。根据《行政处罚法》的规定,当事人在行政机关做出行政处罚决定之前有权知道对其实施处罚的事实、理由和依据,并依法享有进行陈述和申辩的权利。

(二)适用范围

行政处罚事先告知书适用于除适用简易程序实施行政处罚的案件外的其他行政处罚案件。按照《行政处罚法》的规定,所有行政处罚都应事先告知当事人享有的权利,在原卫生部《卫生行政执法文书规范》规定的统一文书中,有两种告知形式:按简易程序实施处罚的,适用口头告知,并在当场行政处罚决定书中设置了当事人认可告知的签字栏;一般程序和听证范围内案件使用《行政处罚事先告知书》。告知听证权利的范围是卫生行政机关做出责令停产停业、吊销卫生许可证或执业许可证、处以较大数额罚款等行政处罚的案件。关于较大数额罚款的把握则根据各省、自治区、直辖市的具体规定执行。

(三)制作说明

1.当事人的违法行为。应写明当事人的违法行为及违法行为发生的时间、地点、情节、后果;

2.拟做出行政处罚的理由,即当事人的违法行为所违反的法律及条款;

3.拟做出行政处罚决定的法律依据,即根据哪些法律、法规或规章的哪条哪款规定,当事人的违法行为应受卫生行政处罚。

4.拟做出行政处罚的种类和幅度,即根据哪些法律、法规或规章的哪条哪款规定,给当事人何种处罚,处罚的具体内容。

5. 告知当事人有进行陈述申辩的权利，是指告知当事人可以对卫生行政机关认定的违法事实，处理的理由、依据及处罚决定提出异议，并进行陈述和申辩。

6. 告知当事人进行陈述申辩的期限和地点。这里需要注意的是，《行政处罚法》对适用行政处罚事先告知书的案件当事人的陈述、申辩期限没有做出规定，卫生行政机关在实践中可比照听证告知的期限及按行政效率原则掌握。同时，不能在告知截止期限之前的日期做出行政处罚决定。

7. 告知当事人有要求听证的权利。这是指告知当事人可以对卫生行政机关认定的违法事实，处理的理由、依据及处罚决定提出异议，并要求听证。卫生行政机关做出责令停产停业、吊销卫生许可证或执业许可证、处以较大数额罚款等行政处罚时，当事人有要求听证的权利。在听证通知栏的□内打“√”，告知当事人享有该权利并通知提出听证要求的时限和地点。按照《行政处罚法》第四十二条第一款第一项的规定：当事人要求听证的，应当在行政机关告知后三日内提出。

8. 有关的联系方式，如联系地址、电话及联系人。填写案件联系人及其联系电话。

9. 当事人意见记录。在当事人表明放弃陈述和申辩权或者放弃听证权时，应当请当事人在“当事人意见记录”处写明“放弃陈述和申辩权”或者“放弃听证权”等内容，并由当事人签署姓名及日期。

10. 卫生行政机关加盖公章及签署日期。

（四）行政处罚事先告知书格式

卫生行政执法文书

行政处罚事先告知书

文号

________：

你（单位）____

____的行为，

违反了________________的规定，依据________________________

的规定，本机关拟对你（单位）做出________________________的行政处罚。

根据《中华人民共和国行政处罚法》第三十一条和第三十二条规定，你（单位）享有对此进行陈述和申辩的权利。可在______年______月______日前到________________________________进行陈述和申辩。

□根据《中华人民共和国行政处罚法》第四十二条第一款规定，你（单位）有要求举行听证的权利。如你（单位）要求听证，应当在收到本通知后 3 日内提出申请。逾期视为放弃听证。（在□内打“√”的为当事人享有该权利。）

联系电话：　　　　　　　　联 系 人：

地　　址：　　　　　　　　邮政编码：

当事人意见记录：

当事人签名：　　　　　　　　卫生行政机关名称并盖章

年　　月　　日　　　　　　　　年　　月　　日

备注：本告知书一式二联，第一联留存执法案卷，第二联交当事人。

中华人民共和国国家卫生和计划生育委员会制定

二十五、陈述和申辩笔录

（一）概念和作用

陈述和申辩笔录是对当事人及陈述申辩人陈述事实、理由和申辩内容的记录。制作该文书一方面体现了卫生行政机关及其执法人员依照《行政处罚法》的规定，重视并听取了当事人陈述申辩的意见，履行了法定程序；另一方面通过听取并记录当事人对其违法事实、情节轻重及对其实施处罚的理由和法律依据进行陈述申辩，充分保障了当事人的合法权益。

（二）适用范围

陈述和申辩笔录适用于除按简易程序和听证程序处理以外的其他卫生行政处罚案件。

（三）制作说明

1.页码。记录完毕后，“第__页”处应从1开始逐页编写页码，“共__页”处应填写总页数。

2.陈述申辩人。如果由当事人本人（单位的法定代表人）陈述申辩的，写明其姓名，还应注明其性别、工作单位、职务。如果是当事人委托陈述申辩的，应写明受委托人的姓名、性别、职务、现在工作单位等内容。受委托的陈述申辩人应当出具当事人的委托书。

3.承办机关。填写承办该案的卫生行政机关名称。

4.承办人。填写承办该案的卫生监督员的姓名。

5.陈述申辩地点。填写陈述和申辩的具体地点。

6.陈述申辩时间。写明陈述申辩的具体起止时间，如2012年12月30日9时00分至10时30分。

7.陈述申辩内容：

告知事项。不能笼统地记录，一般是概括为，“根据《行政处罚法》第三十二条规定，当事人对案件事实、证据、理由享有陈述与申辩权，也享有放弃陈述申辩权利，有对承办人员提出回避的权利。是否放弃陈述申辩权、是否申请回避。”

承办人员提问。记录承办人员了解当事人对案件事实、有关证据和理由看法的提问。记录要中心突出。

应当忠实地、全面地记录当事人或陈述申辩人对案件事实、案件性质、情节、处罚轻重等进行陈述辩解的全部内容。尽可能采用原话，不能记录原话时要符合原意。要注意记录清楚当事人提出的新的事实和证据。

8.当事人签收。由陈述申辩人对记录进行复核，补充或修改处应由陈述申辩人按手印，然后在逐页尾端签名，在记录结束处签署“以上笔录我看过内容属实”字样，并注明日期。

9. 承办人员和记录人员签署姓名及日期。

注意：第一，承办人员告知事项、承办人员提问和当事人或代理人的陈述申辩应当分别列段，切忌连接记录。记录采用问答式，问和答都应当围绕对案件违法事实、证据、理由和有关违法行为或处罚轻重的陈述辩解两方面进行记录。第二，制作笔录必须有两个以上执法人员参加。第三，当事人可书面陈述申辩意见的，可在笔录中注明其附在后。

（四）陈述和申辩笔录格式

卫生行政执法文书

陈述和申辩笔录

第________页共________页

当 事 人：

案　　由：

陈述申辩人：

承办机关：

承 办 人：

陈述和申辩地点：

陈述和申辩时间：______年______月______日______时______分至______时______分

陈述和申辩内容：

陈述申辩人签名：　　　　卫生监督员签名________　________

年　月　日　　　　　　　　年　月　日

中华人民共和国国家卫生和计划生育委员会制定

二十六、陈述和申辩复核意见书

（一）概念和作用

陈述和申辩复核意见书，是对当事人提出的事实、理由和证据进行复核的记录。

（二）适用范围

陈述和申辩复核意见书适用于当事人进行陈述申辩后，卫生行政部门对其提出的事实、理由和证据进行核实时使用。

（三）制作说明

复核意见书应当写明陈述申辩人的姓名、陈述和申辩的理由和证据，以及复核人和承办机构的意见。当事人收到催告书后所进行的陈述和申辩的复核，应当在复核意见书中写明卫生行政机关的意见。

（四）陈述和申辩复核意见书格式

卫生行政执法文书

陈述和申辩复核意见书

第______页共______页

陈述申辩人：

陈述和申辩的理由和证据：

调查复核情况：

复核人意见：

复核人签名：　　年　　月　　日

承办机构意见：

承办机构负责人签名：　　年　　月　　日

卫生行政机关意见：

卫生行政机关负责人签名：　　年　　月　　日

中华人民共和国国家卫生和计划生育委员会制定

二十七、行政处罚听证通知书

（一）概念和作用

行政处罚听证通知书，是经有权要求举行听证的当事人提出，卫生行政机关决定举行听证时向当事人发出的书面通知。

制作行政处罚听证通知书是行政机关实施行政处罚的过程中非常重要的法定程序；对当事人能否准时并按规定参加听证会实现自己听证、质证及申请回避的权利，对保障听证会顺利进行都具有非常重要的作用；还可以在因当事人逾期不参加听证时，证实当事人放弃听证权利。

（二）适用范围

行政处罚听证通知书适用于卫生行政机关在拟做出责令停产停业、吊销卫生许可证或执业证书、处以较大数额罚款的行政处罚之前，并已告知当事人听证权利后，当事人提出听证要求的案件。

（三）制作说明

1. 听证时间。应具体写明年、月、日、时、分。同时注意举行听证会的日期，必须是在本行政处罚听证通知书送达7日以后。

2. 听证地点。包括举行听证会场所的地址和具体处所。

3. 听证方式。明确注明是公开听证或不公开听证的方式，如果是不公开听证，则应注明原因。按照《行政处罚法》第四十二条第一款第（三）项的规定：除涉及国家秘密、商业秘密或者个人隐私外，听证应公开举行。

4. 听证组成人员姓名。将听证主持人、听证员和书记员的姓名填入相应的空格内。当事人认为听证人员与本案有直接利害关系的有权申请回避。

5. 告知当事人有关权利和事项。当事人可以亲自参加听证，也可以委托一至两人代理（委托代理的必须出具委托书），并告知不按时出席的被视为放弃听证。

6. 有关的联系方式，如联系地址、电话及联系人。

7. 当事人签署姓名和日期。

8. 卫生行政机关加盖公章及签署日期。

注意：根据《行政处罚法》和《卫生行政处罚程序》的规定，听证应由卫生行政机关内部法制机构或主管法制工作的综合机构负责。

（四）行政处罚听证通知书格式

卫生行政执法文书

行政处罚听证通知书

文号

__________：

你（单位）提出的听证要求收悉。本机关决定组织听证，现将有关事项通知如下：

一、听证时间______年______月______日______时______分

二、听证地点______________________________

三、听证方式：　A. 公开听证　B. 不公开听证（原因：__________）

四、听证主持人__________、听证员__________、书记员__________，如认为上述人员与案件有直接利害关系，可以申请回避。

五、请事先准备好有关证据，通知证人和代理人准时参加。

逾期视为放弃听证。

联 系 人：

联系电话：

当事人签收：　　　　　　　　　　　　卫生行政机关名称并盖章

年　　月　　日　　　　　　　　　　　　年　　月　　日

备注：本通知书一式二联，第一联卫生行政机关留存，第二联交当事人。

中华人民共和国国家卫生和计划生育委员会制定

二十八、听证笔录

（一）概念和作用

听证笔录是对听证过程和内容的记录。听证笔录只是客观记录听证会的进行过程、听证参加人员的发言内容，不对案件事实、证据、理由、依据等问题做出评价或结论。听证笔录客观地记录了听证会的全过程，及当事人对案件的陈述申辩、质证的全部内容，因此听证笔录在充分反映卫生行政机关依法组织听证、履行法定程序及保护当事人听证权利等方面都具有非常重要的作用。

（二）适用范围

听证笔录适用于当事人依法要求听证后卫生行政机关决定举行听证会的案件。对适用听证程序的案件，如果卫生行政机关向当事人送达行政处罚听证告知书后，当事人在三日内未提出要求举行听证的（视为放弃听证权利），行政机关不组织听证会、不用制作听证笔录。

（三）制作说明

1.页码。记录完毕，“第__页”处应逐页填写页码，“共__页”处应填写总页数。

2.委托代理人。除当事人本人（单位的法定代表人）亲自出席听证会外，当事人还可以委托一至二人。如果当事人不参加听证会，委托代理人参加听证会的，应写明受委托人的姓名、性别、职务、现在工作单位等内容。委托代理人应当出具当事人的委托书。

3.案件承办人。即经卫生行政机关负责人批准，负责对案件进行调查取证的两名以上卫生行政执法人员。

4.听证会组成人员。包括听证主持人、听证员、书记员的姓名、职务。

5.听证方式。要写明公开听证或不公开听证。按照《行政处罚法》第四十二条第一款第（三）项的规定：除涉及国家秘密、商业秘密或者个人隐私外，其他案件都应当组织公开听证。

6.听证地点。写明举行听证会的具体地址和处所。

7.听证时间。应写明听证会起止的具体时间。

8.案由。填写案件承办人所认定的案由，构成应为“当事人名称＋具体违法行为＋案”。

9.正文。如实记录听证会的全过程及内容。包括记录：

（1）宣读听证会场纪律及向当事人交代在听证中的权利和义务。

（2）询问核实听证参加人，如果当事人无正当理由不参加听证的，应在笔录上记录。

(3)介绍听证主持人、听证员、书记员，征求当事人意见是否要求上述人员回避；如果当事人提出回避申请，应详细记录申请回避的事项和理由。如果申请主持人回避的理由成立，应延期举行听证，并记录在听证笔录上。

(4)(主持人)宣布听证会开始。

(5)案件调查人员提出的当事人违法事实、证据、处罚的理由和法律依据，以及行政处罚建议。此项内容可以简明扼要地进行记录，案件承办人如果有书面发言材料的可以将其附在笔录后面。

(6)当事人方就案件的事实、适用法律及有关情况进行的陈述和辩解，对调查人员提出的证据进行质证，并对所提主张举证的情况。此时应重点记录提出的不同意见、主张，出示的新证据等内容。当事人有书面发言材料的，应当将其附在笔录后面。

(7)双方就案件的事实、证据部分进行的辩论。应就与本案事实、证据和适用法律等问题有关的重点内容进行详细记录。

(8)主持人就案件尚不清楚的部分向双方提出的问题：详细记录双方所做的回答。

(9)案件调查人员所做的最后陈述；当事人的最后陈述；应重点记录当事人对案件事实、相关证据、理由及违法行为的性质、处罚情节的看法和主张。

(10)主持人宣布听证会结束。

10.参加听证人员签名。即当事人、委托代理人对听证笔录进行复核(补充或修改处应按手印)，然后再逐页尾端签名，在记录结束处签署“以上笔录我看过记录属实”字样，并注明日期。如果当事人拒签的，由听证主持人在听证笔录上说明情况。案件承办人、听证人员分别签署姓名及日期。

（四）听证笔录格式

卫生行政执法文书

听证笔录

第______页共______页

当事人：

委托代理人：

案件承办人：

听证主持人：

听证员：　　　　　　　　　　书记员：

听证方式：　A. 公开听证　　　B. 不公开听证

听证地点：

听证时间：_____年_____月_____日_____时_____分至_____时_____分

案由：

记录：

参加听证人员签名：

年　　月　　日

中华人民共和国国家卫生和计划生育委员会制定

二十九、听证意见书

（一）概念和作用

听证意见书，是听证结束后，就听证情况及听证人员对该案件的意见，以书面形式向负责人或者有关部门所做的正式报告。其作用和意义在于充分体现了卫生行政机关所做出的行政处罚决定程序的合法性、结论的公正性。

（二）适用范围

听证意见书适用于所有举行了听证会的卫生行政处罚案件。

（三）制作说明

1.案件的基本情况。包括案由、拟做出的行政处罚意见、听证会的时间、听证方式的内容。

2.当事人（或当事人代表）陈述的内容和提供的证据。应根据听证笔录上所记载的当事人在听证会上对案件事实、证据、理由的陈述辩解及依据，进行客观的、简明扼要的陈述。

3.案件承办人员陈述的内容和提出的证据。应根据听证笔录上所记载的案件承办人在听证会上对案件事实认定、相关证据、处罚的理由和依据等内容的陈述进行客观的、简明扼要的表述。

4.听证人员提出的听证意见。它是经听证人员根据听证会的情况进行合议后，由听证主持人总结出来的多数听证人员的意见。但听证人员的不同意见也应注明。听证合议意见应对案件事实、证据等进行分析和认定，对处罚程序、适用法律进行审核，并提出对该案的处理意见。如果事实不清、证据不足应明确具体指出；如果在执法程序方面有问题，应指出具体程序违法的环节；若是适用法律有问题要明确说明应如何适用，并具体到法律名称、条、款、项。最后要由听证人员分别签名并签署日期。

5.行政机关负责人意见。行政机关负责人根据听证笔录及听证意见书，按照《行政处罚法》第四十三条的规定签署意见并签署日期。

（四）听证意见书格式

卫生行政执法文书

听证意见书

第______页共______页

本机关对____案，拟作出____的行政处罚，依照《中华人民共和国行政处罚法》第四十二条之规定，本机关于______年______月______日进行了（公开/不公开）听证，当事人与案件承办人员分别就案件事实做了陈述，并进行了相互质证。

当事人陈述的内容和提供的证据主要为：

案件承办人员陈述的内容和提出的证据主要为：

听证人员在充分听取双方意见后，经过综合评议提出以下意见：

听证人员签名：

年　　月　　日

行政机关负责人意见：

负责人签名：

年　　月　　日

中华人民共和国国家卫生和计划生育委员会制定

三十、行政处罚决定书

（一）概念和作用

行政处罚决定书是对事实清楚、证据确凿的卫生违法案件，根据情节轻重依法做出行政处罚决定的文书。

卫生行政处罚决定书是卫生行政机关对案件做出的结论和总结，是国家意志的体现，送达后即发生法律效力，具有强制力，对被处罚主体来说是必须履行的强制性义务，非经一定的程序不得变更或撤销。

（二）适用范围

卫生行政处罚决定书是一种通用文书。适用于一般程序和听证程序的卫生行政处罚。

（三）制作说明

1.被处罚人：填写时要注意填写被处罚对象的全称。

（1）如果是法人单位，要与工商营业执照或法人代码证书上的名称一致；

（2）如果是个体工商户，没有法人资格，应填写其营业执照上的企业名称；

（3）如果被监督单位不具备法人资格，而其上级具备法人资格，应填写其具备法人资格的单位全称；

（4）如果是事业单位和社会团体，应依照有关部门核发的《事业单位法人证书》、《社会团体法人登记证书》核定其主体资格；

（5）如果该单位无营业执照，应确认其主体资格为公民，并填写公民身份证上的姓名。

2.地址：填写当事人的详细地址，如×市×区×街×号。

3.违法事实。

书写违法事实的形式一是陈述式，适用于前后有因果关系的事件，按照事件的发生经过，描述式地记载其发生的时间、地点、原因、情节、后果；二是列举式，对于违法事实较多，且违法事实间无因果关系，此时可以用归纳法将其违法事实总结起来分条列举，使文书条理更清晰。在书写违法事实时要用叙述性的语言，切忌采用修辞手法，也不可使用渲染文字。

4.证据。

证据一栏要将在监督检查及调查时所取得、能够证明当事人违法事实的文字、影像、录音、证人证言等证据一一详细列举。注意列举的证据要能与违法事实相对应，不能将取得的与违法事实无关的其他材料作为证据。

5.法律依据。

这是处罚决定书的主要部分，写作的基本要求是根据违法事实，正确地引用法律、法规和规章，写明其所违反的条款及做出行政处罚所依据的条款和做出处罚的具体内容。

在制作中应该注意：引用的法律条款要全面、具体，行政机关对被处罚主体所做出的行政处罚，要与法律条款中规定的处罚完全一致。要尽可能援引法律地位较高的法律法规条款作为依据。

6. 文书的尾部填写被处罚人履行行政处罚的方式及期限。一般指罚款的行政处罚，例如“罚款于收到本决定书之日起 15 日内缴至××银行，逾期不缴纳罚款的，依据《行政处罚法》第五十一条第（一）项规定，每日按罚款数额的 3％加处罚款。”

7. 被处罚人的救济权利。即被处罚人不服处罚决定时申请行政复议和提起行政诉讼的途径和期限。一般表述为：“如不服本处罚决定，可在收到本处罚决定书之日起 60 日内向××卫生厅（局）或××人民政府申请行政复议，或者 3 个月内向××人民法院起诉。”注意提起行政诉讼的期限，应以《中华人民共和国行政诉讼法》为准，如果单行的法律有其他规定的，应以单行法律的规定为准；申请行政复议的，其期限应以《中华人民共和国行政复议法》为准。

（四）行政处罚决定书格式

卫生行政执法文书

行政处罚决定书

文号

被处罚人：　　　　　　　　　　　地址：

本机关依法查明____

____。

以上事实有____

____为证。

你（单位）违反了______________________________________的规定。现依据____的规定，决定予以你（单位）______________的行政处罚。

罚款于收到本决定书之日起15日内缴至______________________。逾期不缴纳罚款的，依据《行政处罚法》第五十一条第（一）项规定，每日按罚款数额的3%加处罚款。

如不服本处罚决定，可在收到本处罚决定书之日起60日内向__________或__________人民政府申请行政复议，或者3个月内向______________人民法院起诉，但不得停止执行本处罚决定。逾期不申请行政复议也不向人民法院起诉，又不履行处罚决定的，本机关将依法申请人民法院强制执行。

卫生行政机关名称并盖章

年　　月　　日

备注：本决定书一式二联，第一联留存执法案卷，第二联交当事人。

中华人民共和国国家卫生和计划生育委员会制定

三十一、当场行政处罚决定书

(一)概念和作用

当场行政处罚决定书,是对案情简单、违法事实清楚、证据确凿的违法案件依法当场做出处罚决定的文书。

当场行政处罚决定书是当场处罚最主要的书面证明材料,由于程序简单、操作方便,有利于提高行政效率。

(二)适用范围

当场卫生行政处罚决定书适用于违法事实确凿,没有必要进一步调查取证,并有法定处罚依据,依法可以当场做出处罚决定的案件。

(三)制作说明

1.被处罚人。同行政处罚决定书。

2.正文。

(1)查明违法事实的时间及违法事实。填写查明违法事实的时间、查明的违法事实的表达形式同行政处罚决定书。

(2)证据。同行政处罚决定书。

(3)做出处罚的理由。同行政处罚决定书。

(4)法律依据。同行政处罚决定书。

(5)做出处罚的种类和幅度。基本同行政处罚决定书,但要注意当场处罚决定书其设定的行政处罚为警告和罚款,并且对公民的最高罚款额度不能超过五十元,对法人或其他组织的最高罚款额度不能超过一千元。

3.尾部。

(1)被处罚人履行行政处罚的方式及期限,同行政处罚决定书。

(2)被处罚人的救济权利,同行政处罚决定书。

(3)监督员签名及日期:应由两名监督员签名并标注做出处罚决定的日期。

(4)做出行政处罚决定书的行政机关印章及做出处罚决定的日期。

(5)陈述和申辩的权利:在当场行政处罚做出前要告知被处罚人具有陈述和申辩的权利,并充分听取被处罚人的陈述和申辩。

(6)当事人签收:做出当场处罚决定书时可以不制作送达回执,由当事人签收即可。

（四）当场行政处罚决定书格式

卫生行政执法文书

编号：

当场行政处罚决定书

________：

本机关于________年______月______日查明你（单位）有下列违法行为：________________________________

上述行为已违反了________________________之规定，现依据________________________规定，决定予以你（单位）□警告；□罚款______元的行政处罚。同时责令（立即/______日内）改正违法行为。

罚款于收到本决定书之日起15日内缴至________________。

逾期不缴纳罚款的，依据《行政处罚法》第五十一条第（一）项规定，每日按罚款数额的3％加处罚款。

如不服本处罚决定，可在收到本处罚决定书之日起60日内向________________或________人民政府申请行政复议，或者3个月内向__________人民法院起诉，但不得停止执行本处罚决定。逾期不申请行政复议也不向人民法院起诉，又不履行处罚决定的，本机关将依法申请人民法院强制执行。

卫生监督员签名________　________　　卫生行政机关名称并盖章

年　月　日

我于　年　月　日收到本决定书，卫生监督员在处罚前已向我（单位）告知了权利，并听取了我的陈述和申辩。

当事人签名：

年　月　日

备注：本决定书一式二联，第一联留存执法案卷，第二联交当事人。

中华人民共和国国家卫生和计划生育委员会制定

三十二、送达回执

（一）概念和作用

送达回执，即将行政执法文书送交有关当事人后证明受送达人已收到的凭证。相对人在送达回执上签收，表示卫生行政机关所制作的卫生行政执法文书已经交付相对人，意味着该文书已产生法律效力。送达回执是卫生行政执法文书中的一种重要文书，也是进行复议、诉讼时的重要证据材料。

（二）适用范围

送达回执适用于直接送达、邮寄送达、留置送达等方式。使用时应根据文书格式和送达方式的不同而具体掌握，主要有以下几种情况：

1. 文书没有设定签收栏以及需要邮寄送达的，一般均应使用送达回执。

2. 文书本身设定签收栏的，在直接送达的情况下，不必使用送达回执，可由当事人在该文书上直接签收。当事人拒绝签收，需留置送达的，可由送达人员在该文书备注栏处注明相关情况，并由见证人签署姓名及日期。

3. 公告送达各类文书，不使用送达回执。

（三）制作说明

1. 受送达人。即送达文书的接收单位，应与所送达文书的当事人相一致。

2. 送达机关。写明送达机关的全称。

3. 送达文书名称及文号。应写明送达文书的名称及其文号。

4. 送达地点。文书送达的具体地点。

5. 送达人和收件人签名、注明时间及备注。送达人和收件人应分别签名，注明送达和收到时间。送达人由承办人员签名。受送达人是公民的由本人签名，本人不在时，交同住的成年家属签名；受送达人是法人或者其他组织的，由法定代表人、其他组织负责人或者该单位负责收件人员签收。收件人或其同住成年家属拒绝签字的，应在备注栏注明拒收的情况，并由见证人签署姓名及日期。

6. 留置送达。受送达人拒绝接收送达文件，代收人不愿意在送达文书上签名/盖章的，送达人员可将送达文书留置在受送达人处，要注明留置地点并请见证人签名并在备注栏说明有关情况，同时记录留置送达的过程。

7. 邮寄送达。邮寄送达文书使用挂号信发出，卫生行政执法人员应将挂号信回证日期和回证号码填写到送达回执邮寄送达栏中，同时将挂号信回证粘贴到备注栏中。

（四）送达回执格式

卫生行政执法文书

送达回执

行政机关：（盖章）

受送达人（单位）：

送达文件名称：　　　　　　　　　　　　　　　　　　文号：

　　　　　　　　　　　　　　　　　　　　　　　　　文号：

送达方式：

送达地点：

送达人签名：　　　　　　　　　　　送达时间：　　　年　　　月　　　日

收件人签名：　　　　　　　　　　　收件时间：　　　年　　　月　　　日

留置送达：受送达人拒绝接收送达文件，代收人不愿意在送达文书上签名/盖章，送达人员将送达文书留置在______________________________。

　　见证人签名：______________

邮寄送达：送达文书已用挂号信发出，挂号信回证日期为_____年_____月_____日，回证号码为________________________。

备注（或挂号信回证粘贴处）：

中华人民共和国国家卫生和计划生育委员会制定

三十三、催告书

(一)概念和作用

催告书是卫生行政机关做出申请强制执行决定前,事先催告当事人履行法定义务时发出的文书。催告的目的是使当事人明悉强制执行的可能性,督促其履行义务,有利于保护当事人的合法权益。这一程序是一个不可缺少的必经步骤。这一步骤从实质上说,是对相对人的再一次说服教育,有助于实现自动履行的原则。

《行政强制法》第五十三条规定:“当事人在法定期限内不申请行政复议或者提起行政诉讼,又不履行行政决定的,没有行政强制执行权的行政机关可以自期限届满之日起三个月内,依照本章规定申请人民法院强制执行。”第五十四条规定:“行政机关申请人民法院强制执行前,应当催告当事人履行义务。催告书送达十日后当事人仍未履行义务的,行政机关可以向所在地有管辖权的人民法院申请强制执行;执行对象是不动产的,向不动产所在地有管辖权的人民法院申请强制执行。”

(二)适用范围

催告书适用于卫生行政机关做出向人民法院申请强制执行决定前履行催告程序时使用。卫生行政机关可以在行政复议或者行政诉讼期限届满之日的前10日向当事人发出催告书,也可以在当事人申请行政救济的期限届满后向当事人发出催告书,在催告书送达10日后而当事人仍未履行义务的情况下,行政机关方可向法院申请强制执行。规定这一时限的目的,一方面是为了督促当事人尽快履行义务,一方面也是为了监督行政机关履行职责,提高行政效率。

(三)制作说明

催告应当具备以下要求:①催告应当以书面形式做出;②催告书应当载明当事人履行义务的期限、履行义务的方式,涉及金钱给付的,应当明确金额和给付方式,当事人依法享有的陈述权和申辩权;③当事人不履行义务的后果。

填写被催告人时要注意填写被处罚对象的全称,名称必须与行政处罚决定书的被处罚对象一致。正文中填写的年、月、日,行政决定文书名称、文号或编号,应与对应的文书一致。涉及金钱给付的,填写的金额和给付方式应与对应的文书一致。

陈述和申辩地点包括进行陈述和申辩的场所地址和具体处所。

（四）催告书格式

卫生行政执法文书

催告书

文号

________：

你（单位）尚未履行我机关于______年______月______日对你（单位）做出的行政决定（《　　　　　　》文号/编号：__________），收到本催告书之日起10日内，将罚没款______元、加处罚款______元缴至________________

____

并履行下列义务______________________。如不履行上述义务，本机关将依法申请法院强制执行。

如你（单位）对此有异议，根据《中华人民共和国行政强制法》的有关规定，可在收到本催告书之日起10日内到______________________________

____进行陈述和申辩。

当事人签收：　　　　　　　　　　　卫生行政机关名称并盖章

年　　月　　日　　　　　　　　　　　年　　月　　日

备注：本通知书一式二联，第一联留存执法案卷，第二联交当事人。

中华人民共和国国家卫生和计划生育委员会制定

三十四、强制执行申请书

(一)概念和作用

强制执行申请书是当事人在法定期限内不申请行政复议,或者提起行政诉讼又不履行行政决定的,经依法催告仍未履行,卫生行政机关申请人民法院强制执行时提交给人民法院的书面申请。强制执行是卫生行政机关依靠国家强制力,通过司法程序强制相对人履行义务的手段。

(二)适用范围

凡是行政相对人逾期不履行或拒绝履行行政处罚决定,而相关卫生法律法规未授予卫生行政机关强制执行权的,都可以使用强制执行申请书。但必须明确不要将行政相对人无能力履行理解为不履行或拒绝履行。

在申请强制执行前卫生行政机关应履行催告程序,制作催告书,在送达10日后当事人仍未履行义务的情况下,方可向人民法院申请强制执行。

(三)制作说明

1.人民法院名称。应填写人民法院全称。相对人对行政处罚决定或行政复议决定不起诉又不履行的,应向被申请执行人所在地的基层人民法院申请;拒绝执行人民法院的判决、裁定的,应向第一审人民法院申请强制执行。

2.申请理由。要简述案由,申请书中的“(　)”内填写行政决定的名称、文号或者编号。填写行政决定书送达日期。表明当事人逾期未履行该行政决定,也未申请行政复议或提起行政诉讼,经依法催告仍未履行。根据《中华人民共和国行政强制法》第五十三条之规定,向法院申请强制执行。

3.当事人。填写当事人全称、地址、邮编和联系电话,法定代表人的姓名、性别、年龄、职务。所有信息要与行政处罚决定书中的当事人一致。

4.申请执行内容。主要依据已发生法律效力的行政处罚决定书、复议决定书或行政判决书的内容提出,必须是行政相对人可以给付的,如罚款多少、没收财物的种类和数量等。当事人逾期不履行行政处罚决定的,可以将加处罚款同时纳入申请内容。

5.附件。包括必须向人民法院提交的行政处罚决定书(或行政复议决定书、行政判决书、裁定书)、送达回执以及做出具体行政行为的证据等其他有关材料。

6.申请单位情况。应填写申请单位的地址、邮编、联系人、电话号码。

7.卫生行政机关负责人签名,加盖卫生行政机关公章,注明申请日期。

（四）强制执行申请书格式

卫生行政执法文书

强制执行申请书

文号

__________人民法院：

关于______________________________一案的行政决定（《　　　　　　　》文号/编号：________）已于_____年_____月_____日送达，当事人逾期未履行该行政决定，也未申请行政复议或提起行政诉讼，经依法催告仍未履行。根据《中华人民共和国行政强制法》第五十三条之规定，特申请强制执行。当事人基本情况及申请执行的内容如下：

当事人______________________________

地址________________________　邮编__________

法定代表人__________　性别_____　年龄_____　职务_____

申请执行内容：

附件

申请单位地址：________________________　邮编：_____

联系人：__________、__________　电话：__________

卫生行政机关负责人签名：

卫生行政机关名称并盖章

年　　月　　日

备注：本申请书一式二联，第一联留存执法案卷，第二联送交人民法院。

中华人民共和国国家卫生和计划生育委员会制定

三十五、结案报告

（一）概念和作用

结案报告，是对立案调查的案件，在行政处罚决定履行或者执行后，或者不做行政处罚的案件，报请负责人批准结案的文书。制作结案报告标志着整个案件已按法定程序处理完毕，可以将有关案件材料进行整理装订，归档保存。

（二）适用范围

结案报告适用于所有经过立案调查的案件，包括经调查终结认为违法行为轻微，依法不需要给予行政处罚的案件；经调查违法事实不能成立的案件；违法行为不属于本机关管辖，已移送有管辖权机关的案件；做出的行政处罚决定已经履行或强制执行完毕的案件；违法行为构成犯罪需要追究刑事责任的，已移送司法机关的案件。

（三）制作说明

1. 当事人。与案件调查终结报告相同。

2. 案由。按《卫生行政执法文书规范》第九条编写，与案件调查终结报告相同。

3. 立案日期。与立案报告相同。

4. 正文部分应选择填写：做出行政处罚决定案件的结案报告，填写行政处罚决定书文号、执行方式、执行日期、执行结果等；不予行政处罚案件的结案报告。主要填写不予行政处罚的理由：①行政处罚决定书文号。与行政处罚决定书文号相一致。②处罚内容。与行政处罚决定书的处罚内容一致。③执行方式。指案件处理终结的方式，如自觉履行、法院强制执行等。④执行日期。指实际履行行政处罚决定的日期。⑤执行结果。指行政处罚决定实际执行的情况，如完全履行或不完全履行。不完全履行的，还应注明理由。⑥不予行政处罚的理由。写明不予行政处罚所依据的法律法规规定。⑦承办人签名。承办人即立案报告上领导批示办理此案的人员，签名并注明日期。

5. 负责人审批意见及签署。卫生行政机关负责人应当做出是否同意结案的审批意见，并签名和注明日期。

（四）结案报告格式

卫生行政执法文书

结案报告

当 事 人：

案　　由：

立案日期：________年______月______日

一、作出行政处罚决定

处罚决定书文号：

（一）处罚内容：

（二）执行方式：

（三）执行日期：

（四）执行结果：（如未执行或未完全执行需说明原因）

二、不予行政处罚的理由

建议本案结案。

承办人签名：

年　　月　　日

负责人审批意见：

负责人签名：

年　　月　　日

中华人民共和国国家卫生和计划生育委员会制定

三十六、续页

续页，是接在各类卫生行政执法文书后面，完成相关记录内容时所使用的文书。使用续页应当写明所接执法文书的名称，有相关人员签字并注明页码、日期。续页格式如下：

卫生行政执法文书

续页

第______页共______页

____

____

____

____

____

____

____

____

____

____

____

签字：　　　　　　　　　　　　年　　月　　日

中华人民共和国国家卫生和计划生育委员会制定

三十七、卫生行政执法建议书

（一）概念和作用

卫生行政执法建议书，是卫生行政机关为促进依法履职、规范执法，在日常监督检查和稽查过程中，结合执法办案，建议下级卫生行政机关及其卫生监督机构完善制度和工作机制，加强内部管理，改进工作，消除隐患，提高执法监管水平时发出的文书。本文书的制作对及时消除危害健康隐患，提高下级卫生行政机关执法监管水平起着重要的推动作用。

（二）适用范围

在卫生监督执法工作中，卫生行政机关认为需要建议下级卫生行政机关及其卫生监督机构完善制度和工作机制，加强内部管理，改进工作，消除隐患时均可使用本文书。

（三）制作要求

卫生行政执法建议书应当写明提出建议的起因，在日常监督检查和案件调查处理过程中发现的需要重视和解决的问题，对问题产生原因的分析，并依据法律法规及有关规定提出的具体建议、意见，以及其他需要说明的事项。

（四）卫生行政执法建议书格式

卫生行政执法文书

卫生行政执法建议书

文号

卫生行政机关盖章

年　　月　　日

中华人民共和国国家卫生和计划生育委员会制定

思考题

1. 卫生行政执法文书的特征是什么?
2. 卫生行政执法文书制作要求有哪些?
3. 各类卫生行政执法文书中有关共性栏目的填写方法是什么?

第七章　卫生法律救济

教学目的

1. 掌握卫生法律救济的概念、特征及分类。
2. 熟悉卫生行政复议、卫生行政诉讼、卫生行政赔偿的概念与运行程序。
3. 了解卫生行政复议与卫生行政诉讼的异同。
4. 理论联系实际分析中国卫生法律救济的不足及其完善路径。

案例分析

上诉人(一审原告):甲

被上诉人(一审被告):A 省 B 市卫生局

甲于 2005 年 4 月向被告投诉,要求查处 B 市人民政府机关门诊部超范围经营、该门诊部医生乙开出假病历、假治疗单等问题,被告所做的答复函只对其中两个问题进行了答复,但未对该门诊部诊疗活动超出登记范围的问题进行答复。甲于 2006 年 1 月向 B 市人民政府对被告行政不作为申请行政复议,该市人民政府于 2006 年 4 月做出行政复议终止通知书,包含如下内容:"……根据《医疗机构管理条例》第五条第二款的规定,市卫生局具有对 B 市范围内的医疗机构进行监督管理的行政职能。但这不同于区卫生局对管辖范围内的医疗机构享有的直接管理的职责。因为机关门诊部是 R 区卫生局批准登记的医疗机构,本案中明确提出要求对机关门诊部及乙医生的违法行为给予行政处罚,这属于 R 区卫生局的具体行政管理职能,而不是市卫生局的直接管理职能。对投诉事项进行全面调查并将调查结果回复投诉人属于市卫生局作为 B 市卫生主管部门的监督管理职责。本案中你几次向市卫生局投诉机关门诊部存在超范围经营及乙医生存在写假病历、假治疗单做伪证和超范围执业的行为后,市卫生局对你反映的问题进行了调查,认为没有发现机关门诊部和乙医生存在明显的违法事实,并将调查结果形成书面意见对你进行了回复。……你对市卫生局的答复结果不满意只是对市卫生局'作为'结果的一种主观评价,不能否定卫生局已履行了作为义务。……根据《A 省行政复议工作规定》第十六条第一款(第六项)的规定,本府决定终止本行政复议。"被告在原告起诉之前未做出处理决定。

一审判决驳回甲的诉讼请求,甲不服原判,提起上诉称:被上诉人 B 市卫生局虽然对上诉人所投诉的事项不具有管辖权，但其因此而产生了在收到上诉人的投诉事项后按照《卫生行政处罚程序》第九条的规定及时移送给有管辖权的B市R区卫生局的衍生义务。但在被上诉人受理投诉后一年多从未告知上诉人其不是直接的主管机关，也未告知上诉人应向B市R区卫生局进行投诉，其行为已构成行政不作为。一审法院只根据被上诉人不具有直接处罚权的作为义务而认定其不构成行政不作为，但忽略了被上诉人在不具有管辖权时负有的移送义务。故请求二审法院撤销原判，确认被上诉人构成行政不作为，并赔偿上诉人打印费、复印费、邮寄费1000元，精神损失费5000元。（案例来源：根据http://china.findlaw.cn（找法网）所载裁判文书编辑整理）

问题讨论

1. B市人民政府对甲的行政复议处理是否适当？
2. 甲诉B市卫生局行政不作为是否成立？
3. 甲在此项诉讼中的赔偿请求是否成立？

第一节　卫生法律救济概述

法谚有云“无救济则无权利（a right without remedy is not right）”。社会主体权利受到侵犯之后只有诉诸国家机关或其他组织获得有效的行政或司法救济，该权利才具有法律上之真实存在价值。卫生监督相关法律制度之实质在于规范卫生行政权力之运作及其与社会主体权利之间的利益平衡。当前在依法治国成为中国政治经济生活主题的背景下，法律救济相关制度于卫生行政领域应成为各级卫生行政机关以及参照行政机关管理的卫生组织的规范依据；于卫生行政相对人而言则应成为权利斗争之利器。由此才能规范行政权力的行使，使其以合法、合理的卫生行政目的来建立既符合程序正义又符合实体正义的卫生监督法治体系。

一、卫生法律救济的概念与特征

（一）卫生法律救济的概念

卫生法律救济（health legal remedies）系指公民、法人或其他组织因卫生行政机关或其授权组织即卫生行政主体的行政行为造成自己合法权益的损害而请求有关国家机关给予补济的法律制度的总称，包括对违法或不当的行政行为加以纠正及对于因行政行为而遭受的财产损失给予弥补等多项内容。

卫生法律救济于中国实践，在广义上可包括立法救济、卫生行政处理（行政裁决、行政复议）、卫生诉讼（包括行政诉讼、民事诉讼、刑事诉讼）、卫生行政赔偿、卫生仲裁、信访以及集会、游行、示威等制度。在狭义上一般称之为卫生行政法律救济（Health administration legal remedies）或卫生监督法律救济（Health supervision legal remedies）。在卫生监督实务中即取其狭义，所包括的主要救济路径有卫生行政复议、卫生行政诉讼和卫生行政赔偿。

（二）卫生法律救济的特征

以法律领域而言，法律救济是行政法上的一项重要法律制度，卫生法律救济的内容决定了其具有如下几个特征：

1. 卫生法律救济本质上的权利补救性。

卫生法律救济由行政相对人提起，由有行政救济权的国家机关依法对卫生行政主体的具体行政行为进行审查，实现对卫生行政相对人损失的补救。这种补救是责令责任主体通过不作为停止侵害或通过作为弥补其所造成的损失来实现的一种事后补救。其根本作用在于保护卫生法律关系主体的合法权益。

2. 卫生法律救济动因上的行政行为争议性。

卫生法律救济是国家有权机关依法处理和裁决卫生行政争议的过程。此种争议是卫生行政相对人认为行政主体的具体行政行为违法或不当而侵害其合法权益，不服行政行为所形成的法律争议。有权国家机关处理与裁决卫生行政争议，成为卫生法律救济制度的核心内容。需要注意的是，卫生法律救济过程中对行政争议的解决，不是平等地对双方当事人的行为均加以审查，而是以卫生行政主体的行政行为是否合法与适当为主。

3. 卫生法律救济适用上的严格程序性。

由于卫生法律救济所要撤销或变更的行为涉及的是管理者与被管理者的争执关系，因此各国法律往往对其都规定了极为严格的程序法。通常做法是将行政机关救济的程序与司法机关救济的程序法相分离，中国行政诉讼法和行政复议法的制定实施正是表明了法律救济的严格程序性。

二、卫生法律救济的渊源与比较

（一）卫生法律救济的比较分析

国外包括卫生法律救济在内的关于权利救济的途径相对简单，在三权分立的观念下往往包括行政救济、议会救济和诉讼救济。

在行政救济领域，英美法系的英国主要通过行政裁判制度来实施，美国则主要通过行政裁决制度来实施，而大陆法系的代表法国则主要通过与中国的行政复议制度最为接近的行政救济制度来实施。法国素有行政法母国之称，其行政法最为发达，而法国行政法体制的核心是其独立的行政法院制度。法国行政救济机制的主要内容是行政诉讼制度。

作为对比的美国的行政救济制度基本上承袭了英国的司法审查制度，其行政诉讼被称为司法复审。1946 年美国国会制定了《联邦侵权求偿法》，正式承认国家可以作为被告人参加诉讼。同年制定的《联邦行政程序法》，对行政诉讼程序做了全面的规定。《联邦侵权求偿法》和《联邦行政程序法》的颁布，标志着美国行政救济制度的全面建立。

纵观法律救济的发展史，随着社会的发展和时代的变迁，不论是英美法系还是大陆法系都强调依法行政，逐步实现人性尊严与权利最大化。在依法行政与法律救济路径上，英美法系接受了对公益维护的思想，大陆法系接受了对公民权保障的制度；英美法系从绝对崇尚司法权走向重视行政裁判权，大陆法系从崇尚行政权走向重视司法权。法律救济趋于权利保护和公益维护并重，其范围与手段日益多样化与完备。

（二）当代中国卫生法律救济的渊源

中国的卫生法律救济制度是循中国的法治进程而发展的。20 世纪八九十年代行政救济制度才逐步开始。1989 年《行政诉讼法》颁布，于 1990 年开始实施，1990 年《行政复议条例》颁布，于 1991 年实施，1994 年《国家赔偿法》颁布，于 1995 年实施（2010、2012 年两次修订），1999 年《行政复议法》颁布出台，替代原来 1990 年的《行政复议条例》，2007 年《行政复议法实施条例》公布施行。

经过三十多年的法治发展，中国的法律救济制度已有了较大进步，体系初步形成。与之相适应，在卫生领域，1999 年 12 月，原卫生部发布《卫生部行政复议与行政应诉管理办法》，对国家卫生行政部门的行政复议做出了具体规定。2009 年 3 月，为进一步加强卫生行政复议和行政应诉工作，维护卫生监督管理相对人的合法权益，原卫生部发布了《卫生部关于进一步加强卫生行政复议和行政应诉工作的意见》（2009 第 070 号）。

国家卫生计生委 2013 年 11 月印发通知，对行政复议与行政应诉管理办法做出规定，包括改进行政复议审理方式，完善复议案件的审理程序，以及增加行政复议的指导和监督职能等。《国家卫生计生委行政复议与行政应诉管理办法》与原《卫生部行政复议与行政应诉管理办法》相比，前一个办法进一步明确了国家卫生计生委各司局职责，并改进了行政复议审理方式。除书面审查外，规定可采取实地调查、听证等方式审理，可采取和解、调解方式结案。同时，完善了中止、终止及撤回申请等程序，并在原有的维持、撤销、变更、确认违法等行政复议决定类型基础上，增加了驳回申请的行政复议决定类型。管理办法还增加了行政复议的指导和监督职能，要求加强对省级卫生计生部门履行行政复议职责的监督，特别是监督其行政复议不予受理行为。

2014 年 11 月，十二届全国人大常委会第十一次会议表决通过关于修改《行政诉讼法》的决定，并于 2015 年 5 月 1 日起颁布实施。《行政诉讼法》被称为“民告官”的法律，规定了行政诉讼程序的基本规则，为受到国家行政机关非法侵犯合法权益的公民和法人，提供了法律救济途径。此次修改主要针对实践中立案难、审理难、执行难等“三难”问题，从保障当事人的诉讼权利、完善管辖制度、诉讼参加人制度、证据制度、完善民事争议和行政争议交叉的处理机制、完善判决形式等十个方面进行完善。

《行政诉讼法》是党的十八届四中全会确定全面推进依法治国后，国家立法机关修改的第一部法律，最高人民法院随即在 2015 年 4 月颁布了配套司法解释。这进一步体现了包括卫生法在内的法律救济制度的重要性和时代意义。

第二节　卫生行政复议

一、卫生行政复议的概念与特征

（一）卫生行政复议的概念

卫生行政复议(health administrative review)是作为被管理对象的卫生行政管理相对人（公民、法人或其他组织）与卫生行政执法机关在行使其卫生行政管理职权时发生争议，认为卫生行政执法机关的具体行政行为侵犯了其合法权益从而根据法定条件和程序提出申请，由做出该具体行政行为的行政机关的上一级卫生行政机关或者法律、法规规定的其他机关依法对引起争议的具体行政行为进行复查并做出处理决定的一种法律制度。卫生行政复议是国家一项非常重要的行政救济制度，是解决行政争议，矫正不当行政行为，维护行政相对人合法权利的重要途径之一。

（二）卫生行政复议的特征

卫生行政复议除了具有行政行为争议性、权利救济性及程序性等一般卫生法律救济特征外，还具有以下特征：

1. 卫生行政复议主体双方是卫生行政机关和卫生行政管理相对人，卫生行政复议必须以卫生行政管理相对人的申请为前提；卫生行政管理相对方提出复议申请只能是因不服行政机关的具体卫生行政行为而产生的，申请人只能是与具体卫生行政行为有利害关系的相对人。

2.卫生行政复议是卫生行政机关内部的活动，是上级卫生行政机关对下级卫生行政机关的监督管理活动；卫生行政复议是对原具体卫生行政行为进行审查，并做出裁决的新的具体行政行为，行政复议的结果以卫生行政机关的决定表现出来。

3.卫生行政复议的依据具有法律性与专业性结合的多层次性。卫生行政复议机关在审查原具体卫生行政行为是否合法时，不仅要依据法律，还要依据有关卫生法规、规章以及上级卫生行政机关制定和发布的具有普遍约束力的决定、命令等。同时由于卫生领域的专业技术性，要求卫生行政复议人员也要了解和掌握相关专业知识。

二、卫生行政复议的原则

卫生行政复议的原则贯穿于行政复议的全过程，是反映卫生行政复议性质并对行政复议过程具有普遍意义的基本原则。根据《行政复议条例》的规定，卫生行政复议应遵循以下原则：

（一）合法、公正、公开、便民原则

1.合法原则。

要求卫生行政复议机关必须严格按照法律、法规规定的职责和权限对卫生行政管理相对人申请复议的具体卫生行政行为进行审查并做出行政复议的决定。具体是指：履行复议职责的主体及职权必须合法，具有承担卫生行政复议的法定资格；审理复议案件的依据必须合法；审理复议案件的程序必须合法，不能违反行政复议条例规定的步骤、形式和顺序。

2. 公正原则。

卫生行政复议机关在行使行政复议权时要充分考虑双方主体的合法权益，不偏袒任何一方，严格依法办事。在卫生行政复议过程中，始终坚持申请人与被申请人依法平等参与的原则，任何一方在行政复议过程中都不应当享有法律、法规所未予规定的特权。

3.公开原则。

卫生行政复议活动应当公开进行。从案件的受理、审理到决定都应公开，使当事人充分了解行政复议活动的具体情况。

4.及时原则。

其含义在于卫生行政复议是卫生行政机关内部监督的一种方式，按现有的卫生法规的规定，除法律规定行政复议为最终裁决的情况之外这并不是实际上的终局决定，还可能受到法院的司法审查。因此，要求复议机关既要维持公正性，又要保证行政效率，在法定期限内迅速、公正、有效地完成复议工作。及时原则意味着受理申请、做出决定、执行决定都应当及时有效率。

5. 便民原则。

复议机关应当尽可能为复议申请人提供便利条件，以保障其行使复议申请权，避免复议申请人耗费不必要的时间、费用和精力。

（二）依法独立行使行政复议职权原则

此原则是指国家卫生行政机关依法独立享有卫生行政复议权，只对相应的法律、法规负责，不受任何机关、团体和个人的非法干涉。但其他国家政权机关可以对其行使复议权行为的合法性进行各种形式的监督。

（三）合法性与适当性全面审查原则

卫生行政复议机关对被复议的具体行政行为应进行全面审查，既审查具体行为的合法性，也应审查行为的合理性与适当性。此原则区别于行政诉讼只对具体行政行为是否合法进行审查的原则。经审查凡具体行政行为兼具合法性、合理性与适当性的就应维持原行为效力，否则应依法变更或撤销。

（四）一级复议制原则

根据我国现行行政复议法的规定，除法律、法规另有规定的以外，行政复议实行一级复议制。即卫生行政管理相对人对卫生行政机关的具体卫生行政行为不服，可以向上一级卫生行政机关申请复议。复议决定书下达后，如果复议机关所做出的复议决定为终局决定，行政管理相对方不得再向复议机关的上级机关申请复议，也不能向人民法院起诉；但如果法律没有规定该复议是终局性的则可以依照法律的规定向人民法院起诉。

（五）不适用调解原则

根据行政复议法的规定，复议机关审理复议案件不适用调解。其原因是行政复议所要解决的是行政机关与行政管理相对人之间的争议而不是平等主体之间的民事纠纷。卫生行政争议的被申请人是依法行使卫生监督职权的卫生行政机关或法律、法规授权的组织，其职责既是权利也是义务且没有随意处分国家行政权的权利，因此行政复议不能以调解方式解决。

三、卫生行政复议的受案范围和管辖

（一）卫生行政复议的受案范围

卫生行政复议的受案范围是指卫生行政复议机关受理卫生行政复议案件的权限范围。

1. 依法申请行政复议。

根据《行政复议法》及有关卫生法律法规的规定，有下列情形之一的，公民、法人或其他组织可以依照本法申请行政复议：(1)对卫生行政机关做出的警告、

罚款、没收违法所得、没收非法财物、责令停产停业、暂扣或吊销许可证、暂扣或吊销执照、行政拘留等行政处罚决定不服的;(2)对卫生行政机关采取的限制人身自由或者查封、扣押、冻结财产等有关强制性措施不服的;(3)认为卫生行政机关侵犯了合法经营自主权的;(4)认为符合法定条件申请有关卫生许可证、资格证、资质证等证书或申请卫生行政机关审批、登记有关事项,卫生行政机关没有依法办理的;(5)对卫生行政机关做出有关许可证、执照、资质证、资格证等证书变更、中止、撤销的决定不服的;(6)要求卫生行政机关履行其他法定职责拒不答复的;(7)认为卫生行政机关违法集资、征收财物、摊派费用或者违法要求履行其他义务的;(8)申请卫生行政机关履行保护人身权利、财产权利的法定职责,卫生行政机关没有依法履行的;(9)认为卫生行政机关的其他具体行政行为侵犯合法权益的。

2.不能申请行政复议的范围。

根据《行政复议法》之规定,不服行政机关做出的行政处分或其他人事处理决定,不服卫生行政机关对民事纠纷做出的调解或其他处理的,不能提起行政复议。

3.行政复议中规范性文件的附带审查。

公民、法人和其他组织认为卫生行政机关的具体行政行为所依据的下列规定不合法,在对具体行政行为申请复议时可以一并向卫生行政复议机关提出对该规定的审查申请:(1)国务院部门的规定;(2)县级以上各级人民政府及其工作部门的规定;(3)乡、镇人民政府的规定。上述规定不含国务院部委规章和地方人民政府规章。需要注意的是,对于前述规范性文件的审查是附带行政复议进行的,其本质并非行政复议,因此当事人不能单独就规范性文件审查提出复议申请。

(二)卫生行政复议的管辖

卫生行政复议的管辖,是指卫生行政机关受理卫生行政复议案件的分工和权限,它主要涉及规范一件具体的卫生行政复议案件应该由哪一级卫生行政机关受理的问题。是不同层级不同职能的行政机关之间在受理行政复议案件方面的具体分工和权限。根据行政复议法,主要有以下几种规定:

1.一般管辖。

对县以上地方各级人民政府卫生工作部门的具体行政行为不服,由申请人选择,可以向该部门的本级人民政府申请行政复议,也可以向上一级卫生主管部门申请行政复议。

2.特殊管辖。

(1)对国务院卫生行政部门或者省、自治区、直辖市人民政府的具体行政行为不服，向做出该具体行政行为的国务院部门或者省、自治区、直辖市人民政府申请行政复议。对行政复议决定不服的，可以向人民法院提起行政诉讼，也可以向国务院申请裁决，国务院依照行政复议法的规定做出最终裁决；(2)对法律、法规授权组织的具体行政行为不服的，分别向直接管理该组织的地方人民政府、地方人民政府卫生工作部门或者国务院卫生工作部门申请行政复议；(3)对卫生工作部门依法设立的派出机构依照法律、法规或规章规定，以自己的名义做出的具体行政行为不服的，向设立该派出机构的卫生行政部门或者该部门的本级地方人民政府申请行政复议；(4)对两个或两个以上卫生行政机关以共同的名义做出的具体行政行为不服的，向其共同的上一级卫生行政机关申请行政复议；(5)对被撤销的卫生行政机关在撤销前所做出的具体行政行为不服的，向继续行使其职权的卫生行政机关的上一级卫生行政机关申请行政复议。

四、卫生行政复议主体

(一)卫生行政复议机构

卫生行政复议机构，是依法承担并履行卫生行政复议职责的行政机关。目前卫生行政复议工作大多交由卫生行政机关内的法制机构承担，主要负责受理申请、调查取证、审查和承办应诉事项等工作。因卫生行政复议工作的专业性、技术性要求很强，因此大部分卫生行政机关成立了复议委员会，共同完成复议工作，具体工作由复议机构完成。

(二)卫生行政复议参加人

卫生行政复议参加人，是指参加卫生行政复议活动并保护自己合法权益的人，他们必须具备法律、法规所规定的资格，必须参加卫生行政复议活动的全过程。卫生行政复议参加人包括申请人、被申请人、第三人、复议代理人。

1.申请人。

认为卫生行政机关的具体行政行为侵犯其合法权益，以自己的名义依法向卫生行政机关申请复议的公民、法人或其他组织。申请人是公民的，应当具有权利能力和行为能力；申请人是法人或者其他组织的，由其法人代表或负责人申请行政复议。

2.被申请人。

做出引起申请人不服的具体行政行为，并由卫生行政复议机关通知参加复议的卫生行政机关或法律、法规授权行使卫生行政管理职能的组织。

3.第三人。

与申请人复议的具体行政行为有利害关系的，为维护自己的合法权益并经卫生行政复议机关批准参加复议的公民、法人或其他组织。

4.复议代理人。

按照法律、法规规定，以被代理人的名义，为了维护被代理人的合法权益，在代理权限内代替被代理人参加复议活动的人，其代理行为的法律后果由被代理人承担。包括法定代理人、指定代理人和委托代理人。

五、卫生行政复议程序

卫生行政复议程序是卫生复议申请人向复议机关申请复议至卫生行政复议机关做出复议决定的各项步骤、形式、顺序和时限的各种程序的总和。

（一）卫生行政复议的申请

卫生行政复议申请是指卫生行政管理相对人认为卫生行政机关做出的具体行政行为侵犯其合法权益，依法向有管辖权的卫生行政复议机关要求对该具体行政行为进行审查和处理的一种要式意思表示。卫生行政复议实行“不告不理”原则，因此，行政复议申请是卫生行政复议活动开始的必要前提，没有复议申请，复议机关不能主动进行复议。但有复议申请也不一定能被受理，只有复议申请具备了法律、法规所规定的条件和方式，才能引起卫生行政复议。

1.卫生行政复议申请的条件。

申请复议是卫生行政管理相对人依法享有的一项权利。但是，卫生行政管理相对人行使复议申请权必须符合复议申请的条件，也就是要符合卫生行政复议的实质要件和法定形式。(1)复议申请人必须是认为卫生行政机关的具体行政行为直接侵犯其合法权益的公民、法人或者其他组织。这是对申请复议主体资格的要求和限制。(2)有明确的被申请人。申请人在提交的复议申请中应当指明侵犯其合法权益的卫生行政机关或法律、法规授权的组织。被申请人不明确，复议活动就无法进行，卫生行政复议机关就无法做出复议决定。(3)有具体的复议请求和事实根据。复议请求，是申请人申请卫生行政复议时向复议机关提出的保护自己合法权益的具体主张。它是申请人申请的目的，也是复议机关做出复议决定的关键。事实根据，是复议申请人向具体行政复议机关申请的复议请求中所依据的案件事实，即具体行政行为存在的事实和根据。(4)属于申请复议的范围。争议事项必须是在法律、法规等允许复议的事项范围内，如果超出规定的范围，复议机关则不予受理。(5)属于卫生行政复议机关的管辖范围。行政复议法对此已做了具体规定，申请人申请复议必须弄清对该复议案件享有管辖权的复议机关；对于复议机关来讲，不能受理不属于自己管辖的案件，并有义务告知申请人申请复议时应向有管辖权的复议机关提出。(6)应在法定期限内提出复议申请，逾期申请的不予受理。

2. 卫生行政复议申请的期限和方式。

根据行政复议法的规定，卫生行政复议申请的期限为：公民、法人或者其他组织认为具体行政行为侵犯其合法权益的，可以自知道该具体行政行为之日起60日内提出行政复议申请（法律规定的申请期限超过60日的除外）。因不可抗力或者其他正当理由耽误法定申请期限的，在障碍消除后的十日内，可以申请延长期限，由有管辖权的卫生行政机关决定是否批准。提起卫生行政复议，必须在法定的期限内，没有法定理由而超过了申请复议的期限，申请人将丧失申请权。

申请复议，可以书面申请，也可以口头申请；口头申请的，行政复议机关应当当场记录申请人的基本情况、行政复议请求、申请行政复议的主要事实、理由和时间。

（二）卫生行政复议的受理

卫生行政复议的受理，是指卫生行政复议申请人在法定期限内提出复议申请后，卫生行政复议机关通过对复议申请进行审查，对符合法定条件的复议申请予以立案审理的活动。卫生行政复议机关收到复议申请后，应当依照法定条件决定是否受理。

1. 审查复议申请的内容。

卫生行政复议机关在收到卫生行政复议申请后，应主要审查下列事项：是否符合法定日期；是否有明确的被申请人；是否符合《中华人民共和国行政复议法》第十条规定；是否属于行政复议范围；是否已向人民法院提起行政诉讼。

2. 卫生行政复议申请的处理。

依照行政复议法规定，卫生行政复议机关应当自收到复议申请书之日起五日内，对复议申请及时审查并做出相应处理：对符合法定条件和要求的，复议机关应当受理，填写立案登记表，正式立案，并以书面形式通知申请人；对不符合法定条件的，卫生行政复议机关应裁定为不予受理，并告知理由；对符合规定但不属于本机关受理的，应告知申请人向有关机关提出；如果卫生行政复议申请符合法定复议条件，但复议申请书未载明某些法定内容，复议机关应当将复议申请书发还给申请人，并以书面形式通知申请人，限期补正，过期不补正的，视为未申请；公民、法人或其他组织依法提出复议申请，卫生行政复议机关无正当理由拒不受理或不予答复的，上一级卫生行政机关或法律、法规规定的行政机关应当责令其受理或答复；申请人对复议机关不予受理的、裁决不服的，可以在收到不予受理裁定书之日起15日内向人民法院起诉。

（三）卫生行政复议的审理

卫生行政复议审理是卫生行政复议机关对申请复议的卫生行政争议进行实质性审查的活动，是卫生行政复议的中心环节。卫生行政复议机关对复议申请受理立案后，即进入复议审理阶段。

1.审理方式。

一般应当采取书面审查的方式进行。如申请人提出要求或复议机关认为有必要，可采取向有关组织和人员调查情况，听取申请人、被申请人及第三人的意见的方式审理。

2.审理内容。

卫生行政复议机关要审查和确认原具体行政行为是否合法和适当，就必须对该行为本身以及与该行为相关的问题进行全面审查、综合分析；根据行政复议法的原则规定和卫生执法工作的实际情况，复议机关在审理过程中的实际审查内容不受申请范围的限制，审查既有合法性，又有适当性。

3.审理期限。

卫生行政复议机关应当在受理之日起7日内将复议申请书副本发送至被申请人；被申请人应当在收到申请书副本之日起10日内向卫生行政复议机关提交答辩书，并提交据以做出卫生监督行政行为的有关材料；卫生行政复议机关受理复议案件，应在收到申请之日起60日内做出复议决定，但按单行卫生法规的规定，也有例外；申请人对卫生行政复议决定不服的，自收到复议决定书之日起60日内可向人民法院起诉。

（四）复议期间具体行政行为不停止执行

按照行政复议法的规定，卫生行政复议期间，申请复议的卫生监督行为不停止执行。因为在卫生行政复议机关没有做出复议决定之前，所要复议的卫生监督行为仍然有效，对申请人仍然有约束力，申请人必须认真执行。但有下列情况之一的，可以停止执行：(1)被申请人认为需要停止执行的；(2)卫生行政复议机关自己认为需要停止执行的；(3)申请人申请停止执行并批准的；(4)法律、法规和规章规定停止执行的。

卫生行政复议期间可能发生复议终结，系指因发生某种特殊情况，使复议程序不可能或没有必要继续进行，从而结束复议程序。可能发生使复议终结的情形有：作为申请人的公民死亡，没有近亲属参加复议或近亲属放弃复议请求；申请人申请撤回复议申请，复议机关审查予以同意的。

（五）卫生行政复议决定

卫生行政复议决定，是指卫生行政复议机关根据复议申请人的请求，在法定期限内通过对具体卫生行政行为的审查，依法所做的维持、变更或者撤销的决定。

根据行政复议法的规定，卫生行政复议机关经过审理所要复议的卫生监督行政行为后，根据不同的情况，分别做出以下复议决定：

1.具体卫生行政行为认定事实清楚,证据确凿,适用依据正确,程序合法,内容适当的,决定维持。

2.被申请人不履行法定职责的,决定其在一定期限内履行。

3.具体卫生行政行为有下列情形之一的,决定撤销、变更或者确认该具体行政行为违法;决定撤销或者确认该具体行政行为违法的,可以责令被申请人在一定期限内重新做出具体行政行为:(1)主要事实不清、证据不足的;(2)适用依据错误的;(3)违反法定程序的;(4)超越或者滥用职权的;(5)具体行政行为明显不当的。

4.被申请人不按照《中华人民共和国行政复议法》第二十三条的规定提出书面答复、提交当初做出具体行政行为的证据、依据和其他有关材料的,视为该具体行政行为没有证据、依据,决定撤销该具体行政行为。

卫生行政复议机关责令被申请人重新做出具体卫生行政行为的,被申请人不得以同一的事实和理由做出与原具体行政行为相同或者基本相同的具体卫生行政行为。

(六)卫生行政复议决定的效力及执行

卫生行政复议决定的效力,是指行政复议决定所发生的法律效力。法律规定为终局裁决的卫生行政复议决定书,一经送达即发生法律效力;非终局裁决的,申请人在法定起诉期限届满,尚未起诉的,即发生法律效力。行政复议决定的效力主要体现在它的确定力、约束力和执行力上。

卫生行政复议决定书一经送达申请人和被申请人,即发生法律效力,申请人和被申请人都有履行复议决定的义务。

根据行政复议法的规定,被申请人应当履行行政复议决定。被申请人不履行或者无正当理由拖延履行行政复议决定的,行政复议机关或者有关上级行政机关应当责令其限期履行。

申请人对卫生复议决定不服的,属于人民法院受案范围的行政复议决定,可以向人民法院提起诉讼,诉讼期间不停止对卫生行政复议决定的执行;不属于人民法院受案范围的行政复议决定,申请人必须无条件执行。行政复议法规定,如果申请人逾期不起诉又不履行行政复议决定的,或者不履行最终裁决的行政复议决定的,按照下列规定分别处理:

1.维持具体卫生行政行为的行政复议决定,由做出具体行政行为的卫生行政机关依法强制执行,或者申请人民法院强制执行。

2.变更具体卫生行政行为的行政复议决定,由卫生行政复议机关依法强制执行,或者申请人民法院强制执行。

第三节 卫生行政诉讼

一、卫生行政诉讼的概念辨析

（一）卫生行政诉讼的概念

卫生行政诉讼(health administration proceedings)作为行政诉讼之一种系，指由人民法院主持审理并裁决，在当事人双方和其他诉讼参与人的参加下，依法审理公民、法人或者其他组织认为卫生行政机关及其授权组织的具体卫生行政行为侵犯其合法权益并以卫生行政机关为被告提起的卫生行政诉讼活动。即人民法院通过司法审判程序处理卫生行政案件，解决卫生行政争议的一项司法救济手段。卫生行政诉讼是卫生法律救济重要，也是最终的途径，对于保护公民、法人及其他社会组织的合法权利，监督与制衡卫生行政权力具有不可替代的作用。

卫生行政诉讼的构成要件及其特征为：

1. 原告是卫生行政管理相对人。

2. 被告是行使卫生管理职权的卫生行政机关或法律、法规授权组织。

3. 是人民法院对卫生行政主体所做的具体行政行为进行司法审查的手段、方法，是司法权对行政权的监督和制约。

4. 被诉讼的客体，必须是卫生行政争议，即法律规定可以向人民法院起诉的卫生行政机关的具体行政行为。

（二）卫生行政诉讼与卫生行政复议辨析

卫生行政诉讼和卫生行政复议都是解决卫生行政争议的法律制度，两者都是在卫生监督过程中，作为相对人一方的公民、法人或者其他组织不服卫生行政机关的具体行政行为而提起的请求国家机关对卫生行政争议进行审理和裁决的活动。二者存在以下联系与区别：

1. 联系。

二者都是用以解决卫生行政争议的法定手段和方式；都是为了保护卫生管理相对人的合法权益，监督和维护卫生行政机关依法行政；都是基于卫生管理相对人的请求而开始的程序活动。

2. 区别。

(1)受理的机关不同。卫生行政复议由国家行政机关受理。一般情况下，由做出具体行政行为的卫生行政机关的上一级卫生行政机关受理；法律另有规定，由人民政府做出的某些具体行政行为，如卫生行政许可、卫生行政处罚等. 则由上一级人民政府受理。卫生行政诉讼则由人民法院受理。

(2)两者的性质不同。卫生行政复议是一种行政程序活动,体现了国家行政权,是行政内部监督;而卫生行政诉讼则是一种司法活动,体现了国家司法权,是司法监督。

(3)适用的程序不同。卫生行政复议适用行政复议法,是一种行政程序。按照行政效率原则,卫生行政复议程序要求在保证公正的前提下解决卫生行政争议,力争及时高效。卫生行政诉讼则适用行政诉讼法,是一种司法程序,其特征是公正规范。

(4)审查范围不同。卫生行政复议是行政机关内部的监督制度,不仅可以对卫生监督行为是否合法合理做出决定,而且可以直接变更卫生监督行为。卫生行政诉讼是行使司法审判权,它只能基于行政权的卫生监督行为的合法性做出裁决,一般不能变更卫生监督行为。

(5)法律效力不同。按照法律规定,相对人如果对卫生行政复议决定不服,仍可向人民法院提起卫生行政诉讼,如果相对人对人民法院的判决、裁定不服,则只能进行上诉,二审判决为终审判决,双方当事人必须履行。

二、卫生行政诉讼的基本原则

卫生行政诉讼的基本原则,是贯穿于卫生行政诉讼活动的整个过程,调整卫生行政诉讼关系,指导和规范卫生行政诉讼行为的准则。卫生行政诉讼具有和其他诉讼活动一致的共性与个性原则:

1.合法性审查原则。

人民法院在卫生行政诉讼中仅对被诉的卫生行政主体做出的具体行政行为是否合法进行审查而不对卫生行政行为是否合理进行审查,人民法院要审查卫生行政机关做出的具体行政行为是否合法的标准主要有以下几个方面:(1)做出具体行政行为的主要证据是否确凿充分;(2)适用法律是否正确;(3)程序是否合法;(4)具体行政行为的卫生行政机关是否有超越职权、滥用职权的行为。

2.复议前置原则。

行政诉讼法对法院受案范围有明确的规定,不是所有卫生行政争议都可以提起行政诉讼。在法律规定的特定条件下,卫生行政复议是卫生行政诉讼的前置条件。不经过卫生行政复议则不能提起卫生行政诉讼,如尘肺病的防治、放射卫生、特殊药品管理等引起的行政争议,必须要经过行政复议以后才能提起行政诉讼。这种情况称为复议前置。另外,在复议期间不得起诉,必须待复议结束或法定期限届满复议机构仍无结论,才能起诉。同样,当事人一旦提起行政诉讼则不能再申请复议。

3.被告负举证责任的原则。

举证责任是指当事人对自己的诉讼主张有提供证据的责任。在卫生行政诉讼中,作为被告的卫生行政机关负举证责任,应当提供做出具体行政行为的事实依据和法律依据,否则就要承担败诉的后果。

4.不适用调解原则。

在卫生行政诉讼中,被诉之具体行政行为其实质是行政机关行使国家公权力表现,公权力不能转让,更不能随意处置。因此人民法院在审理卫生行政案件时只能根据事实和法律规定做出裁决,不能进行调解,作为被告的卫生行政机关也无权放弃自己的职责。但是在涉及卫生行政诉讼赔偿的问题上,可以通过调解解决。

5.诉讼不停止执行的原则。

《行政诉讼法》规定:“诉讼期间,不停止行政行为的执行。”这是因为卫生行政机关的具体行政行为是国家意志的体现,一经做出便可推定其合法,对行政机关和相对人均有约束力,必须遵守执行。国家的卫生行政管理活动,必须保持效率性和连续性,保持法律秩序处于稳定状态。因此,卫生行政机关具体行政行为不能因原告的提起诉讼而停止执行。

三、卫生行政诉讼的受案范围

卫生行政诉讼的受案范围是指法律授予人民法院对哪些卫生行政案件拥有审判权。根据《行政诉讼法》的规定和卫生行政诉讼的实践,卫生行政诉讼的受案范围主要包括:

1.不服卫生行政机关做出的行政拘留罚款、警告、暂扣或吊销卫生许可证、责令停产停业、没收违法所得、没收非法财物等卫生行政处罚决定的。

2.不服卫生行政机关采取的限制人身自由或者对财产的查封、扣押、冻结等行政强制措施的。

3.认为卫生行政机关违法要求履行义务的。

4.认为符合法定条件申请卫生许可证和执照,卫生行政机关拒绝颁发或在法定期限内不予答复,或者对行机关做出的有关行政许可的其他决定不服的。

5.申请卫生行政机关履行保护人身权、财产权的法定职责,卫生行政机关拒绝履行或者不予答复的。

6.认为卫生行政机关侵犯其他人身权、财产权等合法权益的。

根据行政诉讼法的规定,人民法院不受理公民、法人或者其他组织对卫生行政机关的下列事项提起的诉讼:国际、外交等国家行为;行政法规、规章或行政机关制定、发布的具有普遍约束力的决定、命令;行政机关对行政机关人员的奖惩、任免等决定;法律规定由行政机关最终裁决的行政行为。

四、卫生行政诉讼的管辖

卫生行政诉讼的管辖是指人民法院之间受理第一审卫生行政案件的分工和权限。它的意义在于一方面便于有管辖权的法院及时准确地处理卫生行政案件,另一方面使卫生行政管理相对人知道发生卫生行政争议应向哪一个人民法院起诉的问题。主要有以下分类:

1.级别管辖。

级别管辖是指各级人民法院之间受理第一审卫生行政诉讼案件的分工和权限。修订后的行政诉讼法规定,基层人民法院管辖第一审行政案件,中级人民法院管辖下列第一审行政案件:(1)对国务院部门或者县级以上地方人民政府所作的行政行为提起诉讼的案件;(2)海关处理的案件;(3)本辖区内重大、复杂的案件;(4)其他法律规定由中级人民法院管辖的案件。高级人民法院管辖本辖区内重大、复杂的第一审行政案件。最高人民法院管辖全国范围内重大、复杂的第一审行政案件。

2.地域管辖。

地域管辖也称区域管辖,是指同级人民法院之间受理第一审卫生行政案件的分工和权限,也就是根据人民法院所在的不同行政区划确定的管辖。行政诉讼法规定行政案件由最初做出行政行为的行政机关所在地人民法院管辖;经复议的案件,也可以由复议机关所在地人民法院管辖;经最高人民法院批准,高级人民法院可以根据审判工作的实际情况,确定若干人民法院跨行政区域管辖行政案件;两个以上人民法院都有管辖权的案件,原告可以选择其中一个人民法院提起诉讼;原告向两个以上有管辖权的人民法院提起诉讼的,由最先立案的人民法院管辖。

3.指定管辖和移送管辖。

指定管辖是指有管辖权的人民法院由于特殊原因不能行使管辖权或者人民法院对管辖权发生争议,协商解决不成而由上级人民法院指定管辖。移送管辖主要是指已受理案件的法院,在发现自己对案件没有管辖权时,应移送给有管辖权的人民法院进行审理。上级人民法院有权审理下级人民法院管辖的第一审行政案件。下级人民法院对其管辖的第一审行政案件,认为需要由上级人民法院审理或者指定管辖的,可以报请上级人民法院决定。

五、卫生行政诉讼参加人

卫生行政诉讼参加人是指在卫生行政诉讼活动中,依法享有诉讼权利、承担诉讼义务，并且与卫生行政争议或诉讼结果有利害关系的人。包括：原告、被告、共同诉讼人、诉讼第三人和诉讼代理人。

（一）当事人

卫生行政诉讼的当事人是指因具体行政行为发生争议，以自己的名义到人民法院起诉、应诉或因人民法院审判需要追加到案件中来参加诉讼，并受人民法院裁定、判决约束的公民、法人和其他组织以及卫生行政机关。当事人在诉讼的不同阶段有不同的称谓。一审中称原告、被告、第三人；二审中称上诉人、被上诉人；再审案件中称申请人和被申请人；执行阶段称申请执行人、被申请执行人。

1.原告。

认为卫生行政机关的具体行政行为侵犯其合法权益，依法以自己的名义向人民法院起诉的公民、法人和其他组织。

2.被告。

原告起诉指控的具体行政行为侵犯其合法权益的卫生行政机关。在卫生行政诉讼中，被告主要有以下几种情况：(1)做出具体行政行为的卫生行政机关；(2)具体行政行为经复议机关复议被维持的，做出原具体行政行为的卫生行政机关是被告；(3)具体行政行为经复议机关复议，被复议机关改变的，复议机关是被告；(4)由法律、法规授权组织做出的具体行政行为，该组织是被告；(5)由卫生行政机关委托的组织做出的具体行政行为，做出委托的卫生行政机关是被告；(6)两个以上卫生行政机关共同做出的具体行政行为，共同做出具体行政行为的机关是共同被告。

3.诉讼第三人。

同诉讼争议的具体卫生行政行为有法律上的利害关系，为维护自己的合法权益而参加到诉讼中来的公民、法人或其他组织。第三人与诉讼中原告、被告享有同样的诉讼请求权。卫生行政诉讼的第三人，主要出现在对卫生行政机关处理医疗事故或事件的行政处理意见不服，而提起的行政诉讼案件。因为卫生行政机关对医疗事故或事件的行政处理行为，涉及医疗机构和患者及家属双方的权利、义务，任何一方不服提起行政诉讼，人民法院撤销该具体行政行为与否都将影响另一方的权利义务，因此可以作为第三人参加诉讼以维护自己的合法权益。

（二）诉讼代理人

卫生行政诉讼的代理人是指根据法律规定、法院指定或因当事人委托，在代理权限范围内，代理当事人进行诉讼的人。

六、卫生行政诉讼程序

(一)卫生行政诉讼的起诉与受理

起诉是指公民、法人或其他组织认为卫生行政机关的具体行政行为侵犯了其合法权益,而以自己的名义向人民法院提出诉讼,请求人民法院依法予以保护的诉讼行为。

1.起诉的条件。

卫生行政诉讼的起诉必须符合下列条件:(1)原告必须是符合《行政诉讼法》第二十五条规定的公民、法人或其他组织;(2)必须有明确的被告,即某一卫生行政机关或法律、法规授权组织;(3)有具体的诉讼请求和事实根据;(4)诉讼请求属于人民法院受案范围;(5)符合法定起诉程序和期限。

2.起诉的方式和期限。

卫生行政诉讼起诉的期限一般有 15 日和 3 个月两种:(1)一是经过行政复议的案件,应当在接到行政复议决定书或行政复议期满之日起 15 日内起诉;二是法律明确规定起诉期限为 15 日内的,如《药品管理法》《食品安全法》《国境卫生检疫法》等;(2)卫生法律没有明确定期,也不属复议前置的,一般起诉期限为 3 个月。

3.受理。

受理是指经人民法院审查认为原告起诉符合条件,决定立案审理的行为。根据《行政诉讼法》的规定,人民法院应当在接到起诉书 7 日内,审查决定是否应当立案受理。认为起诉符合法定条件的,应在接到起诉状之日起 7 日内立案受理;认为不符合法定条件的,应当在 7 日内做出不予受理的书面裁定,并注明理由。原告对裁定不服的,应当在接到裁定书之日起 10 日内向原审人民法院递交上诉状,由原审人民法院连同诉讼材料转交上一级人民法院,也可直接向上一级人民法院递交上诉状。

(二)卫生行政诉讼的审理程序

审理是指人民法院受理行政案件之后对案件进行实质性审查至终审判决前所进行的各项行政诉讼活动的总和。

在审理卫生行政诉讼案件前,人民法院应依法组成由 3 名以上单数审判员、陪审员参加的合议庭;通知被告应诉并答辩;查阅材料、收集证据;决定是否停止具体行政行为的执行。作为被告的卫生行政机关,应当在接到应诉通知和起诉书副本后 15 日内提交出行政行为的证据和所依据的规范性文件并提出答辩。不提出答辩,不影响人民法院审理。

对卫生行政案件,人民法院一般均开庭公开审理。开庭审理是人民法院在当事人及诉讼参与人的参加下,依法定程序,在法庭上对案件进行全面审查的诉讼活动。开庭审理一般要经过宣布开庭、告之权利、法庭调查、双方辩论、最后陈述等程序。

1. 审理的内容。

人民法院对行政案件的审查,主要是审理具体行政行为的合法性,包括审查行政机关做出具体行政行为的职权和行使行政职权的性质、种类、方式等是否合法;审查具体行政行为所依据的事实是否真实存在,适用的法律、法规或规章是否正确。

2. 审理的依据。

根据《行政诉讼法》的规定,人民法院审理行政案件以法律、行政法规、地方性法规为依据,参照国务院行政部门和地方人民政府依法发布的规章。如果规章与法律法规相抵触,人民法院一般不予参照。地方政府规章与国务院行政部门发布的规章不一致时,由最高人民法院送请国务院做出解释或裁决。

3. 判决。

行政诉讼的判决是指人民法院依据法律、法规,参照规章,对审理终结的行政诉讼争议做出的实体判决,也称为行政判决。行政判决具有强制性、合法性、终结性和实体性的特点。根据《行政诉讼法》的规定,行政判决主要有以下四种形式。

(1)对具体行政行为证据确凿,适用法律、法规正确,符合法定程序的,判决维持行政机关的具体行政行为。

(2)对具体行政行为有下列情形之一的:主要证据不足;适用法律错误;违反法定程序;超越职权;滥用职权。判决撤销行政机关的具体行政行为。部分撤销是在肯定部分合法的基础上只撤销不合法的部分,合法的部分仍然有效。

人民法院在判决撤销被诉具体行政行为时,可以判决行政部门重新做出一个具体行政行为,但行政部门不得以同一事实和理由做出与原具体行政行为基本相同的行政行为。

(3)对行政机关应当依法履行法定职责而不履行或拖延履行的,判决行政机关在一定期限内履行其法定职责。

(4)对行政机关显失公正的具体行政行为判决变更行政机关的具体行政行为。

4. 行政诉讼的二审。

我国行政诉讼实行两审终审制。在第一审判决后,原告、被告、第三人任何一方不服判决,均可在接到判决书之日起 15 日内向上一级人民法院提出上诉。无论上诉提出的理由是什么,上诉人民法院均对一审判决进行全面的审查。第二审判决是终审判决。判决书一经送达即产生法律效力，当事人无论是否申诉，都必须执行判决。

（三）执行

行政案件的执行，卫生行政案件的执行是指依法享有强制执行权的人民法院和卫生行政机关，依照法定程序对拒不履行法院做出的已经生效的司法裁判的当事人，采取强制措施强制其履行义务的活动或法律制度，使已经发生法律效力的人民法院的判决、裁定得以保证实施，法定的权利和义务最终得以实现的程序。

人民法院对行政案件的执行有以下两种情况：

1. 人民法院判决生效后，义务人不执行生效判决，行政机关可以在判决书规定履行期限届满之日起 180 日内或者没有注明履行期限的判决书送达当事人之日起 180 日内，向一审人民法院申请强制执行。如果申请人是公民，申请期限为 1 年。

2. 行政机关依法做出的具体行政行为超过复议及起诉期限，当事人既不申请复议和起诉又不履行义务时，行政机关可在起诉期限届满 180 日内，向被申请人所在地人民法院申请强制执行。没有正当理由逾期申请的，人民法院不予受理。对行政机关拒绝执行生效判决的，人民法院可以采取以下措施：对应当归还的罚款或者应给付的赔偿金，通知银行从该行政机关的账户内直接划拨；在规定的期限内不履行的，从期满之日起，对该行政机关按日处以 50—100 元的罚款；向该行政机关的上一级行政机关或监察、人事机关提出司法建议；拒不履行判决、裁定，情节严重构成犯罪的，依法追究主管人员和直接责任人员的刑事责任；将行政机关拒绝履行的情况予以公告。

第四节　卫生行政赔偿

一、卫生行政赔偿的概念与特征

（一）卫生行政赔偿的概念

卫生行政赔偿（health administration compensation），是指卫生行政机关及其工作人员在行使国家卫生行政管理职权时，违反法律、法规，侵犯公民、法人或其他组织的合法权益并造成一定损害后果，由国家卫生行政机关承担赔偿责任的法律制度。

构成卫生行政赔偿必须同时具备以下五个基本要件：

1. 损害必须是卫生行政执法主体造成的，包括经国家法律、法规授权的组织或卫生行政机关委托的组织造成的损害。

2.损害必须是卫生行政执法主体行使卫生行政管理职权时造成的。

3.损害必须是现实已经产生的或必然产生的，是直接的，不是间接的。

4.损害的结果与侵权卫生行政执法主体的违法行为之间存在因果关系，即损害后果是国家卫生行政管理机关及其工作人员的行为直接造成的。

5.卫生行政赔偿的范围是由法律明确规定的。

（二）卫生行政赔偿的特征

1.卫生行政赔偿是因卫生行政管理活动而产生的赔偿，卫生行政赔偿是国家卫生行政机关行使公共权力的侵权赔偿。

2.卫生行政机关是卫生行政赔偿的义务主体。

3.卫生行政赔偿的范围是特定的：一是具体卫生行政行为造成的损害，二是卫生行政机关工作人员行使卫生管理职权时，以殴打等暴力行为或违法使用器械造成的损害。

4.卫生行政赔偿的形式主要是经济赔偿，多数情况下以金钱为给付原则。根据法律规定，还可以采取其他形式承担责任，如赔礼道歉、恢复名誉、消除影响等。

二、卫生行政赔偿的范围

卫生行政赔偿的范围，是指国家对哪些卫生行政行为造成的损害予以赔偿，对哪些损害不予赔偿，即国家承担赔偿责任的领域。大致有以下几个方面：

（一）对侵犯人身权的卫生行政赔偿

1.卫生行政执法主体违法采取限制人身自由的强制措施的，比如强制戒毒、强制治疗、强制约束、扣留等。

2.非法拘禁或者以其他方法非法剥夺公民人身自由的行为，如非法强制捆绑、隔离、监禁，使公民失去自由的。

3.以殴打等暴力行为或者唆使他人以殴打等暴力行为造成公民身体伤害或者死亡的。

4.违法使用武器、器械的。

5.造成公民身体伤害或者死亡的其他违法行为。

（二）对侵犯财产权的卫生行政赔偿

1.卫生行政主体在行使行政管理职权时违法实施罚款、吊销许可证和执照，责令停产、停业、没收财物等行政处罚侵犯财产权的。

2.卫生行政主体违法对相对人的财产采取查封、扣押、冻结等行政强制措施的。

3.卫生行政主体违反国家规定征收财物、摊派费用的。

4.对公民或其他组织的财产权造成损害的其他违法行为。

(三)国家不予赔偿的情况

1.国家卫生行政机关工作人员实施的与行使卫生管理职权无关的个人行为,如随意扣留物品、滥用职权。

2.因公民、法人和其他组织自己的行为致使损害发生的,国家不承担赔偿责任。

3.法律规定的其他情形

三、卫生行政赔偿请求人和赔偿义务机关

在卫生行政赔偿事件中,存在两方当事人,一方为受到卫生行政机关及其工作人员违法侵害的赔偿请求人;另一方为承担赔偿义务的卫生行政机关。

(一)卫生行政赔偿请求人

卫生行政赔偿请求人,是指因卫生行政机关及其工作人员违法行使职权而遭受损害,有权请求国家予以赔偿的人。赔偿请求人既可以是公民,也可以是法人或者其他组织。主要包括以下几种:

1.受到卫生行政侵权的公民、法人或者其他组织。

2.受害人死亡的,其继承人和其他有扶养关系的亲属也可以成为赔偿请求人。

3.受害的法人或其他组织终止的,承受其权利的法人或其他组织有权要求赔偿,但该法人或其他组织被卫生行政机关吊销许可证或执照、破产或被主管卫生行政机关决定撤销时,不发生赔偿请求权转移的问题。

(二)赔偿义务机关

卫生行政赔偿义务机关,是指依法履行赔偿义务,接受赔偿请求、支持赔偿费用、参加赔偿诉讼程序的卫生行政机关。行政赔偿义务机关可以分为以下几种情形:

1.卫生行政机关为赔偿义务机关。卫生行政机关及其卫生执法人员行使职权,侵犯公民、法人和其他组织的合法权益,造成损害的,该卫生行政机关为赔偿义务机关。

2.共同卫生行政赔偿义务机关。两个以上卫生行政机关共同实施违法卫生行政行为造成损害的,由该两个以上卫生行政机关为共同赔偿义务机关,承担连带赔偿责任。

3.法律、法规授权的组织为卫生行政赔偿义务机关。法律、法规授权的组织在行使被授予的卫生行政管理职权时,侵犯公民、法人和其他组织合法权益造成

损害的，该法律、法规授权的组织为卫生行政赔偿义务机关。

4.委托机关为卫生行政赔偿义务机关。受卫生行政机关委托的组织或个人在行使受委托的卫生行政监督权力时侵犯公民、法人和其他组织的合法权益，造成损害的，委托的卫生行政机关为赔偿义务机关。

5.卫生行政赔偿义务机关被撤销后的责任承担。赔偿义务机关被撤销的，由继续行使其职权的卫生行政机关为赔偿义务机关；没有继续行使其职权的行政机关，撤销该赔偿义务机关的卫生行政机关为赔偿义务机关。

6.经行政复议后的赔偿义务机关。经卫生复议的案件，由最初做出具体卫生行政行为的卫生行政机关为赔偿义务机关，但复议机关的复议决定加重损害的，卫生复议机关对加重的部分履行卫生行政赔偿义务。

四、卫生行政赔偿的程序

卫生行政赔偿程序是指卫生行政赔偿请求人提起赔偿请求，赔偿义务机关履行赔偿义务的步骤、方法、顺序和形式等。根据《行政诉讼法》和《国家赔偿法》的规定，我国卫生行政赔偿分为两种途径：一种是单独就卫生行政赔偿问题向行政机关及人民法院提出；另一种是在卫生行政复议、卫生行政诉讼中一并提起。

（一）卫生行政赔偿请求的提出

1.单独提出卫生行政赔偿请求及先行程序。

卫生行政赔偿请求人单独提出卫生行政赔偿请求的，应当首先向卫生行政赔偿义务机关提出，在卫生行政赔偿义务机关不予赔偿或者赔偿请求人对赔偿数额有异议时，赔偿请求人才可以依法向上级机关申请复议或直接向人民法院提起卫生行政赔偿诉讼。这种情形通常适用于下列情形：争议双方对行使卫生行政职权的合法性没有争议，但赔偿问题达不成协议；卫生行政侵权行为已经被确认为违法或已经被撤销、变更；该行为为终局裁决；事实行为等。

2.一并提出卫生行政赔偿请求。

一并提出卫生行政赔偿请求，是指赔偿请求人在申请卫生行政复议或提起卫生行政诉讼时一并提出卫生行政赔偿要求。一并提起行政赔偿请求的程序完全适用卫生行政复议程序和卫生行政诉讼程序。赔偿请求人根据受到的不同损害，可以同时提出数项卫生行政赔偿请求。

卫生行政赔偿请求人自国家卫生行政机关及其工作人员行使职权时的违法行为被依法确认为违法之日起两年内，有权向卫生行政赔偿义务机关递交赔偿申请书，提出书面赔偿请求。申请书应当载明：当事人的身份事项，具体的要求、事实根据和理由，申请的年、月、日。

(二)卫生行政赔偿义务机关的受案与处理

1.卫生行政赔偿义务机关处理赔偿申请的期限。

卫生行政赔偿义务机关自收到申请书之后,经审查认为赔偿申请符合条件的,应当通知请求人,并在两个月内依法做出赔偿与不赔偿的处理决定。行政赔偿义务机关做出行政赔偿决定的,应当制作《行政赔偿决定书》;否则应制作《不予赔偿决定书》并应当载明不予赔偿的理由和依据。

2.对卫生行政赔偿请求的行政处理内容。

卫生行政赔偿义务机关应当按照《国家赔偿法》提出赔偿方案。方案包括:赔偿方式;赔偿数额;计算数额的依据和理由;履行期限等。

3.卫生行政赔偿处理不成。

卫生行政机关在法定期限内如出现下列情形,视为处理不成:卫生行政赔偿义务机关对赔偿申请不予理睬或对自己提出的方案不予实施的;赔偿请求人对卫生行政赔偿义务机关的方案有异议的,包括对赔偿方式、金额、履行期限有不同意见的。

4.卫生行政赔偿诉讼。

当事人对不予赔偿的决定不服的,赔偿请求人可以自期限届满之日起3个月内向人民法院提起卫生行政赔偿诉讼。人民法院接到原告提起的卫生行政赔偿起诉状,应当进行审查,并在7日内立案或者做出不予受理决定,人民法院接到行政赔偿起诉状后,在7日内不能确定是否受理的,应当先予受理。审理中发现不符合受理条件的裁定,驳回起诉。当事人对不予受理或者驳回起诉的裁定不服的,可以在裁定书送达之日起10日内向上级人民法院提起上诉。

当事人在提起卫生行政诉讼的同时一并提出卫生行政赔偿请求的,人民法院应当分别立案单独审理或合并审理。人民法院审理卫生行政赔偿案件,在坚持合法、自愿前提下,可以就赔偿范围、赔偿方式和赔偿数额进行调解。调解成立的,应当制作行政赔偿调解书。

人民法院对单独提起卫生行政赔偿案件经过审理后,依法做出维持、改变和驳回赔偿请求人提出的赔偿请求。对发生法律效力的卫生行政判决、裁定或调解协议,当事人必须履行。一方拒绝履行的,对方当事人可以向第一审人民法院申请执行。申请人是公民的,申请执行的期限为1年,申请人是法人或其他组织的则为6个月。

五、卫生行政赔偿的方式与计算标准

(一)赔偿方式

卫生行政赔偿的方式,是指国家承担卫生行政赔偿责任的各种形式。根据

《国家赔偿法》的规定，国家赔偿以金钱赔偿为主，返还财产、恢复原状为辅的赔偿方式。对能够返还财产或恢复原状的，予以返还财产或者恢复原状。造成受害人名誉、荣誉损害的，应当在卫生行政侵权行为影响的范围内为受害人消除影响，恢复名誉，赔礼道歉。

（二）赔偿计算标准

赔偿计算标准是计算赔偿金额的尺度和准则。《国家赔偿法》对不同损害规定了不同的计算标准，主要有以下几种：

1. 侵犯人身自由的，每日赔偿金按照国家上年度职工日平均工资计算。

2. 侵犯公民生命健康权而造成身体伤害的，应当支付医疗费，以及赔偿因误工减少的收入。减少的收入每日的赔偿金按照国家上年度职工日平均工资计算，但最高额为上年度职工年平均工资的 5 倍；造成部分或全部丧失劳动能力的，应当支付医疗费、护理费、残疾生活辅助费、康复费等，以及残疾赔偿金，致残丧失部分劳动能力的，最高额为上年度职工年平均工资的 20 倍，全部丧失劳动能力的对其扶养的无劳动能力的人，还应当支付生活费；造成公民死亡的，应当支付死亡赔偿金、丧葬费，总额为国家上年度职工人均工作的 20 倍。对死者生前扶养的无劳动能力的人，还应当支付生活费。

3. 侵犯财产权的具体赔偿标准为：罚款没收的，返还财物；查封、扣押、冻结财产的，给予解除；吊销许可证或执照、责令停产停业的，赔偿停产停业期间必要的经常性费用开支；其他损害，只赔偿直接损失。

思考题

1. 卫生法律救济方法有哪些？

2. 卫生行政复议与卫生行政诉讼的区别是什么？

3. 卫生行政赔偿的范围包括哪些内容？

4. 结合 2014 年修订的《行政诉讼法》谈谈中国卫生法律救济的发展与完善。

第二编

卫生监督法律实务分论

第八章　医疗机构监督法律制度

教学目的

1. 了解医疗机构的概念、分类。
2. 掌握医疗机构设置条件、执业监督管理的内容。
3. 熟悉医疗机构设置的程序及违法行为处罚措施。

案例分析

原告景某等112人；被告D市卫生局；第三人D市C医疗门诊有限公司（D市C综合门诊部）。

福康苑系D市一居民小区。第三人D市C综合门诊部在福康苑的共用绿化带上设置了消火栓，几十米长的医用排污总管道架在福康苑2号、3号楼面临小区内的外墙上。2008年9月4日，第三人向被告D市卫生局提出医疗机构执业登记申请，并按《医疗机构管理条例》及其《实施细则》、江苏省《实施〈医疗机构管理条例〉办法》的有关规定提交了相关材料，还按照被告的要求提供了消防、环保、工商登记等方面的材料。2008年9月4日被告组织有关人员对第三人进行了验收，同月23日予以登记，并颁发了登记号为179276321181417045、机构名称为D市C综合门诊部、有效期限为自2008年9月23日至2008年12月22日的执业许可证。2008年12月20日，第三人向被告提出医疗机构执业登记申请，提交了以下材料：①医疗机构申请执业登记注册书；②2008年12月21日D市环境保护局〔2008〕158号"关于同意'D市C医疗门诊有限公司综合门诊服务建设项目'试运营的意见"，该文件同意第三人组织期限为三个月的试运营；③特种设备安装安全质量监督检验证书等。被告于2008年12月20日组织有关人员对第三人进行了验收，同月23日向第三人颁发了同一登记号、同样机构名称的执业许可证，有效期限自2008年12月23日至2011年12月22日。因工商登记的要求，第三人于2009年1月5日向被告申请增加"C医疗门诊有限公司"为执业登记核准名称，并提供了D市工商行政管理局〔2009〕第001号补正申请材料通知书。同日，被告向第三人颁发了同样登记号的执业许可证，机构名称为D市C医疗门诊有限公司（D市C综合门诊部），地址为D市福康苑44—46号，有效期限自2009年1月5日至2011年12月30日。被告于2009年1月5日对第三人做出执业登记、发证前，就登记发证事项未举行听证，也未向法院提供其已履行了告知第三人、原告等利害关系人有要求听证权利的证据。

景某等112人均为D市福康苑小区居民，自2008年9月底起，就D市C综合门诊部造成环境污染等问题，多次到D市环境保护局、信访局、卫生局等处上访。后起诉至D市人民法院，诉称被告D市卫生局不顾居民的反对，滥用职权，在不告知、不听证的情况下，批准D市C综合门诊部开设在福康苑，侵犯了原告的合法权益，请求法院撤销179276321181417045号执业许可证。（来源：江苏法院网 www.jsfy.gov.cn　行政诉讼法实施二十周年江苏法院经典案例——景某等112人诉江苏省D市卫生局卫生行政许可案）

问题：该案中D市卫生局发放执业许可证行为是否合法，为什么？

第一节　概述

一、医疗机构的概念与特征

医疗机构(medical institutions)，是指以救死扶伤、防病治病、为公民健康服务为宗旨的，依据《医疗机构管理条例》的规定，经登记取得医疗机构执业许可证，从事疾病诊断、治疗、教学活动的所有卫生机构的总称。主要包括医院、卫生院、疗养院、门诊部、诊所、卫生所(室)、急救站以及计划生育技术服务机构等医疗单位。

根据医疗机构的概念，医疗机构具有以下几个特征：

（一）医疗机构必须依法设立

根据医疗机构的概念，医疗机构必须是按照国务院《医疗机构管理条例》及其实施细则的规定进行规划布局、设置审批和登记，并取得了医疗机构执业许可证的卫生机构。

（二）医疗机构以救死扶伤、防病治病、为公民健康服务为宗旨

根据《医疗机构管理条例》的规定，医疗机构的宗旨是救死扶伤、防病治病、为公民健康服务。从宗旨可以看出医疗机构负有救死扶伤、防病治病、为公民健康服务的义务，医疗机构如果不能很好地履行自己的义务，将受到人民群众的谴责、卫生行政部门的行政处罚甚至法律的制裁。

（三）医疗机构是专门从事疾病诊断、治疗活动的卫生机构

《医疗机构管理条例》表明，医疗机构主要从事疾病诊断、治疗活动，承担救死扶伤、防病治病、为公民健康服务的义务。另外，还有相当一部分的医疗机构

同时承担着临床教学、培养教育卫生专业技术人才的艰巨任务。

（四）医疗机构也是维护公共卫生安全，应对突发公共卫生事件的机构

从这个特征来看，医疗卫生机构还承担着维护公共卫生安全、应对突发公共卫生事件的任务，如果没有这些机构，国家和社会的卫生安全、人民身体健康就得不到保障，这必然会阻碍经济的发展和社会进步。

二、医疗机构管理的基本原则

（一）依法设立原则

所谓依法设立原则，是指医疗机构必须依法设置，依法审批、登记，非法设立的医疗机构不受国家法律保护并应受到国家法律的制裁。我国国务院颁布的《医疗机构管理条例》第九条规定："单位或者个人设置医疗机构，必须经县级以上地方人民政府卫生行政部门审查批准，并取得设置医疗机构批准书，方可向有关部门办理其他手续。"《医疗机构管理条例》第十五条规定："医疗机构执业，必须进行登记，领取医疗机构执业许可证。"由上述可见，单位或者个人设置医疗机构，必须经审查批准、进行登记，才可执业，这体现了医疗机构依法设立的原则。

（二）依法执业原则

所谓依法执业原则，是指已经依法设立的医疗机构，必须按照核准登记的诊疗项目范围开展诊疗业务；必须严格依照《医疗机构管理条例》的规定依法执业，否则，将受到法律的严惩。

（三）行政部门认真监督原则

行政部门认真监督原则，是指负有对医疗机构监督管理职责的卫生行政部门，应当对经批准设立的医疗机构进行检查指导、评估、综合评价，对不能达到相应标准的医疗机构提出处理意见的原则。

三、医疗机构的分类

根据原卫生部颁布的《医疗机构管理条例实施细则》的规定，医疗机构大致可以分为以下几类：

(1)综合医院、中医医院、中西医结合医院、民族医医院、专科医院、康复医院；

(2)妇幼保健院；

(3)中心卫生院、乡（镇）卫生院、街道卫生院；

(4)疗养院；

(5)综合门诊部、专科门诊部、中医门诊部、中西医结合门诊部、民族医门诊部；

(6)诊所、中医诊所、民族医诊所、卫生所、医务室、卫生保健所、卫生站;

(7)村卫生室(所);

(8)急救中心、急救站;

(9)临床检验中心;

(10)专科疾病防治院、专科疾病防治所、专科疾病防治站;

(11)护理院、护理站;

(12)其他诊疗机构。

还有一些非医疗机构,在本职业务范围之外开展诊疗活动(如卫生防疫、国境卫生检疫、医学科研和教学等机构)以及开展医疗美容业务的美容服务机构,必须依据条例及本细则,申请设置相应类别的医疗机构。

第二节　医疗机构设置管理

一、医疗机构设置审批管理

(一)医疗机构设置的管理制度

1. 医疗机构设置的管理机关。

医疗机构设置的管理机关,也就是有权审批设立医疗机构的卫生行政管理机关。

《医疗机构管理条例》第五条规定:"国务院卫生行政部门负责全国医疗机构的监督管理工作。县级以上地方人民政府卫生行政部门负责本行政区域内医疗机构的监督管理工作。中国人民解放军卫生主管部门依照本条例和国家有关规定,对军队的医疗机构实施监督管理。"

《医疗机构管理条例实施细则》第八条规定:"各省、自治区、直辖市应当按照当地《医疗机构设置规划》合理配置和合理利用医疗资源。《医疗机构设置规划》由县级以上卫生行政部门依据《医疗机构设置规划指导原则》制定,经上一级卫生行政部门审核,报同级人民政府批准,在本行政区域内发布实施。"

2. 医疗机构设置审批的分工。

根据《医疗机构管理条例实施细则》第十一条的有关规定,床位在一百张以上的综合医院、中医医院、中西医结合医院、民族医医院、专科医院、疗养院、康复医院、妇幼保健院、急救中心、临床检验中心、专科疾病防治机构的设置审批权的划分,由省、自治区、直辖市卫生行政部门规定;其他医疗机构的设置,由县级卫生行政部门负责审批。这就是说,医院类、疗养院、急救中心、临床检验等较大型的医疗机构的审批权,归省级卫生行政部门;诊所、护理类、卫生所等医疗机构的审批权，归县级卫生行政部门。中国人民解放军卫生主管部门依照本条和国家有关规定，对军队的医疗机构实施监督管理。

（二）申请设置医疗机构的主体

1. 有权申请设置医疗机构的主体。

有权申请设置医疗机构的主体，就是设置医疗卫生机构的单位和个人。根据《医疗机构管理条例》《医疗机构管理条例实施细则》的有关规定，地方各级人民政府、企业和事业单位、个人以及外国医疗机构、企业、其他组织均有权在我国设置医疗机构。

《医疗机构管理条例实施细则》第十四条规定："地方各级人民政府设置医疗机构，由政府指定或者任命的拟设医疗机构的筹建负责人申请；法人或者其他组织设置医疗机构，由其代表人申请；个人设置医疗机构，由设置人申请；两人以上合伙设置医疗机构，由合伙人共同申请。"这里讲的法人，是指依法设立，具有民事权利能力和民事行为能力，依法独立享有民事权利和承担民事义务的社会组织；个人，是指具有完全民事权利能力和民事行为能力，具有中华人民共和国国籍的我国公民（自然人）；两人以上合伙，是指具有完全民事权利能力和民事行为能力的两个以上的自然人，按照协议，各自提供资金、实物、技术等，合伙经营、共同劳动、利益共享、风险共担的组织。

2. 不能作为医疗机构设置的主体。

根据《医疗机构管理条例实施细则》第十二条的规定，有下列情形之一的，不得申请设置医疗机构：

（1）不能独立承担民事责任的单位；

（2）正在服刑或者不具有完全民事行为能力的个人；

（3）医疗机构在职、因病退休或者停薪留职的医务人员；

（4）发生二级以上医疗事故未满五年的医务人员；

（5）因违反有关法律、法规和规章，已被吊销执业证书的医务人员；

（6）被吊销医疗机构执业许可证的医疗机构的法定代表人或者主要负责人；

（7）省、自治区、直辖市政府卫生行政部门规定的其他情形。

有前述（2）（3）（4）（5）（6）所列情形之一者，不得担任医疗机构的法定代表人或者主要负责人。

（三）申请设置医疗机构的条件

1. 个人申请设置医疗机构的条件。

根据我国《医疗机构管理条例实施细则》第十三条的规定，在城市设置诊所的个人，必须同时具备下列条件：

（1）经医师执业技术考核合格，并取得医师执业证书；

(2)取得医师执业证书或者医师职称后，从事五年以上同一专业临床工作；

(3)省、自治区、直辖市政府卫生行政部门规定的其他条件。

2.法人、个人合伙申请设置医疗机构的条件。

法人、个人合伙申请设置医疗机构，应当具备下列条件：

第一，对申请设置医疗机构的法人来讲，其是依法设立的社会组织，具有民事权利能力、民事行为能力和独立承担民事责任的能力；有符合卫生法律、法规、规章要求的医疗卫生专业技术人才。

第二，对合伙申请设置医疗机构的合伙组织来讲，其每一个合伙人首先应当是具有完全民事行为能力人，能独立承担相应的民事责任；其次，其也应当有符合卫生法律、法规、规章要求的医疗卫生专业技术人才；此外，其还应当有一定的经济条件，能够对外承担相应的民事责任。

3.机关、企业和事业单位设置医疗机构的条件。

根据《医疗机构管理条例实施细则》第二十四条的规定，机关、企业和事业单位按照国家医疗机构基本标准设置为内部职工服务的门诊部、诊所、卫生所(室)的，应当具备下列条件：

(1)有设置单位或者其主管部门设置医疗机构的决定；

(2)有设置医疗机构备案书。

(四)设置医疗机构的材料要求和程序

1.设置医疗机构的材料要求。

《医疗机构管理条例》第十条规定，申请设置医疗机构，应当提交下列文件：

(1)设置申请书；

(2)设置可行性研究报告；

(3)选址报告和建设设计平面图。

《医疗机构管理条例实施细则》第十五条规定："条例第十条规定提交的设置可行性研究报告包括以下内容：(一)申请单位名称、基本情况以及申请人姓名、年龄、专业履历、身份证号码；(二)所在地区的人口、经济和社会发展等概况；(三)所在地区人群健康状况和疾病流行以及有关疾病患病率；(四)所在地区医疗资源分布情况以及医疗服务需求分析；(五)拟设医疗机构的名称、选址、功能、任务、服务半径；(六)拟设医疗机构的服务方式、时间、诊疗科目和床位编制；(七)拟设医疗机构的组织结构、人员配备；(八)拟设医疗机构的仪器、设备配备；(九)拟设医疗机构与服务半径区域内其他医疗机构的关系和影响；(十)拟设医疗机构的污水、污物、粪便处理方案；(十一)拟设医疗机构的通讯、供电、上下水道、消防设施情况；(十二)资金来源、投资方式、投资总额、注册资金(资本)；(十三)拟设医疗机构的投资预算；(十四)拟设医疗机构五年内的成本效益预测分析。”

此外,《医疗机构管理条例实施细则》第十五条第二款、第三款规定:

(1)申请设置单位或者设置人应当附自己的资信证明;

(2)申请设置门诊部、诊所、卫生所、医务室、卫生保健所、卫生站、村卫生室(所)、护理站等医疗机构的,可以根据情况适当简化设置可行性研究报告的内容。

《医疗机构管理条例实施细则》第十六条规定,《医疗机构管理条例》第十条规定提交的选址报告包括以下内容:

(1)选址依据包括:所选地址的理由,自然状况和权属情况及其证明;

(2)选址所在地的环境和公共设施情况;

(3)选址与周围托幼机构、中小学校、食品生产经营单位布局的关系;

(4)占地和建筑面积。

2.设置医疗机构的程序。

(1)提出申请。

《医疗机构管理条例》第十一条规定:“单位或者个人设置医疗机构,应当按照以下规定提出设置申请:(一)不设床位或者床位不满100张的医疗机构,向所在地的县级人民政府卫生行政部门申请;(二)床位在100张以上的医疗机构和专科医院按照省级人民政府卫生行政部门的规定申请。”

提出申请的单位和个人,应当按照《医疗机构管理条例》第十条的规定,提交设置申请书、设置可行性研究报告、选址报告和建筑设计平面图。

根据《医疗机构管理条例实施细则》第十七条的规定,由两个以上法人或者其他组织共同申请设置医疗机构以及由两个以上合伙申请设置医疗机构的,除提交可行性研究报告、选址报告外,还必须提交由各方共同签署的协议书。

法人和其他组织设置的为内部职工服务的门诊部、诊所、卫生所(室),由设置单位在该医疗机构执业登记前,向当地县级卫生行政部门备案,并提交下列材料:①设置单位或者其主管部门设置医疗机构的决定;②设置医疗机构备案书。卫生行政部门应当在接到备案后15日内给予设置医疗机构备案回执。

(2)审查与批准。

关于对设置医疗机构申请的批准,我国《医疗机构管理条例》第十二条规定:“县级以上人民政府卫生行政部门应当自受理设置申请之日起30日内,作出批准或者不批准的书面答复。批准设置的,发给设置医疗机构批准书。”

《医疗机构管理条例实施细则》第二十条第一款规定:“县级以上地方卫生行政部门依据当地《医疗机构设置规划》及本细则审查和批准医疗机构的设置。”第二十一条对此做出补充规定,即:“卫生行政部门应当在核发设置医疗机构批准书的同时，向上一级卫生行政部门备案。”“上一级卫生行政部门有权在接到备案报告之日起三十日内纠正或者撤销下级卫生行政部门做出的不符合当地《医疗机构设置规划》的设置审批。”

在设置医疗机构的审批过程中，为防止申请人未经批准而施工，《医疗机构管理条例实施细则》第十八条规定：“医疗机构建筑设计必须经审批机关同意后，方可施工。”

对于不予批准设置的情形，《医疗机构管理条例实施细则》第二十条第二款规定：“申请设置医疗机构有下列情形之一的，不予批准：(一)不符合当地《医疗机构设置规划》；(二)设置人不符合规定的条件；(三)不能提供满足投资总额的资信证明；(四)投资总额不能满足各项预算开支；(五)医疗机构选址不合理；(六)污水、污物、粪便处理方案不合理；(七)省、自治区、直辖市卫生行政部门规定的其他情况。”

(3)变更设置医疗机构批准书内容。

《医疗机构管理条例实施细则》规定：“变更设置医疗机构批准书中核准的医疗机构类别、规模、选址和诊疗项目，必须按照条例及其细则的规定，重新申请办理设置审批手续。”

二、医疗机构的登记

(一)医疗机构设置的登记申请

医疗机构登记，是指经设置批准取得设置医疗机构批准书的单位和个人，依照《医疗机构管理条例》及其《实施细则》的规定，依法向登记机关提出执业登记申请，登记机关进行审查、实地考察、核实，对有关执业人员进行消毒、隔离、无菌操作等基本知识和技能的现场抽查和考核，对审核合格者，发给其医疗机构执业许可证，允许其执业的法律行为。

医疗机构设置的登记申请，是指经设置批准取得设置医疗机构批准书的单位和个人，依照《医疗机构管理条例》及其《实施细则》的规定，依法向登记机关提出执业登记申请的法律行为。

(二)申请医疗机构设置登记的条件

根据《医疗机构管理条例》第十六条的规定，申请医疗机构设置登记，应当具备以下条件：

(1)有设置医疗机构批准书；

(2)符合医疗机构的基本标准；

(3)有适合的名称、组织机构和场所；

(4)有与其开展业务相适应的经费、设施、设备和专业卫生技术人员；

(5)有相应的规章制度;

(6)能够独立承担民事责任。

(三)申请医疗机构设置登记应提供的材料

《医疗机构管理条例实施细则》第二十五条规定,申请医疗机构执业登记必须填写医疗机构申请执业登记注册书,并向登记机关提交下列材料:

(1)设置医疗机构批准书或者设置医疗机构备案回执;

(2)医疗机构用房产权证明或者使用证明;

(3)医疗机构建筑设计平面图;

(4)验资证明、资产评估报告;

(5)医疗机构规章制度;

(6)医疗机构法定代表人或者主要负责人以及各科室负责人名录和有关资格证书、执业证书复印件;

(7)省、自治区、直辖市卫生行政部门规定提交的其他材料。

(8)申请门诊部、诊所、卫生所、医务室、卫生保健所和卫生站登记的,还应当提交附设药房(柜)的药品种类清单、卫生技术人员名单及其有关资格证书、执业证书复印件,以及省、自治区、直辖市卫生行政部门规定提交的其他材料。

(四)批准执业登记与不予登记

1.批准执业登记。

《医疗机构管理条例实施细则》第二十六条第一款规定:"登记机关在受理医疗机构执业登记申请后,应当按照条例第十六条规定的条件和条例第十九条规定的时限进行审查和实地考察、核实,并对有关执业人员进行消毒、隔离和无菌操作等基本知识和技能的现场抽查考核。经审查合格的,发给医疗机构执业许可证;审核不合格的,将审核结果和不予批准的理由以书面形式通知申请人。"

关于执业登记申请受理的时间,根据《医疗机构管理条例实施细则》第二十六条第三款的规定,自申请人提供《医疗机构管理条例》及其《实施细则》规定的全部材料之日算起。

2.不予登记的条件。

关于不予登记的条件,《医疗机构管理条例实施细则》第二十七条规定,申请医疗机构执业登记有下列情形之一的,不予登记:

(1)不符合设置医疗机构批准书核准的事项;

(2)不符合《医疗机构基本标准》;

(3)投资不到位;

(4)医疗机构用房不能满足诊疗服务功能;

(5)通讯、供电、上下水道等公共设施不能满足医疗机构正常运转;

(6)医疗机构规章制度不符合要求；

(7)消毒、隔离和无菌操作等基本知识和技能的现场抽查考核不合格；

(8)省、自治区、直辖市卫生行政部门规定的其他情形。

3.登记的事项。

根据《医疗机构管理条例实施细则》第二十八条的规定，医疗机构的登记事项有：①类别、名称、地址、法定代表人或者主要负责人；②所有制形式；③注册资金(资本)；④服务方式；⑤诊疗科目；⑥房屋建筑面积、床位(牙椅)；⑦服务对象；⑧职工人数；⑨执业许可证号(医疗机构代码)；⑩省、自治区、直辖市卫生行政部门规定的其他登记事项；⑪门诊部、诊所、卫生所、医务室、卫生保健所和卫生站除登记前面所列事项外，还应当提交附设药房(柜)的药品种类。

4.变更登记。

(1)《医疗机构管理条例实施细则》第二十九条规定："因分立或者合并而保留的医疗机构应当申请变更登记；因分立或者合并而新设置医疗机构应当申请设置许可和执业登记；因合并而终止的医疗机构应当申请注销登记。"

(2)《医疗机构管理条例实施细则》第三十条规定："医疗机构变更名称、地址、法定代表人或者主要负责人、所有制形式、服务对象、服务方式、注册资金(资本)、诊疗科目、床位(牙椅)的，必须向登记机关申请办理变更登记，并参考细则第三十条。"

(3)《医疗机构管理条例实施细则》第三十一条规定："机关、企业和事业单位设置的为内部职工服务的医疗机构向社会开放，必须按照《实施细则》第三十条的规定，申请办理变更登记。"

(4)《医疗机构管理条例实施细则》第三十四条规定："医疗机构停业，必须经登记机关批准。除改建、扩建、迁建原因，医疗机构停业不得超过一年。"

三、医疗机构设置的校验

(一)医疗机构设置的校验的概念

医疗机构设置的校验，是指登记机关对经设置批准取得设置医疗机构批准书，并向登记机关提出执业登记申请，登记部门经审核合格发给其医疗机构执业许可证的单位和个人，在一定期限内对其执业活动进行监督、检查、考察、考核、审查资料，以校对、验证其实际执业活动是否与登记事项相符，是否符合医疗机构的基本标准，是否应当保留其行医资格的活动。

从上述概念可以看出，这里所说的校验，主体是登记机关，接受校验的是经批准设置并办理执业登记的医疗机构；校验的目的是校对、验证医疗机构的执业行为是否与登记的项目相符；校验的方法是对医疗机构的执业活动进行监督、检查、考察、考核、审查资料等。

至于校验后的后果，根据《医疗机构管理条例实施细则》第三十五条的规定，登记机关经过校验，对于通过校验的，登记机关予以办理校验通过手续；对于不能通过校验的，可以根据情况给予其一至六个月的暂缓校验期，暂缓校验期满仍不能通过校验的，由登记机关注销其医疗机构执业许可证，停止其从事医疗活动。

（二）医疗机构设置的校验的规则

1. 应当校验的医疗机构。根据《医疗机构管理条例实施细则》第三十五条的规定，床位在一百张以上的综合医院、中医医院、中西医结合医院、民族医医院、专科医院、疗养院、康复医院、妇幼保健院、急救中心、临床检验中心、专科疾病防治机构，均应校验，校验期为三年；其他医疗机构也应当校验，校验期是一年。

2. 医疗机构应当于校验期满前三个月向登记机关申请办理校验手续，并应当交验《医疗机构执业许可证》和下列材料：①医疗机构校验申请书；②医疗机构执业许可证副本；③ 省、自治区、直辖市卫生行政部门规定提交的其他材料。

3. 卫生行政部门应当在受理校验申请后 30 日内完成校验。医疗机构有下列情形之一的，登记机关可以根据情况，给予一至六个月的暂缓校验期：①不符合《医疗机构基本标准》；②限期改正期间；③省、自治区、直辖市卫生行政部门规定的其他情形。不设床位的医疗机构在暂缓校验期内不得执业。

暂缓校验期满仍不能通过校验的，由登记机关注销其医疗机构执业许可证，停止其从事医疗活动。

4. 县级以上卫生行政部门应当于每年二月底前，将上年度本行政区域内的医疗机构名册逐级上报至卫计委，其中中医、中西医结合和民族医医疗机构名册逐级上报至国家中医药管理局。

5. 医疗机构开业、迁移、更名、改变诊疗科目以及停业、歇业和校验结果，由登记机关予以公告。

第三节　医疗机构执业监督管理

一、医疗机构执业管理

（一）医疗机构执业的概念

医疗机构执业，是指已经设置批准取得设置医疗机构批准书，并向登记机关提出执业登记申请，登记部门经审核合格发给其医疗机构执业许可证的单位和个人，在依法登记核准的诊疗科目的范围内，实施诊疗活动的行为。

1. 医疗机构的执业，是指已经设置批准取得设置医疗机构批准书　医疗机构执业许可证的单位和个人，依法实施诊疗活动的行为。

2. 医疗机构实施的诊疗活动，是指医疗机构在经登记核准的范围内，通过各种检查、特殊检查、特殊治疗、使用药物、器械、手术等方法，对疾病做出判断和消除疾病、缓解患者病情、减轻病人痛苦、改善患者器官功能、延长患者生命、帮助患者恢复健康的诊治、医疗、护理活动的总称。

3. 医疗机构实施诊疗活动，必须在核准登记的诊疗科目的范围内实施，不得超范围实施诊疗活动。

（二）医疗机构执业的规定

1. 执业资格。

对于执业资格，《医疗机构管理条例》第二十四条规定，“任何单位和个人，未取得医疗机构执业许可证，不得开展诊疗活动”。也就是说，只有取得《医疗机构执业许可证》的单位和个人，才有行医（执业）的资格。

2. 医疗机构执业的规则。

(1)医疗机构执业，必须遵守法律、法规和医疗技术规范。也就是说，医疗机构执业，首先必须在法律、法规规定以及登记核准的执业范围内活动；其次，还必须遵守医疗技术规范和基本操作规程；

(2)医疗机构必须将医疗机构执业许可证、诊疗科目、诊疗时间和收费标准悬挂于明显处所；必须按照核准登记的诊疗科目开展诊疗活动；

(3)医疗机构不得使用非卫生技术人员来从事医疗卫生技术工作。“医疗卫生技术人员”，是指按照国家有关法律、法规、规章的规定，取得卫生技术人员资格或者卫生专业技术职称（职务、任职资格）的人员；

(4)医疗机构应加强对医务人员的医德教育。所谓医德，是指医疗人员应当遵循的医疗、护理方面的职业道德规范的总和；

(5)医疗机构工作人员上岗工作，必须佩戴载有本人姓名、职务或职称的标牌；

(6)医疗机构对危重病人应当立即抢救，对限于设备或者技术条件不能诊治的病人，应当及时转诊；

(7)未经医师（士）亲自诊查的病人，医疗机构不得出具疾病诊断健康证明书或者死亡证明书等证明文件。未经医师（士）、助产人员亲自接产，医疗机构不得出具出生证明书或者死亡报告书；

(8)医疗机构施行手术、特殊检查、特殊治疗时，必须征得患者同意，并应当取得其家属或者关系人的同意并签字。无法取得患者意见时，应当取得其家属或者关系人同意并签字；无法取得患者意见又无家属或者关系人在场，或者遇到其他特殊情况时，经治医师应当提出医疗处置方案，在取得医疗机构负责人或者被授权负责人员批准后实施；

(9)医疗机构对传染病、精神病、职业病等患者的特殊诊治和处理，应当按照国家有关法律、法规的规定办理；

(10)医疗机构必须按照有关药品管理的法律、法规，加强药品管理；

(11)医疗机构必须按照人民政府物价部门的有关规定收取医疗费用，并详列清单、出具收据；

(12)医疗机构必须承担相应的预防保健工作，承担县级以上人民政府卫生行政部门委托的支援农村、指导基层医疗卫生工作等任务；

(13)在发生重大灾害、事故、疾病流行、突发性公共卫生事件或者其他意外情况时，医疗机构及其卫生技术人员必须服从县级以上人民政府卫生行政部门调遣；

(14)医疗机构发生医疗事故，按照国家有关规定处理。

二、医疗机构的监督管理

(一)医疗机构监督管理的概念

医疗机构的监督管理，是指县级以上人民政府卫生行政部门，对医疗机构的执业活动进行监督、检查、指导、调查、取证、评审、提出处罚意见和实施职权内的处罚活动的行为。

(二)医疗机构监督管理的法律规定

1. 医疗机构监督管理的主体。

《医疗机构管理条例》第四十条规定："县级以上人民政府卫生行政部门行使下列监督管理职权：(一)负责医疗机构的设置审批、执业登记和校验；(二)对医疗机构的执业活动进行检查指导；(三)负责组织对医疗机构的评审；(四)对违反本条例的行为给予处罚。"《医疗机构管理条例实施细则》第六十六条对此做出补充规定："各级卫生行政部门负责所辖区域内医疗机构的监督管理工作。"

2. 医疗机构监督管理机构的职责。

根据《医疗机构管理条例实施细则》的规定，各级医疗机构监督管理主体的职责是：

(1)拟定医疗机构监督管理工作计划；

(2)办理医疗机构监督管理员的审批、发证、换证；

(3)负责医疗机构登记、校验和有关监督管理工作的统计，并向上级卫生行政部门报告工作；

(4)负责接待、办理群众对医疗机构的投诉；

(5)完成卫生行政部门交给的其他监督管理工作。

《医疗机构管理条例实施细则》第七十条规定:“县级以上卫生行政部门设医疗机构监督员,履行规定的监督管理职责。医疗机构监督员由同级卫生行政部门聘任。医疗机构监督员应当严格执行国家有关法律、法规和规章,其主要职责是:(一)对医疗机构执行有关法律、法规、规章、标准的情况进行监督、检查、指导;(二)对医疗机构执业活动进行监督、检查、指导;(三)对医疗机构违反条例和本细则的案件进行调查、取证;(四)对经查证属实的案件向卫生行政部门提出处理或处罚意见;(五)实施职权范围内的处罚;(六)完成卫生行政部门交付的其他监督管理工作。”

医疗机构监督员有权对医疗机构进行现场检查,无偿索取有关资料,医疗机构不得拒绝、隐匿或者隐瞒。医疗机构监督员在履行职责时应当佩戴证章、出示证件。

3.医疗机构监督管理的具体措施。

对于具体措施,《医疗机构管理条例实施细则》明确指出:在监督管理工作中,要充分发挥医院管理学会和卫生工作者协会等学术性和行业性社会团体的作用;在县级以上卫生行政部门设立医疗机构监督管理办公室;各级医疗机构监督办公室在同级卫生行政部门的领导下开展工作。

4.卫生行政部门对医疗机构的检查、指导的内容。

《医疗机构管理条例实施细则》第七十二条规定:“各级卫生行政部门对医疗机构的检查、指导主要包括:(一)执行国家有关法律、法规、规章和标准情况;(二)执行医疗机构内部各项规章制度和各级各类人员岗位责任制情况;(三)医德医风情况;(四)服务质量和服务水平情况;(五)执行医疗收费标准情况;(六)组织管理情况;(七)人员任用情况;(八)省、自治区、直辖市卫生行政部门规定的其他检查、指导情况。”

5.对医疗机构评审。

对医疗机构的评审,是指卫生行政部门通过周期性评审和不定期重点检查的形式,对医疗机构的基本标准、服务质量、技术水平、管理水平等进行综合评价,发现问题、处理问题、促进服务、提高医疗质量的活动。

《医疗机构管理条例》第四十一条规定:“国家实行医疗机构评审制度,由专家组成的评审委员会按照医疗机构评审办法和评审标准,对医疗机构的执业活动、医疗服务质量等进行综合评价。”

评审的方式主要是周期性评审和不定期重点检查。国务院《医疗机构管理条例》和原卫生部《医疗机构管理条例实施细则》对此做出下列规定:

(1)县级以上卫生行政部门负责组织本行政区域医疗机构评审委员会,各级医疗机构评审委员会负责医疗机构评审的具体实施；

(2)医疗机构评审委员会在对医疗机构进行评审时，发现有违反《医疗机构管理条例》及其《实施细则》的情节的，应当及时报告卫生行政部门，医疗机构评审委员会为医疗机构监督员的，可以直接行使监督权。

三、对医疗机构违法行为的处罚

(一)应受处罚的情形和处罚标准

根据《医疗机构管理条例》及其《实施细则》的规定，对下列情形，予以相应的处罚。具体处罚事项和处罚标准如下：

1.对非法执业行为的处罚。

对未取得医疗机构执业许可证擅自执业的，由县级以上人民政府卫生行政部门责令其停止执业活动，没收非法所得和药品、器械，并处以3000元以下的罚款。有下列情形之一的，责令其停止执业，没收非法所得和药品、器械，处以3000元以上10000元以下的罚款：

(1)擅自执业曾受过卫生行政部门处罚；

(2)擅自执业人员为非卫生技术专业人员；

(3)擅自执业时间在三个月以上；

(4)给患者造成伤害；

(5)使用假药、劣药蒙骗患者；

(6)以行医为名行骗；

(7)省、自治区、直辖市卫生行政部门规定的其他情形。

2.对不按期校验行为的处罚。

对不按期办理校验医疗机构执业许可证又不停止诊疗活动的，责令其限期补办校验手续；在期限内仍不办理校验的，吊销其医疗机构执业许可证。

3.对转让、出借医疗机构执业许可证行为的处罚。

对出卖、转让、出借医疗机构执业许可证的，没收其非法所得，并处以3000元以下罚款。有下列情形之一的，没收其非法所得，处以3000元以上5000元以下罚款，并吊销医疗机构执业许可证：

(1)出卖医疗机构执业许可证；

(2)转让或者出借医疗机构执业许可证是以营利为目的；

(3)受让方或者承借方给患者造成伤害；

(4)转让、出借医疗机构执业许可证给非卫生技术专业人员；

(5)省、自治区、直辖市卫生行政部门规定的其他情形。

4.对超出诊疗范围行为的处罚

除急诊和急救外,对医疗机构诊疗活动超出登记的诊疗科目范围,情节轻微的,处以警告。有下列情节之一的,责令其限期改正,并处以3000元以下罚款:

(1)超出登记的诊疗科目范围的诊疗活动累计收入在3000元以下;

(2)给患者造成伤害。

有下列情形之一的,处以3000元罚款,并吊销医疗机构执业许可证:

(1)超出登记的诊疗科目范围的诊疗活动累计收入在3000元以上;

(2)给患者造成伤害;

(3)省、自治区、直辖市卫生行政部门规定的其他情形。

5.对任用非卫生技术专业人员行为的处罚。

任用非卫生技术专业人员从事医疗卫生技术工作的,责令其限期改正,并处以3000元以下罚款。有下列情形之一的,处以3000元以上5000元以下罚款,并可处以吊销医疗机构执业许可证:

(1)任用两名以上非卫生技术人员从事诊疗活动;

(2)任用的非卫生技术人员给患者造成伤害。

医疗机构使用卫生技术人员从事本专业以外的诊疗活动的,按使用非卫生技术人员处理。

6.对出具虚假证明文件行为的处理。

出具虚假证明文件,情节轻微的,给予警告,并处以500元以下的罚款。有下列情形之一的,处以500元以上1000元以下的罚款:

(1)出具虚假证明文件造成延误诊治的;

(2)出具虚假证明文件给患者精神造成伤害的;

(3)造成其他危害后果的。

对直接责任人员由所在单位或者上级机关给予行政处分。

7.可以限期改正的情形。

医疗机构有下列情形之一的,登记机关可以责令其限期改正:

(1)发生重大事故的;

(2)连续发生同类医疗事故,不采取有效防范措施;

(3)连续发生原因不明的同类患者死亡事件,同时存在管理不善因素;

(4)管理混乱,有严重事故隐患,可能直接影响医疗安全;

(5)省、自治区、直辖市卫生行政部门规定的其他情形。

(二)当事人对处罚结果的处理

当事人对处罚结果的处理,《医疗机构管理条例实施细则》第八十四条规定如下:

1. 当事人对行政处罚决定不服的，可以在接到行政处罚决定通知书之日起15日内向作出行政处罚决定的上一级卫生行政部门申请复议。上级卫生行政部门应当在接到申请书之日起30日内作出书面答复。

2. 当事人对行政处罚决定不服的，也可以在接到《行政处罚决定通知书》之日起十五日内直接向人民法院提起行政诉讼。

3. 逾期不申请复议、不起诉又不履行行政处罚决定的，由做出行政处罚决定的卫生行政部门填写《行政处罚强制执行申请书》，向人民法院申请强制执行。

思考题

1. 医疗机构监督的基本原则有哪些？
2. 不能作为医疗机构设置的主体有哪些？
3. 申请医疗机构设置登记的条件是什么？
4. 医疗机构不予登记的条件有哪些？
5. 当事人对处罚结果的处理措施有哪些？

第九章　医疗卫生技术人员监督法律制度

教学目的

1. 了解医疗卫生技术人员监督的概念、法律依据及范围。
2. 掌握我国医师、药师、护士监督的要点及承担的法律责任。
3. 熟悉其他专项技术人员的监督要点及监督检查方法等。

案例分析

案例 1:李某原是某市医院泌尿外科的医师,有执业医师资格证书,并在原单位进行过执业注册。2005 年 7 月考取了某医科大学第一临床医学院泌尿外科陈教授的博士研究生,他的研究方向是“泌尿系统瘤治疗研究”,他经常在导师的带领下做手术。2007 年某一天,导师突然心梗发作,不巧当天已安排了他的导师为一患者进行膀胱囊肿手术,导师患病不能进行手术。他便替导师完成了这例手术。(来源:www.nhfpc.gov.cn 中华人民共和国国家卫生和计划生育委员会官网)

问题:李某可不可以做这例手术?法律是怎样规定的?

案例 2:2005 年 1 月 5 日,黄某父亲因胸痛 1 小时被 120 急救送至某医院,经急诊科处理后,考虑患者心肌梗死遂将其转至心内科,入住观察病房。医师开具医嘱进行对症治疗,其中护士级别为一级护理。经过一系列治疗后,黄某父亲病情稳定。1 月 15 日上午,因为又有危重患者入院,考虑黄某父亲情况稳定,护士嘱托护工将其搬离观察病房至普通病房,在搬运过程中,患者突发心跳骤停,经抢救无效死亡。死亡原因:急性心肌梗死。

黄某作为家属无法接受,复印、封存患者病历后,在审理医嘱单时,发现医嘱单中的护理级别一直为一级护理,但在护理记录单中,早在 1 月 11 日某护士就写道:“患者生命体征平稳,现将一级护理改为二级护理。”

问题:护士是否有权修改护理级别?

案例 3:2004 年 5 月某天上班时间,怀宁县洪铺镇钱某带着弟媳裴某,来找安庆市某医院职工冯某(钱某为冯某同乡),要求冯某为裴某做B超,检查是男孩还是女孩,因裴某第一胎是女孩,第二胎想生个男孩。做完B超后钱某问冯某是女孩吗,冯某轻轻点头,临走时钱硬塞给冯某200元钱,裴某回家后不久即找乡村医生做了选择性终止妊娠。(来源:赵刚主编,《卫生监督案例汇编》,法律出版社2007年版)

问题:本案中冯某应承担哪些法律责任?

第一节　医疗卫生技术人员监督概述

一、医疗卫生技术人员监督的概念

(一)卫生技术人员

卫生技术人员是指受过高等或中等医学、药学、护理学、公共卫生学等医学卫生专业教育或专门培训,掌握医学等卫生专业知识和技能,经卫生行政部门审查资格合格,并进行了执业登记注册,在卫生机构内从事医疗、预防、保健、护理、检验、药剂及相关卫生技术工作的卫生专业技术人员。目前我国的卫生技术人员有执业医师系列、护士系列、医学检验系列、临床药学系列、医学研究系列和其他医学技术系列。

(二)卫生技术人员监督

卫生技术人员监督,是指卫生监督主体依据法律的授权,对医疗卫生技术人员执行卫生法律、法规的情况进行监督检查,对违反卫生法律、法规,危害人体健康的行为追究法律责任的一种行政管理活动。

(三)卫生技术人员监督的分类

医疗卫生技术人员监督的分类,从不同角度可以分作不同的种类。有关卫生技术人员监督的法律规范,主要分为主体规则和行为规则两个部分,但是从许多卫生管理方面的法律规范来看,行为规则和主体规则往往是交融在一起的,只是从不同的角度切入而已。卫生技术人员从主体规则的角度可分为:医师监督、药师监督、护士监督、乡村医生监督、检验师监督等。从行为规则的角度可分为:母婴保健监督、医疗服务监督、医疗质量监督、医疗技术监督、医疗安全监督、采血监督、消毒监督等。

(四)卫生技术人员监督的特点

1. 专业制约性。

该特点是对医疗卫生技术人员在医疗、预防、保健等卫生工作各环节各阶段从合法性角度进行的检查或限制，以随时随地纠正每项具体活动的偏差。

2.严格规范性。

通过对守法的卫生技术人员的表彰、对违法的卫生技术人员的惩罚，指出什么样的行为是合法的，或者是必须执行的，什么样的行为是非法的、必须禁止的，从而起到规范卫生技术人员行为的作用。

3.重在预防性。

卫生监督参与医疗卫生技术人员从事社会卫生事业活动的始终，一旦发现不符合卫生规范、标准要求的，及时提出改进意见，采取积极有效的措施，把有害因素消除在萌芽状态，做到防患于未然。

4.保持促进性。

卫生监督的目的不仅仅是发现问题，查处卫生违法行为，保护人民健康，而且要通过对卫生技术人员的监督，发现工作中的薄弱环节和产生问题的根源，提出有针对性的解决办法，不断改善和调整卫生技术人员涉及卫生活动的各个方面。

二、卫生技术人员监督的法律依据

卫生技术人员监督适用的法律依据繁多，几乎所有的医疗卫生管理方面的法律法规都可以涉及，只是应用频次的多少和关系的大小有所不同。但是在具体卫生技术人员监督过程中，适用最多的是《执业医师法》《护士条例》《母婴保健法》《医疗事故处理条例》等法律、行政法规及其规范性文件。

三、卫生技术人员监督范围

(1)卫生技术人员监督涉及的范围非常广泛，包括各级各类卫生技术人员，如医师、药师、护士、乡村医生、检验师等，他们不仅以医疗卫生服务主体作为监督管理的对象，而且还以各种医疗卫生服务行为为监督管理对象。

(2)卫生技术人员监督内涵非常丰富，涉及的法律关系、社会关系非常复杂，不仅包括对医疗卫生技术人员资格的管理，还包括执业行为的指导等。

四、卫生技术人员监督机构及其职责

卫生技术人员的监督管理由县级以上人民政府卫生行政部门负责。国务院卫生行政部门主管全国卫生技术人员的监督管理工作。县级以上人民政府卫生行政部门负责本行政区域内卫生技术人员监督管理工作。卫生行政部门对卫生技术人员监督管理职责如下：

(1)负责卫生技术人员资格认定。

(2)负责卫生技术人员执业登记、注册和校验。

(3)对卫生技术人员的执业活动进行监督、检查、指导。

(4)组织对卫生技术人员的业务评审、职称评定。

(5)对卫生技术人员违反法律、法规的行为实施行政处罚。

(6)法律、法规、规章规定的其他监督职责等。

第二节　医师监督

一、医师监督概述

医师监督,是指卫生监督主体依法对医师的资格考试、登记注册、执业活动和考核培训进行的监督管理。

(一)医师监督的法律依据

为了加强医师队伍建设,提高医师职业道德和业务素质,保障医师的合法权益,保护人民健康,1998 年第九届全国人大常委会第三次会议通过了《中华人民共和国执业医师法》,它标志着我国医师队伍的建设和管理已走上法制化、规范化的轨道,对于全面提高医师的社会地位,对医师依法进行监督具有重要意义。此后,《医师资格考试暂行办法》《医师执业注册暂行办法》《传统医学师承和确有专长人员医师资格考试暂行办法》《关于医师执业注册中执业范围的暂行规定》、《医师外出会诊管理暂行规定》等配套规章陆续出台,为医师监督提供了法律依据。

(二)医师监督的范围

根据《执业医师法》规定,在医疗、预防、保健机构中工作的,依法取得执业医师资格或者执业助理医师资格,经注册取得医师执业证书,从事相应的医疗、预防、保健业务的专业医务人员,均属于监督对象。

(三)医师监督机构及其职责

根据《执业医师法》的规定,卫生部主管全国医师工作,县级以上人民政府卫生行政部门负责管理本行政区域内的医师工作。卫生行政部门的主要职责包括:依法主持医师资格考试,认定医师资格;进行医师执业注册,颁发医师执业证书;监督和主持医师的职业培训、考核;依法监督和规范医师执业行为;对医师执业违法行为实施行政处罚。

二、医师监督要点

(一)医师资格准入监督

国家实行医师资格考试制度。医师资格考试分为执业医师资格考试和执业助理医师资格考试。考试方式为实践技能考试和医学综合笔试。

1.具有高等学校医学专业本科以上学历，在执业医师指导下，在医疗、预防、保健机构中试用期满1年的；取得执业助理医师执业证书后，具有高等学校医学专科学历，在医疗、预防、保健机构中工作满2年的可以参加执业医师资格考试；具有中等专业学校医学专业学历在医疗预防、保健机构中工作满5年的。

2.具有高等学校医学专科学历或者中等专业学校医学专业学历，在执业医师指导下，在医疗、预防、保健机构中试用期满1年的，可以参加执业助理医师资格考试。

3.以师承方式学习传统医学满3年或者经多年实践医术确有专长的，经县级以上人民政府卫生行政部门确定的传统医学专业组织或者医疗、预防、保健机构考核合格并推荐，可以参加执业医师资格或者执业助理医师资格考试。

医师资格考试成绩合格，可取得执业医师资格或者执业助理医师资格。

（二）医师执业许可监督

国家实行医师执业注册制度。取得医师资格的，可以向所在地县级以上人民政府卫生行政部门申请注册；未经注册取得医师执业证书者，不得从事医疗、预防和保健活动。

1.注册内容。包括执业地点，即所在的医疗机构及其登记注册的地点；执业类别，即临床、预防、保健；执业范围，即所从事的具体诊疗科目，如内科、外科、妇产科等。

2.个体行医。执业医师申请个体行医，须经执业医师注册后，在医疗、预防、保健机构中执业5年，并依法办理审批手续。未经批准，不得个体开业行医。

3.不予注册。下列情形不予注册：不具备完全民事行为能力；受刑罚执行完毕未满2年；被吊销医师执业证书不满2年；因患有规定的疾病不适宜或者不能胜任医疗、预防、保健业务的。

4.注销注册。有以下情形的注销注册：死亡或被宣告失踪的；受刑事处罚的；受吊销医师执业证书行政处罚的；依照规定，定期考核不合格暂停执业活动期满，再次考核仍不合格的；中止医师执业活动期满2年的；有国务院卫生行政部门规定不宜从事医疗、预防、保健业务的其他情形的。

5.变更注册。医师应当按照注册的执业地点、执业类别、执业范围执业，注册事项有变更时，必须依法办理变更手续。

（三）医师执业行为监督

医师依法执业时享有以下权利：医学诊查、疾病调查、医学处置、医学出证权；获得基本工作条件权；从事医学科研教学权；参加专业培训接受教育权；人格尊严、人身安全不受侵犯；依法获得工资报酬；对卫生工作提出建议意见权等。

医师依法执业时应当履行下列义务：遵守法律、法规和技术操作规程；遵守职业道德、履行医师职责；尊重患者，保护患者隐私；钻研业务知识、提高技术水平；宣传卫生保健知识。

卫生监督主体依法对医师执业行为和遵守执业规则的情况实施监督检查，主要内容有以下几点：

1. 医师在实施医疗、预防、保健措施，签署有关医学证明文件，必须亲自诊查、调查，并按规定及时填写医学文书，不得隐匿、伪造或销毁医学文书以及有关资料；不得出具与自己执业类别和执业范围不相符的医学证明文件。

2. 医师对危急患者，应当采取紧急措施进行诊治，不得拒绝急救处置。

3. 医师应当使用经国家有关部门批准使用的药品、消毒药剂和医疗器械；除正当诊断治疗外，不得使用麻醉药品、医疗用毒性药品、精神药品和放射性药品。

4. 医师应当如实向患者或其家属介绍病情，但应注意避免对患者产生不利后果；医师进行实验性临床医疗，应当经医院批准并征得患者本人或其家属同意。

5. 医师不得利用职务之便，索取、非法收受患者财物或牟取其他不正当利益。

6. 医师在遇有自然灾害、传染病流行、突发重大伤亡事故，及其他严重威胁人民生命健康的紧急情况时，应当服从县级以上卫生行政部门的调遣。

7. 医师在发生医疗事故或者发现传染病疫情时，应当按有关规定及时向所在机构或卫生行政部门报告；发现患者涉嫌伤害事件或非正常死亡时，应当按照有关规定向有关部门报告。

8. 执业助理医师除在乡镇一级医疗、预防、保健卫生机构独立从事一般的执业活动外，应当在执业医师指导下执业。

(四)医师考核培训监督

卫生行政部门制定医师培训计划，组织实施对医师的培训，指导、检查和监督医师考核工作。医师定期接受继续医学教育和业务水平、工作业绩、职业道德考核。考核不合格者可以责令暂停执业活动3—6个月，并接受培训和继续教育。暂停执业活动期满，再次进行考核，仍不合格的注销医师注册。

三、医师监督检查方法

(一)医师的日常监督管理

医疗卫生监督人员在医疗机构的医务科或人事科等相关管理部门抽查医疗机构对医师管理的相关制度、档案等。

（二）医师执业的合法性监督

1.医师执业资质的合法性监督。

根据“关于《医师资格证书》《医师执业证书》印制说明”的要点，采用放大镜、验钞仪或通过卫计委《医师联网注册及考核管理系统》查询医师注册情况等方法，鉴别有关《医师资格证书》及《医师执业证书》的真伪。

2.医师执业行为的合法性监督

（1）对医学影像科的超声、心电图、影像等诊断报告及住院（门诊）病历、药房的处方、检验科的检验报告等进行抽查，检查有关从业人员资质，包括是否取得相关资质证书，从事的医疗行为是否与注册的执业范围、执业地点一致，以及实习生、试用期医师是否独立从事医疗卫生技术工作或独立书写医疗文书。

（2）对住院（门诊）病历、处方、各类医学证明文件等医疗文书进行抽查，检查医师执业行为是否符合卫生行政规章制度要求或技术操作规范。

（3）对住院（门诊）病历、处方等医疗文书进行抽查，查验相关药品、器械批准文件，检查医师是否使用未经批准使用的药品和医疗器械。

四、医师监督的调查取证

（1）使用未经执业注册的医师开展医疗执业活动的，制作现场检查笔录，复制其书写的病历、出具的处方、医嘱、检查单等，并做好医疗机构法定代表人或被委托人、从业人员和相关病人的询问笔录。

（2）实习生、医学专业毕业生、执业助理医师存在独立从事医疗执业活动的，则按使用未经执业注册的医师取证方法固定证据。

（3）医师执业证书及医师资格证书经鉴别为假证的，予以证据保存，并按使用未经执业注册的医师取证方法固定证据。

（4）医师违反相关规章制度与诊疗规范，按使用未经执业注册的医师取证方法固定证据，必要时邀请专家进行论证。对涉嫌出具虚假医学证明文件的，同时复制相关证明文件。

（5）在查处未经批准擅自开办个体诊所时，则按以上方法固定证据，并对开展诊疗活动的时间、地点、内容方法、使用药品器械、收入等情况进行调查。

（6）医师未在注册的执业地点开展诊疗活动，按使用未经执业注册的医师取证方法固定证据。

（7）医师从事本专业以外的诊疗活动，按使用未经执业注册的医师取证方法固定证据。

（8）医师使用未经批准使用的药品和医疗器械，复制其书写的病历、出具的处方、医嘱、检查单、药品器械相关批准文书等，并做好医疗机构法定代表人或委托人、医师本人和药品器械管理部门工作人员的询问笔录。

五、医师监督法律责任

（一）行政法律责任

1. 以不正当手段取得医师执业证书的，由发给证书的卫生行政部门吊销；对负有直接责任的主管人员和其他直接负责人员，依法给予行政处分。

2. 医师在执业活动中有下列行为之一的，由县级以上卫生行政部门给予警告或者责令暂停 6 个月以上 1 年以下执业活动；情节严重的，吊销执业证书；构成犯罪的依法追究刑事责任。

（1）违反卫生行政规章制度或技术操作规范，造成严重后果的；

（2）由于不负责任延误急危患者的抢救和诊治，造成严重后果的；

（3）造成医疗责任事故的；

（4）未经亲自诊查、调查，签署诊断、治疗、流行病学等证明文件或出具有关生、死亡等证明文件的；

（5）隐匿、伪造或者擅自销毁医学文书及有关资料的；

（6）使用未经批准使用的药品、消毒药剂和医疗器械的；

（7）不按照规定使用麻醉药品、医疗用有毒药品、精神药品和放射性药品的；

（8）未经患者或其家属同意，对患者进行实验性临床医疗的；

（9）泄露患者隐私、造成严重后果的；

（10）利用职务之便，索取、非法收受患者财物或牟取其他不正当利益的；

（11）发生自然灾害、传染病流行、突发重大伤亡事故以及其他严重威胁人民生命健康的紧急情况时，不服从卫生行政部门调遣的；

（12）发生医疗事故或发现传染病疫情及患者涉嫌伤害事件或非正常死亡，不按照规定报告的。

3. 未经批准擅自开办医疗机构行医或非医师行医的，予以取缔，没收其非法所得及药品、器械，并处 10 万元以下的罚款；对医师吊销医师执业证书。

4. 阻碍医师依法执业、侮辱、诽谤、威胁、殴打医师或者侵犯医师人身自由、干扰医师正常工作和生活的，依照治安管理处罚条例的规定给予治安行政处罚。

5. 医疗、预防、保健机构未依照执业医师法的有关规定履行报告职责，导致严重后果的，给予警告，并对该医疗机构的行政负责人依法给予行政处分。

6. 卫生行政部门或者医疗、预防、保健机构的负责人或工作人员违反医师法有关规定，弄虚作假、玩忽职守、滥用职权、徇私舞弊，尚不构成犯罪的，由卫生行政部门或所在机构依法给予行政处分。

（二）民事法律责任

《执业医师法》规定，医师在医疗、预防、保健工作中造成事故的，依照法律或国家有关规定处理。未经批准擅自开办医疗机构行医或者非医师行医，给患者造成损害的，依法承担赔偿责任。

（三）刑事法律责任

1.《执业医师法》规定，医师违反执业医师法，构成犯罪的，依法追究刑事责任。

2.《执业医师法》规定，未经批准擅自开办医疗机构行医或者非医师行医，构成犯罪的，依法追究刑事责任。

3.《刑法》第三百三十五条规定，医务人员由于严重不负责任，造成就诊人死亡或者严重损害就诊人身体健康的，处3年以下有期徒刑或者拘役。

4.《刑法》第三百三十六条规定，未取得医师执业资格的人非法行医，情节严重的，处3年以下有期徒刑、拘役或者管制，并处或单处罚金；严重损害就诊人身体健康的，处3年以上10年以下有期徒刑，并处罚金；造成就诊人死亡的处10年以上有期徒刑，并处罚金。

5.《刑法》第三百三十六条第二款规定，未取得医师执业资格的人擅自为他人进行节育复通手术、假节育手术、终止妊娠手术或者摘取宫内节育器，情节严重的，处3年以下有期徒刑、拘役或者管制，并处或者单处罚金；严重损害就诊人身体健康的，处3年以上10年以下有期徒刑并处罚金；造成就诊人死亡的，处10年以上有期徒刑，并处罚金。

第三节　药师监督

一、药师监督概述

药师监督，是指卫生监督主体依法对药师的资格考试、登记注册、执业活动、继续教育进行监督和管理的卫生行政执法活动。

（一）药师监督的法律依据

1994年3月15日颁布的《执业药师资格制度暂行规定》标志着执业药师制度的开始实施，随后颁布实施的一系列关于执业药师的规章和大量规范性的文件，如《执业药师资格考试实施办法》《执业药师资格认定办法》《执业药师注册管理暂行办法》《关于执业药师注册管理暂行办法的补充意见》等，为药师监督提供了法律依据。

（二）药师监督的范围

根据《执业药师资格制度暂行规定》《执业药师资格考试实施办法》等规章和规范性文件的规定，我国人力资源和社会保障部与原国家食品药品监督管理局共同负责全国执业药师资格制度的政策制定、组织协调、资格考试、注册登记和监督管理工作。经全国统一考试合格，取得执业药师资格证书并经注册登记，在药品生产、经营、使用单位中执业的药学技术人员均属于监督对象。

二、药师监督要点

（一）药师资格准入监督

国家对药学技术人员实行执业药师资格制度。考试科目包括药学（中药学）专业知识（一）、药学（中药学）专业知识（二）、药事管理与法规和综合知识与技能4个科目。

1.申报条件。

取得药学、中药学或相关专业中专学历，从事药学或中药学专业工作满7年；取得药学、中药学或相关专业大专学历，从事药学或中药学专业工作满5年；取得药学、中药学或相关专业大学本科学历，从事药学或中药学专业工作满3年；取得药学、中药学或相关专业第二学士学位、研究生班结业或取得硕士学位，从事药学或中药学专业工作满1年；取得药学、中药学或相关专业博士学位的可以参加执业药师资格考试。

2.对符合特定条件的人员，可免试部分考试科目，通过应试科目考试后即可获得执业药师资格。

《执业药师资格考试实施办法》第五条规定，按照国家有关规定评聘为高级专业技术职务，并具备下列条件之一者，可免试药学（或中药学）专业知识（一）、药学（或中药学）专业知识（二）两个科目，只参加药事管理与法规、综合知识与技能两个科目的考试，通过考试后即可取得执业药师资格。第一，中药学徒、药学或中药学专业中专毕业，连续从事药学专业工作满20年；第二，取得药学、中药学专业或相关专业大专以上学历，连续从事药学或中药学专业工作满15年的。

（二）药师执业许可监督

国家对执业药师实行注册制度，明确规定取得执业药师资格证书者，必须经注册后，才能以执业药师的身份开展执业活动。

1.注册内容。

根据《执业药师注册管理暂行办法》、原国家食品药品监督管理局于2008年发布的《关于执业药师注册管理暂行办法的补充意见》，执业药师的执业类别分药学类、中药学类、药学与中药学类。执业的范围若为药品经营的，注册机构须在《执业药师注册证》上注明药品经营。执业药师只能在一个执业单位按照注册的执业类别、执业范围进行执业。

2.不予注册。

申请执业药师注册的人员具有以下情形之一的，不予注册：不具有完全民事行为能力的；因受刑事处罚，自刑罚执行完毕之日到申请注册之日不满2年的；受过取消执业药师资格处分不满2年的；国家规定不宜从事执业药师业务的其他情形的。

3.注销注册。

执业药师注册后，发生以下情形之一的，予以注销注册：死亡或被宣告失踪的；受刑事处罚的；被吊销执业药师资格证书的；受开除行政处分的；因健康或其他原因不能从事执业药师业务的。

4.变更注册。

药师应当按照注册的执业地点、执业类别、执业范围执业，注册事项有变更时，必须依法办理变更手续。

（三）药师继续教育监督

原国家食品药品监督管理局履行全国执业药师继续教育管理职责，负责制定执业药师继续教育政策及管理办法，监督检查指导各省、自治区、直辖市食品药品监督管理局的执业药师继续教育管理工作；各省、自治区、直辖市食品药品监督管理局在本辖区内履行执业药师继续教育管理职责，加强对本辖区执业药师继续教育的监督检查和指导，并且应当充分利用现有的药学教育资源。

三、药师监督法律责任

（一）行政法律责任

《药品管理法》和《执业药师资格制度暂行规定》等法律法规对执业药师的执业行为做出了一定的规范，执业药师必须依法履行职责，存在违反《药品管理法》《执业药师资格制度暂行办法》等行为的，所在单位必须如实上报，由原国家食品药品监督管理局根据情况给予相应的处分，注册机构对执业药师所受的处分，应当及时记录在其执业药师资格证书中的备注执业情况记录栏内。

执业药师以涂改、伪造或虚假和不正当手段获取《执业药师资格证书》或《执业药师注册证》的，一经发现，发证机关应收回证书，取消其执业药师资格，注销注册，并对直接责任者根据有关规定给予行政处分，直至送交有关部门追究法律责任；执业药师在执业过程中，违反刑法规定，构成犯罪，应当依法承担刑事责任的，按照《执业药师注册管理暂行办法》规定注销其执业药师资格。

（二）刑事法律责任

《中华人民共和国药品管理法》等法律中对执业药师的执业行为做出了相应的规定，在执业期间，执业药师若存在违反《药品管理法》及其他法律法规的行为，构成犯罪的，由司法机关追究其刑事责任。

第四节 护士监督

一、护士监督概述

护士监督，是指卫生监督主体依法对护士执业资格、注册和执业活动实施管理和监督的卫生行政执法活动。护士监督机构是各级卫生行政部门。

（一）护士监督的法律依据

护士监督的法律依据包括《护士条例》《医疗机构管理条例》《医疗机构管理条例实施细则》等。

二、护士监督要点

卫生行政部门应依据相关法规、规章的规定，做好以下几项监督管理工作。

（一）护士执业资格考试监督

申请护士执业必须通过卫生部统一的执业考试，考试每年举行一次。具有普通中等护理专业学历的，有资格申请护士执业考试；具有高等护理专业学历的可免考；考试合格由省级卫生行政部门发给中华人民共和国护士执业证书。

（二）护士执业注册监督

从事护士工作必须经卫生行政部门注册，未经护士执业注册者不得从事护士工作。申请注册时必须提交中华人民共和国护士执业证书、有效身份证明、健康证明等。在服刑期间、不符合健康要求、因违法被中止或取消注册等情况的不予注册。护士注册有效期 2 年，期满前 60 日进行校验。

（三）护士执业活动监督

护士在执业过程中必须遵守以下执业规则：

1. 护士应当正确执行医嘱，观察患者身心状态，对患者进行科学护理。遇紧急情况应当及时通知医师，医师不在时应采取力所能及的紧急措施。

2. 护士应承担预防保健工作、宣传防病治病知识、进行康复指导、开展健康教育、提供卫生咨询。

3. 护士必须遵守职业道德和医疗护理工作的规则制度及技术规范。

4. 依法保护患者隐私权，不得泄露，但法律另有规定的除外。

5. 遇有自然灾害、传染病流行、突发重大伤亡事故及其他严重威胁人民群众生命健康的紧急情况，必须服从卫生行政部门的调遣。

6. 护理员只能在护士的指导下，才能从事临床护理工作。

三、护士监督检查方法

（一）护士日常监督管理

在医疗机构的医务科或人事科等相关管理部门抽查医疗机构对护士管理的相关制度、档案等。检查医院是否为护士提供卫生防护用品并采取有效的卫生防护措施和医疗保健措施，是否制定、实施本机构护士在职培训计划并保证护士接受培训等情况。

（二）护士执业的合法性监督

1. 护士执业资质的合法性。

检查在岗护士的护士执业证书，通过检查护士排班表、交班本、护理记录、治疗单、输液单、医嘱单等资料，抽查相关护士的护士执业证书，检查护士执业证书的真实性、有效期及执业注册地点。通过卫生部“护士执业注册联网管理信息系统”查询护士注册情况，鉴别有关护士执业证书的真伪。

2. 护士执业行为的合法性监督。

(1)通过检查病历、护理记录等各类医疗文书，抽查护士执业过程中执行相关规章制度和技术规范情况，如发现医嘱违反相关规定是否及时提出或报告、紧急情况下是否先行实施必要的救护、是否泄露患者隐私等。

(2)检查护士排班表、交班本、护理记录、治疗单、输液单、医嘱单等资料，检查在医院中实习的和毕业后未经注册的护士是否独立从事护理工作。

四、护士监督的调查取证

(1)未为护士提供卫生防护用品并采取有效的卫生防护措施和医疗保健措施或未制定、实施本机构护士在职培训计划并保证护士接受培训的，制作现场检查笔录，做好医疗机构法定代表人或被委托人、相关护士的询问笔录以固定证据。

(2)未经注册取得《护士执业证书》、超出注册有效期或未变更执业地点从事护士工作的，制作现场检查笔录，复制排班表、交班本、护理记录、治疗单、输液单、医嘱单等资料，并做好医疗机构法定代表人或被委托人、当事护士的询问笔录以固定证据。

(3)护士在执业活动中违反相关规章制度或技术规范，如患者病情危急未立即通知医师、发生突发事件不服从安排参加医疗救护、泄露患者隐私、发现违规医嘱未及时报告的，复制相关医疗文书和证明材料，并做好当事护士询问笔录以固定证据。

五、护士监督法律责任

（一）行政法律责任

根据《护士条例》第三十一条规定，护士在执业活动中有以下行为的，由县级以上地方人民政府卫生主管部门依据职责分工责令改正，给予警告：发现患者病情危急未立即通知医师的；发现医嘱违反法律、法规、规章或者诊疗技术规范的规定，未能及时向开具医嘱的医师提出，或者未按规定向该医师所在科室负责人或医疗卫生机构负责医疗服务管理的人员报告的；泄露患者隐私的；发生自然灾害、公共卫生事件等严重威胁公众生命健康的突发事件时，不服从安排参加医疗救护的。情节严重的，暂停其 6 个月以上 1 年以下执业活动，直至由原发证部门吊销其护士执业证书。

《医疗事故处理条例》第五十五条规定，医疗机构发生医疗事故的，由卫生行政部门根据医疗事故等级和情节，给予警告，对负有责任的医务人员依照刑法关于医疗事故罪的规定，依法追究刑事责任；尚不够刑事处罚的，依法给予行政处分或者纪律处分。护士在执业过程中，因过失造成医疗事故尚未构成犯罪的，依照《医疗事故处理条例》承担相应的行政法律责任。

（二）民事法律责任

护士在执业过程中，因违反民事法律规定造成患者人身伤害或财产损失的，应当承担民事法律责任。例如，《护士条例》规定护士应当尊重、关心和爱护患者，保护患者隐私。护士在执业过程中不尊重患者或者泄露患者的隐私，造成严重后果的，应当对患者承担赔礼道歉、消除影响和赔偿损失等民事法律责任。

（三）刑事法律责任

护士在执业过程中，造成医疗事故，构成刑法所规定的医疗事故罪的，依照刑法相关规定承担医疗事故罪的法律责任。根据《刑法》第三百三十五条规定，医疗事故罪是指医务人员在诊疗护理工作中，由于违反规则制度和诊疗规范，严重不负责任，造成就诊人死亡或者严重损害就诊人身体健康的行为。构成医疗事故罪的，处 3 年以下有期徒刑或者拘役。

第五节　专项医疗技术人员监督

一、专项医疗技术人员监督对象及目的

专项医疗技术人员监督对象为医疗、预防、保健机构中从事专项医疗技术工作的人员，监督目的是规范专项技术人员的执业行为，增强其法律意识，保障医

疗安全。

二、专项医疗技术人员监督依据

《中华人民共和国母婴保健法》《中华人民共和国母婴保健法实施办法》《大型医用设备配置与应用管理暂行办法》《性病防治管理办法》《母婴保健专项技术服务许可及人员资格管理办法》等。

三、专项医疗技术人员监督要点

(一)专项医疗技术人员日常监督管理

1.检查医疗机构专项医疗技术人员相关管理制度。

2.查阅专项医疗技术人员相关批准文件、培训考核记录等档案资料。

(二)专项医疗技术人员执业行为合法性监督

1.检查从事专项医疗技术的人员是否具有相应的医师执业证书、护士执业证书和相关资质证明。

2.检查从事母婴保健技术的人员是否取得母婴保健技术考核合格证书,查验其核准的母婴保健技术项目。

3.检查从事性病防治工作的人员是否取得相关上岗证书,是否按时参加复训。

4.检查大型医用设备操作人员是否持有相关上岗证书,查验其批准的设备项目。

5.检查母婴保健技术服务从业人员是否违规开展胎儿性别鉴定和出具虚假医学证明文件等情况。

四、专项医疗技术人员监督检查方法

(一)专项医疗技术人员管理监督方法

在医疗机构的医务科或人事科等相关管理部门查阅相关管理制度、档案资料等。

(二)专项医疗技术人员执业行为合法性监督方法

1.检查病历、报告单、登记本等文书,抽查从事专项医疗技术人员的相关资质证书,查验其批准范围和执业地点与实际从事的项目是否一致。

2.抽查病历、报告单、登记本、医学证明文件等文书,检查母婴保健技术服务从业人员是否有违规开展胎儿性别鉴定和出具虚假医学证明文件等情况。

3.检查相关专项医疗技术人员(性病、母婴保健)是否按要求定期参加复训。

五、专项医疗技术人员监督调查取证

(1)未取得医师、护士等相应资质的,参照本章第二、第四节相关方法调查取证。

(2)未取得母婴保健技术考核合格证书或超出核准范围从事母婴保健技术工作的,制作现场检查笔录,复制病历、处方、检查报告、手术记录、登记本、收费单据等资料固定证据,并做好医疗机构法定代表人或被委托人、从业人员和就诊患者的询问笔录。

(3)母婴保健技术服务从业人员违规开展胎儿性别鉴定或出具虚假医学证明文件的,按照上述方法固定证据,同时复制相关医学证明文件。

(4)未取得其他相关上岗证从事专项医疗技术的,参照上述方法固定证据。

六、专项医疗技术人员监督法律责任

(1)未取得母婴保健技术考核合格证书或超出核准范围从事母婴保健技术工作的人员的,责令其立即停止,并依据《中华人民共和国母婴保健法》及其实施办法等规定,对个人或医疗机构予以立案查处。

(2)违规开展胎儿性别鉴定的,责令其停止违法行为,依据《中华人民共和国母婴保健法》及其实施办法等规定,予以立案查处。

(3)出具虚假医学证明文件的母婴保健技术服务从业人员,责令其立即改正,并依据《中华人民共和国母婴保健法》及其实施办法等规定,予以立案查处。

(4)未取得其他相关上岗证从事性病防治、大型医用设备操作等工作的人员,责令其立即改正。

思考题

1. 应如何对医疗卫生技术人员进行卫生监督?

2. 护士学校毕业的某学生,要从事护士工作,必须办理哪些手续?

第十章 传染病防治监督法律制度

教学目的

1. 掌握传染病防治监督法律规定。
2. 熟悉传染病防治法的相关概念。
3. 熟悉消毒管理的法律规定。
4. 了解传染病防治制度的确立。

案例分析

某村卫生室漏报法定传染病案

2007年5月17日某县卫生局接到县疾病预防控制中心《关于某镇某村卫生室漏报法定传染病的报告》,并将此报告批转县卫生监督所。县疾病预防控制中心调查核实,2007年5月15日上午10时许,某中心学校有80多名学生出现不明原因的皮疹。经流行病学个案调查,并采集了部分患者血样检测,证实发生在某中心学校不明原因皮疹疫情为一起风疹暴发疫情。调查核实时发现该校卫生室门诊日志未能按要求规范登记,字迹潦草,难以辨认。经仔细核对,自2007年4月12日至5月15日该卫生室共登记"麻疹"样病例约50例,但未向有关部门报告。遂请县卫生局对该卫生室的违法行为进行查处。

县卫生监督所的调查:①该卫生室持有医疗机构执业许可证,诊疗科目为全科医疗科,负责人为×××,从业人员只有1人,其执业资质为乡村医生,未制定传染病疫情报告管理制度,未建立传染病登记册,未领取传染病报告卡。②该卫生室2007年门诊日志共登记"麻疹""疑似麻疹"病例53例。其中先发病的2例,"疑似麻疹"病例,登记时间为2007年3月24日。从3月25日至4月8日门诊日志中无"麻疹""疑似麻疹"病例记录,自4月9日到5月17日门诊日志中陆续登记了51例"麻疹""疑似麻疹"病例。

该卫生室负责人×××承认自2007年3月24日以来未曾向有关医疗卫生机构报告过传染病疫情,所诊治的"麻疹"及"疑似麻疹"患儿均为某中心学校学生。卫生监督员还对某学校、某卫生院、县疾病预防控制中心进行了调查。对上述单位和有关人员调查时,卫生监督员制作了现场检查笔录、询问笔录等相关证据。依据《突发公共卫生事件与传染病疫情监测信息报告管理办法》第四十条及四第十一条，对某卫生室做出停业整改的决定，责令其暂停六个月以上一年以下执业活动，并罚款1990元。（来源：樊立华主编，《卫生法律制度与监督学》人民卫生出版社2012年版）

第一节　传染病防治监督法律制度概述

随着科学的进步和全社会的不懈努力，传染病防治已经取得巨大的进展。长期以来严重危害人类健康的传染病天花于1977年在全球范围内被消灭，创造了传染病可以被消灭的历史。一些常见的传染病、寄生虫病的发病率和死亡率在世界各国都有不同程度的下降。但是，从全球卫生状况看，传染病防治仍然是世界各国重要的公共卫生问题。传染病对人类健康的危害形势依然严峻。

传染病防治是公共卫生事业的重要组成部分，传染病防治法是公共卫生法的主要组成部分，它是以保障公民的生命健康为根本目标，直接涉及每一个人的切身利益，关系到每一个人的安全。传染病防治法规定了有关传染病预防、疫情报告、控制以及医疗救治和保障措施等各项制度。

《中华人民共和国传染病防治法》（简称《传染病防治法》）明确规定，国家对传染病实行预防为主的方针，防治结合，分类管理，依靠科学，依靠群众。

一、传染病防治监督法律制度相关概念

（一）传染病防治法

是调整预防、控制和消除传染病的发生与流行，保障人体健康和公共卫生活动中产生的各种社会关系的法律规范的总和。《中华人民共和国传染病防治法》是我国传染病防治根本大法，是依法防治传染病的法律准绳。

（二）病原携带者

指感染病原体无临床症状但能排出病原体的人。

（三）流行病学调查

指对人群中疾病或者健康状况的分布及其决定因素进行调查研究，提出疾病预防控制措施及保健对策。

（四）疫点

指病原体从传染源向周围播散的范围较小或者单个疫源地。

（五）疫区

指传染病在人群中暴发、流行，其病原体向周围播散时所能波及的地区。

（六）人畜共患传染病

指人与脊椎动物共同罹患的传染病，如鼠疫、狂犬病、血吸虫病等。

（七）自然疫源地

指某些可引起人类传染病的病原体在自然界的野生动物中长期存在和循环的地区。

（八）病媒生物

指能够将病原体从人或者其他动物传播给人的生物，如蚊、蝇、蚤类等。

（九）医院感染

指住院病人在医院内获得的感染，包括在住院期间发生的感染和在医院内获得出院后发生的感染，但不包括入院前已开始或者入院时已处于潜伏期的感染。医院工作人员在医院内获得的感染也属医院感染。

（十）消毒

指用化学、物理、生物的方法杀灭或者消除环境中的病原微生物。

二、传染病防治监督法律制度的确立

传染病能在人与人、动物与动物或人与动物之间相互传播，具有流行性和反复性，发病率高，对人体健康危害极大，各国政府和世界卫生组织等国际性组织对此非常重视，纷纷制定了有关传染病防治的法律、法规。新中国成立后，我国传染病的防治工作已初步形成了一套科学的管理制度。1950 年 10 月，中央人民政府政务院颁布了《关于发动秋季种痘的指示》，同年，原卫生部制定了《种痘暂行办法》。1955 年经国务院批准，原卫生部发布了《传染病管理办法》，首先对传染病进行分类管理。1978 年以后，随着国家法制建设的全面恢复，为了加快控制和消灭急性传染病的发生与流行，1978 年 9 月经国务院批准，原卫生部发布了《中华人民共和国急性传染病管理条例》。之后，原卫生部又颁发了一系列规章制度，例如：《预防接种工作实施办法》《家犬管理条例》《全国计划免疫工作条例》《流行性出血热防治方案（试行）》等，初步确立了疫情报告、计划免疫、家犬管理等传染病防治和管理的法律制度。为了更好地预防、控制和消灭各类传染病的发生和流行，保障人民身体健康，在总结新中国成立 40 年传染病防治工作方针、政策及成功经验的基础上，1989 年 2 月 21 日，第七届全国人民代表大会常务委员会第六次会议通过并颁布了《中华人民共和国传染病防治法》，于 1989 年 9 月 1 日起施行。1991 年 12 月，经国务院批准，原卫生部颁布了《中华人民共和国传染病防治法实施办法》。这两部法律法规的实施，系统地确立了我国对传染病的预防、疫情报告与公布、控制和监督的法律制度，标志着我国传染病防治工作开始全面走上法制化管理轨道。此后，原卫生部等有关部门还制定了一系列配套法规及规章，对疫情报告、疫情通报的时限和做法，对性病、艾滋病、结核病的防治管理，以及对传染病防治监督处罚程序等做了进一步规定。1997 年

7月第八届全国人大常委会第二十六次会议通过了《中华人民共和国动物防疫法》，完善了动物防疫的法律制度。1997年3月14日第八届全国人大第五次会议修订的《中华人民共和国刑法》以及2001年12月29日第九届全国人大常委会第二十五次会议通过的《中华人民共和国刑法修正案》对违反传染病防治法的犯罪及刑罚做了专门的补充与修改。2003年5月，国务院依照《中华人民共和国传染病防治法》和其他有关法律的相关规定，在总结防治非典型肺炎工作实践经验的基础上，制定了《突发公共卫生事件应急条例》，将传染性非典型肺炎列入传染病防治法法定传染病管理。2003年5月12日，原卫生部发布了《传染性非典型肺炎防治管理办法》，从而完善了我国传染病防治的法律制度。

2003年突如其来的新发传染病传染性非典型肺炎的流行，使我国传染病防治及公共卫生体系的积弊暴露无遗，传染病防治法的修订被推到了前台。我国政府及时总结应对"非典"、人感染高致病性禽流感等疫情的经验和教训，为加强国家对传染病暴发流行的监测及预警能力，解决疫情信息报告、通报渠道不畅问题，加强医疗机构对传染病病人救治及医院感染控制的能力、传染病暴发时紧急控制能力、疾病预防控制的保障能力等，经反复修改完善，十届全国人大常委会第十一次会议于2004年8月28日通过了《中华人民共和国传染病防治法》修订案，新修订的《传染病防治法》于2004年12月1日起施行。为了加强病原微生物实验室生物安全管理，保护公众的健康，依据新的《传染病防治法》，制定了《病原微生物实验室生物安全管理条例》，2004年11月12日公布并施行。传染病防治相关的法律法规不断建立和完善，《可感染人类的高致病性病原微生物菌（毒）种或样本运输管理规定》（2006年）、《血吸虫病防治条例》（2006年）、《血站管理办法》（2006年）、《传染病信息报告管理规范》等陆续公布施行。

此外，根据《传染病防治法》的有关规定，原卫生部发布了《结核病防治管理办法》（1991年）及《性病防治管理办法》（1991年），原卫生部、原外交部、原公安部、原国家教育委员会、原国家旅游局、原中国民用航空局、原国家外国专家局联合发布了《艾滋病监测管理的若干规定》（1987年），为了遏制日益严峻的艾滋病流行，2006年国务院公布《艾滋病防治条例》。为了切断传染病的传播途径，消除及控制传染病播散的可能性，预防控制医院感染和医源性感染环节，原卫生部1992年发布了《消毒管理办法》，2002年再次修订施行。

上述法律法规从传染病的预防、疫情报告与公布、控制和监督等方面阐述了传染病防治的重要策略和措施，从传染病流行的重要环节制定和完善法律法规，使我国传染病的防治真正走上了法制化轨道，为传染病防治铺设了缜密的法网，使预防、控制和消灭传染病以及人民身体健康有了法律保障。

三、《传染病防治法》的适用范围

《传染病防治法》体现属地原则，即以领域为标准。领域是指领陆、领水和领空，凡是在中华人民共和国领域内都必须遵守传染病防治法的规定。在中华人民共和国领域内的一切单位和个人，必须接受疾病预防控制机构、医疗机构有关传染病的调查、检验、采集样本、隔离治疗等预防控制措施，如实提供有关情况。“一切单位”包括我国的一切机关、团体、企事业单位，也包括在我国境内的外资企业、中外合资、合作企业等；“一切个人”包括我国领域内的一切自然人，包括中国人、具有外国国籍的人和无国籍人。因为传染病防治方面的特殊性，根据我国有关法律规定和国际惯例，外交人员无传染病防治方面的豁免权，所以驻中国的外国使、领馆人员也应遵守传染病防治法的规定。

四、法定管理的传染病

传染病是指由特异病原体如细菌、病毒、立克次体、寄生虫等或它们的毒性产物所引起的一类疾病；这种病原体及其毒性产物可以通过感染的人、动物或储存宿主直接或间接传染给易感宿主。所以，传染病是由于具有传染性的致病微生物侵入人体，发生使人体健康受到某种损害以致危及不特定的多数人生命健康甚至整个社会的疾病。法定管理的传染病是指纳入《传染病防治法》等法律管理的传染病。我国法定管理的传染病病种有三类三十九种。

(1)甲类传染病：鼠疫、霍乱。

(2)乙类传染病(二十六种)：甲型H1Nl流感、传染性非典型肺炎、艾滋病、病毒性肝炎、脊髓灰质炎、人感染高致病性禽流感、麻疹、流行性出血热、狂犬病、流行性乙型脑炎、登革热、炭疽、细菌性和阿米巴性痢疾、肺结核、伤寒和副伤寒、流行性脑脊髓膜炎、百日咳、白喉、新生儿破伤风、猩红热、布鲁氏菌病、淋病、梅毒、钩端螺旋体病、血吸虫病、疟疾。

(3)丙类传染病(十一种)：手足口病、流行性感冒、流行性腮腺炎、风疹、急性出血性结膜炎、麻风病、流行性和地方性斑疹伤寒、黑热病、包虫病、丝虫病，除霍乱、细菌性和阿米巴性痢疾、伤寒和副伤寒外的感染性腹泻病。

对乙类传染病中甲型H1Nl流感(原称人感染猪流感)、人感染高致病性禽流感、传染性非典型肺炎和炭疽中的肺炭疽，采取甲类传染病的预防、控制措施。

《传染病防治法》规定，上述规定以外的其他传染病，根据其暴发、流行情况和危害程度，需要列入乙类、丙类传染病的，由国务院卫生行政部门决定并予以公布。

上述法定管理的传染病中，原卫生部分别于2008年及2009年将手足口病和甲型 H1Nl 流感纳入《中华人民共和国传染病防治法》和《中华人民共和国国境卫生检疫法》管理。

五、传染病疫情报告与公布

（一）疫情报告的规定

1.疫情报告管理原则。

疫情报告应遵循属地管理原则。疾病预防控制机构、医疗机构和采血机构及执行职务的人员发现传染病疫情或者发现其他传染病暴发、流行及突发原因不明的传染病时，应当按属地管理原则，按照国务院规定或国务院卫生行政部门规定的内容、程序、方式和时限报告。

2.疫情报告人。

疫情报告人包括义务报告人和责任报告人。义务报告人是任何单位和个人。义务报告人发现传染病病人或者疑似传染病病人时，都有义务及时向附近疾病预防控制机构或者医疗机构报告。责任报告人是各级疾病预防控制机构、各类医疗机构和采供血机构及执行职务的人员。责任报告人是疫情报告的主体，应当履行法定的传染病疫情报告责任，发现传染病疫情或者发现其他传染病暴发、流行及突发原因不明的传染病时，按照国务院规定或国务院卫生行政部门规定及时报告，保证传染病疫情信息报告的准确和畅通。

3.疫情报告程序。

（1）港口、机场、铁路疾病控制机构以及国境卫生检疫机关发现甲类传染病病人、病原携带者、疑似传染病病人时，应当按照国家有关规定，立即向国境口岸所在地的疾病预防控制机构和所在地县级以上地方人民政府卫生行政部门报告并互相通报。（2）疾病预防控制机构接到甲类、乙类传染病疫情报告或者发现传染病暴发、流行时，应当立即报告当地卫生行政部门，由当地卫生行政部门立即报告当地人民政府。同时报告上级卫生行政部门和国务院卫生行政部门。（3）县级以上地方人民政府卫生行政部门应当及时向本行政区域内的疾病预防控制机构和医疗机构通报传染病疫情以及监测、预警的相关信息。接到通报的疾病预防控制机构和医疗机构应当及时告知本单位的有关人员。（4）国务院卫生行政部门应当及时向国务院及其他有关部门和各省、自治区、直辖市人民政府卫生行政部门通报全国传染病疫情以及监测、预警的相关信息。（5）毗邻的以及相关的地方人民政府卫生行政部门，应当及时互相通报本行政区域的传染病疫情及监测、预警的相关信息。（6）县级以上人民政府有关部门发现传染病疫情时，应当及时向同级人民政府卫生行政部门报告。（7）中国人民解放军卫生主管部门发现传染病疫情时，应当向国务院卫生行政部门通报。（8）动物防疫机构和疾病预防控制机构，应当及时互相通报动物间和人间发生的人畜共患传染病疫情和相关信息。

（二）疫情公布的规定

国务院卫生行政部门应定期公布全国疫情信息。省、自治区、直辖市政府卫生行政部门定期公布本行政区域的传染病疫情。

传染病暴发、流行时，国务院卫生行政部门负责向社会公布传染病疫情信息，并可授权省、自治区、直辖市人民政府卫生行政部门向社会公布本行政区域的传染病疫情信息。

六、传染病防治的医疗救治

（一）加强和完善传染病医疗救治服务网络建设

传染病医疗救治服务网络主要包括三个基本方面：健全的机构、完善的设施和具备相应能力的专业人员。加强和完善传染病医疗救治服务网络建设应当做到：县级以上人民政府应当加强和完善传染病医疗救治服务网络的建设；指定具备传染病救治条件和能力的医疗机构承担传染病救治任务；根据传染病救治需要设置传染病医院。

（二）对医疗机构的基本要求

医疗机构的基本标准、建筑设计和服务流程，应当符合预防传染病医院感染的要求；医疗机构应当按照规定对使用的医疗器械进行消毒，预防与控制医源性感染；医疗机构应当按照国务院卫生行政部门规定的传染病诊断标准和治疗要求，采取相应措施，提高传染病医疗救治能力。

七、传染病防治的保障措施

（一）将传染病防治工作纳入国民经济和社会发展计划

国家要把这项工作纳入国民经济和社会发展计划，县级以上地方人民政府也要将这项工作纳入本行政区域的国民经济和社会发展计划。各级人民政府都应当认真贯彻这一规定，将传染病防治工作列入政府工作重要日程，有计划、有步骤、有目标地组织落实。

（二）传染病防治的经济保障

要求县级以上地方人民政府按照本级政府职责，负责本行政区域内传染病预防、控制、监督工作的日常经费，将这项经费列入财政预算，予以落实；国务院卫生行政部门确定全国传染病防治方面的项目，各级政府必须对完成项目的经费予以保障；省级人民政府根据国务院卫生行政部门规定的项目，确定当地的项目，并予以经费保障；国家加强扶持贫困地区和基层传染病防治工作，各级政府应当保障基层预防工作的经费。国家对患有特定传染病的困难人群实行医疗救助。

（三）传染病防治的物质保障

各级政府要负责做好医药物资的储备工作，保证储备医药物资的质量和数量。

（四）对从事传染病防治工作的专业人员的保障

从事传染病预防、医疗、科研、教学、现场处理疫情的人员，以及接触传染病病原体的有关人员，一是自身做好卫生防护工作；二是所在单位应当为他们提供必要的防护条件，同时还应给予适当津贴。

八、传染病防治监督管理

《传染病防治法》规定，传染病防治监督管理机构是县级以上人民政府卫生行政部门。

（一）传染病防治的监督检查职责

县级以上人民政府卫生行政部门对传染病防治工作履行下列监督检查职责：1. 对下级人民政府卫生行政部门履行本法规定的传染病防治职责进行监督检查；2. 对疾病预防控制机构、医疗机构的传染病防治工作进行监督检查；3. 对采供血机构的采供血活动进行监督检查；4. 对用于传染病防治的消毒产品及其生产单位进行监督检查，并对饮用水供水单位从事生产或者供应活动的人员以及涉及饮用水卫生安全的产品进行监督检查；5. 对传染病菌种、毒种和传染病检测样本的采集、保藏、携带、运输、使用进行监督检查；6. 对公共场所和有关单位的卫生条件和传染病预防、控制措施进行监督检查。

省级以上人民政府卫生行政部门负责组织对传染病防治重大事件的处理。

（二）卫生行政部门监督检查权力

县级以上人民政府卫生行政部门在履行监督检查职责时，有权进入被检查单位和传染病疫情发生现场调查取证，查阅或者复制有关的资料和采集样本。被检查单位应当予以配合，不得拒绝、阻挠。

卫生行政部门工作人员依法执行任务时，应当不少于两人，并出示执法证件，填写卫生执法文书。

（三）采取临时控制措施

县级以上地方人民政府卫生行政部门在履行监督检查职责时，发现被传染病病原体污染的公共饮用水源、食品以及相关物品，如不及时采取控制措施可能导致传染病传播、流行的，可以采取封闭公共饮用水源、封存食品以及相关物品或者暂停销售的临时控制措施，并予以检验或者进行消毒。经检验，属于被污染的食品，应当予以销毁；对未被污染的食品或者经消毒后可以使用的物品，应当解除控制措施。

上述临时控制措施是在如不及时采取控制措施可能导致传染病传播、流行的特定的条件和前提下采用的，与一般的监督执法有所不同。

第二节　传染病疫情控制的卫生监督

一、传染病疫情控制的法律规定

（一）医疗机构发现传染病时应当采取的措施

发现甲类传染病时，医疗机构应当及时采取以下控制措施：

1. 对病人、病原携带者，予以隔离治疗，隔离期限根据医学检查结果确定。

2. 对疑似病人，确诊前在指定场所单独隔离治疗。

3. 对医疗机构内的病人、病原携带者、疑似病人的密切接触者，在指定场所进行医学观察并采取必要的医学干预措施。对拒绝隔离治疗或者隔离期未满擅自脱离隔离的，可以由公安机关协助医疗机构对其采取强制隔离措施。

医疗机构发现乙类或者丙类传染病病人，应当根据病情采取必要的治疗和控制传播措施。医疗机构对本单位内被传染病病原体污染的场所、物品以及医疗废物，必须依照法律、法规的规定实施消毒和无害化处置。

（二）疾病预防控制机构对传染病疫情应当采取的措施

疾病预防控制机构发现传染病疫情或者接到传染病疫情报告时，应当及时采取下列措施：

1. 对传染病疫情进行流行病学调查，根据调查情况提出划定疫点、疫区的建议，对被污染的场所进行卫生处理，对密切接触者，在指定场所进行医学观察和采取其他必要的预防措施，并向卫生行政部门提出疫情控制方案。

2. 传染病暴发、流行时，对疫点、疫区进行卫生处理，向卫生行政部门提出疫情控制方案，并按照卫生行政部门的要求采取措施。

3. 指导下级疾病预防控制机构实施传染病预防、控制措施，组织、指导有关单位对传染病疫情的处理。

（三）采取隔离措施

隔离措施涉及场所和人员。场所是指已经发生甲类传染病病例的场所，人员是指该场所内的特定区域的人员。在执行隔离措施时，有关部门要依法严格划分隔离的范围和对象，不可任意扩大隔离的范围。

1. 隔离措施的批准。

县级以上人民政府在紧急情况下，可以先采取隔离措施，但必须同时向上级人民政府报告。上级人民政府必须及时对下级人民政府的报告做出批准与否的决定。

2. 被隔离人员的生活保障。

被隔离人员的单位不得拒绝支付工资报酬。传染病防治工作，是全社会每个单位和个人的共同责任。被隔离人员不管最终是病人还是健康人，所在单位不能以耽误工作、没有出勤等理由扣发被隔离人员的工资。

3. 隔离措施的解除。

隔离措施是有期限的，达到了规定的隔离期限后，在未发生疫情的前提下，应当及时解除隔离措施。隔离措施的解除，由原决定机关决定并宣布。

（四）采取紧急措施

传染病暴发、流行时，县级以上地方人民政府应当立即组织力量，按照预防、控制预案进行防治，切断传染病的传播途径，必要时，报经上一级人民政府决定，可以采取下列紧急措施并予以公告：

(1)限制或者停止集市、影剧院演出或者其他人群聚集的活动。

(2)停工、停业、停课。

(3)封闭或者封存被传染病病原体污染的公共饮用水源、食品以及相关物品。

(4)控制或者扑杀染疫野生动物、家畜家禽。

(5)封闭可能造成传染病扩散的场所。

（五）采取特殊措施

1. 甲类、乙类传染病暴发、流行时。

县级以上地方人民政府报经上一级人民政府决定，可以宣布本行政区域部分或者全部为疫区；国务院可以决定并宣布跨省、自治区、直辖市的疫区。县级以上地方人民政府可以在疫区内采取本法第四十二条规定的紧急措施，并可以对出入疫区的人员、物资和交通工具实施卫生检疫。

2. 发生甲类传染病时。

为了防止该传染病通过交通工具及其乘运的人员、物资传播，可以实施交通卫生检疫。

3. 传染病暴发、流行时。

根据传染病疫情控制的需要，国务院有权在全国范围或者跨省、自治区、直辖市范围内，县级以上地方人民政府有权在本行政区域内紧急调集人员或者调用储备物资，临时征用房屋、交通工具以及相关设施、设备。

（六）防止传染病蔓延措施

防止因交通而发生传染病扩散蔓延，在甲类等传染病发生时必须实施交通卫生检疫。

传染病病人死亡后的尸体处理。对传染病病人的尸体处理以及尸体解剖查验，是传染病防治中的重要工作。《传染病防治法》对因患传染病死亡的病人尸体的处理分为两类情况，一是立即进行卫生处理、就近火化；二是一般卫生处理后火化或按规定深埋。

被传染病病原体污染的物品的处理：对疫区中被传染病病原体污染或者可能被传染病病原体污染的物品的处理应遵循两个原则，一是应当在当地疾病预防控制机构的指导下，进行消毒处理；二是应当就地进行消毒处理。

（七）根据规定，传染病暴发流行时，治疗传染病的药品、医疗器械、医务人员优先运送

二、传染病控制的卫生监督

（一）传染病控制监督的指导思想

1. 管好传染源、切断传播途径、保护易感人群。

传染病控制监督的指导思想是对"管好传染源、切断传播途径、保护易感人群"各环节进行监督检查，以便及时有效地控制疫情。即按照法律规定，严格监督检查对病人、病原携带者等传染源及其环境所采取强制性的措施，对传染病的暴发流行采取的疫情控制的紧急措施是否有效、及时。

2. 传染病控制的分级管理监督。

（1）当出现甲类传染病、乙类传染病中的艾滋病和肺炭疽病、当地从未发现的传染病或者国家已消除的传染病的暴发及流行时，由省、自治区、直辖市或地（市）级卫生主管机构以及各级各类卫生防疫机构负责，会同当地卫生防疫机构和各级各类医疗保健机构共同处理疫情，传染病监督机构和监督人员要按照《传染病防治法》的规定，结合疫情特点，对传染源管理和控制疫情传播的措施和效果进行监督和检查，以尽快扑灭疫情。

（2）在发生艾滋病和肺炭疽以外的乙类、丙类传染病暴发、流行时，可以在省、自治区、直辖市或地（市）级卫生主管机构以及各级各类卫生防疫机构指导下，由辖区卫生防疫机构和医疗保健机构处理疫情，传染病监督机构和监督人员要指导、检查、考核疫情处理的全过程。

（二）传染病控制措施的监督

1. 对传染源的控制措施的监督。

传染病疫情发生时，传染源的控制是疫情控制的重要环节，做到早期发现、

及时诊断、尽快报告、尽早隔离、有效治疗、控制传播，这是控制传染源，防止传染病继续传播的关键，也是卫生监督的重要内容。

(1)隔离治疗、医学观察。

传染病疫情发生时，要监督检查对甲类传染病病人和病原携带者、乙类传染病中艾滋病病人、肺炭疽病人的隔离治疗及对疑似甲类传染病病人实施医学观察的情况，对拒绝者除追究其法律责任外，必须采取强制性隔离治疗措施。由于这些传染病的传播非常迅速，后果极其严重，所以，做好隔离治疗及医学观察的卫生监督工作是控制相应传染病的重要环节。

(2)积极治疗，控制疫情。

对除艾滋病病人、炭疽中的肺炭疽病人以外的乙类、丙类传染病病人，要检查和监督是否采取必要的治疗和控制传播措施，尽管乙、丙类传染病的危害相对于甲类传染病弱一些，但如果传染源控制不当，也会造成传染病暴发及流行，危害极大。

(3)控制传播。

对传染病病人、病原携带者、疑似传染病病人污染的场所、物品，实施终末消毒和随时消毒等卫生处理，并考核其消毒效果。对因患传染病而死亡的病人的尸体严格执行有关法律规定，火化和深埋，及时、妥善处理，以防病原体的播散。

2.对传播途径控制的监督。

传染病暴发、流行时，采取以切断传播途径为主的综合性措施控制疫情，以防其播散蔓延。

(1)卫生处理的监督。

检查对病原体污染的场所或可能污染的场所、物品等的随时消毒和终末消毒，检查饮用水是否安全、卫生，粪便、污水、垃圾是否已进行无害化处理，是否有再次污染的隐患，是否已落实防止再次污染的有效措施。

(2)消除媒介昆虫和可能染疫动物。

检查染疫动物和媒介昆虫的杀灭和消除情况，这项工作要注重卫生部门和交通、水利、农业等部门的配合。

3.对易感人群的保护措施。

对传染源的密切接触者和受到传染病威胁的人群，应及早进行有效的生物制剂的应急性预防接种和药物预防，可以监督检查是否实施应急性预防接种和药物预防措施。

4.传染病控制的紧急措施。

(1)宣传教育的监督。

一旦有传染病的暴发、流行，根据传染病流行范围、蔓延的速度、社会危害等情况，在合适的时机、一定的范围进行防病知识的宣传教育，公布疫情和动态，让群众掌握预防疾病发生的知识，了解疫情的真实情况，以免造成社会恐慌，影响社会安定和群众生活。2003 年非典型性肺炎的发生充分说明了媒介宣传教育的重要性。

(2)紧急控制措施的落实情况。

根据传染病暴发、流行情况，对传染病控制的紧急措施的实施条件、时限和解除等情况进行监督，如限制或停止集市、集会等；停工、停业、停课；封闭可疑水源等。

(3)特别控制措施的实施情况。

如是否需要宣布封锁疫区，对出入疫区的人员、物资、交通工具等是否实施了卫生检疫。

(4)特别调配权和征用权的落实情况。

根据疫情控制的需要，是否能顺利调配防治药品、生物制品、医疗器械；是否能顺利调集各级各类医疗保健和卫生防疫人员；铁路、交通、民航等部门是否能优先运送疫情控制所需的物资；控制疫情急需的房屋、交通工具征用的落实情况等等。

三、传染病疫情控制的日常卫生监督

(一)对疾病预防控制机构传染病预防控制的监督

对疾病预防控制机构传染病预防控制的监督内容是：依法履行传染病监测职责的情况；发现传染病疫情时，依据属地管理原则及时采取传染病控制措施的情况。日常卫生监督主要采取以下方法：

1. 现场检查传染病监测制度、本辖区内的传染病监测计划和工作方案，以及传染病监测信息的收集、分析和报告。

2. 查阅传染病疫情调查处置技术方案或预案，以及传染病疫情调查处理记录、报告。

(二)对医疗机构疫情控制措施的监督

对医疗机构疫情控制措施的监督内容是：依法承担本单位的传染病预防、控制工作和责任区域内的传染病预防工作情况；发现传染病疫情时，按照规定对传染病病人、疑似传染病病人提供诊疗的情况；对本单位内被传染病病原体污染的场所、物品以及医疗废物实施消毒或者无害化处置的情况。日常卫生监督主要采取以下方法：

1. 查阅该单位的传染病预防、控制工作计划和责任区域内传染病预防控制计划、工作资料。

2.查阅传染病预检、分诊制度以及应急处理预案等管理文件。查阅设置传染病疫情应急处置队伍的文件。

3.现场检查感染性疾病科、预检分诊点的设置情况和预检、分诊的落实情况，以及医疗卫生人员、就诊病人防护措施的落实情况。

4.现场检查对传染病病人、疑似传染病病人提供诊疗服务情况。

5.现场检查对法定传染病病人或者疑似传染病病人采取隔离控制措施的场所、设施设备及其使用记录。检查对被传染病病原体污染的场所、物品以及医疗废物实施消毒或者无害化处置的记录。

第三节　传染病防治的卫生监督

传染病防治卫生监督是卫生执法工作的一项重要内容，是政府和卫生行政部门依据公共卫生法规的授权，对传染病防治法律、法规的贯彻执行情况进行督促检查，对违反卫生法规的行为追究法律责任的一种行政管理活动。

一、传染病防治的法律规定

（一）国家建立传染病监测制度和预警制度

1.传染病监测制度。

《传染病防治法》规定国家建立传染病监测制度。国务院卫生行政部门制定国家传染病监测规划和方案；省、自治区、直辖市人民政府卫生行政部门根据国家传染病监测规划和方案，制定本行政区域的传染病监测计划和工作方案。

各级疾病预防控制机构对传染病的发生、流行以及影响其发生、流行的因素进行监测。传染病监测分为日常监测和对新发现传染病的监测两个方面。此外，随着国际交往频率增加，新发生的传染病传入国内的可能性增加，为此，本法强调了要对国外发生、国内尚未发生的传染病或者国内新发生的传染病进行监测。

2.传染病预警制度。

建立传染病预警制度是世界卫生组织大力提倡及世界各国十分关注的工作。根据规定，国务院卫生行政部门根据传染病监测情况，负责对全国或某个地区发出预警；省、自治区、直辖市人民政府根据国务院卫生行政部门的预警及本地区的实际监测情况，负责对本地区发出预警。

（二）实行预防接种制度

预防接种是贯彻“预防为主”方针的一项重要措施，是控制和消灭某些传染病的有效手段。根据传染病疫情监测和人群免疫水平，有计划地进行预防接种，建立人群的免疫屏障，从而达到预防、控制和消除传染病的目的。《传染病防治法》规定国家实行有计划的预防接种制度，要求国务院卫生行政部门和省、市、自治区人民政府卫生行政部门负责制定传染病预防接种规划，并组织实施。用于预防接种的疫苗必须符合国家质量标准。2005 年 3 月 16 日，国务院发布《疫苗流通和预防接种管理条例》，自 2005 年 6 月 1 日起施行。

国家对儿童实行预防接种证制度。预防接种证是儿童接种疫苗的凭证，儿童出生后其家长或监护人应主动到居住地的医疗保健机构办理预防接种证，建立预防接种卡。托幼机构、学校在办理入托、入学手续时，应当查验预防接种证，未按规定接种的儿童应当及时补种。

（三）制定传染病预防控制预案

县级以上地方人民政府应当制定传染病预防、控制预案，报上一级人民政府备案。传染病预防、控制预案应当包括以下主要内容：一是传染病预防控制指挥部的组成和相关部门的职责。二是传染病的监测及信息收集、分析、报告、通报制度。三是疾病预防控制机构、医疗机构在发生传染病疫情时的任务与职责。四是传染病暴发、流行情况的分级以及相应的应急工作方案。五是传染病预防、疫点疫区现场控制，应急设施、设备、救治药品和医疗器械以及其他物资和技术的储备与调用。

地方人民政府和疾病预防控制机构接到国务院卫生行政部门或者省、自治区、直辖市人民政府发出的传染病预警后，应当按照传染病预防、控制预案，采取相应的预防、控制措施。

（四）建立传染病菌种、毒种库

传染病菌种、毒种和传染病检测样本具有传染性，如果管理不善将会成为可怕的传染源。对传染病菌种、毒种和传染病检测样本的采集、保藏、携带、运输和使用实行分类管理，建立健全严格的管理制度。对可能导致甲类传染病传播的以及国务院卫生行政部门规定的菌种、毒种和传染病检测样本，确需采集、保藏、携带、运输和使用的，须经省级以上人民政府卫生行政部门批准。

（五）控制传染源，消除各种传染病传播媒介

对被传染病病原体污染的污水、污物、场所等，有关单位和个人必须在疾病预防控制机构的指导下或者按照其提出的卫生要求，进行严格消毒处理；拒绝消毒处理的，由当地卫生行政部门或者疾病预防控制机构进行强制消毒处理。

发动群众开展爱国卫生运动，各级人民政府，农业、水利、林业行政部门要按照职责分工负责指导和组织消除农田、湖泊、河流、牧场、林区的鼠害与血吸虫危害。铁路、交通、民用航空行政部门负责组织消除交通工具以及相关场所的鼠窝和蚊、蝇等病媒生物的危害。共同做好灭鼠、消除各种病媒昆虫以及传播传染病

或引起人畜共患传染病的禽畜等宿主动物的防治管理。

（六）防止传染病的医源性感染和医院感染，严防传染病病原体的实验室感染和病原微生物的扩散

医疗机构必须严格执行国务院卫生行政部门规定的管理制度、操作规范，防止传染病的医源性感染和院内感染。医疗机构应当确定专门部门或人员，承担传染病疫情报告，本单位的传染病预防、控制以及责任区域内的传染病预防工作，承担医疗活动中与医院感染有关的危险因素监测、安全防护、消毒、隔离和医疗废物处理工作。

疾病预防控制机构、医疗机构的实验室和从事病原微生物实验的单位，应当符合国家规定的条件和技术标准，建立严格的监督管理制度，对传染病病原体样本按照规定的措施实行严格监督管理制度。采供血机构生物制品生产单位必须严格执行国家有关规定，保证血液、血液制品质量，严禁非法采血和组织他人卖血。

（七）加强消毒产品、饮用水及涉及饮用水卫生安全的产品的监督管理

用于传染病防治的消毒产品、饮用水供水单位供应的饮用水和涉及饮用水卫生安全的产品，应当符合国家卫生标准和卫生规范。饮用水供水单位从事生产或者供应活动，应当依法取得卫生许可证。生产用于传染病防治的消毒产品的单位和生产用于传染病防治的消毒产品，应当经省级以上人民政府卫生行政部门审批。

（八）开展健康教育、专业培训，普及传染病防治知识

各级人民政府应组织开展群众性卫生活动，进行预防传染病的健康教育，倡导文明健康的生活方式，提高公众对传染病的防治意识和应对能力。新闻媒体应当无偿开展传染病防治和公共卫生教育的公益宣传，各级各类学校应对学生进行健康知识和传染病预防知识的教育。

（九）各级疾病预防控制机构在传染病预防控制中的职责

各级疾病预防控制机构要在传染病预防控制中严格实施传染病预防控制规划、计划和方案；收集、分析和报告传染病监测信息，预测传染病的发生、流行趋势；开展对传染病疫情和突发公共卫生事件的流行病学调查、现场处理及其效果评价；开展传染病实验室检测、诊断、病原学鉴定；实施免疫规划，负责预防性生物制品的使用管理；开展健康教育、咨询，普及传染病防治知识；指导、培训下级疾病预防控制机构及其工作人员开展传染病监测工作；为开展传染病防治应用性研究和卫生评价提供技术咨询。

二、传染病防治的卫生监督

(一)经常性措施的监督

1.健康教育。对各级政府开展的预防传染病的健康教育计划、内容、措施效果进行督促检查,使健康教育落到实处,使人民群众关于传染病预防的知识水平、态度和行为方式逐步改善。

2.计划免疫。依法检查有计划的预防接种制度的落实情况及其相应传染病的预防与控制效果。儿童预防接种证制度执行情况的检查:适龄儿童是否按照国家有关规定根据儿童基础免疫程序接受了预防接种,并办理预防接种证;托幼机构、学校在办理入托、入学手续时,是否查验预防接种证;未按规定接种的儿童是否及时补种。

3.消除各种传播媒介,切断传播途径。了解各级政府消除鼠害和蚊、蝇等病媒昆虫以及其他传播传染病或者患有人畜共患传染病的动物的计划及实施情况,重点检查铁路、交通、民航部门消除交通工具的鼠害和各种病媒昆虫的危害以及农业、林业部门消除农田、牧场及林区鼠害的情况。

4.加强管理和大力改善公共卫生状况。监督和检查地方各级政府是否能将建设和改造公共卫生设施纳入城乡建设的总体规划中,城市公共厕所的修建、垃圾粪便的无害化处理场和污水、雨水排放处理系统等公共卫生设施的兴建计划和实施情况。农村厕所改造,粪便无害化处理情况。城乡公共生活用水的卫生管理情况,包括卫生管理制度的建立和措施的实施。

5.严格执行各项卫生制度。

(1)从事饮水、饮食、整容、保育等易使传染病扩散工作的人员的健康检查制度的执行情况。

(2)医疗保健机构、卫生防疫机构和从事致病性微生物实验的单位的管理制度及操作规程、消毒隔离制度的执行情况,医源性感染、医院内感染、实验室感染的现状和控制措施实施情况。

(3)美容、整容等单位和个人执行国务院卫生行政部门有关规定的情况。

(4)生物制品是否由各省、自治区、直辖市卫生防疫机构统一向生物制品生产单位订购并且在卫生防疫机构监督指导下使用。

(5)监督血站(库)、生物制品生产单位的血液、血液制品的质量,严防血液、血液制品中肝炎病毒、艾滋病病毒、疟原虫等的污染和传播。任何单位和个人不准使用国务院卫生行政部门禁止进口的血液和血液制品。

(6)消毒药剂和消毒器械、卫生用品、卫生材料、一次性医疗器材、隐形眼镜、人造器官等国家有关标准的执行情况。

(7)定期检查集中式供水是否符合国家《生活饮用水卫生标准》。

(二)重点措施的监督

1.对传染病病人、病原携带者及疑似病人污染的环境(包括污水、污物、粪便),是否依照有关法律、法规进行严格消毒,及时处理。

2.同人畜共患传染病有关的野生动物出售或者运输的管理的监督。在自然疫源地和可能是自然疫源地地区兴办的大型建设项目开工前,卫生防疫机构是否对施工环境进行卫生调查和实施卫生防疫措施。

3.对传染病菌种、毒种分类管理及其保藏、携带、运输和使用的监督。

4.特殊人群的防护措施和医疗保健措施的监督。

(三)传染病疫情报告的卫生监督

传染病疫情报告的监督内容是:医疗卫生机构建立传染病疫情报告的管理组织、制度及依法履行传染病疫情报告与管理职责的情况;疾病预防控制机构及时对辖区网络直报的传染病疫情信息审核确认,并开展疫情分析、调查与核实的情况;疾病预防控制机构依法履行与相关部门传染病疫情信息通报职责的情况。

传染病疫情报告情况的日常卫生监督方法是:

1.对疾病预防控制机构传染病疫情报告的卫生监督。

(1)查阅设置疫情报告管理部门或明确疫情报告管理职责分工的文件资料,核实疫情报告管理部门和专职疫情报告人员,查阅传染病疫情报告管理制度。

(2)现场检查传染病疫情审核记录、各类常规疫情分析报告等文字资料,核查设置疫情值班、咨询电话的情况。

(3)现场了解传染病疫情网络直报系统运转情况,查看疫情网络直报设备,查看疫情报告人员现场演示报告卡的审核确认以及疫情数据导出的情况。

(4)核查疾病预防控制机构承担辖区内不具备疫情网络直报条件的疫情报告单位传染病疫情代报的情况。

(5)检查疾病预防控制机构的传染病疫情通报制度,与动物防疫机构互相通报动物间和人间发生的人畜共患传染病疫情、与国境卫生检疫机关互相通报传染病疫情以及相关信息的记录。

(6)检查与传染病疫情报告相关的其他情况。

2.对医疗机构传染病疫情报告的卫生监督。

(1)查阅设置疫情报告管理部门或明确疫情报告管理职责分工的文件,核实专职疫情报告人员;查阅传染病报告管理制度,内容应当包括传染病诊断、登记、报告、检查等方面;查阅门诊工作日志;现场核实传染病疫情网络直报及相关电话记录,对临床异常诊断信息的快速反应流程及有关记录。

(2)现场检查门诊日志、传染病报告登记、传染病报告卡等资料,核查未按照规定报告传染病疫情或隐瞒、谎报、缓报传染病疫情的情况。

(3)现场查看专用传染病疫情网络直报设备及报告系统运转情况,专职疫情报告人员演示传染病网络直报操作。

(4)对不具备网络直报条件的县级以下医疗机构检查传染病报告卡登记备案记录,并核对传染病疫情网络代报情况。

(5)查阅开展传染病疫情报告管理内部检查的记录、报告。

(6)现场查看定期组织临床医生、新进人员开展《传染病防治法》《传染病信息报告管理规范》等传染病报告管理专业培训与考核的情况。

3. 对采供血机构传染病疫情报告的卫生监督。

(1)查阅传染病疫情报告等制度,核实疫情报告管理部门或人员。

(2)现场检查 HIV 抗体检测两次初筛阳性结果登记情况,以及献血者或供浆员登记簿,核对 HIV 初筛阳性结果报告情况。

(3)对于设置疫情网络直报系统的机构,现场查看疫情报告人员演示计算机直报程序,检查传染病信息报告系统运转情况。

第四节　消毒管理与消毒产品的卫生监督

消毒是卫生防疫工作的重要组成部分,是贯彻我国“预防为主”卫生工作方针的重要环节。消毒的目的是切断传播途径以控制感染性疾病或传染性疾病。消毒产品是指为预防控制传染病、用于杀灭和清除传播媒介上的传染病病原体的产品。消毒产品对于提高医疗、预防保健服务质量,保证食品、饮用水卫生安全以及改善人们工作、生活环境,预防控制疾病的传播起着至关重要的作用。因此,《传染病防治法》对消毒及消毒产品的监督管理都提出了明确的要求。

原卫生部早在 1987 年就发布了《消毒管理办法》,根据《传染病防治法》及其实施办法的规定,1992 年 8 月 31 日重新修订发布。新的《消毒管理办法》实施九年后,原卫生部于 2001 年 12 月 29 日再次修订通过,并自 2002 年 7 月 1 日起施行。《消毒管理办法》适用于医疗卫生机构、消毒服务机构以及从事消毒产品生产、经营活动的单位和个人。经过十几年的努力,原卫生部还先后组织制定出台了《消毒技术规范》《卫生部消毒剂、消毒器械卫生行政许可申报受理规定》《消毒产品分类目录》《消毒产品生产企业卫生规范》《消毒产品生产企业、消毒服务机构卫生许可证申报与受理规定》《消毒产品标签说明书管理规范》和《消毒产品检验规定》等一系列规范性文件。同时,还制定了《一次性使用卫生用品卫生标准》(GB15979-2002)、《一次性使用医疗用品卫生标准》(GB15980-1995)、《消毒与灭菌效果的评价方法与标准》(GB15981-1995)、《医疗卫生用品辐射灭菌消毒质量控制标准》(GB16383-1996)、《医院消毒卫生标准》(GB15982-1995)、《隐形眼镜护理液卫生要求》(GB19192-2003)等一大批消毒国家标准。上述规范、标准及相关文件的内容基本覆盖了消毒产品的生产、经营、使用、检验及产品质量各环节的卫生要求。

一、消毒管理的法律规定与卫生监督

(一)消毒管理的法律规定

《消毒管理办法》主要涉及消毒的卫生要求、消毒产品生产和经营及消毒服务机构的管理。

1. 消毒的卫生要求。

根据传染病流行过程中传染源、传播途径和传播媒介以及易感人群三个环节,消毒的卫生要求的法律规定包括以下几个方面:

(1)消毒管理。组织的建立、制度的保障及人员的培训是消毒管理的重要环节和保障。医疗卫生机构应当建立消毒管理组织,制定消毒管理制度,执行国家有关规范、标准和规定,定期开展消毒与灭菌效果检测工作。医疗卫生机构工作人员应当接受消毒技术培训、掌握消毒知识,并按规定严格执行消毒隔离制度。

(2)医疗用品消毒要求。医疗卫生机构使用的进入人体组织或无菌器官的医疗用品必须达到灭菌要求。各种注射、穿刺、采血器具应当一人一用一灭菌。凡接触皮肤、黏膜的器械和用品必须达到消毒要求。血液制品的消毒管理按有关法律、法规的规定执行。医疗卫生机构使用的一次性使用医疗用品用后应当及时进行无害化处理。医疗卫生机构购进消毒产品必须建立并执行进货检查验收制度。

(3)医疗环境及废弃物管理。医疗卫生机构的环境、物品应当符合国家有关规范、标准和规定。排放废弃的污水、污物应当按照国家有关规定进行无害化处理。运送传染病病人及其污染物品的车辆、工具必须随时进行消毒处理。

(4)及时报告疫情。感染性疾病暴发、流行时,医疗卫生机构应当及时报告当地卫生行政部门,并采取有效消毒措施。

(5)传染源及疫源地。加工、出售、运输被传染病病原体污染或者来自疫区可能被传染病病原体污染的皮毛,应当进行消毒处理。疫源地的消毒应当执行国家有关规范、标准和规定。殡仪馆、火葬场内与遗体接触的物品及运送遗体的车辆应当及时消毒。

(6)易感人群的保护。托幼机构应当健全和执行消毒管理制度,对室内空气、餐(饮)具、毛巾、玩具和其他幼儿活动的场所及接触的物品定期进行消毒。招用流动人员200人以上的用工单位,应当对流动人员集中生活起居的场所及使用的物品定期进行消毒。出租衣物及洗涤衣物的单位和个人，应当对相关物品及场所进行消毒。公共场所、食品、生活饮用水的消毒工作，按有关法律、法规的规定执行。

(7)实验室生物安全。从事致病微生物实验的单位应当执行有关的管理制度、操作规程，对实验的器材、污染物品等按规定进行消毒，防止实验室感染和致病微生物的扩散。

2.消毒服务机构。

消毒服务机构应当在取得省级卫生行政部门发放的卫生许可证后方可开展消毒服务。该卫生许可证有效期四年，每年复核一次。消毒服务机构应当符合以下要求：

(1)具备符合国家有关规范、标准和规定的消毒与灭菌设备。

(2)其消毒与灭菌工艺流程和工作环境必须符合卫生要求。

(3)具有能对消毒与灭菌效果进行检测的人员和条件，建立自检制度。

(4)用环氧乙烷和电离辐射的方法进行消毒与灭菌的，其安全与环境保护等方面的要求按国家有关规定执行。

(5)从事用环氧乙烷和电离辐射进行消毒服务的人员必须经过省级卫生行政部门的专业技术培训，以其他消毒方法进行消毒服务的人员必须经过设区的市(地)级以上卫生行政部门组织的专业技术培训，取得相应资格证书后方可上岗工作。

(6)消毒服务机构不得购置和使用不符合《消毒管理办法》规定的消毒产品。

(二)对消毒隔离的卫生监督

消毒隔离的目的是切断传播途径以控制传染性疾病或感染性疾病，因此医疗机构的消毒隔离是预防控制医院感染和医源性感染的一个重要环节，也是预防控制医院感染和医源性感染向一般人群传播的重要环节。近年来，由于消毒隔离不严而导致的医院感染和医源性感染事件时有发生，所以要高度重视，依法加强对医疗机构消毒隔离的监督管理。

1.医疗卫生机构消毒隔离制度执行情况的监督内容。

(1)负责消毒管理工作的部门及制度建立和执行情况。

(2)医疗卫生人员接受消毒、隔离技术培训，掌握消毒隔离知识、执行消毒隔离制度的情况。

(3)定期开展消毒与灭菌效果检测的情况。

(4)医疗用品、器械的消毒、灭菌情况。

(5)消毒产品进货、检查、验收、使用和管理情况。

(6)对传染病病人、疑似传染病病人的消毒隔离措施的落实情况。

2.医疗卫生机构消毒隔离制度执行情况的监督手段与方法。

(1)查阅设置负责消毒管理工作部门的文件,核实消毒管理人员,现场查看消毒管理岗位职责、消毒管理工作计划及检查记录。

(2)现场检查对工作人员进行消毒技术、消毒隔离知识培训的计划、培训资料。

(3)现场检查消毒灭菌程序和消毒灭菌效果监测、消毒产品进货检查验收等制度。查阅消毒与灭菌效果定期检测记录,以及消毒产品进货检查验收记录。

(4)现场检查消毒供应室、口腔科、注射室、血透室、内镜室、手术室、发热门诊和肠道传染病门诊、检验科(血库)等科室执行消毒技术规范、标准和规定情况。

(5)现场核查消毒产品的卫生许可文件、标签说明书,以及消毒产品使用记录。

(6)现场检查对传染病病人、疑似传染病病人进行隔离的场所、设施及措施。

二、消毒产品的法律规定与卫生监督

(一)消毒产品监督管理的法律规定

消毒产品监督管理的法律依据是《传染病防治法》《消毒管理办法》及有关技术规范、标准和规定。

1.《传染病防治法》规定。

对于消毒产品监督管理的条款主要有关于消毒产品卫生安全和许可方面的规定和卫生监督职责的规定。

2.《消毒管理办法》规定。

对消毒产品的生产经营,主要规定了以下六项内容:一是消毒产品及其企业的基本要求;二是消毒产品生产企业的卫生许可;三是消毒产品的审批;四是消毒产品的索证;五是消毒产品标签的要求;六是禁止生产经营的消毒产品。

(1)消毒产品及其企业的基本要求。消毒产品应当符合《消毒管理办法》规定;消毒产品生产企业应当符合《传染病防治法》和《消毒管理办法》规定。

(2)消毒产品生产企业的卫生许可。《消毒管理办法》对消毒产品生产企业卫生许可的发放、编号格式、有效期及换发、变更等内容做出了原则规定。

(3)消毒产品的审批。《消毒管理办法》对消毒剂、消毒器械许可批件的审批、批准文号格式、有效期及换发等内容做出了原则规定。

(4)消毒产品的索证。《消毒管理办法》规定经营者采购消毒产品时,应当索取下列有效证件:①生产企业卫生许可证复印件;②产品卫生许可批件复印件。有效证件的复印件应当加盖原件持有者的印章。这条是对经营和使用单位在采

购消毒产品时索证的规定，即要求经营和使用单位建立索证制度，明确索取证明文件的种类及要求。建立索证制度的目的，是严格追踪产品的来源，追溯产品卫生质量问题，以便在产品受到投诉或怀疑时彻底查清其来源。

(5)消毒产品标签的要求。消毒产品标签应当符合《消毒管理办法》和《消毒产品标签说明书管理规范》的规定。

(6)禁止生产经营的消毒产品。《消毒管理办法》规定，禁止生产经营下列消毒产品：①无生产企业卫生许可证、产品备案凭证或卫生许可批件的；②产品卫生质量不符合要求的。

(二)消毒产品的卫生监督

根据《传染病防治法》和《消毒管理办法》的有关规定，卫生行政部门负责对消毒产品及其生产、经营和使用单位实施监督管理。

1.消毒产品。

根据《消毒管理办法》的规定，卫生行政部门对消毒产品监管的措施主要包括：产品卫生许可和产品质量日常监督检查。

(1) 消毒产品监管范围。

消毒产品的范围很广，需要明确监管的范围。根据《消毒管理办法》的有关规定和卫生部 2003 年第 24 号关于取消对一次性使用医疗用品监管的公告，目前我国消毒产品是指消毒剂、消毒器械(含生物指示物、化学指示物和灭菌物品包装物)和卫生用品三类。为了进一步明确每类产品的范围，原卫生部根据消毒产品作用对象、用途的不同，将消毒剂、消毒器械和卫生用品进行了分类，并制定出分类目录，即《消毒产品分类目录》，这意味着卫生部门对列入分类目录中的产品可以按照《消毒管理办法》有关规定实施监管。《消毒产品分类目录》是动态的，卫生部可以根据实际情况进行调整。

(2)消毒产品卫生许可。

消毒产品的卫生许可是指卫生部对消毒剂和消毒器械进行审批，发放消毒剂、消毒器械卫生许可批件。只有获得批准文号的消毒剂、消毒器械方可生产销售。许可审查的内容主要是产品的安全性、消毒灭菌效果及其标签(含说明书)是否符合国家有关标准、规范的要求。许可程序主要分为申报与审批两个阶段，具体要求《卫生部消毒产品申报受理规定》已有明确规定。消毒剂、消毒器械卫生许可批件的有效期是四年，批件到期可以延续，获准延续的卫生许可批件沿用原批准文号。国产产品批准文号格式为：卫消字(年份)第××××号；进口产品批准文号格式为：卫消进字(年份)第××××号。

原卫生部根据国务院行政许可改革的要求，近年来对消毒产品许可项目先后进行了调整：①2003 年第 24 号公告，取消卫生行政部门对一次性使用医疗用品的备案制度和对一次性使用医疗用品生产企业的卫生许可制度；②2004 年第 13 号公告，取消对卫生用品的备案管理。③2005 年 5 月，原卫生部下发《关于调整消毒产品监管和许可范围的通知》(卫监督发〔2005〕208 号)，取消了紫外线杀菌灯、食具消毒柜、压力蒸汽灭菌器和百分之七十五单方乙醇消毒液等产品的卫生许可。上述产品生产企业要在产品上市后两个月内向生产企业所在地卫生行政部门备案。

(3)消毒产品监督内容。

消毒产品的日常监督检查包括两方面内容：一是对市场上销售的产品进行抽检，检查产品是否达到有关国家标准和《消毒技术规范》的要求；二是对产品的标签(含说明书)进行监督，检查产品标签(含说明书)是否与审批时的一致，是否出现或暗示对疾病的治疗效果等内容。

2. 消毒产品生产企业。

根据《传染病防治法》和《消毒管理办法》的规定，省级卫生行政部门负责对消毒产品生产企业实施监管，具体措施包括：生产条件的卫生许可和日常监督检查。

(1)消毒产品生产企业卫生许可。

消毒产品生产企业的卫生许可是指省级卫生行政部门对消毒产品生产企业进行审查，发放消毒产品生产企业卫生许可证。只有获得卫生许可证的生产企业方可生产消毒产品。许可审查的内容主要是企业的生产环境、设备、卫生设施、工艺流程、卫生管理、从业人员等条件是否符合《消毒产品生产企业卫生规范》的要求。许可证发放的程序执行原卫生部《消毒产品生产企业、消毒服务机构卫生许可证申报与受理规定》。消毒产品生产企业卫生许可证的有效期为四年，每年复核一次，许可证编号为：(省、自治区、直辖市)卫消证字(发证年份)第××××号。

(2)监督内容。

消毒产品生产企业日常监督检查重点是对企业卫生许可证件、生产条件、原材料管理、产品检验、产品标签和从业人员培训等方面开展监督，检查其是否与许可时相一致和《消毒产品生产企业卫生规范》的执行情况。

3. 消毒产品经营和使用单位。

根据《消毒管理办法》的规定，县级以上卫生行政部门负责对消毒产品经营和使用单位进行监督，检查内容包括：(1)经营和使用的产品是否有合法有效的卫生许可证件；(2)经营和使用的产品标签(含说明书)是否与许可内容相一致；(3)经营和使用的产品是否在有效期内，其贮存是否符合要求；(4)经营和使用的产品卫生质量是否符合标准和技术规范要求；(5)经营和使用的产品进货、验收制度建立和记录情况。

由于消毒产品被广泛应用，消毒产品的使用单位也非常多，卫生部门监督的使用单位主要是指医疗机构和为社会提供可能被污染的物品及场所消毒与灭菌服务的单位。

三、消毒产品卫生监督执法法律适用

卫生监督员在对消毒产品进行监督执法过程中，有时会发现，新颁布的《传染病防治法》与《消毒管理办法》在对违法行为查处的规定方面有所不同，量刑不一致。例如，监督检查中发现产品的质量及标签不符合国家有关卫生标准、规范要求的，原则上按照《消毒管理办法》进行处罚；造成传染病传播、流行的，按照《传染病防治法》追究其法律责任。

另外，在监督执法中如果发现违法行为依照卫生法律法规无法处理时，如果其他部门有相应的法律法规要求，可以移送相关部门依法处理。例如，对发现的假冒伪劣消毒产品，可以移送工商行政部门进行销毁；对违法案件涉及的有关人员视情节移交相关部门处理。

第五节　传染病防治监督法律责任

一、传染病防治法中的法律责任

《传染病防治法》第六十五条至第七十七条对违反该法的行为应承担的法律责任做了详细规定。归纳起来有三种：行政责任、民事责任、刑事责任。

（一）行政责任

1. 各级人民政府法律责任。

（1）地方各级人民政府未依照本法的规定履行报告职责，或者隐瞒、谎报、缓报传染病疫情，或者在传染病暴发、流行时未及时组织救治、采取控制措施的，由上级人民政府责令改正，通报批评；造成传染病传播、流行或者其他严重后果的，对负有责任的主管人员，依法给予行政处分。

（2）县级以上人民政府卫生行政部门违反《传染病防治法》规定，有下列情形之一的，由本级人民政府，上级人民政府卫生行政部门责令改正，通报批评；造成传染病传播、流行或者其他严重后果的，对负有责任的主管人员和其他直接责任人员，依法给予行政处分：①未依法履行传染病疫情通报、报告或者公布职责，或者隐瞒、谎报、缓报传染病疫情的。②发生或者可能发生传染病传播时未及时采取预防、控制措施的。③未依法履行监督检查职责，或者发现违法行为不及时查

处的。④未及时调查、处理单位和个人对下级卫生行政部门不履行传染病防治职责的举报的。⑤违反《传染病防治法》的其他失职、渎职行为。

(3)县级以上人民政府有关部门未依照本法的规定履行传染病防治和保障职责的，由本级人民政府或者上级人民政府有关部门责令改正，通报批评；造成传染病传播、流行或者其他严重后果的，对负有责任的主管人员和其他直接责任人员，依法给予行政处分。

2.疾病预防控制机构法律责任。

违反《传染病防治法》规定，有下列情形之一的，由县级以上人民政府卫生行政部门责令限期改正，通报批评，给予警告；对负有责任的主管人员和其他直接责任人员，依法给予降级、撤职、开除的处分，并可以依法吊销有关责任人员的执业证书：

(1)未依法履行传染病监测职责的。

(2)未依法履行传染病疫情报告、通报职责，或者隐瞒、谎报、缓报传染病疫情的。

(3)未主动收集传染病疫情信息，或者对传染病疫情信息和疫情报告未及时进行分析、调查、核实的。

(4)发现传染病疫情时，未依据职责及时采取《传染病防治法》规定的措施的。

(5)故意泄露传染病病人、病原携带者、疑似传染病病人、密切接触者涉及个人隐私的有关信息、资料的。

3.医疗机构法律责任。

医疗机构违反《传染病防治法》规定，有下列情形之一的，由县级以上人民政府卫生行政部门责令改正，通报批评，给予警告；造成传染病传播、流行或者其他严重后果的，对负有责任的主管人员和其他直接责任人员，依法给予降级、撤职、开除的处分，并可以依法吊销有关责任人员的执业证书。

(1)未按照规定承担本单位的传染病预防、控制工作，医院感染控制任务和责任区域内的传染病预防工作的。

(2)未按照规定报告传染病疫情，或者隐瞒、谎报、缓报传染病疫情的。

(3)发现传染病疫情时，未按照规定对传染病病人、疑似传染病病人提供医疗救护、现场救援、接诊、转诊的，或者拒绝接受转诊的。

(4)未按照规定对本单位内被传染病病原体污染的场所、物品以及医疗废物实施消毒或者无害化处置的。

(5)未按照规定对医疗器械进行消毒，或者对按照规定一次使用的医疗器具未予销毁，再次使用的。

(6)在医疗救治过程中未按照规定保管医学记录资料的。

(7)故意泄露传染病病人、病原携带者、疑似传染病病人、密切接触者涉及个人隐私的有关信息、资料的。

4. 采供血机构法律责任。

采供血机构未按照规定报告传染病疫情,或者隐瞒、谎报、缓报传染病疫情,或者未执行国家有关规定,导致因输入血液引起经血液传播疾病发生的,由县级以上人民政府卫生行政部门责令改正,通报批评,给予警告;造成传染病传播、流行或者其他严重后果的,对负有责任的主管人员和其他直接责任人员,依法给予降级、撤职、开除的处分,并可以依法吊销采供血机构的执业许可证。

非法采集血液或者组织他人出卖血液的,由县级以上人民政府卫生行政部门予以取缔,没收违法所得,可以并处十万元以下的罚款。

5. 国境卫生检疫机关、动物防疫机构法律责任。

国境卫生检疫机关、动物防疫机构未依法履行传染病疫情通报职责的,由有关部门在各自职责范围内责令改正,通报批评;造成传染病传播、流行或者其他严重后果的,对负有责任的主管人员和其他直接责任人员,依法给予降级、撤职、开除的处分。

6. 铁路、交通、民用航空经营单位法律责任。

铁路、交通、民用航空经营单位未依照本法的规定优先运送处理传染病疫情的人员以及防治传染病的药品和医疗器械的,由有关部门责令限期改正,给予警告;造成严重后果的,对负有责任的主管人员和其他直接责任人员,依法给予降级、撤职、开除的处分。

7. 饮用水供水单位、消毒产品和生物制品生产单位等法律责任。

违反本法规定,有下列情形之一,导致或者可能导致传染病传播、流行的,由县级以上人民政府卫生行政部门责令限期改正,没收违法所得,可以并处五万元以下的罚款;已取得许可证的,原发证部门可以依法暂扣或者吊销许可证。

(1)饮用水供水单位供应的饮用水不符合国家卫生标准和卫生规范的。

(2)涉及饮用水卫生安全的产品不符合国家卫生标准和卫生规范的。

(3)用于传染病防治的消毒产品不符合国家卫生标准和卫生规范的。

(4)出售、运输疫区中被传染病病原体污染或者可能被传染病病原体污染的物品,未进行消毒处理的。

(5)生物制品生产单位生产的血液制品不符合国家质量标准的。

8. 医源性感染、实验室感染、病原体扩散的法律责任。

违反《传染病防治法》规定,有下列情形之一的,由县级以上地方人民政府卫生行政部门责令改正,通报批评,给予警告;已取得许可证的,可以依法暂扣或者吊销许可证；造成传染病传播、流行以及其他严重后果的，对负有责任的主管人员和其他直接责任人员，依法给予降级、撤职、开除的处分，并可以依法吊销有关责任人员的执业证书。

（1）疾病预防控制机构、医疗机构和从事病原微生物实验的单位，不符合国家规定的条件和技术标准，对传染病病原体样本未按照规定进行严格管理，造成实验室感染和病原微生物扩散的。

（2）违反国家有关规定，采集、保藏、携带、运输和使用传染病菌种、毒种和传染病检测样本的。

（3）疾病预防控制机构、医疗机构未执行国家有关规定，导致因输入血液、使用血液制品引起经血液传播疾病发生的。

9. 造成动物传播传染病法律责任。

未经检疫出售、运输与人畜共患传染病有关的野生动物、家畜家禽的，由县级以上地方人民政府畜牧兽医行政部门责令停止违法行为，并依法给予行政处罚。

10. 违规建设大型项目的法律责任。

在国家确认的自然疫源地兴建水利、交通、旅游、能源等大型建设项目，未经卫生调查进行施工的，或者未按照疾病预防控制机构的意见采取必要的传染病预防、控制措施的，由县级以上人民政府卫生行政部门责令限期改正，给予警告，处五千元以上三万元以下的罚款；逾期不改正的，处三万元以上十万元以下的罚款，并可以提请有关人民政府依据职责权限，责令其停建、关闭。

（二）民事责任

1. 单位和个人违反《传染病防治法》规定，导致传染病传播、流行，给他人人身、财产造成损害的，应当依法承担民事责任。

2. 血站、单采血浆站、医疗卫生机构和血液制品生产单位违反法律、行政法规的规定，造成他人感染艾滋病病毒的，应当依法承担民事赔偿责任。

3. 艾滋病病毒感染者或者艾滋病病人故意传播艾滋病的，依法承担民事赔偿责任。

（三）刑事责任

《传染病防治法》规定，违反传染病防治法，情节严重，构成犯罪的，依法追究刑事责任。

1. 妨害传染病防治罪。

《中华人民共和国刑法》第六章妨害社会管理秩序罪第五节“危害公共卫生罪”中第三百三十条规定，违反传染病防治法的规定，有下列情形之一，引起甲类传染病传播或者有传播严重危险的，处三年以下有期徒刑或者拘役；后果特别严重的,处三年以上七年以下有期徒刑。

(1)供水单位供应的饮用水不符合国家规定的卫生标准的。

(2)拒绝按照卫生防疫机构提出的卫生要求,对传染病病原体污染的污水、污物、粪便进行消毒处理的。

(3)准许或者纵容传染病病人、病原携带者和疑似传染病病人从事国务院卫生行政部门规定禁止从事的易使该传染病扩散的工作的。

(4)拒绝执行卫生防疫机构依照传染病防治法提出的预防、控制措施的。

单位犯前款罪的,对单位判处罚金,并对其直接负责的主管人员和其他直接责任人员,依照前款的规定处罚。

2.传染病菌种、毒种扩散罪。

《中华人民共和国刑法》第三百三十一条规定:从事实验、保藏、携带、运输传染病菌种、毒种的人员,违反国务院卫生行政部门的有关规定,造成传染病菌种、毒种扩散,后果严重的,处三年以下有期徒刑或者拘役;后果特别严重的,处三年以上七年以下有期徒刑。

3.污染环境罪。

《中华人民共和国刑法》第六章"妨害社会管理秩序罪"第六节"破坏环境资源保护罪"中第三百三十八条规定,违反国家规定,排放、倾倒或者处置有放射性的废物、含传染病病原体的废物、有毒物质或者其他有害物质,严重污染环境的,处三年以下有期徒刑或者拘役,并处或者单处罚金;后果特别严重的,处三年以上七年以下有期徒刑,并处罚金。

4.传播性病罪。

《中华人民共和国刑法》第六章"妨害社会管理秩序罪"第八节"组织、强迫、引诱、容留、介绍卖淫罪"中第三百六十条规定,明知自己患有梅毒、淋病等严重性病卖淫、嫖娼的,处五年以下有期徒刑、拘役或者管制,并处罚金。

5.传染病防治失职罪。

《中华人民共和国刑法》第九章"渎职罪"中第四百零九条规定,从事传染病防治的政府卫生行政部门的工作人员严重不负责任,导致传染病传播或者流行,情节严重的,处三年以下有期徒刑或者拘役。

二、消毒产品监督管理法律责任

《传染病防治法》和《消毒管理办法》中规定,对消毒产品不符合国家卫生标准和卫生规范要求的应给予行政处罚,造成人身、财产损害的,还要依法追究民事责任。

《传染病防治法》第七十三条规定:对用于传染病防治的消毒产品不符合国

家卫生标准和卫生规范的，由县级以上人民政府卫生行政部门责令限期改正，没收违法所得，可以并处五万元以下的罚款；已取得许可证的，原发证部门可以依法暂扣或者吊销许可证；构成犯罪的，依法追究刑事责任。

《消毒管理办法》第四十七条规定：消毒产品生产经营单位违反本办法第三十三、三十四条规定的，由县级以上地方卫生行政部门责令其限期改正，可以处五千元以下罚款；造成感染性疾病暴发的，可以处五千元以上二万元以下的罚款。

三、其他法律责任

违反国境卫生检疫规定、结核病防治、性病防治、艾滋病防治、病原微生物实验室生物安全等违法行为的法律责任可查阅《国境卫生检疫法》《结核病防治管理办法》《性病防治管理办法》《艾滋病监测管理的若干规定》《病原微生物实验室生物安全管理条例》等法律法规文件。

思考题

1. 法定管理的传染病分几类？有几种？
2. 传染病报告程序和时限的法律规定有哪些？
3. 医疗卫生机构消毒隔离制度执行情况的监督手段与方法有哪些？
4. 简述传染病防治卫生监督的法律依据。
5. 卫生行政部门对消毒产品监管的法律依据是什么？

第十一章　血液监督管理法律制度

教学目的

1. 了解血液卫生监督机构及其职责，无偿献血制度及原料血浆的采集供应的监督，血液制品生产单位的监督。

2. 熟悉血站的设置审批监督以及医疗机构临床用血管理。

3. 了解血液卫生监督的法律责任。

血液被人们誉为“生命之河”。从医学角度说，自肺吸入的氧气以及由消化道吸收的营养物质，组织代谢产生的二氧化碳和其他废物，都必须依靠血液运输，保证身体正常代谢的进行。血液不仅是体液性调节的重要联系媒介，还是人体的防卫队，具有免疫防御功能。现代医疗中，血液是解除病痛以致拯救生命的重要物质。目前，医学上还没有能够替代人体血液功能的人造物质，从健康人群中采集血液及血液成分是满足临床用血需求的唯一途径。为了保障临床用血安全，最大限度地降低甚至避免经血液传播疾病的危险，必须以严格的法律法规保证血液和血液制品的安全。

第一节　血液监督管理法律制度概述

一、血液监督管理法律制度相关概念

从医学的角度讲，血液是流动在心脏和血管内的不透明红色液体，主要成分为血浆、血细胞，有营养组织、调节器官活动和防御有害物质的作用。血液管理法律中的血液是指用于临床的全血。自 1900 年奥地利科学家 Landsteiner 发现 ABO 血型系统，至今已一个多世纪，作为一种治疗方法，输血已经从单纯的全血发展到成分输血，血液制品也应运而生。

血液制品（blood products），属于生物制品范围，指以健康人血液为原料，采用生物学工艺或分离纯化技术制备的生物活性制剂，包括人血白蛋白，人胎盘血白蛋白，静脉注射用人免疫球蛋白，肌注人免疫球蛋白，组织胺人免疫球蛋白，特

异性免疫球蛋白，乙型肝炎免疫球蛋白，狂犬病免疫球蛋白，破伤风免疫球蛋白，人凝血因子Ⅷ，人凝血酶原复合物，人纤维蛋白原，抗人淋巴细胞免疫球蛋白等。

血液和血液制品是临床医疗救助的重要手段之一，但是，以血液为载体的传染性疾病也会通过输血途径传染给受血者，已知经过血液传播的主要疾病包括HIV、HBV和HCV等。对输血引起的安全性问题，世界各国都予以极大关注，世界卫生组织（WHO）将血液安全列为全球7项重点卫生工作之一。自临床输血治疗出现以后，人们经过不断探索发现，只有实行自愿无偿献血才能从根本上清除有偿供血带来的各种弊病，保证血液质量和临床用血安全，最大限度地降低经血液传播疾病的危险。因此WHO大力提倡推行无偿献血，并将其列为血液安全战略的重要部分，使之成为保证血液安全的前提和基础。

按照国际红十字会与红新月会的定义，无偿献血者是自愿提供自身血液、血浆或其他血液成分而不获取任何报酬的人。自愿无偿献血是国际红十字会和世界卫生组织从20世纪30年代就开始建议和提倡的。经过80多年的不懈努力，世界上已有近百个国家和地区实行了无偿献血制度，包括一些发达国家和印度、尼泊尔、津巴布韦等发展中国家。我国的台湾省、香港特别行政区、澳门特别行政区，也已经做到临床用血全部来自无偿献血。

《中华人民共和国献血法》规定，国家实行无偿献血制度，提倡十八周岁至五十五周岁的健康公民自愿献血。

二、血液监督管理立法沿革与现状

血液及血液制品的质量和安全，一直是国家和社会关注的焦点。我国第一个血库“军医署血库”于1944年在昆明成立。1978年，我国决定开始实施公民义务献血制度，并开始了采供血机构的集中统一规范建设；1979年，原卫生部下发了《全国血站工作条例（试行草案）》，明确规定了采供血机构的职责与管理要求。但在20世纪80年代，血站管理受到经济热的影响，一度出现失控的局面，管理受到了严重干扰。为此，原卫生部于1993年颁布了《采供血机构和血液管理办法》《血站基本标准》，对血液管理、血站建设等提出了统一要求。

为了使我国的采供血及输血管理工作走上法制化、现代化的道路，《中华人民共和国献血法》（以下简称《献血法》）经过历时两年的起草，于1997年12月29日经第八届全国人大常委会第二十九次会议通过，1998年10月1日正式实施。之后，又陆续颁布了《血液制品管理条例》（以下简称《条例》）、《血站管理办法》、《血站基本标准》、《血站质量管理规范》、《血站技术操作规程》、《单采血浆站管理办法》等一系列规章、规范和技术标准，并于2012年8月1日修订颁布了新的《医疗机构临床用血管理办法》，使我国的血液工作步入全面依法管理的新局面。2010 年我国的自愿无偿献血人次达 1180 万，采血量达到 3935 吨，临床用血中自愿无偿献血的比例达到 99%。

三、血液及血液制品的卫生监督机构

血液及血液制品的卫生监督是政府和卫生行政部门依据相关法律法规的规定，对《献血法》《血液制品管理条例》《血站管理办法》等法律法规的贯彻执行情况进行督促检查，对违反法律法规的行为依法追究法律责任的一种行政行为。

《献血法》规定，地方各级人民政府领导本行政区域内的献血工作，统一规划并负责组织、协调有关部门共同做好献血工作。县级以上各级人民政府卫生行政部门监督管理献血工作。各级红十字会依法参与、推动献血工作。

《血液制品管理条例》规定，国务院卫生行政部门对全国的原料血浆的采集、供应和血液制品的生产、经营活动实施监督管理。县级以上地方各级人民政府卫生行政部门对本行政区域内的原料血浆的采集、供应和血液制品的生产、经营活动，依照《条例》第三十条规定的职责实施监督管理。

《单采血浆站管理办法》规定，国家卫生行政部门负责全国单采血浆站的监督管理工作。县级以上地方人民政府卫生行政部门负责本行政区域内单采血浆站的监督管理工作。

《医疗机构临床用血管理办法》规定，卫计委负责全国医疗机构临床用血的监督管理。县级以上地方人民政府卫生行政部门负责本行政区域医疗机构临床用血的监督管理。

血液卫生监督的对象包括在中华人民共和国境内从事血液的采集、供应以及血液制品的生产、经营活动的一切单位和个人。

第二节　对采供血机构的卫生监督

一、采供血机构基本概念

血站是采集、提供临床用血的机构，是不以营利为目的的公益性组织，分为一般血站和特殊血站：一般血站包括血液中心、中心血站和中心血库；特殊血站包括脐带血造血干细胞库和原卫生部根据医学发展需要批准、设置的其他类型血库。血液中心、中心血站和中心血库的主要职责是按照省级人民政府卫生行政部门的要求，在规定范围内开展无偿献血者的招募、血液采集与制备、临床用血供应以及医疗用血的业务指导等工作。

二、血站的设置审批与执业监督

（一）血站的设置审批

血站由地方人民政府按照行政区域设立。直辖市、省会市、自治区首府市设置血液中心；设区的市设置中心血站；中心血站服务覆盖不到的县级综合医院内设置中心血库。同一行政区域内不得重复设置血液中心、中心血站。

对血站设置的审批由省、自治区、直辖市人民政府卫生行政部门依据采供血机构设置规划批准设置，并报卫计委备案。

（二）血站的执业许可监督

对血站的采供血活动，实行许可证制度。血站从事采供血业务，必须向所在省、自治区、直辖市人民政府卫生行政部门申请办理执业登记，取得血站执业许可证，没有取得血站执业许可证的，不得开展采供血活动。

血站申请办理执业登记必须填写血站执业登记申请书。经批准其设置的卫生行政部门审核合格，予以执业登记，发给血站执业许可证，有效期为三年。

（三）特殊血站的审批许可

脐带血造血干细胞库等特殊血站的设置规划和原则，由卫计委根据全国人口分布、卫生资源、临床造血干细胞移植需要等实际情况，统一制定。设置脐带血造血干细胞库等特殊血站的，应当按照卫计委规定的条件向所在地省级人民政府卫生行政部门申请，经省级人民政府卫生行政部门组织初审后报卫计委，由卫计委按照申请的先后次序进行审批。

脐带血造血干细胞库等特殊血站执业，应当向所在地省级人民政府卫生行政部门申请办理执业登记，经省级卫生行政部门审查合格的，发给血站执业许可证，并注明开展的业务。血站执业许可证有效期为三年。

三、血站采供血的卫生监督

（一）血站采供血的监督管理机构

对血站的卫生监督以行政区域为单位，由卫生行政部门直接负责。《血站管理办法》规定，县级以上人民政府，负责对辖区内血站执业活动进行监督管理。

省、自治区、直辖市以上的卫生行政部门委托输血协会成立血液质量管理委员会，对血站质量管理、血液质量进行检查和技术指导。

（二）血站采供血监督的内容

我国实行采供血许可制，未取得采供血执业许可的任何单位和个人，均不得开展采供血活动。各级卫生行政部门必须依据《献血法》《血站管理办法》等对血站进行卫生监督和检查，对违法行为依法追究法律责任。监督内容包括：

1. 血站必须依法取得采供血许可证,并按照注册登记的范围开展业务。

2. 血站的工作技术人员必须通过输血业务知识和技能考核,取得合格证书,才能上岗。

3. 血站在执业过程中,应该遵守有关法律、行政法规、规章和技术规范。

4. 在采血前,血站对献血者按照《献血者健康检查标准》免费进行必要的健康检查;对身体不符合献血条件的,应当向其说明情况,不得采集血液。

5. 献血者每次采集血液量一般为 200 毫升,最多不得超过 400 毫升,两次采集间隔期不少于 6 个月。严格禁止献血者超量、频繁采集血液。对献血者发给无偿献血证书,并建立献血档案。

6. 血站应按规定对采集的血液进行检验,检验时必须使用有生产单位名称、生产批准文号和国家检定合格的诊断试剂,保证血液安全。对检测不合格或者报废的血液,应当严格按照有关规定处理。

7. 血站不得单采原料血浆。

8. 对献血、检测和供血的原始记录应当至少保存 10 年;血液检测的全血标本的保存期应当与全血有效期相同;血清(浆)标本的保存期应当在全血有效期满后半年。

9. 血站应保证发出的血液质量符合国家有关标准,其品种、规格、数量、活性、血型无差错;未经检测或者检测不合格的血液,不得向医疗机构提供。

10. 无偿献血的血液必须用于临床,不得买卖。血站剩余成分血浆由省、自治区、直辖市人民政府卫生行政部门协调血液制品生产单位解决。

11. 血站应当制定紧急灾害应急预案,并从血源、管理制度、技术能力和设备条件等方面保证预案的实施,在紧急灾害发生时服从调遣,满足应急用血情况的需要。

12. 血站应严格执行《传染病防治法》规定的疫情报告制度。

第三节　血液制品的监督管理

血液制品特指各种人血浆蛋白制品。为加强血液制品管理,预防和控制经血液途径传播的疾病,保证血液制品的质量,我国于 1996 年 12 月制定颁布了《血液制品管理条例》,《单采血浆站管理办法》也于 2008 年 3 月 1 日开始正式实施。

一、原料血浆的监督

原料血浆,是指由单采血浆站采集的专用于血液制品生产原料的血浆。与临床用血供应实行无偿献血制度相区别，原料血浆供应是有偿的，由法定的单采血浆站采集。

单采血浆站是指根据地区血源资源，按照有关标准和要求并经严格审批设立，采集供应血液制品生产用原料血浆的单位。单采血浆站由血液制品生产单位设置，具有独立的法人资格。

（一）单采血浆站的设置与审批监督

单采血浆站的设置，由卫计委统一规划。卫计委根据全国生产用原料血浆的需求、经济发展状况、疾病流行情况等，制定总体规划。省级政府卫生行政部门根据卫计委《采供血机构设置规划指导原则》，结合本行政区域实际情况和当地区域卫生发展规划，制定本地区的单采血浆站设置规划，组织实施并报卫计委备案。

单采血浆站的设置，实行审批制度。血液制品生产单位设置单采血浆站，应当向单采血浆站设置地的县级卫生行政部门提交设置单采血浆站申请书及相应的材料，经县级卫生行政部门初审后，经设区的市、自治州卫生行政部门审查同意后，交由省级卫生行政部门审批。经审查合格的，由省级人民政府卫生行政部门核发单采血浆许可证，并在设置审批后 10 日内报卫计委备案。

单采血浆许可证有效期为 2 年。有效期满前 3 个月，单采血浆站应当向原发证部门申请延续，经省级人民政府卫生行政部门审核合格的，予以延续。经审核不合格的，责令其限期整改；经整改仍不合格的，注销其单采血浆许可证。

（二）原料血浆的采集与供应监督

单采血浆站在采供血过程中，必须遵守法律法规和技术规范。单采血浆站的法定代表人或者主要负责人应当对采集的原料血浆质量安全负责。县级以上卫生行政部门依法对本行政区域内单采血浆站进行监督管理：

1. 单采血浆站只能在规定的采浆区域内采浆。严禁采集非划定采浆区域内供血浆者的血浆。严禁采集冒名顶替者及无供血浆证者的血浆。

2. 对申请供血浆者，按照规定进行健康检查，对健康检查合格的申请供血浆者，进行身份证核对，确认未在其他单采血浆站登记，方可由县级人民政府卫生行政部门发给供血浆证。

3. 建立供血浆者管理档案，采用计算机管理档案并建立供血浆者身份识别系统。

4. 必须使用单采血浆机械采集血浆，严禁手工采集血浆。血浆采集后必须以单人份冰冻保存，严禁混浆。每次采集供血浆者的血浆量不得超过 580 毫升，两次供血浆时间间隔不得少于 14 天。严禁频繁采集血浆。

5. 必须实行全面质量管理，严格遵守各项技术规划和标准；建立岗位责任制和考核培训制度，关键岗位工作人员必须领取岗位培训合格证书后方可上岗。

6. 所采集的每袋血浆必须留存血浆标本，保存期应不少于血液制品生产投料后2年。

7. 单采血浆站只能向其设置的血液制品生产单位供应原料血浆。

8. 发出的原料血浆质量应当符合国家有关标准，其品种、规格、数量无差错，血浆的生物活性保存完好。

9. 原料血浆不得出口。

10. 单采血浆站应当每半年向所在地县级卫生行政部门报告有关原料血浆采集情况。

二、血液制品生产经营单位的监督

(一)血液制品生产单位的监督

1. 血液制品生产单位的设置，由国家卫生行政部门统一规划立项。由省、自治区、直辖市人民政府卫生行政部门依照《药品质量管理规划》的规定审核批准，并依法向工商行政管理部门申领营业执照后，方可从事血液制品的生产活动。

2. 血液制品生产单位不得向无单采血浆许可证的单采血浆站或者未与其签订质量责任书的单采血浆站及其他任何单位收集原料血浆，也不得向其他任何单位供应原料血浆。

3. 为了保证质量，血液制品生产单位在原料血浆投料生产前，必须使用有产品批准文号并经国家药品生物制品检定机构逐批检定合格的体外诊断试剂，对每一人份血浆进行全面复检，并做检测记录。原料血浆经复检不合格的，不得投料生产，并必须在省级药品监督下按照规定程序和方法予以销毁，并做记录。

原料血浆经复检发现有经血液途径传播的疾病的，必须通知供应血浆的单采血浆站，并及时上报所在地省、自治区、直辖市人民政府卫生行政部门。

4. 血液制品生产用原料血浆实施检疫期制度。对采集并检测合格的原料血浆放置90天后，经对献浆员的血浆样本再次进行病毒检测并合格后，方可将90天前采集的合格的原料血浆投入生产。

5. 血液制品出厂前，必须经过质量检验，经检验不符合国家标准的，严禁出厂。

(二)血液制品经营单位的监督

1. 血液制品经营单位的设置，由省、自治区、直辖市人民政府卫生行政部门审核批准。

2. 血液制品经营单位应当具备与所经营的产品相适应的冷藏条件和熟悉所经营品种的业务人员。

3. 在储存、运输、经营血液制品过程中，应当符合国家规定的卫生标准和要求。

第四节　临床用血的卫生监督

为加强临床用血管理、提高临床科学合理用血水平、保障临床用血安全和医疗质量，原卫生部制定了《医疗机构临床用血管理办法》(以下简称为《办法》)，自2012年8月1日起施行。

一、临床用血的组织管理

(一)临床用血专家委员会职能

国家卫生计生委成立临床用血专家委员会，主要职能包括：

1. 协助制定国家临床用血相关制度、技术规范和标准。

2. 协助指导全国临床用血管理和质量评价工作，促进提高临床合理用血水平。

3. 协助临床用血重大安全事件的调查分析，提出处理意见；承担卫计委交办的有关临床用血管理的其他任务。

(二)省级临床用血质量控制中心职能

由各省级卫生行政部门成立，负责辖区内医疗机构临床用血管理的指导、评价和培训等工作。

(三)临床用血管理委员会职能

医疗机构应当加强组织管理，明确岗位职责，健全管理制度。二级以上医院和妇幼保健院应当设立临床用血管理委员会，负责本机构临床合理用血管理工作。其他医疗机构应当设立临床用血管理工作组，并指定专(兼)职人员负责日常管理工作。

二、医疗机构临床用血监督法律规定

临床用血管理，是医疗质量管理的重要组成部分。县级以上卫生行政部门对本行政区域内的医疗机构临床用血进行监督。

1. 医疗机构应当加强临床用血管理，建立并完善管理制度和工作规范。

2. 根据有关规定和临床用血需求设置输血科或者血库，并根据自身功能、任务、规模，配备与输血工作相适应的专业技术人员、设施、设备。

3. 使用卫生行政部门指定血站提供的血液。应急用血时，在符合《办法》规定条件下，医疗机构可以临时采集血液，在临时采集血液后十日内将情况报告给

县级以上卫生行政部门。

4.医疗机构应当对血液预订、接收、入库、储存、出库及库存预警等进行管理,保证血液储存、运送符合国家有关标准和要求。

5.医疗机构接收血站发送的血液后,应当对血袋标签进行核对、登记和入库。储血环境应当符合卫生标准和要求。

6.在血液发放和输血时进行核对,并指定医务人员负责血液的收领、发放工作。

7.建立临床用血申请管理制度。在输血治疗前,医师应当向患者或者其近亲属说明输血目的、方式和风险,并签署临床输血治疗知情同意书。

8.医疗机构应当积极推行节约用血的新型医疗技术,积极推行成分输血。

9.建立临床用血不良事件监测报告制度。临床发现输血不良反应后,应当积极救治患者,及时向有关部门报告,并做好观察和记录。

10.医疗机构应当建立临床用血医学文书管理制度,确保临床用血信息客观、真实、完整、可追溯。医师应当将患者输血适应证的评估、输血过程和输血后疗效评价情况记入病历;临床输血治疗知情同意书、输血记录单等随病历保存。

11.加强对医务人员临床用血和无偿献血知识的培训,将临床用血相关知识培训纳入继续教育内容。

12.建立科室和医师临床用血评价及公示制度。将临床用血情况纳入科室和医务人员工作考核指标体系。禁止将用血量和经济收入作为输血科或者血库工作的考核指标。

三、医疗机构临床用血监督管理

县级以上地方人民政府卫生行政部门负责对本行政区域内医疗机构临床用血情况的督导检查。

县级以上地方人民政府卫生行政部门应当建立医疗机构临床用血评价制度,定期对医疗机构临床用血工作进行评价。建立临床合理用血情况排名、公布制度。对本行政区域内医疗机构临床用血量和不合理使用等情况进行排名,将排名情况向本行政区域内的医疗机构公布,并报上级卫生行政部门。

县级以上地方人民政府卫生行政部门应当将医疗机构临床用血情况纳入医疗机构考核指标体系;将临床用血情况作为医疗机构评审、评价重要指标。

第五节　血液监督管理法律责任

《献血法》《血液制品管理条例》《单采血浆站管理办法》《医疗机构临床用血

管理办法》等法律法规明确规定了对违反血液管理的行为依法追究法律责任。

一、行政责任

(一)《中华人民共和国献血法》规定

1.有下列行为之一的，由县级以上地方人民政府卫生行政部门予以取缔，没收违法所得，可以并处十万元以下的罚款：(1)非法采集血液的；(2)血站、医疗机构出售无偿献血的血液的；(3)非法组织他人出卖血液的。

2.临床用血的包装、储运、运输，不符合国家规定的卫生标准和要求的，由县级以上地方人民政府卫生行政部门责令改正，给予警告，可以并处一万元以下的罚款。

3.血站向医疗机构提供不符合国家规定标准的血液的，医疗机构的医务人员将不符合国家规定标准的血液用于患者的，由县级以上人民政府卫生行政部门责令改正；给患者健康造成损害的，对直接负责的主管人员和其他直接责任人员，依法给予行政处分。

(二)《血液制品管理条例》规定

1.未取得省、自治区、直辖市人民政府卫生行政部门核发的单采血浆许可证，非法从事组织、采集、供应、倒卖原料血浆活动的，由县级以上地方人民政府卫生行政部门予以取缔，没收违法所得和从事违法活动的器材、设备，并处违法所得五倍以上十倍以下的罚款，没有违法所得的，并处五万元以上十万元以下的罚款。

2.涂改、伪造、转让供血浆证的，由县级人民政府卫生行政部门收缴供血浆证，没收违法所得，并处违法所得三倍以上五倍以下的罚款，没有违法所得的，并处一万元以下的罚款。

3.血液制品生产单位有下列行为之一的，由省级以上人民政府卫生行政部门依照药品管理法及其实施办法等有关规定，按照生产假药、劣药予以处罚：(1)使用无单采血浆许可证的单采血浆站或者未与其签订质量责任书的单采血浆站及其他任何单位供应的原料血浆的，或者非法采集原料血浆的；(2)投料生产前未对原料血浆进行复检的，或者使用没有产品批准文号或者未经国家药品生物制品检定机构逐批检定合格的体外诊断试剂进行复检的，或者将检测不合格的原料血浆投入生产的；(3)擅自更改生产工艺和质量标准的，或者将检验不合格的产品出厂的；(4)与他人共用产品批准文号的。

4.血液制品生产单位擅自向其他单位出让、出租、出借以及与他人共用药品生产企业许可证、产品批准文号或者供应原料血浆的，由省级以上人民政府卫生行政部门没收违法所得，并处违法所得五倍以上十倍以下的罚款，没有违法所得的，并处五万元以上十万元以下的罚款。

5. 血液制品生产经营单位生产、包装、储存、运输、经营血液制品不符合国家规定的卫生标准和要求的，由省、自治区、直辖市人民政府卫生行政部门责令改正，可以处一万元以下的罚款。

6. 在血液制品生产单位成品库待出厂的产品中，经抽检有一批次达不到国家规定的指标，经复检仍不合格的，由国务院卫生行政部门撤销血液制品批准文号。

7. 血液制品生产单位擅自进出口血液制品或者出口原料血浆的，由省级以上人民政府卫生行政部门没收所进出口的血液制品或者所出口的原料血浆和违法所得，并处所进出口的血液制品或者所出口的原料血浆总值三倍以上五倍以下的罚款。

8. 血液制品检验人员虚报、瞒报、涂改、伪造检验报告及有关资料的，依法给予行政处分；构成犯罪的，依法追究刑事责任。

（三）《单采血浆站管理办法》规定

有下列情形之一的，按照情节严重予以处罚，并吊销单采血浆许可证：

1. 对国家规定检测项目检测结果呈阳性的血浆不清除并不及时上报的；

2. 十二个月内两次发生《血液制品管理条例》第三十五条所列违法行为的；

3. 同时有《血液制品管理条例》第三十五条三项以上违法行为的；

4. 卫生行政部门责令限期改正而拒不改正的；

5. 造成经血液途径传播的疾病传播或者造成其他严重伤害后果的。

（四）《医疗机构临床用血管理办法》规定

1. 医疗机构有下列情形之一的，由县级以上人民政府卫生行政部门责令限期改正，逾期不改的，进行通报批评，并予以警告；情节严重或者造成严重后果的，可处三万元以下的罚款，对负有责任的主管人员和其他直接责任人员依法给予处分：(1)未设立临床用血管理委员会或者工作组的；(2)未拟定临床用血计划或者一年内未对计划实施情况进行评估和考核的；(3)未建立血液发放和输血核对制度的；(4)未建立临床用血申请管理制度的；(5)未建立医务人员临床用血和无偿献血知识培训制度的；(6)未建立科室和医师临床用血评价及公示制度的；(7)将经济收入作为输血科或者血库工作的考核指标的；(8)违反本办法的其他行为。

2. 使用未经卫生行政部门指定的血站供应的血液，违反关于应急用血采血规定的，由县级以上地方人民政府卫生行政部门给予警告，并处三万元以下罚款；情节严重或者造成严重后果的，对负有责任的主管人员和其他直接责任人员依法给予处分。

二、民事责任

《献血法》规定：血站向医疗机构提供不符合国家规定标准的血液的；医疗机构的医务人员将不符合国家规定标准的血液用于患者的，给患者健康造成损害的，应当依法赔偿。《侵权责任法》也规定，因输入不合格的血液造成患者损害的，患者可以向生产者或者血液提供机构请求赔偿，也可以向医疗机构请求赔偿。这里的赔偿责任主要表现为财产责任，赔偿的范围包括医疗费、生活补助费、误工工资等。

三、刑事责任

《刑法》第三百三十四条规定：非法采集、供应血液或者制作、供应血液制品，不符合国家规定的标准，足以危害人体健康的，处五年以下有期徒刑或者拘役，并处罚金；对人体健康造成严重危害的，处五年以上十年以下有期徒刑，并处罚金；造成特别严重后果的，处十年以上有期徒刑或者无期徒刑，并处罚金或者没收财产。

《献血法》规定，对有以下行为之一，情节严重，构成犯罪的，可以予以刑事处罚：

①血站向医疗机构提供不符合国家规定标准的血液，造成经血液途径传播的疾病传播或者有传播严重危险的；②医疗机构的医务人员违反本法规定将不符合国家规定标准的血液用于患者的，给患者健康造成损害的；③卫生行政部门及其工作人员在献血、用血的监督管理工作中，玩忽职守，造成严重后果的。

《血液管理条例》规定，有以下行为之一，构成犯罪的，依法追究刑事责任：

①未取得单采血浆许可证，非法从事组织、采集、供应、倒卖原料血浆活动的，造成经血液途径传播的疾病传播、人身伤害等危害的；②对国家规定检测项目检测结果呈阳性的血浆不清除、不及时上报的；③单采血浆站已知其采集的血浆检测结果呈阳性，仍向血液制品生产单位供应，造成经血液途径传播的疾病传播、人身伤害等危害的；④涂改、伪造、转让供血许可证的。

违反《血液制品管理条例》三十八条规定，有下列行为之一，构成犯罪的，依法追究刑事责任：

①使用无单采血浆许可证的单采血浆站或者未与其签订质量责任书的单采血浆站及其他任何单位供应的原料血浆的，或者非法采集原料血浆的；②投料生产前未对原料血浆进行复检的，或者使用没有产品批准文号或者未经国家药品生物制品检定机构逐批检定合格的体外诊断试剂进行复检的，或者将检测不合格的原料血浆投入生产的；③擅自更改生产工艺和质量标准的，或者将检验不合

格的产品出厂的；④与他人共用产品批准文号的。

血液制品检验人员虚报、瞒报、涂改、伪造检验报告及有关资料，构成犯罪的，依法追究刑事责任。

医疗机构及其医务人员违反临床用血管理规定，构成犯罪的，依法追究刑事责任。《刑法》第三百三十五条规定："医务人员由于严重不负责任，造成就诊人死亡或者严重损害就诊人身体健康的，处三年以下有期徒刑或者拘役。"

思考题

1. 血站的设置审批与许可有哪些条件？

2. 血站采供血监督的内容都有什么？

3. 医疗机构临床用血的法律规定有哪些？

第十二章　国境卫生检疫监督法律制度

教学目的

1. 掌握国境卫生检疫监督的主要内容。
2. 熟悉国境卫生检疫强制的概念和种类。
3. 了解国境卫生检疫法律体系。

第一节　国境卫生检疫监督法律概述

一、国境卫生检疫概述

（一）国境卫生检疫的概念

就“检疫”本身而言，这是一个古老的名词。早在公元前，人们出于对麻风病的恐惧，曾采取将患者隔离，并将患者衣物烧毁的措施；公元 7 世纪时，人们曾用军队在腺鼠疫的疫区周围建立封锁线进行隔离。这些措施可称之为最初的检疫。后来，检疫措施被广泛采纳与应用，逐步发展到各国口岸的国境卫生检疫。

现在国际上通用的“Quarantine（检疫）”一词，系由意大利文“quarantte（40）”“quaranta（40 天）”“Quarantenaria（四旬）”转意而来。14 世纪时欧洲鼠疫猖獗，为了防止鼠疫由国外传入，意大利和拉古萨等国都采取了强制性检疫措施。规定凡是由东方来的船只，不论船员、旅客或者货物，一律停船隔离，最早规定隔离 30 天，后来延长为 80 天，最后定为 40 天（四旬），在此期限内进行医学检查和卫生检查，同时采取相关的卫生措施，有效地防止了鼠疫的传播。由此，“隔离 40 天（四旬）” 转意为“检疫”，当时专指“海港检疫”，国际上一直沿用至今；后来，泛指海港、陆路边境和航空口岸检疫，通称为国境卫生检疫，简称为 Quarantine（检疫）。

世界卫生组织《国际卫生条例》（2005）将“检疫”定义为：限制有嫌疑但无症状的个人或有嫌疑的行李、集装箱、交通工具或物品的活动和（或）将其与其他的个人和物品隔离，以防止感染或污染的可能传播。按照世界卫生组织《国际卫生条例》（2005）的最新概念，国境卫生检疫的对象，已由 1969 版《国际卫生条例》规定的单纯防控病原生物所致的传染病，扩展到防控生物、化学、核及辐射因子（简称核生化因子）三类公共卫生风险，确保人体健康和国家卫生安全。

从政府执法角度，对“国境卫生检疫”的定义为，国境卫生检疫机关为了防止传染病从国外传入或者由国内传出，依照国境卫生检疫的法律、法规，在国境口岸对入境、出境人员，交通工具，运输设备以及可能传播传染病的行李、货物、邮包等物品实施传染病检疫、监测和卫生监督、卫生处理以及核生化因子监测的卫生行政执法行为。

（二）国境卫生检疫的特征

国境卫生检疫的本质是行政执法行为，因此，它具有执法职权法定、程序正当、主体适格、对行政相对人的权利义务产生影响等执法行为的共同特征。但是作为国境口岸特有的执法行为，国境卫生检疫具有区别于其他行政执法行为的特殊性。概括起来，主要有以下特征：

1. 国际性。

世界各国国境卫生检疫工作的开展均以《国际卫生条例》作为共同准则，其宗旨是：最大限度地防止疾病在国际间的传播，同时又尽可能小地干扰国际交通运输和人员往来。各国加强协同配合，共同应对威胁人类生命健康的各种重大疫情和突发公共卫生事件。与此同时，相关国际规则和各国卫生法规对卫生检疫有特别要求，需要互相适应。

2. 主权性。

国境卫生检疫对内是行政执法活动，对外是一项严肃的维护主权的国家行为，称为“国门第一哨”。各国均以国家的名义实行严格的相关措施，确保人民健康和国家安全。

3. 强制性。

世界各国都把国境卫生检疫纳入国家法制化管理轨道。通过立法手段，建立和完善法律法规体系和应急机制，确立相应的管理体制机制，建立规范的组织机构，依法施检，统一管理，强制执行，保障各项卫生检疫措施落到实处。各国的法律法规和国际通行做法、相关规则、协定等，都赋予国境卫生检验检疫机构以公认的法律地位；国际贸易合同中对国境卫生检疫也有明确的条款规定，使国境卫生检疫工作受到法律的保护，所签发的证件具有法律效力。

4. 应急性。

国境卫生检疫工作经常遇到突发情况，例如国际间突发流行的传染病。因此，国境卫生检疫机关平时要做好应急预案和相关准备工作，并加强演练，保证随时能够处置各种突发事件。

5.预见性。

国境卫生检疫工作需要有预见性，通过危险分析评估，制定预警和应急准备等干预手段的方案，针对外来危害严重、在国内未发生(或分布不广)而可能传播的疫情以及其他突发公共卫生事件，力求做到“御疫病于国门之外”和“防患于未然”。因此，卫生检疫是特殊的预防手段。

二、国境卫生检疫法概述

国境卫生检疫法的概念一般包括广义和狭义两种含义。广义的国境卫生检疫法，是一切对国境卫生检疫活动有调整、规范和指引作用的由有权国家机关制定、认可，具有强制执行性的法律、法规、规章、规范性文件以及我国签署的国际条约和承认遵循的国际行业惯例等，也可统称为国境卫生检疫法的法律法规体系。狭义的国境卫生检疫法，是指拥有国家立法权的立法机关制定、认可，以国家强制力保证实施的，在调整国境卫生检疫活动中，保护人体生命健康并规范人体生命健康而形成的各种社会关系的法律规范总和。通常情况下，一般采用广义的含义。

(一)国境卫生检疫法律体系

1.国际法。

(1)《国际卫生条例》。

《国际卫生条例》由世界卫生组织成员国谈判制定，是目前世界各国卫生检疫法律法规体系之重要法源。《国际卫生条例》是一部国际卫生法，对世界卫生组织的194个成员国家具有约束力，旨在帮助国际社会预防和应对那些有可能跨国威胁世界范围人体健康的紧急公共卫生风险。

最新版的《国际卫生条例》于2007年6月15日生效，要求各国将一些疾病的暴发情况和公共卫生事件向世卫组织报告。以世卫组织在全球疾病监测、预警和应对方面的独特经验为基础，《国际卫生条例》(2005)定义了各国报告公共卫生事件的权利和义务，确定了世卫组织在维护全球公共卫生安全工作中必须遵循的一系列程序。

(2)《国际卫生条例》配套的相关法律法规制度。

有关国际组织为促进《国际卫生条例》(2005)的执行，细化、补充或延伸制定的相关制度规范。例如，关于世卫组织全球疟疾规划、国际化学品管理战略方针等。《国际卫生条例》及其配套相关的法律法规制度以及其他涉及卫生检疫内容的国际协议、规则等，共同构成了国际性的国境卫生检疫法律法规体系。世界各国以《国际卫生条例》和有关国际规则为基本依据，结合各自国情，通过制定或修订本国的《国境卫生检疫法》和其他涉及卫生检疫内容的法规制度，或其他手段，构建本国配套的国境卫生检疫法律法规体系。

2.我国的国境卫生检疫法律法规体系。

我国的国境卫生检疫工作自1873年开始，经过一百多年的发展，我国的国境卫生检疫法律法规体系已逐步建立并日臻完善。

目前我国的国境卫生检疫法体系，主要包括《中华人民共和国国境卫生检疫法》专门法律，以及国务院发布的配套的行政法规《中华人民共和国国境卫生检疫法实施细则》(简称《国境卫生检疫法实施细则》)；同时依照法律法规的层级和内容特性，包括其他基本法律、专门法律和政府法规、部门规章和我国签署的或承认的国际条约、双边多边协定中与卫生检疫相关的内容，以及相关的实体法和程序法，共同构成了我国国境卫生检疫法律法规的完整体系。

具体而言，我国国境卫生检疫法律法规体系主要包括下列有关法律法规：

(1)我国于1979年6月1日承认《国际卫生条例》，开始对该条例承担义务。

(2)《中华人民共和国国境卫生检疫法》。

依据《国际卫生条例》的有关要求，结合我国实际情况，第六届全国人民代表大会常务委员会第十八次会议于1986年12月2日通过了《中华人民共和国国境卫生检疫法》。这是我国第一部正式的国境卫生检疫法。第十届全国人民代表大会常务委员会第三十一次会议于2007年12月29日对《中华人民共和国国境卫生检疫法》做了个别条款的修订。

(3)《中华人民共和国国境卫生检疫法实施细则》。

《中华人民共和国国境卫生检疫法实施细则》于1989年2月10日由国务院批准，1989年3月6日原卫生部发布实施，2010年4月19日国务院第一百零八次常务会议做了个别条款的修订。

(4)其他相关的法律、法规、规章和管理制度。

主要包括行政法规、部门规章、地方性法规以及配套的规章制度、强制性技术标准及操作规程等。

(5)港、澳、台卫生检疫规定。

鉴于我国的特殊国情，香港、澳门和台湾地区各有卫生检疫体系，因而采用特别方式，与祖国大陆和国际相关组织建立了卫生检疫的互相衔接及协调机制。

(6)双边卫生检疫协议。

主要是我国与邻国之间，依据国际卫生检疫基本原则和双方国家及当地的卫生检疫法规，紧密结合双方边境的实际情况和特点，按照既有利防控疾病，又方便正常往来的精神，双方商定的具体卫生检疫措施。目前已陆续签订了中俄、中朝、中越、中老、中缅等有关卫生检疫的双边协议。

以上各种卫生检疫法律法规，构成了我国总体的卫生检疫法律法规体系。

（二）国境卫生检疫法的立法原则

1.《国际卫生条例》原则。

《国际卫生条例》(2005)是世界各国共同遵循的最新国际国境卫生检疫法，其中规定该条例的原则有四条：

(1)应充分尊重人的尊严、人权和基本自由。

(2)应以《联合国宪章》和《世界卫生组织组织法》为指导。

(3)应以其广泛用以保护世界上所有人民不受疾病国际传播之害的目标为指导。

(4)根据《联合国宪章》和国际法的原则，国家具有根据其卫生政策立法和实施法规的主权权利。在这样做时，它们应遵循本条例的目的。

2.我国的国境卫生检疫法应遵循以下原则：

(1)保护出入境人员生命健康原则。《中华人民共和国国境卫生检疫法》第一条规定："为防止传染病由国外传入或者由国内传出，实施国境卫生检疫，保护人体健康，制定本法。"本条从立法目的上体现了国境卫生检疫保护出入境人员生命健康原则。

(2)预防为主原则。"预防为主"是我国卫生工作的重要方针，也是我国卫生立法必须遵循的一条重要原则。应该说"预防为主"的原则是包括卫生立法在内的卫生工作的普遍原则，但这个原则对于国境卫生检疫工作来讲具有更直接的重要意义，《国境卫生检疫法》的其他原则都从属于这条根本原则。

(3)全面迅速原则。全面就是指国境卫生检疫机关为防止传染病传入传出，保证口岸卫生环境，要积极依法采取宏观控制措施和微观的检疫措施，对动态与静态的检疫对象进行全面的卫生检疫和卫生监督。所谓动态的检疫对象，是指入出国境的人员、交通工具、运输设备，以及可能传播检疫传染病的行李、货物、邮包等物品。所谓静态的检疫对象，主要是指国境口岸的卫生环境，它与卫生检疫机关在国境口岸工作的地域范围是基本吻合的。根据我国《国境卫生检疫法实施细则》第三条规定："卫生检疫机关在国境口岸工作的范围，是指为国境口岸服务的涉外宾馆、饭店、俱乐部，为入境、出境交通工具提供饮食服务的单位和对入境、出境人员、交通工具、集装箱和货物实施检疫、监测、卫生监督的场所。"

迅速是指迅速检疫。一方面是指国境卫生检疫机关及其工作人员在发生检疫传染病或疑似检疫传染病时，必须迅速采取传染病监控、卫生处理的有关措施，同时立即通知、报告有关部门。《国境卫生检疫法》第五条规定："国境卫生检疫机关发现检疫传染病或者疑似检疫传染病时，除采取必要措施外，必须立即通知当地卫生行政部门，同时用最快的方法报告国务院卫生行政部门，最迟不得超过二十四小时。"另一方面是指国境卫生检疫工作具有很强的时间性。国境口岸是出入境的场所，必须保持通畅，讲求效益，对外树立一个国家的良好形象。目前世界各国、各个地区都在不断改进口岸查验管理方式，缩短出入境时间，为发展本国的对外贸易和经济交往服务。这一点对我国尤为重要，如何在保证完成检疫查验工作的前提下，探索出一种合法、高效率的工作方式，是摆在国境卫生检疫机关面前的重要课题。

（4）口岸查验中，卫生检疫先行的原则。总的来说，传统卫生检疫的目的是防止传染病由国外传入或由国内传出，保护人体健康。国境卫生检疫工作的特殊性决定了口岸查验卫生检疫先行的原则，即国境卫生检疫机关在入出境查验中，先于国境口岸的其他查验部门，对人员、交通工具、运输设备，以及可能传播检疫传染病的行李、货物、邮包等实施检疫和卫生处理。

我国《国境卫生检疫法》第七条规定："入境的交通工具和人员，必须在最先到达的国境口岸的指定地点接受检疫。除引航员外，未经国境卫生检疫机关许可，任何人不准上下交通工具，不准装卸行李、货物、邮包等物品。"

我国《国境卫生检疫法》第九条规定："来自国外的船舶、航空器因故停泊、降落在中国境内非口岸地点的时候，船舶、航空器的负责人应当立即向就近的国境卫生检疫机关或者当地卫生行政部门报告。除紧急情况外，未经国境卫生检疫机关或者当地卫生行政部门许可，任何人不准上下船舶、航空器，不准装卸行李、货物、邮包等物品。"

第二节　国境卫生检疫监督法律制度

一、国境卫生检疫监督机关

（一）国境卫生检疫监督机关的概念

《国境卫生检疫法》规定："在中华人民共和国国际通航的港口、机场及陆地边境和国界江河的口岸，设立国境卫生检疫机关，依照本法规定实施传染病检疫、监测和卫生监督。""入境、出境的人员、交通工具、运输设备以及可能传播检疫传染病的行李、货物、邮包等物品，都应当接受检疫，经国境卫生检疫机关许可，方准入境或者出境。"根据上述规定，国境卫生检疫机关是国家设在国境口岸的权力机构，它代表国家在国境口岸行使检疫主权。国境卫生检疫机关的主要任务是对入出境人员、交通工具、运输设备以及可能传播检疫传染病的行李、货物、邮包等物品实施卫生检疫，并对国境口岸和停留在国境口岸的交通工具实施卫生监督。

2001 年 4 月，党中央、国务院决定，将原国家质量技术监督局和原国家出入境检验检疫局合并，组建了国家质量监督检验检疫总局，设立卫生检疫监管司，主管全国出入境卫生检疫工作。我国出入境检验检疫机构实行垂直管理，国家质量监督检验检疫总局在主要地区设立直属出入境检验检疫局，各直属出入境检验检疫局在其行政辖区范围内设立出入境检验检疫分支局作为其派出机构，从事包括卫生检疫权在内的国境口岸检验检疫行政执法活动。

（二）国境卫生检疫机关的性质及其职责

国境卫生检疫机关是代表国家行使卫生主权的卫生执法机构，是国务院指定的口岸检查单位之一。它既从属于预防医学的卫生事业机构，又是口岸的卫生执法机构，是具有双重性质的一个涉外执法部门。

《国境卫生检疫法实施细则》第十九条对国境卫生检疫机关的职责做出了具体规定，主要概括为下述几个方面：

1. 及时发现和报告疫病疫情的职责。

根据规定，国境卫生检疫机关发现检疫传染病或者疑似检疫传染病时，除采取将其隔离或留验等必要的措施外，必须立即通知当地卫生行政部门，并以最迅速的方法报告国务院卫生行政部门，最迟不得超过 24 小时。这是国境卫生检疫机关的一项重要职责。

2. 对入境、出境人员，交通工具、货物、行李、邮包、货物容器等物品实施检疫查验、卫生检查和卫生处理。这一职责包括以下几方面：

(1)国境卫生检疫机关对检疫传染病染疫人必须立即将其隔离，对检疫传染病染疫嫌疑人应当将其留验，因患检疫传染病而死亡的尸体，必须就近将其火化；

(2)对来自检疫传染病疫区的，或发现有与人类健康有关的啮齿动物或者病媒昆虫的入境检疫的交通工具，应当实施消毒、除鼠、除虫或其他卫生处理；

(3)对来自疫区的，被检疫传染病污染或者成为检疫传染病传播媒介的行李、货物、邮包等物品，应当进行卫生检查，实施消毒、除鼠、除虫或其他卫生处理；

(4)对入境、出境人员和国境口岸的人群实施传染病监测，对某些传染病患者实施入境、出境限制和卫生管理。

3. 研究、调查和报告国际和国境口岸地区传染病的发生、流行和终止情况。

国境卫生检疫机关应当经常了解、分析传染病的国内外疫情，熟悉各疫区的流行动态；并注意收集和积累国内外疫情资料，认真总结分析，研究并掌握传染病发生发展的准确规律，预测流行趋势，制定最佳检疫措施，提出预防对策。

4.其他法定职责。

包括对入境、出境的尸体、骸骨实施检验和卫生处理;对入境能导致人类传染病的动物、微生物、人体组织、血液及其制品和其他有害健康的物品实施卫生管理;对入境、出境的人员进行预防接种、健康检查、医疗服务、国际旅行健康咨询和卫生宣传;签发卫生检疫证件;对国境口岸和停留在国境口岸的交通工具实施卫生监督;对病媒昆虫、啮齿动物进行检查和检验;执行国务院卫生行政部门指定的其他工作,等等。

二、国境卫生检疫监督的对象

出入境检验检疫机构卫生检疫部门进行国境卫生检疫的对象主要包括:

1.国境口岸。

指国际通航的港口、机场、车站、陆地边界和国界江河的关口。具体对象包括为国境口岸服务的涉外宾馆、饭店、俱乐部,为入出境交通工具提供饮食、服务的单位和对入出境人员、交通工具、集装箱和货物实施检疫、监测和卫生监督的场所。

2.人员。

包括国境口岸从事饮食、服务的工作人员、交通员工及入、出境旅客。

3.交通工具。

指出入境的船舶、航空器、列车和其他车辆;

4.运输设备指货物集装箱。

5.可能传播检疫传染病的行李、货物、邮包等。

6.入境、出境的微生物、人体组织、生物制品、血液及其制品等特殊物品。

7.含放射性物质或可能被放射性物质污染的货物。

8.进出口食品。

9.出入境的尸体骸骨和棺柩。

10.从事进出口工作的单位及个人、外资企业、合资企业等。

三、国境卫生检疫监督的主要内容

(一)国境卫生检疫行为的定义

国境卫生检疫行为是指检验检疫机构及其国境卫生检疫工作人员,为了防止传染病由国外传入或者由国内传出,实施国境卫生检疫,保护人体健康,按照《国境卫生检疫法》及其实施细则,对出入境交通工具、人员、物品等实施检查并采取相应措施的行为。

根据《国境卫生检疫法》及其实施细则的相关规定,国境卫生检疫行为主要包括：检疫查验、传染病监测、卫生监督、卫生处理以及应对突发公共卫生事件等。

（二）检疫查验

是出入境检验检疫机构根据国家法律、法规和国际通行办法，在出入境的口岸或指定场所，以防止传染性疾病进入出境为目的，对出入境人员、交通工具、运输设备以及行李、邮包、货物、媒介生物等对象开展的医学、卫生学或其他方式的检查或验证活动。

1. 对人员的检疫查验。

入出境的人员在指定地点接受包括健康申报、医学检查、症状监测、预防和控制措施证书、证明检查、查验，采取医学控制措施（限制入出境、留验、隔离、强制治疗）等为主要内容的检疫查验活动。

人员单证查验：

（1）查验入境旅客的下列单证：来自黄热病疫区的旅客的黄热病预防接种证书。

（2）查验入境交通员工的下列单证：船舶的航海健康申报书，飞机总申报单中的卫生部分；中国籍交通员工的健康证明；来自黄热病疫区的交通员工的黄热病预防接种证书。

（3）查验出境旅客的下列单证：前往黄热病疫区的中国籍旅客的黄热病预防接种证书；根据前往国家的要求，查验相应的预防接种证书。

（4）查验出境交通员工的下列单证：中国籍交通员工的健康证明；前往黄热病疫区的中国籍交通员工的黄热病预防接种证书；根据前往国家的要求，查验相应的预防接种证书；中国籍交通工具上食品、饮用水从业人员的健康证明书。

2. 对交通工具、集装箱及货物、邮包、行李的检疫查验。

入境交通工具、集装箱及货物、邮包、行李在最先到达的国境口岸，出境交通工具、集装箱及货物、邮包、行李在最后离境的国境口岸接受包括查验、验证申报、签发或出具证书、文件、实施控制措施（禁止入出境、封存、销毁、深埋、消毒、除害）等为内容的检疫查验活动。

3. 对特殊物品（微生物、人体组织、生物制品、血液及其制品等）、尸体、棺柩和废旧物品的检疫查验。

包括出入境前的行政审批、许可；出入境申报、目视或透视设备查验、文件验证、实施控制措施（禁止出入境、封存、灭活、销毁、深埋、消毒）等为内容的检疫查验活动。

（三）传染病监测

1.传染病监测定义。

是国家赋予出入境检验检疫机构的职责，是指出入境检验检疫机构或其授权委托的机构对特定环境、人群进行健康检查、流行病学、血清学、病原学、临床症状以及其他有关影响人体健康的因素的调查研究，预测有关传染病的发生、发展和流行规律，并采取必要的预防控制措施。通过传染病监测能有效地防止传染病的传入和传出，保护人体健康。

2.传染病监测目的。

是及早发现传染病或传染源，并及时采取有效的防控措施，防止传染病的传入传出及发生和流行，保护人体健康。出入境检验检疫机构负责建立口岸传染病监测网络，制定监测方案并组织实施，开展对监测结果的分析等，实施口岸传染病的监测和预警。

3.国境口岸监测的传染病范围。

一般包括我国《传染病防治法》规定的三类37种法定传染病和新纳入法定管理的2种共39种，以及根据国际流行的传染病疫情确定的其他传染病。2005年世界卫生大会通过的《国际卫生条例》(2005)将国境口岸的监测上升到针对可能出现的公共卫生风险监测。公共卫生风险因子的监测识别包括潜在的各种传染病、致病因子、化学和核辐射等国际关注的公共卫生风险。

4.旅检口岸传染病监测流程。

(1)健康申报。出入境旅客及交通工具员工，应主动申报传染病相关的健康情况。

(2)体温监测。入境旅客进行红外线体温监测，对于体温超过正常值的，进行水银温度计复测，必要时进行医学检查和流行病学调查。

(3)医学巡查。对入出境旅客及交通员工进行健康诊察，主要针对传染病相关的症状和体征，比如腹痛、皮疹等。

(4)流行病学调查。对于来自疫区发现有发热、皮疹、黄疸、出血、淋巴腺肿、呕吐、腹泻等症状和体征的旅客，或在健康诊察中有异常情况发现的，应进行相应的医学检查和包括下列内容在内的流行病学调查：仔细询问入境旅客的旅行史，尤其是近四周的旅行史和接触史；询问健康状况，若近期曾患病，应进一步询问既往病史，包括发病时间、地点、主要症状、诊断、治疗及预防接种情况。

(5)医学检查。对于有传染病受染嫌疑的，要进行医学检查，必要时进行实验室检查确诊或移送有资质的医疗机构进一步处置。

(6)后续处理。对来自检疫传染病、监测传染病疫区的人员，应根据流行病学情况和医学检查结果，分别采取发放“就诊方便卡”、移送、隔离、留验等措施。

5.传染病监测内容。

(1)首发病例的个案调查。

(2)暴发流行的流行病学调查。

(3)传染源调查。

(4)国境口岸内监测传染病的回顾性调查。

(5)病原体的分离、鉴定,人群、有关动物血清学调查以及流行病学调查。

(6)有关动物、病媒昆虫、食品、饮用水和环境因素的调查。

(7)消毒、除鼠、除虫的效果观察与评价。

(8)国境口岸以及国内外监测传染病疫情的收集、整理、分析和传递。

(9)对监测对象开展健康检查和对监测传染病病人、疑似病人、密切接触人员的管理。

(四)国境卫生检疫卫生监督

1.国境卫生检疫卫生监督定义。

指出入境检验检疫机构根据卫生法规和卫生标准,对国境口岸和停泊在国境口岸的交通工具、运载设备及入出境的货物装载、储存场所以及口岸设置的公共场所和服务设施进行的卫生检查、卫生鉴定、卫生评价和采样检验,医学媒介的检测控制,从业人员的健康状态检查评估等活动。

出入境检验检疫机构依据法律授权,通过建立卫生标准和程序,实行卫生许可、设立卫生监督员、开展定期和不定期的行政监督检查、向入出境船舶签发船舶免予卫生控制措施证书或者船舶卫生控制措施证书、实行卫生状况分级分类评估、行政限制和行政处罚等措施,实施卫生监督权限。

2.口岸卫生监督的范围。

国境口岸的服务单位包括国际通航的码头、机场、车站的候机、候船、候车场所以及设在上述场所内的宾馆、旅店、餐饮、娱乐等公共场所的卫生状况;从业人员健康状况;病媒生物控制状况;公共卫生设施状况;环境卫生状况;国际航行交通工具卫生状况;供应口岸以及国际航行交通工具的食品、饮用水卫生状况;口岸垃圾、废弃物的储存、处理状况;国境口岸集装箱、货物存放场所的卫生包括病媒生物、动物的防治状况。

3.口岸卫生监督的内容。

口岸卫生监督的内容涉及环境卫生、食品卫生、公共场所卫生、劳动卫生、饮用水卫生、交通工具卫生以及船舶压舱水卫生。

(1)对国境口岸的卫生要求:①国境口岸和国境口岸内涉外的宾馆、生活服务单位以及候船、候车、候机厅(室)应当有健全的卫生制度和必要的卫生设施,并保持室内外环境整洁、通风良好;②国境口岸有关部门应当采取切实可行的措施,控制啮齿动物、病媒昆虫,使其数量降低到不足为害的程度。仓库、货场必须具有防鼠设施;③国境口岸的垃圾、废物、污水、粪便必须进行无害化处理,保持国境口岸环境整洁卫生。

(2)对交通工具的卫生要求:①交通工具上的宿舱、车厢必须保持清洁卫生,通风良好;②交通工具上必须备有足够的消毒、除鼠、除虫药物及器械,并备有防鼠装置;③交通工具上的货舱、行李舱、货车车厢在装货前或者卸货后应当进行彻底清扫,有毒物品和食品不得混装,防止污染。

(3)对饮用水、食品及从业人员的卫生要求:①国境口岸和交通工具上的食品、饮用水必须符合有关的卫生标准;②国境口岸内的涉外宾馆,以及向入境、出境的交通工具提供饮食服务的部门,营业前必须向卫生检疫机关申请卫生许可证;③国境口岸内涉外的宾馆和入境、出境交通工具上的食品、饮用水、从业人员应当持有卫生检疫机关签发的健康证书。该证书自签发之日起十二个月内有效。

(五)卫生处理

1.卫生处理的定义。

是指出入境检验检疫机构根据法律和卫生标准、规范实施的隔离、留验和就地诊验、限制入出境等医学措施以及对除虫、灭鼠、消毒、除污等处理措施实施的监管。

出入境检验检疫机构依法监督指导有关单位在指定的地点和场所实施卫生处理。从事口岸卫生处理的单位和人员,应当取得检验检疫机关的资质许可,并按照有关的法律、法规和技术标准实施卫生处理,接受检验检疫机构的监督和技术指导。

2.口岸实施卫生处理的对象。

(1)入出境交通工具、集装箱、货物、物品、行李、邮件、生物材料、尸体(骸骨)有下列情形之一的:被染疫人污染的;来自受染地区,不能出示有效卫生处理证书的;被微生物、化学物质或核辐射污染的;发现有医学媒介生物超过国家相关标准以及发现啮齿动物有反常死亡或死亡原因不明的;废旧物品和废旧交通工具;有证据表明存在传染病传播风险的;输往国家有要求的;有其他不良卫生状况的。

(2)已经实施卫生处理,但效果未达到国家有关标准或发现有新的染疫人或者染疫嫌疑人的。

对被污染的入出境交通工具、集装箱、货物、物品、行李、邮件无法实施卫生处理的,或者在卫生处理后药物残留超过国家标准的,出入境检验检疫机构可以实施拒绝入出境、责令销毁或者移交有关部门处置等措施。

3.执行卫生处理过程中应注意的事项。

(1)防止对任何人的健康造成危害。

(2)防止对交通工具的结构和设备造成损害。

(3)防止发生火灾。

(4)防止对行李、货物造成损害。

(5)发生以下情况时,需要对入境、出境交通工具实施卫生处理:来自检疫传染病疫区的;被检疫传染病污染的;发现有与人类健康有关的啮齿动物或者病媒昆虫,超过国家卫生标准的。

(六)突发公共卫生事件处置

应对发生在国境口岸的突发公共卫生事件,主要依据《国境卫生检疫法》及其实施细则、《国境口岸突发公共卫生事件出入境检验检疫应急处理规定》等法律法规。2003年,国家质检总局发布了第57号令,即《国境口岸突发公共卫生事件出入境检验检疫应急处理规定》,对口岸突发公共卫生事件的处置做了详细的规定。

1.国际突发公共卫生事件定义。

突发公共卫生事件是指突然发生,造成或者可能造成社会公众健康严重损害的重大传染病疫情、群体性不明原因疾病、重大食物和职业中毒以及其他严重影响公众健康的事件。是为了有效预防、及时缓解、控制和消除突发公共卫生事件的危害,保障出入境人员和国境口岸公众身体健康,维护国境口岸正常的社会秩序,出入境检验检疫机构按照国家的法律、法规以及程序和技术要求开展的应急处置,以及为这些应急处置所进行的人员、物资、技术准备活动。

《国际卫生条例》对国际关注的突发公共卫生事件定义为:通过疾病的国际传播构成对其他国家的公共卫生危害以及可能需要采取协调一致的国际应对措施的不同寻常的事件。此外,《国际卫生条例》还规定了缔约国在指定机场、港口和陆地过境点的核心能力要求,这个要求分为两部分,应当随时具备的能力要求和应对可能的国际关注的突发公共卫生事件的能力要求。

2.口岸突发公共卫生事件的应急处置任务的内容。

(1)制定口岸突发公共卫生事件检验检疫应急预案,并上报上一级机构和地方政府备案。

(2)根据突发公共卫生事件应急预案的要求,保证应急处置人员、设施、设备及防治药品和器械等资源的配备、储备,提高应对突发公共卫生事件的处理水平。

(3)依据法律、法规、规章的规定开展突发公共卫生事件应急处理知识的宣传、教育,增强对突发公共卫生事件的防范意识和应对能力。

(4)按照规定对突发公共卫生事件及其处置进行报告和通报。

四、国境卫生检疫强制

(一)国境卫生检疫强制的概念

国境卫生检疫强制是指国境卫生检疫机关为实现口岸卫生检疫执法目的,依据《中华人民共和国国境卫生检疫法》及其《实施细则》和国家有关卫生法律、法规,对特定的主体、物品、场所予以强行限制的一种执法手段。

从广义上讲,国境卫生检疫法律关系中权利、义务的实现,是依靠国家的强制力来保证实施的。卫生检疫执法的主体是国境卫生检疫机关,作为国境卫生检疫法律关系一方参与者,其意志和行为往往具有单一性。一方面,国境卫生检疫法律关系的成立往往是由国境卫生检疫机关单方面确定,无须征得相对人的同意,不管相对人是否同意,都得参与该项国境卫生检疫法律关系;另一方面,某些国境卫生检疫法律关系的终止也往往因国境卫生检疫机关单方面的行为而确定,可不征求相对人的意见或同意,甚至违反相对人的意志而发生法律关系。

国境卫生检疫法属于行政法范畴,具有行政法律法规的特征,其行政强制执行的适用前提是相对人行为违法或拒不履行义务,而即时强制适用于存在产生或者可能产生传染病通过国境口岸传入或者传出危险性的情况。

(二)国境卫生检疫强制的常见种类

1.隔离与隔离治疗。

隔离,是指将染疫人收留在指定的处所,限制其活动并进行治疗,直到消除传染病传播的危险。国境卫生检疫机关依法对染疫嫌疑人、患有甲类传染病和国务院卫生行政部门确定和公布的传染病或者已处于上述传染病潜伏期的人,进行隔离将其收留在指定的处所,限制其活动并进行治疗,直至消除传染病传播的危险。

2.医学留验和医学观察。

留验,是指将染疫嫌疑人收留在指定的处所进行诊察和检验。国境卫生检疫机关对疑似检疫传染病、甲类传染病和国务院卫生行政部门确定和公布的传染病嫌疑人收留在指定处所,对其进行医学观察和检验,以等待进一步诊断的措施。卫生检疫机关发现染疫嫌疑人时,可以从该人员离开感染环境的时候算起,实施不超过该传染病最长潜伏期的就地诊验或者留验以及其他的卫生处理。

来自黄热病疫区的人员,在入境时,必须向卫生检疫机关出示有效的黄热病预防接种证书。对无有效的黄热病预防接种证书的人员,卫生检疫机关可以从该人员离开感染环境的时候算起,实施六日的留验,或者实施预防接种并留验到黄热病预防接种证书生效时为止。

受留验的人员必须在国境卫生检疫机关指定的场所接受留验；但是有下列情形之一的，经国境卫生检疫机关同意，可以在船上留验：(1)船长请求船员在船上留验的；(2)旅客请求在船上留验，经船长同意，并且船上有船医和医疗、消毒设备的。

受留验的人员在留验期间如果出现检疫传染病的症状，国境卫生检疫机关应当立即对该人员实施隔离，对与其接触的其他受留验的人员，应当实施必要的卫生处理，并且从卫生处理完毕时算起，重新计算留验时间。

3. 限制入境和出境。

国境卫生检疫机关依据《中华人民共和国国境卫生检疫法》及其《实施细则》和国家有关卫生法律、法规，对患有严重精神病、传染性肺结核病或者有可能对公共卫生造成重大危害的其他传染病的人员，限制其入境和出境。卫生检疫机关应当阻止染疫人、染疫嫌疑人出境，但是对来自国外并且在到达时受就地诊验的人，本人要求出境的，可以准许出境，如果乘交通工具出境，检疫医师应当将这种情况在出境检疫证上签注，同时通知交通工具负责人采取必要的预防措施。

4. 封锁国境。

在国内或者国外检疫传染病大流行的时候，国务院卫生行政部门应当立即报请国务院决定采取下列检疫措施的一部或者全部：

(1)下令封锁陆地边境、国界江河的有关区域。

(2)指定某些物品必须经过消毒、除虫，方准由国外运进或者由国内运出。

(3)禁止某些物品由国外运进或者由国内运出。

(4)指定第一入境港口、降落机场。对来自国外疫区的船舶、航空器，除因遇险或者其他特殊原因外，没有经第一入境港口、机场检疫的，不准进入其他港口和机场。

5. 强制销毁。

入境、出境的旅客、员工个人携带或者托运可能传播传染病的行李和物品，应当接受卫生检查。卫生检疫机关对来自疫区或者被传染病污染的各种食品、饮料、水产品等应当实施卫生处理或者销毁，并签发卫生处理证明。

6. 责令改正违法行为。

责令改正违法行为，既是制止和纠正违法行为的一项简单的强制措施，也是一种教育措施。责令改正违法行为主要适用两种情况：

(1)违法行为较轻，无须予以处罚。

(2)在做出行政处罚时一并责令其改正违法行为。责令改正违法行为应当明确期限，到期不改正可以视为新的违法行为，可以认定为情节较重，予以从重处罚。

思考题

1. 国境卫生检疫监督的主要内容有哪些?
2. 什么是国境卫生检疫强制? 种类有哪些?
3. 简述国境卫生检疫法律体系构成。

第十三章　职业病防治监督法律制度

教学目的

1.掌握对用人单位、职业卫生技术服务机构监督管理的内容、检查方法、调查取证和处理。

2.熟悉职业卫生监督相关的法律法规,工作程序。

3.了解我国职业病防治法律制度及发展历程。

案例分析

贵州省施秉县恒盛有限公司 195 名工人被确诊为矽肺病事件

2010 年 3 月份,有网友发帖称贵州省施秉县恒盛公司可能有上千工人患职业病,这一情况引起中央领导高度重视,原国家卫生部、安监总局、人力资源和社会保障部及贵州省有关部门为此分别组成了督查组和调查组前往该公司核查,最终在该公司在册及部分离厂的 1337 名工人中,确诊出 195 名矽肺病人。另有 261 人 X 胸片有不能确定的尘肺影像学改变,需要半年后再进行复查。

这一数字,创下了企业一次性检出矽肺病人数的全国之最,由此在全国引起轩然大波。

事发企业——恒盛公司成立于 1999 年,是一个以生产工业硅为主的民营企业,现生产能力达 12 万/吨,规模居亚洲第一。该公司也是当地重要的招商引资项目,1999 年至 2004 年,该公司已为当地实现利税 1.4 亿多元,近年来每年向当地政府缴纳税收三四千万元,先后被评为贵州省"先进企业""诚信纳税企业""重合同守信用单位"等,2009 年 10 月,该公司还成了当地"学习和实践科学发展观"的好典型。

污染严重是该公司的另一特色。2005 年前后,该公司投资 2000 多万元,购置了 5 套粉尘回收设备,但因回收粉尘"不经济"等因素,这些设备基本上是个摆设。而该公司平时对粉尘的防护,就是每月给炉台上的工人发 2 个纱布口罩。

因长期在粉尘环境中作业,该公司大量工人出现矽肺病群发现象。(来源:摘自国家安监总局网站,网址:http://www.chinasafety.gov.cn/newpage)

第一节 职业病防治监督法律制度概述

职业病是严重危害劳动者健康的疾病。随着经济社会的进步与发展，人们越来越认识到社会进步与经济发展处于同等重要的地位，经济发展的最终目的不仅仅是创造财富，而且是使人类能够过上高质量的生活，经济的发展不应以牺牲劳动者的健康为代价。因此，预防和控制职业病危害，改善劳动者的工作环境，提高劳动者的健康水平，防止发生职业病，是我国新时期职业卫生工作的核心，是“落实‘三个代表’思想，贯彻落实科学发展观，坚持以人为本的根本宗旨”在职业卫生工作中的具体体现。

一、职业病防治法律制度的相关概念

（一）职业病

职业病，是指企业、事业单位和个体经济组织等用人单位的劳动者在职业活动中，因接触粉尘、放射性物质和其他有毒、有害因素而引起的疾病。

（二）职业病防治法律制度

职业病防治法律制度，是指调整在“预防、控制和消除职业病危害，保护劳动者健康和相关权益，促进经济发展”等活动过程中所发生的各种社会关系的法律规范的总称。我国目前的职业病防治法律制度是以《中华人民共和国职业病防治法》（简称《职业病防治法》）为核心的一系列法律、法规、规章和标准。通过不断地补充完善，目前整个制度体系中主要有《使用有毒物品作业场所劳动保护条例》《中华人民共和国尘肺病防治条例》《国家职业卫生标准管理办法》《工作场所职业卫生监督管理规定》《职业病危害项目申报办法》《用人单位职业健康监护监督管理办法》《职业卫生技术服务机构监督管理暂行办法》《建设项目职业卫生“三同时”监督管理暂行办法》《建设项目职业病危害分类管理办法》《职业病诊断与鉴定管理办法》《职业病危害事故调查处理办法》等法规、规章以及667个国家职业卫生标准。

二、职业病防治监督法律制度的历史沿革

（一）职业病防治监督法律制度起步阶段

我国职业病防治工作起步于新中国成立初期，1949年中国人民政治协商会议的共同纲领指出：“保护青工、女工的特殊利益，实行工矿检查制度，以改进工矿的安全和卫生设备。”1954年新中国第一部宪法明确劳动者有受到国家保护的权利，并做出“改善劳动条件”，“逐步扩充劳动者休息和休养的物质条件”等规

定。1956 年，中共八大文件指出：“应该切实加强劳动保护、工矿卫生和技术安全的设施，保障工人生产的安全，积极采取措施，减少和消除几种危害比较严重的职业病。”1956 年，国务院发布《工厂安全卫生规程》《建筑安装工程安全技术规程》及《工人、职员伤亡事故报告规程》（简称“三大规程”），使工业卫生管理工作有章可循。1957 年，原卫生部发布了《职业病范围和职业病患者处理办法的规定》。1958 年党的八届六中全会文件中指出：“必须着重注意安全生产，尽可能改善劳动条件，力求减少和避免工伤事故。”同年，国务院发布《关于防止厂矿企业中矽尘危害的决定》。卫生部、劳动部、全国总工会颁布了《矿山防止矽尘危害技术措施暂行办法》《工厂防止矽尘危害技术措施暂行办法》《矽尘作业工人医疗预防措施暂行办法》《产生矽尘的厂矿企业防痨工作暂行办法》。同一时期原卫生部、原劳动部等部门也发布了一系列部门规章。改革开放后，我国加快了职业病卫生法制化的进程，职业病防治工作进入快速发展阶段，在职业病防治法律法规和标准体系建设，以及职业病危害控制方面开展了大量工作，取得了显著成绩。1987 年国务院颁布了第一部与职业病防治相关的行政法规《尘肺病防治条例》。之后又颁布了《放射性同位素与射线装置放射保护条例》《矿山安全法》《劳动法》《职业病防治法》以及大量相关的部门规章等。

同时，我国还推出了一系列的职业卫生标准。1956 年颁布的《工业企业设计暂行卫生标准》，是我国首次颁布的劳动卫生方面的国家标准。1962 年颁布 GBJ1—62《工业企业设计卫生标准》，并在 1979 年与国家计委、建委、经委、劳动总局共同对该标准进行修订后以 TJ36—79 标准号重新颁布实施。1981 年，原卫生部成立全国卫生标准技术委员会，下设劳动卫生和职业病诊断标准委员会，加强了职业卫生标准的制修订工作。截至 2010 年底，我国已制定颁布了 667 项职业卫生标准，273 项职业卫生检测检验标准，139 项职业病诊断标准。这些规范和标准的颁布，极大地促进了职业卫生工作的开展，拓宽了职业卫生的范围，进一步健全了我国职业卫生法律制度。

（二）职业病防治监督法律制度发展阶段

国家组织开展大规模职业病危害监测、普查与流行病学调查工作，为制定职业病防治政策提供科学依据。

1. 开展毒物普查。

原卫生部、原国家劳动总局、全国总工会、原国家医药管理总局于 1978 年 2 月共同下发了《关于开展职业病普查工作的通知》，对铅、苯、汞、有机磷农药和三硝基甲苯等五种毒物进行了全国性普查。此次普查基本摸清了当时全国五种职业中毒的地区和行业分布情况，以及五种职业中毒主要集中的工种。

2.开展重点职业肿瘤流行病学调查。

为摸清我国化学致癌物的危害情况,原卫生部、原冶金部、原化工部和全国总工会共同组织、开展了对焦炉逸散物、氯甲醚、石棉、联苯胺、苯、砷、氯乙烯、铬等8种化学物质对企业职工危害的流行病学调查,初步明确了8种职业性化学物质与职业肿瘤发病的关系。

3.开展尘肺病流行病学调查。

《全国尘肺流行病学调查研究》是根据我国尘肺发病严重和实际防治工作的迫切需要,由原卫生部下达的"七·五"重点科研项目。通过这次调查,基本摸清了我国尘肺病发生的现状。截至1986年底,全国县及县以上的国营和集体企业中,已确诊尘肺病人39万3787人,其中已死亡近8万人,此外尚有可疑尘肺病患者50余万人。

4.建立职业病报告制度。

1982年,我国恢复职业病报告制度,原卫生部和原劳动部颁布《职业中毒和职业病报告办法》,并于1984年实施《体力劳动强度分级》国家标准。1987年起,中国预防医学科学院劳动卫生与职业病研究所("中国疾病预防控制中心职业卫生与中毒控制研究所"的前身)负责全国职业病报告体系的组织建设与管理。1988年8月,原卫生部发布《职业病报告办法》,规范职业病报告工作。从1989年起推广应用全国规范化的劳动卫生职业病统计报告软件。

5.私营企业的劳动保护。

随着大量非公有制企业的出现,1987年,原劳动人事部和原农牧渔业部颁发《关于加强乡镇企业劳动保护工作的规定》;1988年,国务院第七次常务会议通过《中华人民共和国私营企业暂行条例》,其中对私营企业的劳动保护做出了明确规定。

6.女职工的劳动保护。

女职工的劳动保护历来受到党和政府的重视,1987年,国务院颁布《女职工劳动保护条例》。

(三)职业病防治监督法律制度完善阶段

随着经济全球化和国际贸易交往的增加,新的有关职业保护的法律法规的制定也开始提上了日程。

1990年,国务院颁布《女职工禁忌劳动范围的规定》;1991年,国务院颁布《禁止使用童工的规定》;1996年,原劳动部发布《工伤保险暂行条例》;2001年,第九届全国人民代表大会通过了《中华人民共和国职业病防治法》。之后,国务院又发布了《使用有毒物品作业场所劳动保护条例》,原卫生部相继发布了《职业病危害项目申报管理办法》等多个规章及《职业病危害因素分类目录》等文件,并经过整理、修订，重新发布了《国家职业卫生标准》，从而初步建立了职业卫生工作的法律、法规、标准体系框架。

2001 年颁布并于 2002 年 5 月 1 日实施的《职业病防治法》，对于职业病防治工作具有里程碑意义。《职业病防治法》实施以来，在党中央、国务院的领导下，各地、各部门不断加大职业病防治工作力度，针对重点职业病危害，集中开展专项治理活动，严肃查处危害劳动者身体健康和生命安全的违法行为。全社会的职业病防治意识得到提高，大中型企业的职业卫生条件得到较大改善，有效地保护了劳动者健康及其相关权益，促进了经济社会的可持续发展。

三、《职业病防治法》的修订

2002 年职业病防治法实施以来，各地区、各有关部门加大工作力度，开展职业病危害源头治理和重点职业病专项整治，规范用人单位职业健康管理和劳动用工管理，严肃查处危害劳动者身体健康和生命安全的违法行为，全社会职业病防治意识逐步增强，大中型企业职业卫生条件有了较大改善，职业病高发势头得到一定遏制。但是，当前职业病防治形势依然严峻，与职业病相关的事件时有发生，在社会上产生了不好的影响，个别还演变成了群体性事件。这些事件暴露出部分用人单位不履行法定的职业病预防义务，职业病诊断难，职业病待遇，主要是“老工伤”待遇落实难等问题还比较突出。同时，监管体制不顺也是原因之一。为了理顺监管体制，明确监管职责，解决职业病病人诊断难、职业病待遇落实难的问题，第十一届全国人大常委会第二十四次会议通过了《全国人民代表大会常务委员会关于修改〈中华人民共和国职业病防治法〉的决定》，对职业病防治法的部分条文做了修正。修正后的《职业病防治法》，进一步加大了用人单位在职业病预防方面的责任，理顺了监管体制，完善了诊断鉴定制度，明确了用人单位不存在或者无法确认劳动关系的职业病病人的保障问题。具体亮点：

（一）强化了县级以上政府及乡镇政府对职业病预防工作的职责

县级以上地方人民政府统一负责、领导、组织、协调本行政区域的职业病防治工作，建立健全职业病防治工作体制，统一领导、指挥职业卫生突发事件应对工作，加强职业病防治能力建设和服务体系建设，完善、落实职业病防治工作责任制。

（二）进一步明确了工会对职业病防治法监管的职能

工会组织依法对职业病防治工作进行监督，维护劳动者的合法权益。用人单位制定或者修改有关职业病防治规章制度，应当听取工会组织的意见。工会组织有权依法代表劳动者与用人单位签订劳动安全卫生专项集体合同。

（三）强化了用人单位履行职业病防治法的职责

用人单位的主要负责人对本单位的职业病防治工作全面负责。建立用人单位负责、行政机关监管、行业自律、职工参与和社会监督的机制。

(四)执法主体的转变

由原来执法主体卫生行政部门转为:安全生产监督管理部门(以下称安监部门)、卫生行政部门、劳动保障行政部门,统称职业卫生监管部门。各自依照职责分工,加强对用人单位落实职业病防护管理措施的监管,依法行使职权。

(五)为劳动者方便、快捷申请职业病诊断提供了法律依据

1.卫生行政部门应当向社会公布本行政区域内承担职业病诊断的医疗卫生机构名单。

2.劳动者可在用人单位所在地、本人户籍所在地或者经常居住地依法承担职业病诊断的机构进行职业病诊断。

3.明确由安监部门监督检查和督促用人单位为申请职业病诊断鉴定的劳动者提供职业史、职业病危害接触史、工作场所检测结果等相关资料。

4.在职业病诊断、鉴定过程中,用人单位不提供工作场所职业病危害因素检测结果等相关资料的,诊断鉴定机构也可结合劳动者的临床表现、辅助检查结果和劳动者的职业史、职业病危害接触史并参考劳动者的自述及安监部门提供的日常监督检查等信息做出职业病诊断鉴定结论。

5.劳动者对用人单位提供的工作场所职业病危害因素检测结果等资料有异议或因用人单位解散、破产无法提供相关资料的,诊断鉴定机构可提请安监部门进行调查,安监部门自接到申请之日起三十日内应对存在异议的资料或作业场所危害因素情况做出判定,有关部门应予配合。

6.职业病诊断鉴定过程中,在确认劳动者职业史、工种、工作岗位或在岗时间有争议的可以向当地劳动人事争议仲裁机构申请仲裁,劳动人事争议仲裁委员会应当于受理之日起三十日内做出裁决,劳动者对仲裁不服的,还可依法向人民法院提起诉讼。隐瞒、伪造、篡改、毁损职业健康监护档案、工作场所职业病危害因素检测评价结果等相关资料或者拒不提供职业病诊断、鉴定所需资料的,未按规定承担职业病诊断鉴定费用的,将由安监部门给予责令改正,逾期不改的将处以五万元以上二十万元以下的罚款。

(六)被诊断患有职业病的患者的医疗及生活更有保障

劳动者被诊断患有职业病,但用人单位没有参加工伤保险的,其医疗和生活保障由该用人单位承担。用人单位已经不存在或无法确认劳动关系的职业病病人,可以向地方人民政府民政部门申请医疗救治和生活等方面的救助。

(七)加大了对用人单位某些违法行为的处罚力度

对未成立职业病防治机构、未建立相关职业卫生制度、未公布有关职业卫生规章制度、操作规程及职业病危害事故应急救援措施的,检测结果未予公布、未

组织劳动者进行职业卫生培训以及未按规定报送首次使用化学材料的毒性鉴定资料的，从原来处二万元以下罚款提高到十万元以下的罚款。对未申报职业病危害项目、无专人负责职业病危害因素日常检测以致不能正常开展检测工作、签订或变更劳动合同未告知职业病危害真实情况、未按规定组织劳动者进行职业健康检查、未建立健康档案或未将体检结果告知劳动者的，从原来处二万元以上五万元以下的罚款提高到五万元以上十万元以下的罚款。对用人单位违反本法规定已经对劳动者生命健康造成严重损害的，从原来处十万元以上三十万元以下的罚款改为十万元以上五十万元以下的罚款。

四、职业病防治监督法律的调整对象

职业病防治监督法律关系主要涉及四个方面当事人的权利义务：用人单位、劳动者、职业卫生技术服务提供者和政府职业病防治监督执法部门。"保护劳动者健康及其相关权益"是职业卫生工作的核心，因此《职业病防治法》必须充分体现为保障劳动者的健康权益。只有健康权益得到有效的维护，才能达到保护劳动者健康的目的。为了达到此目的，立法的关键即在于明确职业病防治法律关系各方主体的权利义务，建立保证权利义务实现的相关法律制度，并监督其有效地实施。

（一）用人单位与劳动者

用人单位和劳动者是整个法律关系中最重要的两个主体。明确用人单位与劳动者双方在防治职业病方面的权利义务关系是职业病防治立法的主要内容。保护劳动者健康，用人单位和劳动者双方都有责任，但是主要责任在用人单位。由于在用工环节中用人单位处于强势地位，而劳动者处于弱势地位，因此，正如用人单位必须支付劳动者劳动报酬一样，同时也应当对劳动者的健康负责。

1.用人单位的主要义务。

《职业病防治法》详细规定了用人单位和劳动者之间的权利义务关系，并建立了规范用人单位行为的相关法律制度，要求用人单位应当承担相应的法律义务。用人单位的主要义务有：采取措施，保证工作场所符合职业卫生标准和卫生要求；实施对劳动者的健康监护；作业管理或者劳动过程的管理；履行危害告知义务；履行对未成年工、女工等特殊劳动者人群的特殊保护义务；按照法律的规定，保证职业病患者和疑似职业病病人的诊断、救治、康复和工作安置。

2.用人单位的权利。

为了保护劳动者健康，用人单位有权督促劳动者遵守国家职业病防治法律和用人单位依法制定的职业卫生管理规定，有权监督劳动者正确使用和维护职业的危害防护设施和个人职业病卫生防护用品。

3.劳动者权利。

对于劳动者而言，法律更多地强调了劳动者应当享有的权利，使劳动者能够运用法律武器维护自身健康权益不受侵害。其主要权利有：获得职业卫生教育、培训；接受职业健康教育，职业病诊疗、康复服务；了解工作场所存在的职业病危害因素、危害后果及其应当采取的防护措施；要求提供防护设施和用品、改善工作条件；拒绝违章指挥和强令执行没有防护的作业；对违反职业病防治法律、法规的行为提出批评、检举和控告；参与用人单位职业病防治工作的民主管理，提出意见。

《职业病防治法》还规定：患职业病的劳动者应当享有国家规定的职业病待遇；职业病病人除依法享有工伤保险外，依照有关民事法律还有获得赔偿的权利，有权向用人单位提出赔偿要求。此外，劳动者在离开用人单位时或有必要时（如申请职业病诊断时）有权向用人单位索取本人职业健康监护档案资料。可以说，《职业病防治法》对从事有害作业的劳动者健康权益的保护是全方位的。

4.劳动者义务。

劳动者有下列义务：学习和掌握必要的职业卫生知识；遵守职业卫生法规制度、操作规程；正确使用及维护职业危害防护设施和个人卫生防护用品。

（二）职业卫生服务机构

职业病防治工作总体而言是一项技术含量相当高的工作，需要强有力的技术支持。虽然保护劳动者健康的主要责任在于用人单位，但是其中不少专业性很强的工作，如工作场所危害检测与评价、有害原材料毒性鉴定、卫生工程防护、职业健康检查和职业病诊断、治疗与康复等专业技术，用人单位自身是没有能力完成的，必须由专业机构和专业人员来完成。用人单位与提供上述技术服务的专业技术机构形成了委托与提供服务的关系。被委托方向委托方负责，提供符合国家法律法规要求的规范服务。由于职业卫生服务质量直接关系到用人单位是否全面履行法律规定的保护劳动者健康的义务，因此向用人单位提供职业卫生服务的单位、组织和个人的服务资质和工作质量也必须受到《职业病防治法》的规范，接受政府职业病防治监督执法部门的监督。

（三）政府职业病防治监督执法部门

政府职业病防治监督执法部门与用人单位之间构成了职业卫生行政管理上的管理与被管理的关系。此外，政府职业病防治监督执法部门还与提供职业卫生服务的单位和个人之间构成了职业卫生服务准入行政管理与被管理的关系。政府职业病防治监督执法部门的监督执法职责体现在以下几个方面：对用人单位遵守《职业病防治法》的情况进行监督检查，纠正违法行为，依法追究行政违法责任；对职业卫生服务机构的服务资质和工作质量进行监督管理；根据法律的授权，制定配套管理规章、规范和标准。提供政策指导，开展普法和职业卫生知识宣传教育。

（四）其他参与主体

除了上述主要的四方面当事人以外，在《职业病防治法》中还强调了工会组织的特殊作用。作为中国共产党领导的职工自愿结合的工人阶级群众组织，作为会员和职工权益的代表，工会组织“应该督促并协助用人单位开展职业卫生宣传教育和培训，对用人单位的职业病防治工作提出意见和建议，与用人单位就劳动者反映的有关职业病防治的问题进行协调并督促解决”“工会组织对用人单位违反职业病防治法律、法规，侵犯劳动者合法权益的行为，有权要求纠正；产生严重职业病危害时，有权要求其采取防护措施，或者向政府有关部门建议采取强制性措施；发生职业病危害事故时，有权参与事故调查处理；发现危及劳动者生命健康的情形时，有权向用人单位建议组织劳动者撤离危险现场。”

此外，人力资源与社会保障行政部门在《职业病防治法》中还承担了一项特殊的职能——建立工伤保险。由于一旦发生了职业病危害事故，不仅仅是劳动者的健康权益和经济利益受到损失，实际对用人单位和业主也有着巨大的影响，所以建立一套工伤保险机制，将减少职业病给劳动者及其家属带来的伤害，减轻用人单位的负担，保障劳动者和用人单位的权益。

五、职业病防治监督法律制度

（一）国家实施职业卫生监督制度

国家实行职业卫生监督制度，是指由法律授权的国家机关对全国的职业卫生工作依法实施的具有国家强制力的监督制度，是一种国家监督制度。职业卫生监督制度是职业卫生监督管理的基本制度，包括各种管理方法、手段、程序和职业卫生要求。国家实行职业卫生监督制度，有利于加强对职业卫生的全方位、全过程的监督管理，有利于依法规范职业病防治工作，打击违法犯罪行为，保护劳动者的合法权益。

（二）预防职业病危害产生的制度

包括可能产生职业病危害的建设项目论证阶段的职业病危害预评价报告及其审核，职业病危害严重的建设项目职业卫生防护设施的设计审查和竣工验收前的职业病危害控制效果评价及竣工验收。

（三）职业病危害申报登记制度

建立职业病危害项目申报制度，目的是使安全生产监督管理部门及时掌握危害项目的情况，有利于加强对职业病危害项目的管理。

（四）职业病危害分类管理制度

职业病危害因素种类多，按危害的性质、毒性、途径、危害程度及对人体健康造成的损害后果确定类别，采取不同的管理方法。

（五）工作场所管理制度

制定职业病防治计划和实施方案；强化工作场所防护设施和个人防护用品的管理，完善职业卫生操作规范；严格遵守职业病危害因素检测及评价制度、职业卫生管理制度；开展工作场所职业病危害告知，设置危害因素警示标识；建立健全职业病危害事故应急救援预案。

（六）特殊作业管理制度

从事放射性、高毒、高危粉尘等严重职业病危害因素的作业，对于劳动者具有更大的危害性，容易诱发职业病，危害后果比较严重，具有群体性，致死率、致残率都比较高。考虑到放射性、高毒、高危粉尘等作业的危险性，国家需要采取不同于一般职业病防治的特殊管理办法，对这些作业的职业病防护工作制定更加严格的标准。

（七）劳动者职业卫生权利保障制度

落实劳动者的知情权、职业健康检查、职业健康监护、职业健康教育、职业卫生培训以及未成年人、孕妇、哺乳期的女职工和职业禁忌者的职业健康特殊保护等。

（八）职业健康监护制度

用人单位对从事接触职业病危害的作业的劳动者，应当组织三个阶段的健康检查：1. 上岗前的职业健康检查。其目的在于掌握劳动者的健康状况，发现职业禁忌，分清责任。2. 在岗期间的职业健康检查。其目的在于及时发现劳动者的健康损害。通过对劳动者的在岗期间职业健康检查，可以早期发现健康损害，及时治疗。减轻职业病危害后果，减少用人单位的经济损失和社会负担。3. 离岗时的职业健康检查。其目的是了解劳动者离开工作岗位时的健康状况。

（九）职业病管理制度

明确职业病诊断机构的设立、职业病诊断、职业病病人治疗、康复的规定；还设立了职业病诊断有争议鉴定的规定、职业病报告制度的规定和职业病待遇与赔偿的规定。

（十）职业病保险制度

用人单位必须依法参加工伤社会保险。

（十一）国家职业卫生标准管理制度

职业卫生标准是开展职业病防治工作的一项重要技术要求，是重要的国家卫生标准，是职业病防治的技术依据。

第二节 职业卫生监督管理

职业卫生监督，是国家行政部门依据国家职业病防治法律、法规、国家职业卫生标准和卫生要求，运用行政管理手段和医学技术方法，对用人单位的职业卫生和职业病防治工作，对职业卫生技术服务机构的职业卫生服务行为进行的监督检查。其目的就是确保用人单位职业卫生条件处于良好的状态，预防和消除职业性有害因素对劳动者健康的损害。按监督管理的性质可分为预防性职业卫生监督和经常性职业卫生监督；按监督管理的内容又分为建设项目的前期预防监督、劳动过程中的防护与管理的监督、职业病防治监督和职业病危害事故监督。

一、职业卫生监督管理的依据

(一)法律依据

《宪法》《职业病防治法》《劳动法》和《安全生产法》。

(二)行政法规

目前职业卫生的法规依据主要是《使用有毒物品作业场所劳动保护条例》《尘肺病防治条例》和《放射性同位素与装置放射防护条例》。

(三)行政规章与规范性文件

根据《中华人民共和国职业病防治法》的规定，原国家安全生产监管总局和原卫生部现已出台的规章有：《工作场所职业卫生监督管理规定》《职业病危害项目申报办法》《用人单位职业健康监护监督管理办法》《职业卫生技术服务机构监督管理暂行办法》《建设项目职业卫生“三同时”监督管理暂行办法》，还有原卫生部颁布的《国家职业卫生标准管理办法》《建设项目职业病危害分类管理办法》《职业病诊断与鉴定管理办法》《职业病危害事故调查处理办法》《职业病目录》《职业病危害因素分类目录》等。

另外，由各省、自治区、直辖市和经国务院批准的较大的市的人民政府，根据法律法规制定和发布的地方性规章。如《大连市建设项目职业病危害防护规定》等。

(四)职业卫生标准

职业卫生标准是以保护劳动者健康为目的的卫生标准，其主要内容是对劳动条件各种卫生要求所做的统一规定。该标准是贯彻实施职业卫生法律法规的技术规范。我国现行的职业卫生标准包括作业场所和职业病诊断两个方面。它是我们实施职业卫生监督管理的依据。

二、职业卫生监督的程序

(一)建设项目的职业卫生监督程序

建设项目的职业卫生监督程序,是指从职业病危害预评价报告审核,设计卫生审查到竣工验收各个环节的工作步骤或顺序。良好的工作程序是规范和强化监督管理的重要保障。

1.预评价报告卫生审核程序。

可能产生职业病危害的建设项目在可行性论证阶段,建设单位委托具有职业卫生技术服务资质的评价机构进行建设项目的职业病危害预评价;评价机构接受评价委托并实施预评价;评价机构将完成的预评价报告提交给建设单位;建设单位向安全生产监管部门提交审核申请资料,安全生产监管部门在受理审核申请和预评价报告后二十日内做出审核决定,并书面通知建设单位。

2.防护设施设计卫生审查。

可能产生严重职业病危害的建设项目,在初步设计阶段其职业病危害的防护设施须经安全生产监管部门审查。建设单位应向所在地安全生产监管部门提交审查申请资料〔职业危害预评价报告及审核意见;建设项目设计资料(含职业卫生篇章)〕。安全生产监管部门在受理审查申请材料之日起二十日内做出审查决定,并书面通知建设单位。

3.施工阶段的监督检查。

此阶段职业卫生监督的任务是对建设项目施工过程进行检查。在建设项目建设过程中,安全生产监管部门应深入现场,检查职业卫生防护设施的施工情况。监督建设项目单位和施工单位按照安全生产监管部门审批的设计内容进行施工。施工期间,任何人不得擅自修改施工设计,若需变更施工设计的,必须征得原卫生行政审批部门的同意。

4.竣工验收。

建设项目竣工后,在试运行六个月内,建设单位要委托具有职业卫生技术服务资质的评价机构进行建设项目的职业病危害控制效果评价;评价机构接受评价委托并实施职业病危害控制效果评价;评价机构向建设单位提交职业病危害控制效果评价报告;建设单位接到评价报告后,向安全生产监管部门提交验收申请材料。安全生产监管部门自受理验收申请之日起二十日内,对建设项目做出验收意见,并书面通知建设单位。

(二)经常性职业卫生监督

经常性职业卫生监督是建立在对建设项目监督基础之上的。监督员在执行经常性职业卫生监督任务时,应正确运用法律、法规,遵照法定程序进行。经常性职业卫生监督程序除应遵循法定程序外，一般有监督前准备、现场监督检查、监督后处理、总结四大步骤。

1. 监督前的准备。

准备工作是实施经常性职业卫生监督的一个重要环节。监督员应根据现场监督检查的对象，内容和目的，做好各项监督准备工作。如佩戴监督员胸章，携带监督证件，准备必要的法律文书及表格，携带检查工具、采样及取证器材设备。

2. 现场监督检查。

其主要环节有：表明身份、说明来意；查阅或索取资料；进行现场实际检查。现场检查应按事先确定的项目进行，既可以是全面的监督检查，也可以仅对某一项目或环节进行，一般应围绕以下几个方面的内容进行：职业病防护的组织管理制度；有关职业病危害及卫生、卫生(防护)设施、设备布局、工艺流程、劳动条件等情况。

3. 监督后处理。

监督员根据监督检查结果，对监督情况进行记录，填写询问笔录，采样则需要填写样品采集单。监督记录完毕并经被监督单位负责人或有关人员核实无误后，由两者共同签名，修改之处由被监督单位负责人或有关人员签名或印鉴覆盖。若前者对记录内容有异议，则允许其将意见写在监督记录内，如被监督单位负责人或有关人员拒绝签字，则应在记录上注明拒签事由，同时记录在场人员的姓名、职务等。同时监督员应根据情况，对被监督者予以指导，且报请相关领导做出监督建议或行政处罚。

4. 总结。

监督员要定期对监督工作情况汇总，写出小结，立卷归档，特别是对违反有关职业卫生法规的案件，要逐个编号归档，以总结经验，找出问题，提出下一步监督工作意见。

(三)行政处罚程序

安全生产监管部门在对相对人实施行政处罚过程中的方式和步骤，即为行政处罚程序。通常可以分为一般程序和简易程序两种。

(四)行政强制执行程序

1. 职业卫生监督行政强制执行程序的相关事项。

行政处罚决定是行政强制执行的根据，是进入强制执行程序的前提条件。对确属故意不履行的，才可以考虑申请强制执行。职业卫生监督机关在申请法院强制执行前，一般要再次要求相对人自动履行处罚决定，即采用告诫的方式进行敦促。职业卫生监督机关申请法院采取强制执行措施，一般应以书面形式提交申请执行书。

2.法院的强制执行程序。

当事人逾期不履行行政义务,行政机关可以向人民法院申请强制执行。

三、职业卫生监督实务

(一)用人单位的监督实务

对用人单位实行职业卫生监督的目的,就是督促用人单位采取措施,预防、控制和消除职业病危害,防止职业病的发生,保护劳动者健康及其相关权益。

1.监督检查要点。

(1)职业病防治管理措施及落实情况。

(2)建设项目职业卫生"三同时"审验情况。

(3)职业病危害项目申报情况。

(4)工作场所现场管理情况。

(5)职业健康监护执行情况。

(6)职业病防护设施及个人防护用品情况。

(7)职业病诊断及职业病病人保障工作。

2.监督检查方法。

(1)进入作业现场,执法人员应首先出示有效证件,通过向用人单位负责人、职业卫生管理人员、生产技术人员和现场操作人员了解生产工艺和原辅料的使用情况,结合工作场所所见作业情况以及工作岗位可能接触的职业病危害的相关知识,判断工作现场存在的职业病危害因素情况。

(2)相关人员及资料的询问和查阅。

对主要负责人、职业卫生管理人员的询问内容:是否了解本企业存在哪些职业病危害因素及其可能引起的疾病。

(3)针对职业病危害,企业应该采取的防治措施:①设置或指定职业卫生管理机构或者组织,配备专职或兼职职业卫生专业人员负责。②建立健全职业卫生管理制度(责任制)和操作规程。③制定职业病防治计划和实施方案。④建立健全企业职业卫生档案和劳动者健康监护档案。⑤建立健全作业场所职业病危害因素监测和评价制度。⑥保证必需的资金投入。⑦有与职业病危害防护相适应的设施,制定职业病防护设施的定期检测、维护、保养制度,保证防护设施的正常有效运行。⑧保证从业人员得到相应的职业卫生教育培训和职业健康体检;保障疑似职业病病人、确诊的职业病病人待遇。⑨制定个人防护用品的管理与发放制度。⑩制定职业病危害事故应急救援预案。⑪与从业者签订劳动合同,并将在工作过程中可能产生的职业病危害及其后果、应该采取的防护措施如实告知劳动者,并写入劳动合同中。⑫组织劳动者参加工伤保险,为其缴纳工伤保险费用。⑬新建、改建、扩建项目和技术改造、技术引进项目，执行职业卫生“三同时”制度。⑭本企业存在的职业病危害项目依法及时、真实地向安全生产监督管理部门进行申报。

(4)对相关劳动者的询问内容。

上岗前是否接受过职业卫生教育和培训以及职业健康体检；上岗前是否被告知工作过程中可能会接触到的职业病危害及其后果和应该采取的防护措施；个人防护用品的发放和使用情况；高温、寒冷季节是否有其他防护措施；职业病防护设施的运行情况，运行的效果；企业相关人员是否违章指挥和强令其进行没有职业病防护措施的作业；企业是否会接受其提出的关于企业防治职业病危害的意见和建议，并允许其就企业违法行为提出批评、检举和控告。

(5)工作场所的现场检查。检查工作场所是否建有职业病防护设施，职业病防护设施的防护效果和运行情况，防护设施的维护保养情况。

(6)作业场所的现场管理情况。检查是否把有毒作业和无毒作业分开，作业场所是否有人居住，剧毒工作场所是否与其他工作场所隔离；是否在明显的位置设置公告栏，公布有关职业病防治的规章制度、操作规程、事故应急救援措施和危害因素检测结果，劳动者的个体防护用品是否佩戴及佩戴方式是否合理。对产生严重职业病危害的作业岗位，应该在其明显位置设置警示标志和中文警示说明。警示说明包括危害的种类、后果、预防和应急救治措施；对可能发生急性职业损害的有毒、有害工作场所，用人单位应该设置报警装置，配备现场急救用品、冲洗设备、应急撤离通道和必要的泄险区。

3.调查取证处理。

(1)监督检查中发现建设单位有下列行为之一的，由安全生产监督管理部门给予警告，责令限期改正；逾期不改正的，处十万元以上五十万元以下的罚款；情节严重的，责令停止产生职业病危害的作业，或者提请有关人民政府按照国务院规定的权限责令停建、关闭：未按照规定进行职业病危害预评价或者未提交职业病危害预评价报告，或者职业病危害预评价报告未经安全生产监督管理部门审核同意，开工建设的；建设项目的职业病防护设施未按照规定与主体工程同时投入生产和使用的；职业病危害严重的建设项目，其职业病防护设施设计未经安全生产监督管理部门审查，或者不符合国家职业卫生标准和卫生要求施工的；未按照规定对职业病防护设施进行职业病危害控制效果评价，未经安全生产监督管理部门验收或者验收不合格，擅自投入使用的。

(2)用人单位有下列行为之一的，由安全生产监督管理部门给予警告，责令限期改正；逾期不改正的，处十万元以下的罚款：工作场所职业病危害因素检测，评价结果没有存档、上报、公布的；未采取相应的职业病防治管理措施的；未按照规定公布有关职业病防治的规章制度、操作规程，职业病危害事故应急救援措施的；未按照规定组织劳动者进行职业卫生培训，或者未对劳动者个人职业病防护采取指导、督促措施的；国内首次使用或者首次进口与职业病危害有关的化学材料，未按照规定报送毒性鉴定资料以及经有关部门登记注册或者批准进口的文件的。

(3)用人单位有下列行为之一的，由安全生产监督管理部门责令限期改正，给予警告，可以并处五万元以上十万元以下的罚款：未按照规定及时、如实向安全生产监督管理部门申报产生职业病危害的项目的；未实施由专人负责的职业病危害因素日常监测，或者监测系统不能正常监测的；订立或者变更劳动合同时，未告知劳动者职业病危害真实情况的；未按照规定组织职业健康检查、建立职业健康监护档案或者未将检查结果书面告知劳动者的；未在劳动者离开用人单位时提供职业健康监护档案复印件的。

(4)用人单位有下列行为之一的，由安全生产监督管理部门给予警告，责令限期改正，逾期不改正的，处五万元以上二十万元以下的罚款；情节严重的，责令停止产生职业病危害的作业，或者提请有关人民政府按照国务院规定的权限责令关闭：工作场所职业病危害因素的强度或者浓度超过国家职业卫生标准的；未提供职业病防护设施和个人使用的职业病防护用品，或者提供的职业病防护设施和个人使用的职业病防护用品不符合国家职业卫生标准和卫生要求的；对职业病防护设备、应急救援设施和个人使用的职业病防护用品未按照规定进行维护、检修、检测，或者不能保持正常运行、使用状态的；未按照规定对工作场所职业病危害因素进行检测、评价的；工作场所职业病危害因素经治理仍然达不到国家职业卫生标准和卫生要求时，未停止存在职业病危害因素的作业的；未按照规定安排职业病病人、疑似职业病病人进行诊治的；发生或者可能发生急性职业病危害事故时，未立即采取应急救援和控制措施或者未按照规定及时报告的；未按照规定在产生严重职业病危害的作业岗位醒目位置设置警示标识和中文警示说明的；拒绝职业卫生监督管理部门监督检查的；隐瞒、伪造、篡改、毁损职业健康监护档案、工作场所职业病危害因素检测评价结果等相关资料，或者拒不提供职业病诊断、鉴定所需资料的；未按照规定承担职业病诊断、鉴定费用和职业病病人的医疗、生活保障费用的。

(5)向用人单位提供可能产生职业病危害的设备、材料，未按照规定提供中文说明书或者设置警示标识和中文警示说明的，由安全生产监督管理部门责令限期改正，给予警告，并处五万元以上二十万元以下的罚款。

(6)用人单位未按照规定报告职业病、疑似职业病的，由有关主管部门依据职责分工责令限期改正，给予警告，可以并处一万元以下的罚款；弄虚作假的，并处二万元以上五万元以下的罚款；对直接负责的主管人员和其他直接责任人员，可以依法给予降级或者撤职的处分。

(7)用人单位有下列情形之一的，由安全生产监督管理部门责令限期治理，并处五万元以上三十万元以下的罚款；情节严重的，责令停止产生职业病危害的作业，或者提请有关人民政府按照国务院规定的权限责令关闭：隐瞒技术、工艺、设备、材料所产生的职业病危害而采用的；隐瞒本单位职业卫生真实情况的；可能发生急性职业损伤的有毒、有害工作场所、放射工作场所或者放射性同位素的运输、贮存不符合法规规定的；使用国家明令禁止使用的可能产生职业病危害的设备或者材料的；将产生职业病危害的作业转移给没有职业病防护条件的单位和个人，或者没有职业病防护条件的单位和个人接受产生职业病危害的作业的；擅自拆除、停止使用职业病防护设备或者应急救援设施的；安排未经职业健康检查的劳动者，有职业禁忌的劳动者，未成年工或者孕期、哺乳期女职工从事接触职业病危害的作业或者禁忌作业的；违章指挥和强令劳动者进行没有职业病防护措施的作业的。

(8)用人单位生产、经营或者进口国家明令禁止使用的可能产生职业病危害的设备或者材料的，依照有关法律、行政法规的规定给予处罚。

(9)用人单位已经对劳动者生命健康造成严重损害的，由安全生产监督管理部门责令停止产生职业病危害的作业，或者提请有关人民政府按照国务院规定的权限责令关闭，并处十万元以上五十万元以下的罚款。

(10)用人单位造成重大职业病危害事故或者其他严重后果，构成犯罪的，对直接负责的主管人员和其他直接责任人员，依法追究刑事责任。

(二)职业卫生服务机构监督实务

通过对职业卫生服务机构的监督检查，规范它们的服务工作，加强对服务机构的管理，保障劳动者的合法权益。

1.职业卫生技术服务机构的监督检查内容。

机构的资质；专业人员及仪器设备的配备情况；工作场所情况；是否在职业卫生技术服务资质证书批准的范围内开展技术服务工作；是否按照国家有关法律、法规、规章、技术规范和职业卫生标准的要求开展职业卫生技术服务工作；出具的“建设项目职业病危害预评价报告”“建设项目职业病危害控制效果评价报告”“用人单位工作场所职业病危害现状评价报告”和“职业病危害因素检测与评价报告”；机构内的管理制度和质量管理体系；公开办事制度和程序情况；职业卫生技术服务工作档案；服务信息汇总和上报情况。

2.职业卫生技术服务机构的监督检查方法。

(1)查验是否具有职业卫生技术服务资质证书，其职业卫生技术服务资质证书正本中的单位名称、法定代表人、地址、项目及资质等级、有效期等与实际情况是否符合。

(2)查验是否具有职业卫生技术服务机构技术人员资质证书，核对机构中的人员是否符合要求；现场核对机构的仪器设备配置是否符合要求。

(3)检查有无固定的办公场所和从事相应技术服务的工作场所；能否满足样品采集、接收、流转、保存、检测和安全处置的需求；实验室、放射性检测场所是否符合要求。

(4)现场抽取机构出具的建设项目职业病危害预评价报告、建设项目职业病危害控制效果评价报告、用人单位工作场所职业病危害现状评价报告和职业病危害因素检测与评价报告及其职业卫生技术服务资质证书中的项目及资质等级核对，检查是否符合要求。

(5)抽取机构的“服务合同”与机构出具的“建设项目职业病危害预评价报告”“建设项目职业病危害控制效果评价报告”“用人单位工作场所职业病危害现状评价报告”和“职业病危害因素检测与评价报告”，核对机构是否符合要求。

(6)抽取机构《职业卫生技术服务质量管理手册》《职业卫生技术服务程序文件》和《职业卫生技术服务操作手册》，核对是否建立相关制度。

(7)现场检查机构是否在醒目位置公示“工作制度”和“工作程序”。

(8)现场抽取机构职业卫生技术服务汇总资料、报表等，检查其上报情况。

3.职业卫生技术服务机构的监督检查调查取证。

(1)对未取得职业卫生技术服务资质证书的机构，应在现场检查笔录中记录相关情况。

(2)对机构人员及仪器设备配置不符合要求的，应在现场检查笔录中记录所缺人员的数量、所缺仪器设备的名称等，复印机构仪器设备清单、机构人员管理登记等。

(3)对工作场所不符合要求的机构，应在现场笔录中记录所查见的办公场所和工作场所的固定地点、样品、实验室等实际情况。

(4)对机构开展的职业卫生技术服务工作项目和等级不符合职业卫生技术服务资质证书中批准的项目及等级的，应在现场检查笔录中记录其开展职业卫生技术服务工作相关情况和报告。

(5)对机构开展的职业卫生技术服务工作有弄虚作假和存在质量问题的，应在现场检查笔录中记录并复印相关证明材料。

(6)对未按规定开展职业卫生技术服务工作的机构，应在现场检查笔录中记录并复印不符合的情况。

(7)对未建立或未健全管理制度，无完整质量管理体系的机构，应在现场检查笔录中记录并复印相关信息。

(8)对未在醒目位置公示"工作制度"和"工作程序"的，应在现场检查笔录中记录查见的实际情况，也可以拍摄相关照片等。

(9)对职业卫生技术服务工作档案不完整的机构，应在现场检查笔录中记录不完整的档案情况。

(10)对未按要求汇总上报有关职业卫生技术服务信息的机构，应在现场检查笔录中记录未上报的信息资料。

4.职业卫生技术服务机构的监督处理。

(1)对职业卫生技术服务机构未取得职业卫生技术服务资质认可擅自从事职业卫生技术服务的，由安全生产监督管理部门责令其立即停止违法行为，没收违法所得；违法所得五千元以上的，并处违法所得二倍以上十倍以下的罚款；没有违法所得或者违法所得不足五千元的，并处五千元以上五万元以下的罚款；情节严重的，对直接负责的主管人员和其他直接责任人员，依法给予降级、撤职或者开除的处分。

(2)对职业卫生技术服务机构有下列行为之一的，由安全生产监督管理部门责令立即停止违法行为，给予警告，没收违法所得；违法所得五千元以上的，并处违法所得二倍以上五倍以下的罚款；没有违法所得或者违法所得不足五千元的，并处五千元以上二万元以下的罚款；情节严重的，由原认可或者批准机关取消其相应的资格；对直接负责的主管人员和其他直接责任人员，依法给予降级、撤职或者开除的处分；构成犯罪的，依法追究刑事责任：超出资质认可范围从事职业卫生技术服务的；不按照本法规定履行法定职责的；出具虚假证明文件的。

(3)对职业卫生技术服务机构有下列情形之一的，给予警告，并处一万元以下的罚款；情节严重的，处一万元以上三万元以下的罚款，依照法律、行政法规的规定撤销其相应资质；对相关责任人依法给予处理：泄露服务对象的技术秘密和商业秘密的；转让或者租借资质证书的；转包职业卫生技术服务项目的；采取不正当竞争手段，故意贬低、诋毁其他职业卫生技术服务机构的；未按照规定办理资质证书变更手续的；未依法与建设单位、用人单位签订职业卫生技术服务合同的；擅自更改、简化职业卫生技术服务程序和相关内容的；在申请资质、资质延续、接受监督检查时，隐瞒有关情况或者提供虚假文件、资料的。

(4)对单位名称、法定代表人、地址等发生变化的机构，责令立即变更。

(5)对职业卫生技术服务机构有下列行为之一的，责令限期整改，不改者公示或通报：机构出具的职业卫生技术服务报告质量不符合要求的；开展的技术服务工作不符合国家有关法律、法规、技术规范和标准要求的；未建立和未健全管理制度，无完整质量管理体系的；未公开办事制度和程序的；职业卫生技术服务工作档案不完整的；未按要求汇总上报有关职业卫生技术服务信息的。

（三）职业健康检查机构监督实务

1. 职业健康检查机构监督检查的内容。

机构的资质，从事职业健康检查工作的机构，必须获得职业健康检查批准证书；专业人员及仪器设备配置情况；工作场所情况；是否在职业健康检查批准证书批准的范围内开展职业健康检查工作；管理制度；开展的职业健康检查工作是否符合法规及标准的要求；职业健康检查结果告知情况；职业健康检查档案情况；职业健康检查信息汇总和上报情况。

2. 职业健康检查机构监督检查的方法。

查验是否具有职业健康检查批准证书，其正本中的单位名称、法定代表人、地址、项目、有效期等与实际情况是否符合；查验其是否具有资质证书及人员、仪器设备配置是否符合要求；查看机构开展职业健康检查的工作场所是否满足实际检查工作的需求；现场抽取机构出具的职业健康检查表和职业健康检查结果一览表，与其职业健康检查资质批准证书中的项目核对；抽取检查机构是否建立相关制度；现场抽取核对职业健康检查表和职业健康检查结果一览表与作业人群职业病危害因素接触情况造册表，按规定确定检查周期；抽取检查机构出具的职业健康检查表及职业健康检查结果一览表、职业健康检查结果告知单是否符合要求；抽取检查机构的职业健康检查结果个人告知单（存根）以及职业病报告登记册、职业病报告卡等，检查其是否及时报告；现场抽取检查机构档案资料；现场抽取机构职业健康检查汇总资料、报表等，检查其上报情况。

3. 职业健康检查机构监督调查取证。

应在现场检查笔录中记录以下内容：未取得职业健康检查批准证书的机构；机构人员及仪器设备配置不符合要求；工作场所不符合要求的机构；机构开展的职业健康检查工作项目不符合职业健康检查批准证书中批准项目；未建立或健全管理制度的机构；未按规定开展职业健康检查工作的机构；职业健康检查结果告知不符合法律法规要求的机构；职业健康检查机构未按规定进行职业病报告；职业健康检查工作档案不完整的机构；未按要求汇总上报有关职业健康检查信息的机构等。

4. 职业健康检查机构监督处理。

医疗卫生机构未经批准擅自从事职业健康检查的，由卫生行政部门责令立即停止违法行为，没收违法所得；违法所得五千元以上的，并处违法所得二倍以上十倍以下的罚款；没有违法所得或者违法所得不足五千元的，并处五千元以上五万元以下的罚款；情节严重的，对直接负责的主管人员和其他直接责任人员，依法给予降级、撤职或者开除的处分。

承担职业健康检查的医疗卫生机构有下列行为之一的，由卫生行政部门依据职责分工责令立即停止违法行为，给予警告，没收违法所得；违法所得五千元以上的，并处违法所得二倍以上五倍以下的罚款；没有违法所得或者违法所得不足五千元的，并处五千元以上二万元以下的罚款；情节严重的，由原批准机关取消其相应的资格；对直接负责的主管人员和其他直接责任人员，依法给予降级、撤职或者开除的处分；构成犯罪的，依法追究刑事责任：超出批准范围从事职业健康检查的；不按照《职业病防治法》规定履行法定职责的；出具虚假证明文件的。

（四）职业病诊断机构的监督实务

1. 职业病诊断机构监督检查的内容。

机构的资质；专业人员及仪器设备的配备情况；开展职业病诊断的工作场所情况；是否在职业病诊断批准证书的范围内开展职业病诊断工作；开展职业病诊断工作的管理制度；开展的职业病诊断工作是否符合法律法规及标准的要求；出具的职业病诊断证明书；职业病、疑似职业病报告的情况；职业病诊断档案。

2. 职业病诊断机构监督检查的方法。

（1）查验其是否具有职业病诊断批准证书，其正本中的单位名称、法定代表人、地址、项目、有效期等与实际情况是否符合。

（2）查验其是否具有职业病诊断医师资格证书，现场核对机构的仪器设备配置是否符合要求。

（3）现场查看机构开展职业病诊断的职业病科室及相关鉴别诊断科室是否有固定的工作场所，并有职业病诊疗病床。

（4）现场抽取机构出具的职业病诊断证明书、职业病诊断病史等与其职业病诊断批准证书中的项目核对。

（5）抽取机构的有关制度档案资料，检查是否建立相关制度。

（6）现场抽取机构的职业病诊断档案，检查其职业病诊断工作是否符合相关要求。

（7）现场抽取机构出具的职业病诊断证明书，检查证明书是否明确患有职业病，对患有职业病的，必须载明所患职业病的名称、程度（级别）、处理意见和复查时间；证明书由参加诊断的医师共同签署，并经诊断机构审核盖章。

（8）抽取机构的职业病报告登记册、职业病诊断证明书、职业病报告卡等，检查机构发现职业病病人或者疑似职业病病人时，是否及时向所在地安全生产监督管理部门和卫生行政部门报告；同时告知劳动者本人并及时通知用人单位。

（9）现场抽取机构档案资料，检查机构是否有职业病诊断证明书。

3.职业病诊断机构的监督调查取证。

应在现场检查笔录中记录以下情况:未取得职业病诊断批准证书的机构从事的职业病诊断工作;机构人员及仪器设备配置不符合要求;工作场所不符合要求的机构;机构开展的职业病诊断项目不符合职业病诊断批准证书中批准的项目;未建立或健全管理制度的机构,应在现场检查笔录中记录各项制度资料情况;未按规定开展职业病诊断工作的机构;出具的职业病诊断证明书不符合要求的机构;未按规定进行职业病报告的机构;职业病诊断工作档案不完整的机构等。

4.职业病诊断机构的监督处理。

医疗卫生机构未经批准擅自从事职业病诊断的,由卫生行政部门责令立即停止违法行为,没收违法所得;违法所得五千元以上的,并处违法所得二倍以上十倍以下的罚款;没有违法所得或者违法所得不足五千元的,并处五千元以上五万元以下的罚款;情节严重的,对直接负责的主管人员和其他直接责任人员,依法给予降级、撤职或者开除的处分。

承担职业病诊断的医疗卫生机构有下列行为之一的,由卫生行政部门依据职责分工责令立即停止违法行为,给予警告,没收违法所得;违法所得五千元以上的,并处违法所得二倍以上五倍以下的罚款;没有违法所得或者违法所得不足五千元的,并处五千元以上二万元以下的罚款;情节严重的,由原批准机关取消其相应的资格;对直接负责的主管人员和其他直接责任人员,依法给予降级、撤职或者开除的处分;构成犯罪的,依法追究刑事责任:超出批准范围从事职业病诊断的;不按照《职业病防治法》规定履行法定职责的;出具虚假证明文件的。

思考题

1.对用人单位监督检查包括哪些内容?如何取证与处理?

2.职业卫生技术服务机构采取不正当竞争手段开展服务该如何处理?

3.国家在职业病防治方面制定了哪些法律制度?

第十四章　放射卫生监督法律制度

教学目的

1. 掌握放射卫生监督的职责。
2. 了解放射卫生监督的内容。
3. 熟悉放射卫生监督的监督要点。

案例分析

案例 1：

新、改、扩建建设项目未进行职业病危害放射防护预评价案

2011 年 7 月 27 日，某省卫生监督机构执法人员在对某医院进行放射卫生监督检查时发现，该医院在其他地址上新建了医院，计划 2013 年搬迁。新址建设的医院，包括放射治疗（医用加速器）、核医学（回旋加速器）等职业病危害严重和介入、CT、X 射线影像诊断等职业病危害一般的放射诊疗建设项目。按照《职业病防治法》《放射诊疗管理规定》等相关规定，这些放射诊疗建设项目应在可行性论证阶段或施工前向省级卫生行政部门提交有关职业病危害放射防护预评价报告，并经省级卫生行政部门审核同意方可施工。（来源：卫生监督工作案例）

案例 2：

建设项目职业病危害放射防护设施未经卫生行政部门验收擅自投入使用案

2009 年 8 月 5 日，某省卫生厅卫生监督所卫生监督员对某医院放疗科进行监督检查，发现该院新安装了 PET-CT，已经投入使用大约一个月。该院不能提供新安装的 PET-CT 职业病危害放射防护控制效果评价报告书和经卫生行政部门验收的相关证据。9 月 22 日，卫生监督员再次到该院监督检查，发现该 PET-CT 等职业病危害放射防护设施未经卫生行政部门验收仍在使用，放疗科直线加速器等职业病危害放射防护设施未经卫生行政部门验收，于 9 月 5 日正式开业使用。鉴于该院在检查之日之前已经进行了新建放射工作场所职业病危害放射防护控制效果评价和检测工作，根据《行政处罚法》第二十七条第一、第三项的规定，予以从轻处罚。依据《职业病防治法》第六十二条第四项，《行政处罚法》第二十七条第一、第三项的规定，罚款人民币五万元。

（来源：卫生监督工作案例）

案例3：

2009年4月27日，卫生监督机构执法人员在日常监督检查时发现：1.某社区卫生服务中心拥有一台500mA双管球X线机，未取得放射诊疗许可证，从事放射诊疗工作。2.放射工作人员吴某无放射工作人员证，未进行岗前和在岗期间的职业健康体检，未佩戴个人剂量计。经过进一步现场调查，证实该医院的此台X线机自2009年1月4日便开始正式使用，通过门诊日志和X线检查申请单证实已做过319例X线影像诊断，该卫生服务中心违反了《放射诊疗管理规定》第十六条第二款、第二十二条、第二十三条，《放射工作人员职业健康管理办法》第六条第一款。（来源：卫生监督工作案例）

案例4：

2009年8月7日卫生执法人员在进行专项检查中发现：某医院使用一台300毫安X光机开展X射线诊断工作，现场检查发现该医院X机房面积狭小，且与生活及商业用房相邻，无任何防护措施，机房内无防护用品，机房门口未设置电离辐射警告标志和工作指示灯。执法人员经过进一步调查，核实该医院所使用的300毫安X光机自2008年7月开始在此场所开展放射诊疗工作，共拍摄200余张X光片。

现有1名从事X射线影像诊断的工作人员陈某（男）无放射工作人员证，未进行上岗前的职业健康体检、未佩戴个人剂量计。（来源：张枫，医学课件《放射卫生案例分析》http://www.doc88.com/p-338765041075.html）

案例5：

未按规定对放射诊疗工作场所进行放射防护检测评价案

2007年8月21日某区卫生局对A医疗机构进行现场监督检查，在该机构放射科X线机房检查时，正处于工作状态，机房门口设有电离辐射警告标识，放射医师张某佩戴个人剂量计，一名摄片病人李某做防护后检查。但A医疗机构当场不能提供上一年度至今由有资质的职业卫生技术服务机构出具的放射诊疗工作场所（该机构X线机房）放射防护检测、评价报告。卫生监督员遂对该医疗机构立案调查。

调查时，A医疗机构委托院办主任钱某谈话并出具由某区疾病预防控制中心提供的落款日期为2005年5月24日的《A医疗机构X线机房防护检测检验报告书》。其检测日期距监督检查日期超过1年。（来源：徐天强编着，《行政处罚案例评析》，复旦大学出版社2009年版）

案例6：

2013年4月某市卫生监督机构在监督检查中发现一家职业健康体检机构的体检对象只限于和粉尘有关的职工，却私自开设项目对接触化学毒物的职工进行体检。卫生监督机构对这家超批准范围开展职业健康检查的机构进行处罚：没收违法所得 1422 元，处以罚款 18000 元。（来源：http://www.zywsw.com/news/4411.html ）

案例 7：

2012 年某市卫生局根据省卫生厅的通报对某医院进行调查，发现该医院存在以下违法事实：超出职业健康检查机构批准证书批准的职业健康检查项目范围，分别于 2011 年 5 月 28 日及 2011 年 6 月 15 日对两家公司的 100 名劳动者进行了职业健康检查，共计收费 12115.97 元。某市卫生局遂对该医院做出警告、没收违法所得 12115.97 元以及罚款 36347.91 元的处罚。（来源：http://ah.anhuinews.com/system/2013/02/26/005496091.shtml）

第一节　放射卫生监督法律制度概述

一、放射卫生监督概述

放射卫生监督是卫生监督工作的一个重要组成部分。

放射卫生管理的目的是预防和控制放射性危害，尽可能降低职业人员和公众的受照剂量，防止或减少人员放射损伤事故发生，保障职业人员与公众的身体健康与生命安全，促进核能和射线技术应用领域的可持续发展。

放射卫生监督是指执法主体依据法律、法规、规章、标准、规范等对放射工作单位的放射防护情况和放射卫生技术服务机构进行监督检查，对不符合法律规定的行为追究其法律责任的行政执法活动。

放射卫生监督人员实施监督检查，应当按规定制作执法文书，发现违法行为时按照相关法律、法规、规章进行行政处罚。属于行政部门职责的应当及时向原资质审定行政部门做书面报告，提出处理建议。

二、放射卫生防护监督主要用语或术语解释

（一）放射工作单位

是指开展下列活动的企业、事业单位和个体经济组织：放射性同位素（非密封放射性物质和放射源）的生产、使用、运输、贮存和废弃处理；射线装置的生产、使用和维修；核燃料循环中的铀矿开采、铀矿水冶、铀的浓缩和转化、燃料制造、反应堆运行、燃料后处理和核燃料循环中的研究活动；放射性同位素、射线装置和放射工作场所的辐射监测；卫计委规定的与电离辐射有关的其他活动。

（二）放射工作人员

是指在放射工作单位从事放射职业活动中受到电离辐射照射的人员。

（三）职业病危害因素

工作人员在所从事的工作过程中接触的危害身体健康并有可能导致职业病的因素。对放射工作人员，主要是指放射性同位素与射线装置发出的 α 射线、β 射线、γ 射线、X 射线和中子射线等电离辐射。

（四）职业照射

除了国家有关法规和标准所排除的照射以及根据国家有关法规和标准予以豁免的实践或源产生的照射以外，工作人员在其工作过程中所受的所有照射。

（五）公众照射

公众成员所受的辐射源的照射，包括获准的源和实践所产生的照射和在干预情况下受到的照射，但不包括职业照射、医疗照射和当地正常天然本底辐射的照射。

（六）医疗照射

患者（包括不一定是患病的受检者）因自身医学诊断或治疗所受到的照射，知情但自愿帮助和扶持患者的人员（不包括施行诊断或治疗的执业医师和医技人员）所受到的照射，以及生物医学研究计划中的志愿者所受到的照射。

三、放射卫生监督的法律依据

（一）我国的放射卫生防护立法和监督管理发展过程

我国的放射卫生防护立法和监督管理，是在我国射线和原子能技术广泛应用中逐步建立起来的。随着放射性同位素与射线装置应用范围的不断扩大，我国的放射卫生法律法规体系逐渐建立起来，发展过程大致可分以下三个阶段：

创建阶段（1960—1989）：为了保护放射工作从业人员的健康，1960 年国务院批准颁布《放射性工作卫生防护暂行规定》，这是我国第一部放射卫生防护法规。1964 年原卫生部和国家科委制定了《放射性同位素工作卫生防护管理办法》，在全国范围内试行。1974 年国家计委等四部委颁发了《放射防护规定》（GBJ8—74）借以取代《暂行规定》。1979 年由原卫生部、原公安部、原国家科委修改，并重新发布了《放射性同位素工作卫生防护管理办法》。该办法健全了许可登记制度，为我国放射卫生防护法制管理奠定了基础。

发展阶段（1989—2001）：1987 年国务院发出《关于加强放射性同位素和射线装置放射防护管理工作的通知》，1989 年国务院发布《放射性同位素与射线装置放射防护条例》（国务院第 44 号令），是开展放射卫生监督管理工作的基本法规，1989 年到 1999 年期间，国务院卫生行政部门先后出台了放射卫生管理规章或规范性文件 24 个，放射卫生防护标准 65 项，放射病诊断标准 25 项。至此，我国的放射卫生防护法律法规标准体系已基本形成。1999 年卫生部相继重新发布了对放射源的购置和监督提出要求的《放射工作卫生防护管理办法》《放射防护器材与含放射性产品卫生管理办法》，并会同公安部修订了《放射事故管理规定》。这一阶段是我国放射卫生法律法规的与时衍变、体系形成和发展阶段。从此我国的放射卫生监督管理开始进入了法制化、规范化的管理轨道。

完善阶段（2001—至今）：2001 年发布的《中华人民共和国职业病防治法》（以下简称《职业病防治法》）是一部保护劳动者职业健康和权益的重要法律，也是放射卫生监督的主要法律依据。为了贯彻实施《职业病防治法》，2002 年和 2003 年原卫生部相继制定发布十余部与之配套的法规、规章。

2003 年中央机构编委办公室发布《关于放射源安全监管部门职责分工的通知》（中编办发〔2003〕17 号），重新划定卫生、环保、公安部门对放射源的监督管理职责。鉴于部门职责调整，国务院 2005 年 12 月 1 日起开始实施新修改的《放射性同位素与射线装置安全和防护条例》（国务院第 449 号令）。

随着放射诊疗的应用规模增大，原卫生部为适应对快速发展的放射诊疗机构监管工作需要，2006 年发布了《放射诊疗管理规定》，2007 年发布了《放射工作人员职业健康管理办法》（卫生部第 55 号令）。

随着职业卫生管理职能的变化，中华人民共和国第十一届全国人民代表大会常务委员会第二十四次会议于 2011 年 12 月 31 日通过了对《职业病防治法》的修订。《职业病防治法》的执法主体发生了变化，但是依据《职业病防治法》第八十九条规定："对医疗机构放射性职业病危害控制的监督管理，由卫生行政部门依照本法的规定实施。"

纵观我国放射卫生监督法律法规的演进与发展，既反映了我国放射防护监督法律法规的逐步规范和进步，同时也体现出我国放射卫生监督法律法规在发展中不断完善的缩影。

（二）我国放射卫生的法律体系结构

我国放射卫生的法律体系在《放射性同位素与射线装置放射防护条例》发布后初步形成，基本完善于《职业病防治法》颁布后。

1. 放射卫生相关法律。

与放射卫生相关的法律有：《中华人民共和国职业病防治法》《中华人民共和国放射性污染防治法》《中华人民共和国行政许可法》《中华人民共和国行政处罚法》《中华人民共和国行政复议法》《中华人民共和国突发事件应对法》。

2. 放射防护行政法规（通常称为条例）。

迄今直接与放射防护有关的行政法规主要有：《放射性同位素与射线装置

安全和防护条例》《中华人民共和国民用核设施安全监督管制条例》《中华人民共和国核材料管理条例》《核电厂核事故应急管理条例》，以及《突发公共卫生事件应急条例》等。

3.政府规章和规范性文件。

政府各有关部委局，依照各自职责制定放射部门规章和规范性文件。这些部门先后制定颁发了一批有关放射工作许可制度及放射防护管理办法，如：原卫生部发布的《卫生行政许可管理办法》《放射诊疗管理规定》《放射工作人员职业健康管理办法》《放射防护器材与含放射性产品管理办法》《职业卫生技术服务机构管理办法》《职业病危害因素分类目录》以及原卫生部关于印发《放射卫生技术服务机构管理办法》等文件的通知等；国家安全生产监督管理总局发布的《职业病危害项目申报办法》《建设项目职业卫生“三同时”监督管理暂行办法》《职业卫生技术服务机构监督管理暂行办法》《用人单位职业健康监护监督管理办法》《工作场所职业卫生监督管理规定》《建设项目职业病危害风险分类管理目录》(2012年版)等。原卫生部、原劳动部和原社会保障部发布的《职业病目录》等。

4.放射技术标准。

《电离辐射防护与辐射源安全基本标准》为我国放射防护基本标准(GB18871-2002)，此外还有放射防护专项标准(包括国家标准、行业标准等)，更加具体地规范了各种应用电离辐射技术的放射防护行为。我国放射防护基本标准属于技术法规，是法制建设的重要组成部分。

(三)放射卫生监督主要法律、法规等

1.《中华人民共和国职业病防治法》。

《职业病防治法》是于2001年10月27日在第九届全国人民代表大会常务委员会第二十四次会议上通过，由中华人民共和国2001年第60号主席令发布，自2002年5月1日起施行。根据2011年12月31日第十一届全国人民代表大会常务委员会第二十四次会议《关于修改〈中华人民共和国职业病防治法〉的决定》修正，新的《职业病防治法》由中华人民共和国2011年第52号主席令发布，自公布之日起施行。

修改的《职业病防治法》，全文共计七章九十条，将放射性物质作为三大职业危害之一。包括医用辐射在内的各种放射实践中的职业照射和职业性放射性疾病诊断均属于《职业病防治法》调整的范围。《职业病防治法》所规定的劳动者职业卫生保护权利、用人单位的责任义务、对职业卫生技术服务机构的管理，以及监督部门检查和处罚条款等内容均适用于放射卫生监督管理。

2.《放射性同位素与射线装置安全和防护条例》。

2005年9月14日，国务院总理以第449号国务院令发布了《放射性同位素与射线装置安全和防护条例》，自 12 月 1 日起施行。

该条例分别明确规定了卫生、环保和公安部门的放射防护监管职责。规定："国务院环境保护主管部门对全国放射性同位素、射线装置的安全和防护工作实施统一监督管理。国务院公安、卫生等部门按照职责分工和本条例的规定，对有关放射性同位素、射线装置的安全和防护实施监督管理。"

生产、销售、使用放射性同位素和射线装置的单位，应当事先向有审批权的环境保护主管部门提出许可申请，使用放射性同位素和射线装置进行放射诊疗的医疗卫生机构，还应当获得放射源诊疗技术和医用辐射机构许可。而且提出了对受检者与患者的防护，以及对接受各种医疗照射的受检者与患者要求实行事先告知医用辐射可能对健康的潜在影响，这在我国是首次由国务院颁发的行政法规提出，具体体现了尊重人权、以人为本的精神。

3.《放射防护器材与含放射性产品卫生管理办法》。

2001 年 10 月 23 日中华人民共和国卫生部第 18 号令发布了《放射防护器材与含放射性产品卫生管理办法》，本办法自 2002 年 7 月 1 日起施行。本办法所称放射防护器材，是指对电离辐射进行屏蔽防护的材料以及用屏蔽材料制成的各种防护器械、装置、部件、用品、制品和设施。本办法所称含放射性产品，是指含放射性物料、含放射性物质消费品、伴生 X 射线电器产品和原卫生部确定的其他含放射性产品。凡在中华人民共和国境内生产、销售、使用以及进口放射防护器材与含放射性产品的单位和个人，均应遵守《条例》及本办法。原卫生部主管全国放射防护器材与含放射性产品的卫生监督管理工作。县级以上地方人民政府卫生行政部门负责管辖范围内放射防护器材与含放射性产品的卫生监督管理工作。

4.《放射诊疗管理规定》。

2006 年 1 月 24 日中华人民共和国卫生部第 46 号部长令发布了《放射诊疗管理规定》。本规定自 2006 年 3 月 1 日起施行。本规定适用于开展放射诊疗工作的医疗机构。原卫生部负责全国放射诊疗工作的监督管理，县级以上地方人民政府卫生行政部门负责本行政区域内放射诊疗工作的监督管理。《放射诊疗管理规定》规定了医疗机构开展放射诊疗工作的执业条件和管理要求。

5.《放射工作人员职业健康管理办法》。

2007 年 6 月 3 日中华人民共和国卫生部第 55 号令发布了《放射工作人员职业健康管理办法》。本办法自 2007 年 11 月 1 日起施行。国家对放射工作人员上岗实行放射工作人员证制度，同时规定了放射工作人员个人剂量和健康管理。本办法适用于中华人民共和国境内所有从事或涉及放射工作的单位和个人。

（四）放射卫生监督常用标准

我国放射卫生标准涉及各方面，有多种分类方式：按标准适用的范围不同或标准的审批权限，我国的放射卫生标准分为国家标准、专业标准、地方标准和企业标准四级；按标准的约束性分为强制性标准和推荐性标准；按照标准的性质分为技术标准、管理标准和工作标准。

放射卫生监督应用的主要标准按其性质和使用范围分类，可分为以下5类：

1.基本标准。

《电离辐射防护与辐射源安全基本标准》(GB 18871-2002)。

2.职业照射的卫生防护标准。

《核与放射事故干预及医学处理原则》(GBZ 113-2006)；《油(气)田非密封型放射源测井卫生防护标准》(GBZ 118-2002)；《地热水应用中放射卫生防护标准》(GBZ 124-2002)；《职业性皮肤放射性污染个人监测规范》(GBZ 166-2005)；《γ射线工业CT放射卫生防护标准》(GBZ 175-2006)；《放射工作人员职业健康监护技术规范》(GBZ 235-2011)；《建设项目职业病危害放射防护评价报告编制规范》(GBZ/T 181-2006)；《辐射防护技术人员资格基本要求》(GB/T 14570-1993)等。

3.公众照射的卫生防护标准。

《建筑材料放射性核素限量》(GB 6566-2001)；《食品中放射性物质检验总则》(GB 14883.1-1994)；《放射性废物管理规定》(GB 14500-2002)；《不同年龄公众成员放射性核素年摄入量限值》(GB/T 16142-1995)；《住房内氡浓度控制标准》(GB/T 16146-1995)等。

4.医疗照射的卫生防护标准。

(1)通用标准。《医疗照射放射防护名词术语》(GBZ/T 146-2002)；《医疗照射放射防护基本要求》(GBZ 179-2006)；《医学放射工作人员的卫生防护培训规范》(GBZ/T 149-2002)等。

(2)X射线影像诊断。《医用X射线诊断卫生防护标准》(GBZ 130-2002)；《医用X射线诊断卫生防护监测规范》(GBZ 138-2002)；《医用X射线CT机房的辐射屏蔽规范》(GBZ/T 180-2006)；《医用X射线诊断的合理应用原则》(WS/T 75-1996)；《计算机X射线摄影(CR)质量控制检测规范》(GBZ 187-2007)等。

(3)核医学标准。《临床核医学放射卫生防护标准》(GBZ 120-2006)；《临床核医学中患者的放射卫生防护标准》(GB 16361-1996)等。

(4)放射治疗标准。《医用X射线治疗卫生防护标准》(GBZ 131-2002)；《医用γ射束远距治疗防护与安全标准》(GBZ 161-2004)；《远距治疗患者放射防护与质量保证要求》(GB 16362-2010)等。

5. 主要监测规范、方法等标准。

《职业性外照射个人监测规范》(GBZ 128-2002);《职业性内照射个人监测规范》(GBZ 129-2002);《个人胶片剂量计》(GBZ/T 145-2002);《电离辐射与防护常用量和单位》(GBZ/T 183-2006)等。

四、放射卫生监督的对象

凡是我国境内从事生产、应用辐射源等活动的用人单位和个人,都必须接受监督部门的放射卫生监督。

(一)职业照射的应用分类

我国有关法规将辐射源分为放射性同位素、射线装置和核设施三类。《国家职业卫生标准》(GBZ188-2007)将生产应用辐射源等活动引起的职业照射分为以下六类行业。

1. 核燃料循环:铀矿开采、铀矿水冶、反应堆运行等七项。

2. 医学应用:诊断放射学、牙科放射学、核医学、放射治疗、其他。

3. 工业应用:工业辐照、加速器运行等七项。

4. 天然源:民用航空、煤矿开采及其他矿藏开采等六项。

5. 国防活动:核舰艇及其支持设备、其他防卫活动。

6. 其他:教育、兽医学及其他。

(二)监督对象

1. 开展放射诊疗工作的医疗卫生机构。

包括使用放射性同位素和射线装置进行诊断、治疗、健康检查的各类医院、卫生院、妇幼保健院、疗养院、门诊部、诊所、急救中心和疾病防治机构等诊疗单位。

2. 生产或经销企业。

如生产(以下含经销)同位素的公司;各类加速器、放射源生产厂家;各类含放射源或射线装置设备的生产厂家;射线防护器材生产厂家;含放射性物品(如建筑材料、磷肥、离子烟感报警器、汽灯纱罩等)的生产厂家。

3. 辐射应用单位。

如核设施运营单位;辐照装置经营单位;工业探伤单位或应用探伤的设备制造厂;使用放射性仪表进行测量或检查的单位;科研与教育单位等。

五、放射卫生监督的主体及职责

（一）放射卫生监督执法主体

2011 年 12 月 31 日修订的《职业病防治法》明确了在职业病防治过程中安全生产监督管理部门和卫生行政部门的各自职责，职业卫生的执法主体部门为安全生产监督管理部门，在 52 号令中新增加了第八十九条，对医疗机构放射性职业病危害控制的监督管理，由卫生行政部门依照本法的规定实施。目前我国对医疗机构放射性职业病危害因素控制和相关放射卫生技术服务的监督管理由卫生行政部门负责实施，即医疗机构放射卫生监督的执法主体是卫生行政部门，其他放射工作单位放射卫生监督的执法主体是安全生产监督管理部门。

（二）放射卫生监督职责

卫生部门职责：

1. 制定放射卫生监督工作制度和计划。

2. 组织实施放射卫生宣传、培训和调查研究。

3. 开展对放射诊疗、放射卫生技术服务、放射工作人员职业健康检查、职业病诊断及其鉴定办事机构等的监督检查。

4. 组织开展、协调和督办放射诊疗事件、案件的处理。

5. 承担上级部门交办的其他放射卫生监督任务。

除放射诊疗机构和为放射诊疗机构服务的放射卫生技术服务机构以外的其他放射卫生单位的放射卫生监督工作由安全生产监督管理部门负责。

第二节　新、改、扩建建设项目的放射卫生监督管理

建设项目是指可能产生职业病危害的新建、扩建、改建项目和技术改造、技术引进项目，放射诊疗机构放射性职业病危害建设项目（以下称建设项目）是以放射性职业病危害为主的建设项目，具体是指使用放射性同位素和射线装置并产生职业有害因素的建设项目。国家对可能产生职业病危害的建设项目进行卫生审查并实行分级、分类管理。审查内容包括建设项目的备案、审核和竣工验收。

一、放射诊疗机构新、改、扩建建设项目的放射卫生监督

（一）监督要求

新建、扩建、改建建设项目和技术改造、技术引进项目（以下统称建设项目）可能产生职业性放射性危害的，建设单位在可行性论证阶段应当向相应的放射

卫生监督管理部门提交职业病危害预评价报告。放射卫生监督管理部门应当自收到职业病危害预评价报告之日起三十日内，做出审核决定并书面通知建设单位。未提交预评价报告或者预评价报告未经放射卫生监督管理部门审核同意的，有关部门不得批准该建设项目。

职业病危害预评价报告应当对建设项目可能产生的职业病危害因素及其对工作场所和劳动者健康的影响做出评价，确定危害类别和职业病防护措施。

职业病危害严重的建设项目的防护设施设计，应当经安全生产监督管理部门审查，符合国家职业卫生标准和卫生要求的，方可施工。

建设项目在竣工验收前，建设单位应当进行职业病危害控制效果评价。建设项目竣工验收时，其职业病防护设施经放射卫生监督管理部门验收合格后，方可投入正式生产和使用。

（二）监督要点

1. 放射诊疗建设项目职业病危害放射防护预评价监督。

（1）放射诊疗建设项目可行性论证阶段或开工建设前，建设单位应按照规定进行职业病危害放射防护预评价，按时提交职业病危害放射防护预评价报告。

（2）做预评价的放射卫生技术服务机构应具备符合规定的相应评价资质。

（3）职业病危害放射防护预评价报告经过卫生行政部门审核、同意。

2. 放射诊疗建设项目职业病危害放射防护竣工验收监督。

（1）放射诊疗建设项目在竣工验收前，建设单位应按照规定对建设项目职业病放射防护设施进行职业病危害控制效果评价。

（2）做控制效果评价的放射卫生技术服务机构应具备符合规定的相应评价资质。

（3）放射诊疗设备须经具备检测资质的放射卫生技术服务机构进行检测，检测项目齐全，结果符合相关标准、规范要求。

（4）放射诊疗建设项目投入使用前，经卫生行政部门竣工验收。

（5）放射诊疗建设项目验收合格后，向卫生行政部门申请办理放射诊疗许可，取得许可证后方可开展工作。

（三）监督程序

建设单位在建设项目可行性论证阶段或施工前对放射诊疗建设项目进行职业病危害放射防护预评价。预评价报告要给出建设项目职业病危害的分类结论。对放射性危害严重类的建设项目职业病危害放射防护预评价报告实行专家审查制度，应组织五名以上专家对预评价报告进行技术审查。审查意见由专家组全体人员签字，评审专家的组成、专家评审意见、评审意见处理情况及专家组复核意见等内容作为预评价报告的附件。

危害一般类的放射诊疗建设项目职业病危害放射防护预评价报告是否需要专家审查依据各省级卫生行政部门规定执行。

建设项目预评价报告经专家组审查后，建设单位向具有审批权的卫生行政部门提出预评价报告审核申请，并提交下列资料：

(1)放射诊疗建设项目职业病危害放射防护预评价审核申请表。

(2)放射诊疗建设项目职业病危害放射防护预评价报告。

(3)委托申报的，应提供委托申报证明。

(4)省级卫生行政部门规定的其他资料。

卫生行政部门对已受理的申请人提供的材料进行实质审查，主要审核的内容包括：职业卫生技术服务机构资质、服务项目；预评价报告的规范性及技术审查专家组成、审查意见落实情况等。卫生行政部门对放射诊疗职业病危害预评价报告审核同意的，予以批复；不同意的，书面通知建设单位并说明理由。

建设单位在放射诊疗建设项目竣工验收前，委托具有放射诊疗建设项目职业病危害放射防护评价资质的放射卫生技术服务机构对放射诊疗建设项目进行职业病危害放射防护控制效果评价，完成评价后，向审核建设项目职业病危害放射防护预评价的卫生行政部门申请竣工验收。

卫生行政部门收到建设项目职业病防护设施竣工验收申请书和有关申请材料后，对申请材料符合法定形式、齐全的建设项目受理竣工验收申请后，对危害严重类的建设项目组织专家对控制效果评价报告进行评审，专家评审组给出建议同意(建议通过)、建议修改后同意(建议整改后通过)或建议不予同意(建议不予通过)的审查结论。卫生行政部门根据审查结论，组织相关人员对建设项目进行现场验收。现场验收主要包括对职业病危害放射防护控制效果评价报告指出的问题和提出的意见、建议是否进行了整改并落实，放射防护设施、放射诊疗工作场所辐射水平监测结果是否符合相关标准、规范要求，防护设施落实及有效运行情况，各项规章制度落实执行等情况。

卫生行政部门对符合验收要求的建设项目，予以批复，并出具验收合格证明文件；不合格的，书面通知建设单位并说明理由。对竣工验收提出整改意见的，建设单位提交整改报告后，卫生行政部门组织复核，确认符合要求的，予以批复，出具验收合格证明文件；没有提交整改报告的不批复。

分期建设、分期投入使用的放射诊疗建设项目，其相应的职业病放射防护设施应当同步进行卫生验收。放射诊疗建设项目未经卫生验收或验收不合格的，不得投入使用。

(四)法律责任

按《职业病防治法》第七十条规定：建设单位违反本法规定，有下列行为之一的，由安全生产监督管理部门给予警告，责令限期改正；逾期不改正的，处十万元以上五十万元以下的罚款；情节严重的，责令停止产生职业病危害的作业，或者提请有关人民政府按照国务院规定的权限责令停建、关闭：

1.未按照规定进行职业病危害预评价或者未提交职业病危害预评价报告，或者职业病危害预评价报告未经安全生产监督管理部门审核同意，开工建设的。

2.建设项目的职业病防护设施未按照规定与主体工程同时投入生产和使用的。

3.职业病危害严重的建设项目，其职业病防护设施设计未经审查，或者不符合国家职业卫生标准和卫生要求施工的。

4.未按照规定对职业病防护设施进行职业病危害控制效果评价，未经安全生产监督管理部门验收或者验收不合格，擅自投入使用的。

《职业病防治法》第八十九条规定："对医疗机构放射性职业病危害控制的监督管理，由卫生行政部门依照本法的规定实施。"

二、其他放射工作单位新、改、扩建建设项目的放射卫生监督

依据《职业病防治法》和《关于职业卫生监管部门职责分工的通知》（中央编办发〔2010〕104号）文件的规定，除放射诊疗机构以外的其他放射工作单位的放射卫生监督工作由安全生产监督管理部门按照相关规定进行监督管理，适用的相关法律条款同放射诊疗机构新、改、扩建建设项目的放射卫生监督。

第三节　放射诊疗机构的经常性放射卫生监督

一、放射诊疗机构的经常性放射卫生监督管理内容与要求

（一）放射诊疗许可证的发放管理内容与要求

依据《放射性同位素与射线装置安全和防护条例》《放射诊疗管理规定》及《放射工作人员职业健康管理办法》的规定，医疗机构开展放射诊疗工作，应当具备与其开展的放射诊疗工作相适应的条件和人员，经所在地县级以上地方卫生行政部门的放射诊疗技术和医用辐射机构许可（简称放射诊疗许可），并到核发医疗机构执业许可证的卫生行政执业登记部门办理相应诊疗科目登记手续后方可开展放射诊疗工作。医疗机构变更放射诊疗项目的，应当向放射诊疗许可批准机关提出许可变更申请，并提交变更许可项目名称、放射工作场所放射防护评价报告、放射诊疗设备放射防护性能检测报告等资料；同时向卫生行政执业登记部门提出诊疗科目变更申请、变更登记项目及变更理由等资料。放射诊疗许可

证与医疗职业许可证应同时校验。

（二）对放射诊疗工作人员和患者、受检者防护的相关要求

1. 医疗机构应当按照有关规定和标准，对放射诊疗工作人员进行上岗前、在岗期间和离岗时的健康检查，上岗后职业健康检查两次，检查的时间间隔不应超过 2 年，必要时可增加临时性检查。定期进行专业及防护知识培训，并分别建立个人剂量、职业健康管理和教育培训档案。

2. 开展放射诊疗工作的医疗机构，向为其发放放射诊疗许可证的卫生行政部门申请办理放射工作人员证。

3. 放射工作单位应当定期组织本单位的放射工作人员接受放射防护和有关法律知识培训。放射工作人员两次培训的时间间隔不超过 2 年，每次培训时间不少于 2 天。放射工作单位应当将每次培训的情况及时记录在放射工作人员证中。

4. 放射工作单位应当按照本办法和国家有关标准、规范的要求，安排本单位的放射工作人员接受个人剂量监测，外照射个人剂量监测周期一般为 30 天，最长不应超过 90 天；内照射个人剂量监测周期按照有关标准执行。

5. 放射诊疗工作人员对患者和受检者进行医疗照射时，应当遵守医疗照射正当化和放射防护最优化的原则，有明确的医疗目的，严格控制受照剂量；对邻近照射野的敏感器官和组织进行屏蔽防护，并事先告知患者和受检者辐射对健康的影响。

6. 实施放射诊断检查应当严格执行检查资料的登记、保存、提取和借阅制度，不得因资料管理、受检者转诊等原因使受检者接受不必要的重复照射；不得将核素显像检查和 X 射线胸部检查列入对婴幼儿及少年儿童体检的常规检查项目；对育龄妇女腹部或骨盆进行核素显像检查或 X 射线检查前，应问明是否怀孕；非特殊需要，对受孕后 8 至 15 周的育龄妇女，不得进行下腹部放射影像检查；应当尽量以胸部 X 射线摄影代替胸部荧光透视检查；实施放射性药物给药和 X 射线照射操作时，应当禁止非受检者进入操作现场；因患者病情需要其他人员陪检时，应当对陪检者采取防护措施；使用放射影像技术进行健康普查的，应当经过充分论证，制定周密的普查方案，采取严格的质量控制措施；使用便携式 X 射线机进行群体透视检查，应当报县级卫生行政部门批准；在省、自治区、直辖市范围内进行放射影像健康普查，应当报省级卫生行政部门批准；跨省、自治区、直辖市或者在全国范围内进行放射影像健康普查，应当报卫计委批准。

（三）对开展放射诊疗的医疗机构安全防护和质量保证的内容与要求

1. 应当配备专（兼）职的管理人员，负责放射诊疗工作的质量保证和安全防护。

2.放射诊疗设备和检测仪表应符合相关要求,并定期进行稳定性检测和状态检测。

3.定期对放射诊疗工作场所、放射性同位素储存场所和防护设施进行放射防护检测,保证辐射水平符合有关规定或者标准。

4.开展放射诊疗的医疗机构应建立并落实放射防护管理规章制度,至少应包括:放射诊疗安全操作规程;放射防护检测制度;放射防护知识培训制度;放射诊疗工作人员个人剂量监测制度;放射诊疗工作人员职业健康检查制度;放射事件的应急处理方案;各类人员的职责;放射源的领用、归还、保管制度;放射诊疗质量保证方案。

(四)对开展放射诊疗的医疗机构电离辐射警告标志的要求

1.装有放射性同位素和放射性废物的设备、容器,设有电离辐射标志。

2.放射性同位素和放射性废物储存场所,设有电离辐射警告标志及必要的文字说明。

3.放射诊疗工作场所的入口处,设有电离辐射警告标志。

4.放射诊疗工作场所应当按照有关标准的要求分为控制区、监督区,在控制区进出口及其他适当位置,设有电离辐射警告标志和工作指示灯。

(五)其他相关要求

开展放射诊疗的医疗机构,在对患者实施放射治疗前,应当进行影像学、病理学及其他相关检查,严格掌握放射治疗的适应证。对确需进行放射治疗的,应当制定科学的治疗计划,并按照下列要求实施:

1.对体外远距离放射治疗,放射诊疗工作人员在进入治疗室前,应首先检查操作控制台的源位显示,确认放射线束或放射源处于关闭位时,方可进入。

2.对近距离放射治疗,放射诊疗工作人员应当使用专用工具拿取放射源,不得徒手操作;对接受敷贴治疗的患者采取安全护理,防止放射源被患者带走或丢失。

3.在实施永久性籽粒插植治疗时,放射诊疗工作人员应随时清点所使用的放射性籽粒,防止在操作过程中遗失;放射性籽粒植入后,必须进行医学影像学检查,确认植入部位和放射性籽粒的数量。

4.治疗过程中,治疗现场至少应有两名放射诊疗工作人员,并密切注视治疗装置的显示及病人情况,及时解决治疗中出现的问题;严禁其他无关人员进入治疗场所。

5.放射诊疗工作人员应当严格按照放射治疗操作规范、规程实施照射;不得擅自修改治疗计划。

6.放射诊疗工作人员应当验证治疗计划的执行情况,发现偏离计划现象时,应当及时采取补救措施并向本科室负责人或者本机构负责医疗质量控制的部门报告。

7.放射治疗场所应当按照相应标准设置多重安全联锁系统、剂量监测系统、影像监控、对讲装置和固定式剂量监测报警装置;配备放疗剂量仪、剂量扫描装置和个人剂量报警仪。

8.开展核医学工作的,设有专门的放射性同位素分装、注射、储存场所,放射性废物屏蔽设备和存放场所;配备活度计、放射性表面污染监测仪。

9.介入放射学与其他X射线影像诊断工作场所应当配备工作人员防护用品和受检者个人防护用品。

二、放射诊疗机构的经常性放射卫生监督要点

(一)放射诊疗许可监督

1.医疗机构是否取得卫生行政部门颁发的放射诊疗许可证。

2.医疗机构取得放射诊疗许可证后,是否到核发医疗机构执业许可证的卫生行政部门登记办理相应诊疗科目登记手续。

3.医疗机构的放射诊疗许可证是否与医疗机构执业许可证同时校验。

4.医疗机构的放射诊疗许可证与所开展的放射诊疗业务是否相符。

5.医疗机构是否擅自变更放射诊疗项目。

(二)放射工作人员管理

1.放射诊疗工作人员的任职资格是否符合规定。

2.放射工作人员持有放射工作人员证情况。

3.放射诊疗工作人员佩戴个人剂量计的情况,查验现场个人剂量计佩戴情况及个人剂量监测档案。

4.放射诊疗工作人员职业健康检查情况,查验其职业健康监护档案,检查项目、检查周期与法规、标准符合情况。

5.放射诊疗工作人员法律法规标准知识和放射防护知识培训情况,查验其培训档案。

(三)放射诊疗机构卫生防护与质量管理

1.医疗机构有无负责放射诊疗质量保证和安全防护的专(兼)职管理人员。

2.安全防护、质量保证有关规章制度的制定与落实情况。

3.放射诊疗设备及其相关设备是否按规定进行稳定性检测和状态检测,技术指标和检测结果与相关标准的符合情况。

4.对患者和受检者进行医疗照射时,对邻近射野的敏感器官和组织是否采取防护措施,是否履行告知患者和受检者辐射对健康影响的义务。

5. 有无对婴幼儿及少年儿童进行核素显像或X射线胸部常规检查的情节。

6. 对于育龄妇女腹部或骨盆进行核素显像或X射线检查时，是否采取了控制措施。

7. 因患者病情需要他人陪检时，是否采取了控制措施。

8. 有无使用便携式X射线机进行群体透视检查的情节。

9. 跨省、区或全辖区开展放射影像健康普查的是否按规定经过卫生行政部门批准。

10. 放射治疗过程中，治疗现场至少应有两名放射诊疗工作人员，检查其是否符合规定。

11. 对接收体内放射性药物诊治的患者进行控制的情况。

12. 放射性固体废物、废液及患者的放射性排出物处理情况。

(四)电离辐射警告标志设置情况

电离辐射的标志和警告标志参照《电离辐射与放射源安全基本标准》(GB18871-2002)的附录F设置。

1. 装有放射性同位素和放射性废物的设备、容器应有电离辐射标志。

2. 放射性同位素和放射性废物储存场所、放射诊疗场所的入口处、控制区进出口及其他适当位置应设有电离辐射警告标志。

3. 放射诊疗工作场所的入口处应有工作状态指示灯。

(五)设备与设施

1. 放射治疗场所是否按照相应标准设置多重安全联锁系统、剂量监测系统、影像监控、对讲装置和固定式剂量监测报警装置。

2. 放射治疗科室是否配备放疗计量仪、剂量扫描装置和个人剂量报警仪。

3. 核医学科室是否设立专门的放射性同位素分装、注射和储存场所，放射性废物屏蔽设备和存放场所。

4. 核医学科室是否配备活度计、放射性表面污染监测仪。

5. 介入放射学与其他X影像诊断工作场所是否配备和使用工作人员防护用品和受检者个人防护用品。

6 是否存在使用国家有关部门规定淘汰的放射诊疗设备的违法情节。

7. 新安装或大修后的放射诊疗设备是否经验收检测，查验其验收检测报告，确认是否验收合格。

三、法律责任

《放射诊疗管理规定》规定的法律责任：

第三十八条　医疗机构有下列情形之一的，由县级以上卫生行政部门给予警告、责令限期改正，并可以根据情节处以三千元以下的罚款；情节严重的，吊销其医疗机构执业许可证。

（一）未取得放射诊疗许可从事放射诊疗工作的；

（二）未办理诊疗科目登记或者未按照规定进行校验的；

（三）未经批准擅自变更放射诊疗项目或者超出批准范围从事放射诊疗工作的。

第三十九条　医疗机构使用不具备相应资质的人员从事放射诊疗工作的，由县级以上卫生行政部门责令限期改正，并可以处以五千元以下的罚款；情节严重的，吊销其医疗机构执业许可证。

第四十一条　医疗机构违反本规定，有下列行为之一的，由县级以上卫生行政部门给予警告，责令限期改正；并可处一万元以下的罚款：

（一）购置、使用不合格或国家有关部门规定淘汰的放射诊疗设备的；

（二）未按照规定使用安全防护装置和个人防护用品的；

（三）未按照规定对放射诊疗设备、工作场所及防护设施进行检测和检查的；

（四）未按照规定对放射诊疗工作人员进行个人剂量监测、健康检查、建立个人剂量和健康档案的；

（五）发生放射事件并造成人员健康严重损害的；

（六）发生放射事件未立即采取应急救援和控制措施或者未按照规定及时报告的；

（七）违反本规定的其他情形。

《放射工作人员职业健康管理办法》规定的法律责任：

第三十七条　放射工作单位违反本办法，有下列行为之一的，按照《职业病防治法》处罚：

（一）未按照规定组织放射工作人员培训的；

（二）未建立个人剂量监测档案的；

（三）拒绝放射工作人员查阅、复印其个人剂量监测档案和职业健康监护档案的。

第三十八条　放射工作单位违反本办法，未按照规定组织职业健康检查、未建立职业健康监护档案或者未将检查结果如实告知劳动者的，按照《职业病防治法》处罚。

第三十九条　放射工作单位违反本办法，未给从事放射工作的人员办理放射工作人员证的，由卫生行政部门责令限期改正，给予警告，并可处三万元以下的罚款。

第四十条　放射工作单位违反本办法，有下列行为之一的，按照《职业病防治法》处罚：

（一）未按照规定进行个人剂量监测的；

（二）个人剂量监测或者职业健康检查发现异常，未采取相应措施的。

第四十一条　放射工作单位违反本办法，有下列行为之一的，按照《职业病防治法》处罚：

（一）安排未经职业健康检查的劳动者从事放射工作的；

（二）安排未满十八周岁的人员从事放射工作的；

（三）安排怀孕的妇女参加应急处理或者有可能造成内照射的工作的，或者安排哺乳期的妇女接受职业性内照射的；

（四）安排不符合职业健康标准要求的人员从事放射工作的；

（五）对因职业健康原因调离放射工作岗位的放射工作人员、疑似职业性放射性疾病的病人未做安排的。

第四节　放射防护器材与含放射性产品的放射卫生监督

《放射防护器材与含放射性产品卫生管理办法》规定，凡在中华人民共和国境内生产、销售、使用以及进口放射防护器材与含放射性产品的单位和个人，均应遵守本办法，卫计委主管全国放射防护器材与含放射性产品的卫生监督管理工作，县级以上地方人民政府卫生行政部门负责管辖范围内放射防护器材与含放射性产品的卫生监督管理工作。

放射防护器材，是指对电离辐射进行屏蔽防护的材料以及用屏蔽材料制成的各种防护器械、装置、部件、用品、制品和设施。

含放射性产品，是指含放射性物料、含放射性物质消费品、伴生X射线电器产品和卫计委确定的其他含放射性产品。

一、监督内容与要求

《放射防护器材与含放射性产品卫生管理办法》规定：

（一）出具检测报告的单位是否具备卫计委认证的放射防护器材和含放射性产品检测资质。

（二）放射防护器材与含放射性产品应当按规定定期进行检测。

（三）生产单位首次生产放射性防护器材或者含放射性产品的，应当进行检测。

（四）有下列情况之一的，应当重新检测：

1. 已连续生产两年的产品。

2. 进口的每批产品。

3. 停产逾一年再投产的产品。

4. 设计、生产工艺和原料配比有改变的产品。

（五）未经检测或者检测不符合有关标准和卫生要求的放射防护器材与含放射性产品，不得生产、销售、进口与使用。

（六）检测机构应当按照有关标准和卫生要求进行检测，并出具检测报告。检测报告除具备基本的内容外，还应当有检测依据、检测结果和检测结论。

（七）放射防护器材的防护性能应当符合有关标准和卫生要求。

（八）对于新研制且结构复杂的放射防护器材，生产单位应当提供两个以上使用单位的试用报告，经检测机构检测，取得检测报告单后，方可定型生产、销售。

（九）建筑材料、天然石材的放射性水平应当符合有关标准和卫生要求。

（十）含放射性物质消费品应当符合有关含放射性物质消费品的放射卫生防护标准。

（十一）伴生X射线电器产品及其他含放射性产品应当符合有关标准和卫生要求。

（十二）禁止生产、销售或者进口含放射性物质的玩具、炊具、餐饮具和娱乐用品。

（十三）在建造居民住房或者生活、工作、娱乐建筑物时，应当选用符合放射卫生防护标准的建筑材料、天然石材，使室内氡符合氡浓度控制标准。

二、监督要点

《放射防护器材与含放射性产品卫生管理办法》规定：

（一）出具检测报告的单位是否具备卫计委认证的放射防护器材和含放射性产品检测资质。

（二）检测报告与检测报告单的查验。

1. 监督检查放射防护器材生产企业时应查验放射防护器材检测报告单。

2. 监督检查含放射性产品生产企业时应查验含放射性产品检测报告单。

3. 必要时可分别查验放射防护器材检测报告和含放射性产品检测报告。

（三）查验放射防护器材和含放射性产品是否有符合要求的产品标签与说明书。

1. 标签应当标明下列内容：产品名称、型号；生产企业名称及其地址；检测单位名称及检测日期。

2.个人防护用品的标签还应当标明铅当量。

3.使用说明书应当同时载明防护性能、适用对象、使用方法及注意事项。

4.进口放射防护器材与含放射性产品还应当标明生产国家（地区）名称，国内代理商名称与地址。

三、法律责任

《放射防护器材与含放射性产品卫生管理办法》规定的法律责任：

第二十条　违反《条例》及本办法规定，有下列行为之一的，由县级以上人民政府卫生行政部门给予警告，责令停产、停业，或处以一千元以上一万元以下罚款：

（一）销售未经检测的放射防护器材或者含放射性产品的。

（二）使用、销售不符合有关标准和卫生要求的放射防护器材或者含放射性产品的。

（三）放射防护器材或者含放射性产品的标签和说明书内容不符合规定要求的。

第二十一条　违反《条例》及本办法规定，有下列行为之一的，由县级以上人民政府卫生行政部门责令停产、停业，或处以三千元以上三万元以下罚款和没收违法所得：

（一）经第二十条的行政处罚，逾期仍不改进的；

（二）生产、进口放射防护器材或者含放射性产品，未经检测的；

（三）生产、进口不符合有关标准和卫生要求的放射防护器材或者含放射性产品的；

（四）伪造、涂改、转让放射防护器材或者含放射性产品的标签、说明书或者检测报告的；

（五）生产、销售或者进口含放射性物质的玩具、炊具、餐饮具或者娱乐用品的；

（六）使用不符合有关标准和卫生要求的建筑材料、天然石材，建造生活、工作、娱乐建筑物的。

第二十二条　违反《条例》及本办法规定，生产、销售或者进口不合格的放射防护器材或含放射性产品，给他人造成损害的，应当依法承担民事责任；构成犯罪的，依法追究刑事责任。

第五节　职业卫生(放射防护)技术服务机构的卫生监督

一、监督内容与要求

(一)资质审定或批准

1. 职业卫生(放射防护)技术服务机构的资质审定。

(1)卫计委负责对从事下列项目的职业卫生(放射防护)技术服务机构进行资质审定:

建设项目职业病危害评价(甲级,放射防护);放射防护器材和含放射性产品检测。

(2)省级卫生行政部门负责对从事下列项目的职业卫生(放射防护)技术服务机构进行资质审定:建设项目职业病危害评价(乙级,放射防护);放射卫生防护检测与评价。

职业卫生(放射防护)技术服务机构的资质审定办法按照《卫生部关于印发〈卫生部职业卫生技术服务机构资质审定工作程序〉等文件的通知》和《卫生部办公厅关于同意实施〈中国疾病预防控制中心职业卫生技术服务机构资质审定工作程序〉的通知》执行。

2. 放射工作人员职业健康检查机构和职业性放射性疾病诊断机构的批准。

放射工作人员职业健康检查和职业性放射性疾病的诊断由省级卫生行政部门批准的医疗卫生机构进行。放射工作人员职业健康检查机构、职业性放射性疾病诊断机构的批准分别按照《职业健康监护管理办法》《职业病诊断与鉴定管理办法》执行。

二、监督要点

(一)资质与组织机构

1. 是否存在未取得职业卫生(放射防护)技术服务机构资质认证擅自从事职业卫生(放射防护)技术服务、医疗卫生机构未经批准擅自从事职业健康检查、职业性放射性疾病诊断的情节。

2. 职业卫生(放射防护)技术服务机构、职业性放射性疾病诊断和职业健康检查机构的资质是否有效。

3. 技术服务、职业性放射性疾病诊断和职业健康检查范围与资质符合情况,有无超范围出证情节。

4. 机构或法人代表变化情况,如有变化,是否按规定进行变更,是否经过批准。

5.技术服务质量保证体系完善和运行情况。

(二)人员情况

1.人员组成与变动情况,能否满足技术服务要求。

2.人员培训和持证上岗情况。

3.技术负责人是否符合要求。

(三)仪器设备

1.仪器设备剂量检定、状态标识情况。

2.仪器设备变化情况,变化后的设备能否满足技术服务要求。

(四)检测工作

1.检测原始记录、法定剂量单位的使用和检测报告是否规范。

2.引用标准和仪器的使用是否符合相关检测工作的要求。

3.参加实验室间比对等验证其技术能力相关活动情况。

(五)建设项目评价

1.建设项目职业病危害(放射防护)评价报告格式与内容是否符合规范要求。

2.放射防护评价报告书是否按规定经评审专家组审查。

(六)职业性放射性疾病诊断和职业健康检查

1.诊断和检查的客观、真实和科学性,有无虚假出证等违章情节。

2.是否履行法定的报告或通知义务。

三、法律责任

《职业病防治法》规定的法律责任:

第八十条　未取得职业卫生技术服务资质认可擅自从事职业卫生技术服务的,或者医疗卫生机构未经批准擅自从事职业健康检查、职业病诊断的,由安全生产监督管理部门和卫生行政部门依据职责分工责令立即停止违法行为,没收违法所得;违法所得五千元以上的,并处违法所得二倍以上十倍以下的罚款;没有违法所得或者违法所得不足五千元的,并处五千元以上五万元以下的罚款;情节严重的,对直接负责的主管人员和其他直接责任人员,依法给予降级、撤职或者开除的处分。

第八十一条　从事职业卫生技术服务的机构和承担职业健康检查、职业病诊断的医疗卫生机构违反本法规定,有下列行为之一的,由安全生产监督管理部门和卫生行政部门依据职责分工责令立即停止违法行为,给予警告,没收违法所得;违法所得五千元以上的,并处违法所得二倍以上五倍以下的罚款;没有违法所得或者违法所得不足五千元的,并处五千元以上二万元以下的罚款;情节严重的,由原认可或者批准机关取消其相应的资格；对直接负责的主管人员和其他直接责任人员，依法给予降级、撤职或者开除的处分；构成犯罪的，依法追究刑事责任：

（一）超出资质认可或者批准范围从事职业卫生技术服务或者职业健康检查、职业病诊断的。

（二）不按照本法规定履行法定职责的。

（三）出具虚假证明文件的。

思考题

1. 放射诊疗建设项目职业病危害放射防护预评价和控制效果评价的监督要点主要有哪些？如未按法律相关要求进行评价和验收，应如何处罚？

2. 医疗机构经常性监督要点有哪些？

3. 放射工作单位未按规定组织放射工作人员进行职业健康检查和进行个人剂量监测的应如何处罚？

第十五章　食品安全监督法律制度

教学目的

1. 掌握食品安全标准的内容，食品生产经营的许可制度，食品添加剂使用要求，食品安全事故应急处置和报告的规定。

2. 熟悉预包装食品的标签内容以及进出口食品卫生管理。

3. 了解保健食品注册及卫生管理。

案例分析

2009 年 6 月 4 日，呼和浩特市民魏先生在一家超市花 3 元钱买了 3 包北京某食品有限公司生产的板栗饼。回家后，他发现该饼已经过了保质期，于是拨打了工商部门举报电话。受理投诉后，该地工商执法人员经现场调查取证，确认消费者诉情况属实，所购板栗饼已经过期。执法人员当场责令经营者将过期食品下架，并且依照《食品安全法》第九十六条“生产不符合食品安全标准的食品或者销售明知是不符合食品安全标准的食品，消费者除要求赔偿损失外，还可以向生产者或者销售者要求支付价款十倍的赔偿金”的相关规定，责令超市退还魏先生的购货款并且支付十倍赔偿金。（来源：卫生监督工作案例）

问题：食品的基本安全要求是什么？

“民以食为天，食以安为先”，食品是人类生存和发展的重要物质基础，食品安全、卫生和必要的营养是对食品的基本要求，食品安全不仅关系人民群众身体健康和生命安全，也直接影响社会经济的发展和中国产品的国际声誉，必须依法加强监督与管理，才能奏效。

本章主要介绍：食品的基本概念；我国食品安全监督管理的体系及法律依据；从食品安全风险监测和评估、食品安全标准、食品生产经营、食品检验、食品进出口、食品安全事故处理等方面阐述食品安全监督的基本内容及违反食品安全法行为的法律责任。

第一节　食品及食品安全监督概述

一、食品及食品安全监督的概念

（一）食品及食品安全的概念

食品：指各种供人食用或者饮用的成品和原料以及按照传统既是食品又是药品的物品，但不包括以治疗为目的的物品。

食品安全：指食品无毒、无害，符合应当有的营养要求，对人体健康不造成任何急性、亚急性或者慢性危害。

（二）食品安全监督的概念

食品安全监督，是指为了保证食品安全，防止食品污染和有害因素对人体的危害，保障人民群众健康，增强体质，由食品安全监督机构依法对食品生产、储存、运输、销售等过程进行督促检查，并对违反食品安全法律、法规的行为追究法律责任的一种行政执法行为，其目的是预防、控制、消除食品安全事故的发生，保障人民群众的健康。

二、食品安全法律法规体系

食品安全法律法规是食品生产经营者从事食品生产经营活动必须遵守的行为准则，也是行政执法部门实施食品安全监督管理的法律依据，建立健全食品安全法律法规体系是实现食品安全法制化管理的前提和基础。

我国目前围绕《中华人民共和国食品安全法》(2015 修订)(以下简称新《食品安全法》)，形成了一套集法律、法规、规章、规范性文件等为一体的食品安全法律法规体系。

三、食品安全法的主要内容

（一）修订时间

《中华人民共和国食品安全法》于 2009 年 2 月 28 日第十一届全国人民代表大会常务委员会第七次会议通过，2009 年 6 月 1 日正式实施。2015 年 4 月 24 日第十二届全国人民代表大会常务委员会第十四次会议对《食品安全法》进行修订，修订后的新《食品安全法》自 2015 年 10 月 1 日施行。

新《食品安全法》共计十章一百五十四条，主要内容包括食品安全风险监测和评估、食品安全标准、食品生产经营、食品检验、食品进出口、食品安全事故处置、监督管理、法律责任等。

（二）新《食品安全法》的适用范围

新《食品安全法》第二条明确规定在中华人民共和国境内从事下列活动，应当遵守本法：

1. 食品生产和加工（以下称食品生产），食品流通和餐饮服务（以下称食品经营）。

2. 食品添加剂的生产经营。

3. 用于食品的包装材料、容器、洗涤剂、消毒剂和用于食品生产经营的工具、设备（以下称食品相关产品）的生产经营。

4. 食品生产经营者使用食品添加剂、食品相关产品。

5. 食品的贮存和运输。

6. 对食品、食品添加剂、食品相关产品的安全管理。

供食用的源于农业的初级产品（以下称食用农产品）的质量安全管理，遵守《中华人民共和国农产品质量安全法》的规定。但是，食用农产品的市场销售、有关质量安全标准的制定、有关安全信息的公布和本法对农业投入品做出规定的，应当遵守本法的规定。

四、食品安全监督管理体系

食品安全监督管理体系是指国家对食品安全实施监督管理采取的组织形式和基本制度，它是国家有关食品安全的法律、法规、规章、政策等得以有效贯彻落实的组织保障和制度保障。

近年来食品安全事故暴露出很多问题：如监管部门监管不到位、执法不严格的问题；部门间存在职责交叉、权责不明的现象，部门与部门之间职能责任划分不清；部门间互相推诿扯皮现象等。新《食品安全法》对食品安全监督的主体做了明确的规定，主要可以分为部门管理、各级人民政府管理和食品生产经营企业管理三部分。

（一）部门管理

是指国务院各职能部门按照国务院确定的职责范围，在各自的职责范围内开展食品安全监督管理工作。

1. 国务院设立食品安全委员会，其工作职责由国务院规定。国务院食品安全委员会成立于2010年2月6日，是国务院食品安全工作的高层次议事协调机构，有十五个部门参加。其主要职责有：(1)分析食品安全形势，研究部署、统筹指导食品安全工作；(2)提出食品安全监管的重大政策措施；(3)督促落实食品安全监管责任。

国务院食品安全委员会设立国务院食品安全委员会办公室，具体承担委员会的日常工作。

2.国务院食品药品监督管理部门依照新《食品安全法》和国务院规定的职责,对食品生产经营活动实施监督管理。

3.国务院卫生行政部门依照新《食品安全法》和国务院规定的职责,组织开展食品安全风险监测和风险评估,会同国务院食品药品监督管理部门制定并公布食品安全国家标准。

4.国务院其他有关部门依照本法和国务院规定的职责,承担有关食品安全工作。

(二)各级人民政府管理

县级以上地方人民政府对本行政区域的食品安全监督管理工作负责,统一领导、组织、协调本行政区域的食品安全监督管理工作以及食品安全突发事件应对工作,建立健全食品安全全程监督管理工作机制和信息共享机制。

县级以上地方人民政府依照新《食品安全法》和国务院的规定,确定本级食品药品监督管理部门、卫生行政部门和其他有关部门的职责。有关部门在各自职责范围内负责本行政区域的食品安全监督管理工作。

县级人民政府食品药品监督管理部门可以在乡镇或者特定区域设立派出机构。

县级以上地方人民政府实行食品安全监督管理责任制。上级人民政府负责对下一级人民政府的食品安全监督管理工作进行评议、考核。县级以上地方人民政府负责对本级食品药品监督管理部门和其他有关部门的食品安全监督管理工作进行评议、考核。

县级以上人民政府应当将食品安全工作纳入本级国民经济和社会发展规划,将食品安全工作经费列入本级政府财政预算,加强食品安全监督管理能力建设,为食品安全工作提供保障。

县级以上人民政府食品药品监督管理部门和其他有关部门应当加强沟通、密切配合,按照各自职责分工,依法行使职权,承担责任。

各级人民政府应当加强食品安全的宣传教育,普及食品安全知识,鼓励社会组织、基层群众性自治组织、食品生产经营者开展食品安全法律、法规以及食品安全标准和知识的普及工作,倡导健康的饮食方式,增强消费者食品安全意识和自我保护能力。新闻媒体应当开展食品安全法律、法规以及食品安全标准和知识的公益宣传,并对食品安全违法行为进行舆论监督。有关食品安全的宣传报道应当真实、公正。

(三)食品生产经营企业管理

食品行业协会应当加强行业自律,按照章程建立健全行业规范和奖惩机制,提供食品安全信息、技术等服务，引导和督促食品生产经营者依法生产经营，推动行业诚信建设，宣传、普及食品安全知识。

食品生产经营者应当建立健全本单位的食品安全管理、食品生产从业人员健康管理、进货查验记录以及食品出厂检验记录制度，应当依照法律、法规和食品安全标准从事生产经营活动，采取有效管理措施，保证食品安全。

食品生产经营者对其生产经营的食品安全负责，对社会和公众负责，承担社会责任。

消费者协会和其他消费者组织对违反新《食品安全法》规定，损害消费者合法权益的行为，依法进行社会监督。

第二节　食品安全风险监测和评估

一、国家建立食品安全风险监测制度

（一）食品安全风险监测概念

食品安全风险监测，是通过系统和持续地收集食源性疾病、食品污染以及食品中有害因素的监测数据及相关信息，并进行综合分析和及时通报的活动。食品安全风险监测应包括食品、食品添加剂和食品相关产品。

（二）食品安全风险监测管理部门

国务院卫生行政部门会同国务院食品药品监督管理、质量监督等部门，制定、实施国家食品安全风险监测计划。

（三）食品安全风险监测程序

国务院食品药品监督管理部门和其他有关部门获知有关食品安全风险信息后，应当立即核实并向国务院卫生行政部门通报。对有关部门通报的食品安全风险信息以及医疗机构报告的食源性疾病等有关疾病信息，国务院卫生行政部门应当会同国务院有关部门分析研究，认为必要的，及时调整国家食品安全风险监测计划。

省、自治区、直辖市人民政府卫生行政部门会同同级食品药品监督管理、质量监督等部门，根据国家食品安全风险监测计划，结合本行政区域的具体情况，制定、调整本行政区域的食品安全风险监测方案，报国务院卫生行政部门备案并实施。

承担食品安全风险监测工作的技术机构应当根据食品安全风险监测计划和监测方案开展监测工作，保证监测数据真实、准确，并按照食品安全风险监测计划和监测方案的要求报送监测数据和分析结果。

食品安全风险监测工作人员有权进入相关食用农产品种植养殖、食品生产经营场所采集样品、收集相关数据。采集样品应当按照市场价格支付费用。

(四)食品安全风险监测结果

食品安全风险监测结果表明可能存在食品安全隐患的,县级以上人民政府卫生行政部门应当及时将相关信息通报同级食品药品监督管理等部门,并报告本级人民政府和上级人民政府卫生行政部门。食品药品监督管理等部门应当组织开展进一步调查。

二、国家建立食品安全风险评估制度

(一)食品安全风险评估概念

食品安全风险评估,是运用科学方法,根据食品安全风险监测信息、科学数据以及有关信息,对食品、食品添加剂、食品相关产品中生物性、化学性和物理性危害因素进行风险评估。

(二)食品安全风险评估机构

国务院卫生行政部门负责组织食品安全风险评估工作,成立由医学、农业、食品、营养、生物、环境等方面的专家组成的食品安全风险评估专家委员会进行食品安全风险评估。食品安全风险评估结果由国务院卫生行政部门公布。

对农药、肥料、兽药、饲料和饲料添加剂等的安全性评估,应当有食品安全风险评估专家委员会的专家参加。

食品安全风险评估不得向生产经营者收取费用,采集样品应当按照市场价格支付费用。

(三)食品安全风险评估内容

食品安全风险评估主要涉及以下方面:

1. 通过食品安全风险监测或者接到举报发现食品、食品添加剂、食品相关产品可能存在安全隐患的。

2. 为制定或者修订食品安全国家标准提供科学依据需要进行风险评估的。

3. 为确定监督管理的重点领域、重点品种需要进行风险评估的。

4. 发现新的可能危害食品安全因素的。

5. 需要判断某一因素是否构成食品安全隐患的。

6. 国务院卫生行政部门认为需要进行风险评估的其他情形。

(四)食品安全风险评估程序

国务院食品药品监督管理、质量监督、农业行政等部门在监督管理工作中发现需要进行食品安全风险评估的,应当向国务院卫生行政部门提出食品安全风险评估的建议,并提供风险来源、相关检验数据和结论等信息资料。符合上述规定情形的，国务院卫生行政部门应当及时进行食品安全风险评估，并向国务院有关部门通报评估结果。

省级以上人民政府卫生行政、农业行政部门应当及时相互通报食品、食用农产品安全风险监测信息。

国务院卫生行政、农业行政部门应当及时相互通报食品、食用农产品安全风险评估结果等信息。

食品安全风险评估结果是制定、修订食品安全标准和实施食品安全监督管理的科学依据。

（五）食品安全风险评估结论及处置

经食品安全风险评估，得出食品、食品添加剂、食品相关产品不安全结论的，国务院食品药品监督管理、质量监督等部门应当依据各自职责立即向社会公告，告知消费者停止食用或者使用，并采取相应措施，确保该食品、食品添加剂、食品相关产品停止生产经营；需要制定、修订相关食品安全国家标准的，国务院卫生行政部门应当会同国务院食品药品监督管理部门立即制定、修订。

国务院食品药品监督管理部门应当会同国务院有关部门，根据食品安全风险评估结果、食品安全监督管理信息，对食品安全状况进行综合分析。对经综合分析表明可能具有较高程度安全风险的食品，国务院食品药品监督管理部门应当及时提出食品安全风险警示，并向社会公布。

县级以上人民政府食品药品监督管理部门和其他有关部门，食品安全风险评估专家委员会及其技术机构，应当按照科学、客观、及时、公开的原则，组织食品生产经营者、食品检验机构、认证机构、食品行业协会、消费者协会以及新闻媒体等，就食品安全风险评估信息和食品安全监督管理信息进行交流沟通。

第三节　食品安全标准

新《食品安全法》规定：制定食品安全标准，应当以保障公众身体健康为宗旨，做到科学合理、安全可靠。食品安全标准是强制执行的标准。除食品安全标准外，不得制定其他的食品强制性标准。

一、食品安全标准的内容

（1）食品、食品添加剂、食品相关产品中的致病性微生物、农药残留、兽药残留、生物毒素、重金属等污染物质以及其他危害人体健康物质的限量规定。

（2）食品添加剂的品种、使用范围、用量。

（3）专供婴幼儿和其他特定人群的主辅食品的营养成分要求。

(4)对与卫生、营养等食品安全要求有关的标签、标志、说明书的要求；
(5)食品生产经营过程的卫生要求；
(6)与食品安全有关的质量要求；
(7)与食品安全有关的食品检验方法与规程；
(8)其他需要制定为食品安全标准的内容。

二、食品安全国家标准的制定

(一)食品安全国家标准制定机构

食品安全国家标准由国务院卫生行政部门会同国务院食品药品监督管理部门制定、公布，国务院标准化行政部门提供国家标准编号。

食品中农药残留、兽药残留的限量规定及其检验方法与规程由国务院卫生行政部门、国务院农业行政部门会同国务院食品药品监督管理部门制定。

屠宰畜、禽的检验规程由国务院农业行政部门会同国务院卫生行政部门制定。

(二)食品安全国家标准的依据

制定食品安全国家标准，应当依据食品安全风险评估结果并充分考虑食用农产品安全风险评估结果，参照相关的国际标准和国际食品安全风险评估结果，并将食品安全国家标准草案向社会公布，广泛听取食品生产经营者、消费者、有关部门等方面的意见。

(三)食品安全国家标准的审查

食品安全国家标准应当经国务院卫生行政部门组织的食品安全国家标准审评委员会审查通过。食品安全国家标准审评委员会由医学、农业、食品、营养、生物、环境等方面的专家以及国务院有关部门、食品行业协会、消费者协会的代表组成，对食品安全国家标准草案的科学性和实用性等进行审查。

(四)食品安全国家标准的优先性

对地方特色食品，没有食品安全国家标准的，省、自治区、直辖市人民政府卫生行政部门可以制定并公布食品安全地方标准，报国务院卫生行政部门备案。食品安全国家标准制定后，该地方标准即行废止。

国家鼓励食品生产企业制定严于食品安全国家标准或者地方标准的企业标准，在本企业适用，并报省、自治区、直辖市人民政府卫生行政部门备案。

省级以上人民政府卫生行政部门应当在其网站上公布制定和备案的食品安全国家标准、地方标准和企业标准，供公众免费查阅、下载。

(五)国家食品安全标准的执行

对食品安全标准执行过程中的问题，县级以上人民政府卫生行政部门应当会同有关部门及时给予指导、解答。

省级以上人民政府卫生行政部门应当会同同级食品药品监督管理、质量监督、农业行政等部门，分别对食品安全国家标准和地方标准的执行情况进行跟踪评价，并根据评价结果及时修订食品安全标准。

省级以上人民政府食品药品监督管理、质量监督、农业行政等部门应当对食品安全标准执行中存在的问题进行收集、汇总，并及时向同级卫生行政部门通报。

食品生产经营者、食品行业协会发现食品安全标准在执行中存在问题的，应当立即向卫生行政部门报告。

第四节　食品生产经营管理

一、食品生产经营管理一般性规定

（一）食品生产经营的一般性要求

食品生产经营应当符合食品安全标准，并符合下列要求：

1. 具有与生产经营的食品品种、数量相适应的食品原料处理和食品加工、包装、贮存等场所，保持该场所环境整洁，并与有毒、有害场所以及其他污染源保持规定的距离。

2. 具有与生产经营的食品品种、数量相适应的生产经营设备或者设施，有相应的消毒、更衣、盥洗、采光、照明、通风、防腐、防尘、防蝇、防鼠、防虫、洗涤以及处理废水、存放垃圾和废弃物的设备或者设施。

3. 有专职或者兼职的食品安全专业技术人员、食品安全管理人员和保证食品安全的规章制度。

4. 具有合理的设备布局和工艺流程，防止待加工食品与直接入口食品、原料与成品交叉污染，避免食品接触有毒物、不洁物。

5. 餐具、饮具和盛放直接入口食品的容器，使用前应当洗净、消毒，炊具、用具用后应当洗净，保持清洁。

6. 贮存、运输和装卸食品的容器、工具和设备应当安全、无害，保持清洁，防止食品污染，并符合保证食品安全所需的温度、湿度等特殊要求，不得将食品与有毒、有害物品一同贮存、运输。

7. 直接入口的食品应当使用无毒、清洁的包装材料、餐具、饮具和容器。

8. 食品生产经营人员应当保持个人卫生，生产经营食品时，应当将手洗净，穿戴清洁的工作衣、工作帽等；销售无包装的直接入口食品时，应当使用无毒、清洁的容器、售货工具和设备。

9. 用水应当符合国家规定的生活饮用水卫生标准。

10. 使用的洗涤剂、消毒剂应当对人体安全、无害。

11. 法律、法规规定的其他要求。

非食品生产经营者从事食品贮存、运输和装卸的，应当符合上述第六项的规定。

（二）禁止生产经营的食品、食品添加剂、食品相关产品

禁止生产经营下列食品、食品添加剂、食品相关产品：

1. 用非食品原料生产的食品或者添加食品添加剂以外的化学物质和其他可能危害人体健康物质的食品，或者用回收食品作为原料生产的食品。

2. 致病性微生物、农药残留、兽药残留、生物毒素、重金属等污染物质以及其他危害人体健康的物质含量超过食品安全标准限量的食品、食品添加剂、食品相关产品。

3. 用超过保质期的食品原料、食品添加剂生产的食品、食品添加剂。

4. 超范围、超限量使用食品添加剂的食品。

5. 营养成分不符合食品安全标准的专供婴幼儿和其他特定人群的主辅食品。

6. 腐败变质、油脂酸败、霉变生虫、污秽不洁、混有异物、掺假掺杂或者感官性状异常的食品、食品添加剂。

7. 病死、毒死或者死因不明的禽、畜、兽、水产动物肉类及其制品。

8. 未按规定进行检疫或者检疫不合格的肉类，或者未经检验或者检验不合格的肉类制品。

9. 被包装材料、容器、运输工具等污染的食品、食品添加剂。

10. 标注虚假生产日期、保质期或者超过保质期的食品、食品添加剂。

11. 无标签的预包装食品、食品添加剂。

12. 国家为防病等特殊需要明令禁止生产经营的食品。

13. 其他不符合法律、法规或者食品安全标准的食品、食品添加剂、食品相关产品。

（三）食品生产经营的许可制度

国家对食品生产经营实行许可制度。从事食品生产、食品销售、餐饮服务，应当依法取得许可。但是，销售食用农产品，不需要取得许可。

县级以上地方人民政府食品药品监督管理部门应当依照《中华人民共和国行政许可法》的规定，审核申请人提交的新《食品安全法》第三十三条第一款第一项至第四项规定要求的相关资料，必要时对申请人的生产经营场所进行现场核

查；对符合规定条件的，准予许可；对不符合规定条件的，不予许可并书面说明理由。

国家对食品添加剂生产实行许可制度。从事食品添加剂生产，应当具有与所生产食品添加剂品种相适应的场所、生产设备或者设施、专业技术人员和管理制度，并依照新《食品安全法》第三十五条第二款规定的程序，取得食品添加剂生产许可。生产食品添加剂应当符合法律、法规和食品安全国家标准。

食品添加剂应当在技术上确有必要且经过风险评估证明安全可靠，方可列入允许使用的范围；有关食品安全国家标准应当根据技术必要性和食品安全风险评估结果及时修订。食品生产经营者应当按照食品安全国家标准使用食品添加剂。

（四）食品生产经营的监督管理

1.食品生产经营的基本要求。

食品生产加工小作坊和食品摊贩等从事食品生产经营活动，应当符合新《食品安全法》规定的与其生产经营规模、条件相适应的食品安全要求，保证所生产经营的食品卫生、无毒、无害，食品药品监督管理部门应当对其加强监督管理。

2.食品生产经营的管理机构。

县级以上地方人民政府应当对食品生产加工小作坊、食品摊贩等进行综合治理，加强服务和统一规划，改善其生产经营环境，鼓励和支持其改进生产经营条件，进入集中交易市场、店铺等固定场所经营，或者在指定的临时经营区域、时段经营。食品生产加工小作坊和食品摊贩等的具体管理办法由省、自治区、直辖市制定。

3.食品生产经营的管理。

利用新的食品原料生产食品，或者生产食品添加剂新品种、食品相关产品新品种，应当向国务院卫生行政部门提交相关产品的安全性评估材料。国务院卫生行政部门应当自收到申请之日起六十日内组织审查；对符合食品安全要求的，准予许可并公布；对不符合食品安全要求的，不予许可并书面说明理由。

生产经营的食品中不得添加药品，但是可以添加按照传统既是食品又是中药材的物质。按照传统既是食品又是中药材的物质目录由国务院卫生行政部门会同国务院食品药品监督管理部门制定、公布。

生产食品相关产品应当符合法律、法规和食品安全国家标准。对直接接触食品的包装材料等具有较高风险的食品相关产品，按照国家有关工业产品生产许可证管理的规定实施生产许可。质量监督部门应当加强对食品相关产品生产活动的监督管理。

4.食品安全追溯制度。

国家建立食品安全全程追溯制度。食品生产经营者应当依照新《食品安全法》的规定,建立食品安全追溯体系,保证食品可追溯。国家鼓励食品生产经营者采用信息化手段采集、留存生产经营信息,建立食品安全追溯体系。

国务院食品药品监督管理部门会同国务院农业行政等有关部门建立食品安全全程追溯协作机制。

地方各级人民政府应当采取措施鼓励食品规模化生产和连锁经营、配送。国家鼓励食品生产经营企业参加食品安全责任保险。

二、生产经营过程控制

(一)食品安全管理制度

食品生产经营企业应当建立健全食品安全管理制度,对职工进行食品安全知识培训,加强食品检验工作,依法从事生产经营活动。

(二)食品安全负责人制度

食品生产经营企业的主要负责人应当落实企业食品安全管理制度,对本企业的食品安全工作全面负责。

(三)食品生产经营培训考核制度

食品生产经营企业应当配备食品安全管理人员,加强对其培训和考核。经考核不具备食品安全管理能力的,不得上岗。食品药品监督管理部门应当对企业食品安全管理人员随机进行监督抽查考核并公布考核情况。监督抽查考核不得收取费用。

(四)从业人员健康管理制度

食品生产经营者应当建立并执行从业人员健康管理制度。患有国务院卫生行政部门规定的有碍食品安全疾病的人员,不得从事接触直接入口食品的工作。

从事接触直接入口食品工作的食品生产经营人员应当每年进行健康检查,取得健康证明后方可上岗工作。

(五)食品安全标准制度

食品生产企业应当就下列事项制定并实施控制要求,保证所生产的食品符合食品安全标准:

1.原料采购、原料验收、投料等原料控制。

2.生产工序、设备、贮存、包装等生产关键环节控制。

3.原料检验、半成品检验、成品出厂检验等检验控制。

4.运输和交付控制。

(六)食品安全自查制度

1.食品安全自查制度含义。

食品生产经营者应当建立食品安全自查制度,定期对食品安全状况进行检查评价。生产经营条件发生变化,不再符合食品安全要求的,食品生产经营者应当立即采取整改措施;有发生食品安全事故潜在风险的,应当立即停止食品生产经营活动,并向所在地县级人民政府食品药品监督管理部门报告。

2.食品生产经营企业的认证。

国家鼓励食品生产经营企业符合良好生产规范要求,实施危害分析与关键控制点体系,提高食品安全管理水平。

对通过良好生产规范、危害分析与关键控制点体系认证的食品生产经营企业,认证机构应当依法实施跟踪调查;对不再符合认证要求的企业,应当依法撤销认证,及时向县级以上人民政府食品药品监督管理部门通报,并向社会公布。认证机构实施跟踪调查不得收取费用。

3.建立健全农业投入品使用记录和安全使用制度。

食用农产品的生产企业和农民专业合作经济组织应当建立农业投入品使用记录制度。

食用农产品生产者应当按照食品安全标准和国家有关规定使用农药、肥料、兽药、饲料和饲料添加剂等农业投入品,严格执行农业投入品使用安全间隔期或者休药期的规定,不得使用国家明令禁止的农业投入品。禁止将剧毒、高毒农药用于蔬菜、瓜果、茶叶和中草药材等国家规定的农作物。

县级以上人民政府农业行政部门应当加强对农业投入品使用的监督管理和指导,建立健全农业投入品安全使用制度。

4.食品生产企业建立食品生产采购进货查验记录制度。

食品生产者采购食品原料、食品添加剂、食品相关产品,应当查验供货者的许可证和产品合格证明;对无法提供合格证明的食品原料,应当按照食品安全标准进行检验;不得采购或者使用不符合食品安全标准的食品原料、食品添加剂、食品相关产品。

食品生产企业应当建立食品原料、食品添加剂、食品相关产品进货查验记录制度,如实记录食品原料,食品添加剂,食品相关产品的名称、规格、数量、生产日期或者生产批号、保质期、进货日期以及供货者名称、地址、联系方式等内容,并保存相关凭证。记录和凭证保存期限不得少于产品保质期满后六个月;没有明确保质期的,保存期限不得少于两年。

5.食品生产企业建立食品出厂检验记录制度。

食品生产企业应当建立食品出厂检验记录制度,查验出厂食品的检验合格证和安全状况，如实记录食品的名称、规格、数量、生产日期或者生产批号、保质期、检验合格证号、销售日期以及购货者名称、地址、联系方式等内容，并保存相关凭证。记录和凭证保存期限应当符合食品安全法第五十条第二款的规定。

食品、食品添加剂、食品相关产品的生产者，应当按照食品安全标准对所生产的食品、食品添加剂、食品相关产品进行检验，检验合格后方可出厂或者销售。

食品经营者采购食品，应当查验供货者的许可证和食品出厂检验合格证或者其他合格证明（以下称合格证明文件）。

6.食品经营企业建立食品进货查验记录制度。

食品经营企业应当建立食品进货查验记录制度，如实记录食品的名称、规格、数量、生产日期或者生产批号、保质期、进货日期以及供货者名称、地址、联系方式等内容，并保存相关凭证。记录和凭证保存期限应当符合新《食品安全法》第五十条第二款的规定。

实行统一配送经营方式的食品经营企业，可以由企业总部统一查验供货者的许可证和食品合格证明文件，进行食品进货查验记录。

7.食品经营企业建立食品销售记录制度。

从事食品批发业务的经营企业应当建立食品销售记录制度，如实记录批发食品的名称、规格、数量、生产日期或者生产批号、保质期、销售日期以及购货者名称、地址、联系方式等内容，并保存相关凭证。记录和凭证保存期限应当符合新《食品安全法》第五十条第二款的规定。

食品经营者应当按照保证食品安全的要求贮存食品，定期检查库存食品，及时清理变质或者超过保质期的食品。

食品经营者贮存散装食品，应当在贮存位置标明食品的名称、生产日期或者生产批号、保质期、生产者名称及联系方式等内容。

8.对餐饮服务提供者的管理。

餐饮服务提供者应当制定并实施原料控制要求，不得采购不符合食品安全标准的食品原料。倡导餐饮服务提供者公开加工过程，公示食品原料及其来源等信息。

餐饮服务提供者在加工过程中应当检查待加工的食品及原料，发现有新《食品安全法》第三十四条第六项规定情形的，不得加工或者使用。

餐饮服务提供者应当定期维护食品加工、贮存、陈列等设施、设备；定期清洗、校验保温设施及冷藏、冷冻设施。

餐饮服务提供者应当按照要求对餐具、饮具进行清洗消毒，不得使用未经清洗消毒的餐具、饮具；餐饮服务提供者委托清洗消毒餐具、饮具的，应当委托符合本法规定条件的餐具、饮具集中消毒服务单位。

学校、托幼机构、养老机构、建筑工地等集中用餐单位的食堂应当严格遵守法律、法规和食品安全标准；从供餐单位订餐的，应当从取得食品生产经营许可的企业订购，并按照要求对订购的食品进行查验。供餐单位应当严格遵守法律、法规和食品安全标准，当餐加工，确保食品安全。

学校、托幼机构、养老机构、建筑工地等集中用餐单位的主管部门应当加强对集中用餐单位的食品安全教育和日常管理，降低食品安全风险，及时消除食品安全隐患。

餐具、饮具集中消毒服务单位应当具备相应的作业场所、清洗消毒设备或者设施，用水和使用的洗涤剂、消毒剂应当符合相关食品安全国家标准和其他国家标准、卫生规范。

餐具、饮具集中消毒服务单位应当对消毒餐具、饮具进行逐批检验，检验合格后方可出厂，并应当随附消毒合格证明。消毒后的餐具、饮具应当在独立包装上标注单位名称、地址、联系方式、消毒日期以及使用期限等内容。

9.建立食品添加剂出厂检验记录制度。

食品添加剂生产者应当建立食品添加剂出厂检验记录制度，查验出厂产品的检验合格证和安全状况，如实记录食品添加剂的名称、规格、数量、生产日期或者生产批号、保质期、检验合格证号、销售日期以及购货者名称、地址、联系方式等相关内容，并保存相关凭证。记录和凭证保存期限应当符合新《食品安全法》第五十条第二款的规定。

食品添加剂经营者采购食品添加剂，应当依法查验供货者的许可证和产品合格证明文件，如实记录食品添加剂的名称、规格、数量、生产日期或者生产批号、保质期、进货日期以及供货者名称、地址、联系方式等内容，并保存相关凭证。记录和凭证保存期限应当符合新《食品安全法》第五十条第二款的规定。

集中交易市场的开办者、柜台出租者和展销会举办者，应当依法审查入场食品经营者的许可证，明确其食品安全管理责任，定期对其经营环境和条件进行检查，发现其有违反本法规定行为的，应当及时制止并立即报告所在地县级人民政府食品药品监督管理部门。

10.网络食品交易的管理。

网络食品交易第三方平台提供者应当对入网食品经营者进行实名登记，明确其食品安全管理责任；依法应当取得许可证的，还应当审查其许可证。

网络食品交易第三方平台提供者发现入网食品经营者有违反本法规定行为的，应当及时制止并立即报告所在地县级人民政府食品药品监督管理部门；发现严重违法行为的，应当立即停止提供网络交易平台服务。

11.国家建立食品召回制度。

国家建立食品召回制度。食品生产者发现其生产的食品不符合食品安全标准或者有证据证明可能危害人体健康的，应当立即停止生产，召回已经上市销售的食品，通知相关生产经营者和消费者，并记录召回和通知情况。

食品经营者发现其经营的食品有前款规定情形的，应当立即停止经营，通知相关生产经营者和消费者，并记录停止经营和通知情况。食品生产者认为应当召回的，应当立即召回。由于食品经营者的原因造成其经营的食品有前款规定情形的，食品经营者应当召回。

食品生产经营者应当对召回的食品采取无害化处理、销毁等措施，防止其再次流入市场。但是，对因标签、标志或者说明书不符合食品安全标准而被召回的食品，食品生产者在采取补救措施且能保证食品安全的情况下可以继续销售；销售时应当向消费者明示补救措施。

食品生产经营者应当将食品召回和处理情况向所在地县级人民政府食品药品监督管理部门报告；需要对召回的食品进行无害化处理、销毁的，应当提前报告时间、地点。食品药品监督管理部门认为必要的，可以实施现场监督。

食品生产经营者未依照规定召回或者停止经营的，县级以上人民政府食品药品监督管理部门可以责令其召回或者停止经营。

12.建立食用农产品检验、进货查验记录制度。

食用农产品批发市场应当配备检验设备和检验人员或者委托符合本法规定的食品检验机构，对进入该批发市场销售的食用农产品进行抽样检验；发现不符合食品安全标准的，应当要求销售者立即停止销售，并向食品药品监督管理部门报告。

食用农产品销售者应当建立食用农产品进货查验记录制度，如实记录食用农产品的名称、数量、进货日期以及供货者名称、地址、联系方式等内容，并保存相关凭证。记录和凭证保存期限不得少于六个月。

进入市场销售的食用农产品在包装、保鲜、贮存、运输中使用保鲜剂、防腐剂等食品添加剂和包装材料等食品相关产品，应当符合食品安全国家标准。

三、标签、说明书和广告

(一)标签标明的事项

预包装食品的包装上应当有标签。标签应当标明下列事项：

1.名称、规格、净含量、生产日期。

2.成分或者配料表。

3.生产者的名称、地址、联系方式。

4.保质期。

5.产品标准代号。

6.贮存条件。

7.所使用的食品添加剂在国家标准中的通用名称。

8.生产许可证编号。

9.法律、法规或者食品安全标准规定应当标明的其他事项。

专供婴幼儿和其他特定人群的主辅食品，其标签还应当标明主要营养成分及其含量。食品安全国家标准对标签标注事项另有规定的，从其规定。

食品经营者销售散装食品，应当在散装食品的容器、外包装上标明食品的名称、生产日期或者生产批号、保质期以及生产经营者名称、地址、联系方式等内容。生产经营转基因食品应当按照规定显著标示。

（二）食品和食品添加剂标签、说明书和包装的要求

食品添加剂应当有标签、说明书和包装。标签、说明书应当载明新《食品安全法》第六十七条第一款第一项至第六项、第八项、第九项规定的事项，以及食品添加剂的使用范围、用量、使用方法，并在标签上载明“食品添加剂”字样。

食品和食品添加剂的标签、说明书，不得含有虚假内容，不得涉及疾病预防、治疗功能。生产经营者对其提供的标签、说明书的内容负责。

食品和食品添加剂的标签、说明书应当清楚、明显，生产日期、保质期等事项应当显著标注，容易辨识。

食品和食品添加剂与其标签、说明书的内容不符的，不得上市销售。

食品经营者应当按照食品标签标示的警示标志、警示说明或者注意事项的要求销售食品。

（三）食品广告的要求

食品广告的内容应当真实合法，不得含有虚假内容，不得涉及疾病预防、治疗功能。食品生产经营者对食品广告内容的真实性、合法性负责。

县级以上人民政府食品药品监督管理部门和其他有关部门以及食品检验机构、食品行业协会不得以广告或者其他形式向消费者推荐食品。消费者组织不得以收取费用或者其他牟取利益的方式向消费者推荐食品。

四、特殊食品

国家对保健食品、特殊医学用途配方食品和婴幼儿配方食品等特殊食品实行严格监督管理。

（一）对保健食品的管理

保健食品声称保健功能，应当具有科学依据，不得对人体产生急性、亚急性

或者慢性危害。

保健食品原料目录和允许保健食品声称的保健功能目录，由国务院食品药品监督管理部门会同国务院卫生行政部门、国家中医药管理部门制定、调整并公布。

保健食品原料目录应当包括原料名称、用量及其对应的功效；列入保健食品原料目录的原料只能用于保健食品生产，不得用于其他食品生产。

使用保健食品原料目录以外原料的保健食品和首次进口的保健食品应当经国务院食品药品监督管理部门注册。但是，首次进口的保健食品中属于补充维生素、矿物质等营养物质的，应当报国务院食品药品监督管理部门备案。其他保健食品应当报省、自治区、直辖市人民政府食品药品监督管理部门备案。

进口的保健食品应当是出口国（地区）主管部门准许上市销售的产品。

依法应当注册的保健食品，注册时应当提交保健食品的研发报告、产品配方、生产工艺、安全性和保健功能评价、标签、说明书等材料及样品，并提供相关证明文件。国务院食品药品监督管理部门经组织技术审评，对符合安全和功能声称要求的，准予注册；对不符合要求的，不予注册并书面说明理由。对使用保健食品原料目录以外原料的保健食品做出准予注册决定的，应当及时将该原料纳入保健食品原料目录。

依法应当备案的保健食品，备案时应当提交产品配方、生产工艺、标签、说明书以及表明产品安全性和保健功能的材料。

保健食品的标签、说明书不得涉及疾病预防、治疗功能，内容应当真实，与注册或者备案的内容相一致，载明适宜人群、不适宜人群、功效成分或者标志性成分及其含量等，并声明“本品不能代替药物”。保健食品的功能和成分应当与标签、说明书相一致。

保健食品广告除应当符合新《食品安全法》第七十三条第一款的规定外，还应当声明“本品不能代替药物”；其内容应当经生产企业所在地省、自治区、直辖市人民政府食品药品监督管理部门审查批准，取得保健食品广告批准文件。省、自治区、直辖市人民政府食品药品监督管理部门应当公布并及时更新已经批准的保健食品广告目录以及批准的广告内容。

（二）对特殊医学用途配方食品的管理

特殊医学用途配方食品应当经国务院食品药品监督管理部门注册。注册时，应当提交产品配方、生产工艺、标签、说明书以及表明产品安全性、营养充足性和特殊医学用途临床效果的材料。

特殊医学用途配方食品广告适用《中华人民共和国广告法》和其他法律、行政法规关于药品广告管理的规定。

（三）对婴幼儿配方食品的管理

婴幼儿配方食品生产企业应当实施从原料进厂到成品出厂的全过程质量控制，对出厂的婴幼儿配方食品实施逐批检验，保证食品安全。

生产婴幼儿配方食品使用的生鲜乳、辅料等食品原料、食品添加剂等，应当符合法律、行政法规的规定和食品安全国家标准，保证婴幼儿生长发育所需的营养成分。

婴幼儿配方食品生产企业应当将食品原料、食品添加剂、产品配方及标签等事项向省、自治区、直辖市人民政府食品药品监督管理部门备案。

婴幼儿配方乳粉的产品配方应当经国务院食品药品监督管理部门注册。注册时，应当提交配方研发报告和其他表明配方科学性、安全性的材料。

不得以分装方式生产婴幼儿配方乳粉，同一企业不得用同一配方生产不同品牌的婴幼儿配方乳粉。

保健食品、特殊医学用途配方食品、婴幼儿配方乳粉的注册人或者备案人应当对其提交材料的真实性负责。

（四）特殊食品的管理机构和生产要求

省级以上人民政府食品药品监督管理部门应当及时公布注册或者备案的保健食品、特殊医学用途配方食品、婴幼儿配方乳粉目录，并对注册或者备案中获知的企业商业秘密予以保密。

保健食品、特殊医学用途配方食品、婴幼儿配方乳粉生产企业应当按照注册或者备案的产品配方、生产工艺等技术要求组织生产。

生产保健食品，特殊医学用途配方食品、婴幼儿配方食品和其他专供特定人群的主辅食品的企业，应当按照良好生产规范的要求建立与所生产食品相适应的生产质量管理体系，定期对该体系的运行情况进行自查，保证其有效运行，并向所在地县级人民政府食品药品监督管理部门提交自查报告。

第五节　食品检验管理

一、从事食品检验的资格

食品检验机构按照国家有关认证认可的规定取得资质认定后，方可从事食品检验活动。但是，法律另有规定的除外。

食品检验机构的资质认定条件和检验规范，由国务院食品药品监督管理部门规定。

二、食品检验的主体和效力

县级以上人民政府应当整合食品检验资源，实现资源共享。

食品检验由食品检验机构指定的检验人独立进行。

检验人应当依照有关法律、法规的规定，并按照食品安全标准和检验规范对食品进行检验，尊重科学，恪守职业道德，保证出具的检验数据和结论客观、公正，不得出具虚假检验报告。

符合新《食品安全法》规定的食品检验机构出具的检验报告具有同等效力。

三、食品检验机构和检验人负责制度

食品检验实行食品检验机构与检验人负责制。食品检验报告应当加盖食品检验机构公章，并有检验人的签名或者盖章。食品检验机构和检验人对出具的食品检验报告负责。

四、食品检验机构

县级以上人民政府食品药品监督管理部门应当对食品进行定期或者不定期的抽样检验，并依据有关规定公布检验结果，不得免检。进行抽样检验，应当购买抽取的样品，委托符合本法规定的食品检验机构进行检验，并支付相关费用，不得向食品生产经营者收取检验费和其他费用。

食品生产企业可以自行对所生产的食品进行检验，也可以委托符合本法规定的食品检验机构进行检验。

食品行业协会、消费者协会等组织和消费者需要委托食品检验机构对食品进行检验的，应当委托符合本法规定的食品检验机构进行。

食品添加剂的检验，适用新《食品安全法》有关食品检验的规定。

五、对检验结论有异议的复检

对依照新《食品安全法》规定实施的检验结论有异议的，食品生产经营者可以自收到检验结论之日起七个工作日内向实施抽样检验的食品药品监督管理部门或者其上一级食品药品监督管理部门提出复检申请，由受理复检申请的食品药品监督管理部门在公布的复检机构名录中随机确定复检机构进行复检。复检机构出具的复检结论为最终检验结论。复检机构与初检机构不得为同一机构。复检机构名录由国务院认证认可监督管理、食品药品监督管理、卫生行政、农业行政等部门共同公布。

采用国家规定的快速检测方法对食用农产品进行抽查检测，被抽查人对检测结果有异议的，可以自收到检测结果时起四小时内申请复检。复检不得采用快速检测方法。

第六节 食品进出口的监督管理

一、进口的食品、食品添加剂的基本要求

进口的食品、食品添加剂、食品相关产品应当符合我国食品安全国家标准。

进口的食品、食品添加剂应当经出入境检验检疫机构依照进出口商品检验相关法律、行政法规的规定检验合格。

进口的食品、食品添加剂应当按照国家出入境检验检疫部门的要求随附合格证明材料。

进口尚无食品安全国家标准的食品，由境外出口商、境外生产企业或者其委托的进口商向国务院卫生行政部门提交所执行的相关国家(地区)标准或者国际标准。国务院卫生行政部门对相关标准进行审查，认为符合食品安全要求的，决定暂予适用，并及时制定相应的食品安全国家标准。进口利用新的食品原料生产的食品或者进口食品添加剂新品种、食品相关产品新品种，依照新《食品安全法》第三十七条的规定办理。

二、食品进出口的监督管理机构

国家出入境检验检疫部门对进出口食品安全实施监督管理。

出入境检验检疫机构按照国务院卫生行政部门的要求，对新《食品安全法》规定的食品、食品添加剂、食品相关产品进行检验。检验结果应当公开。

县级以上人民政府食品药品监督管理部门对国内市场上销售的进口食品、食品添加剂实施监督管理。发现存在严重食品安全问题的，国务院食品药品监督管理部门应当及时向国家出入境检验检疫部门通报。国家出入境检验检疫部门应当及时采取相应措施。

三、进出口食品的审核

境外出口商、境外生产企业应当保证向我国出口的食品、食品添加剂、食品相关产品符合本法以及我国其他有关法律、行政法规的规定和食品安全国家标准的要求，并对标签、说明书的内容负责。

进口商应当建立境外出口商、境外生产企业审核制度，重点审核前述规定的内容；审核不合格的，不得进口。

四、进出口食品召回及安全事件处理

发现进口食品不符合我国食品安全国家标准或者有证据证明可能危害人体健康的，进口商应当立即停止进口，并依照新《食品安全法》第六十三条的规定召回。

境外发生的食品安全事件可能对我国境内造成影响，或者在进口食品、食品添加剂、食品相关产品中发现严重食品安全问题的，国家出入境检验检疫部门应当及时采取风险预警或者控制措施，并向国务院食品药品监督管理、卫生行政、农业行政部门通报。接到通报的部门应当及时采取相应措施。

五、进出口食品备案制度

向我国境内出口食品的境外出口商或者代理商、进口食品的进口商应当向国家出入境检验检疫部门备案。向我国境内出口食品的境外食品生产企业应当经国家出入境检验检疫部门注册。已经注册的境外食品生产企业提供虚假材料，或者因其自身的原因致使进口食品发生重大食品安全事故的，国家出入境检验检疫部门应当撤销注册并公告。

国家出入境检验检疫部门应当定期公布已经备案的境外出口商、代理商、进口商和已经注册的境外食品生产企业名单。

六、进出口食品的标签、说明书要求

进口的预包装食品、食品添加剂应当有中文标签；依法应当有说明书的，还应当有中文说明书。标签、说明书应当符合本法以及我国其他有关法律、行政法规的规定和食品安全国家标准的要求，并载明食品的原产地以及境内代理商的名称、地址、联系方式。预包装食品没有中文标签、中文说明书或者标签、说明书不符合本条规定的，不得进口。

七、建立进出口食品销售记录制度

进口商应当建立食品、食品添加剂进口和销售记录制度，如实记录食品、食品添加剂的名称、规格、数量、生产日期、生产或者进口批号、保质期、境外出口商和购货者名称、地址及联系方式、交货日期等内容，并保存相关凭证。记录和凭证保存期限应当符合新《食品安全法》第五十条第二款的规定。

出口食品生产企业应当保证其出口食品符合进口国（地区）的标准或者合同要求。

出口食品生产企业和出口食品原料种植、养殖场应当向国家出入境检验检疫部门备案。

八、国家出入境检疫部门信息收集、管理、通报和审查制度

国家出入境检验检疫部门应当收集、汇总下列进出口食品安全信息，并及时通报相关部门、机构和企业：

1.出入境检验检疫机构对进出口食品实施检验检疫发现的食品安全信息。

2.食品行业协会和消费者协会等组织，消费者反映的进口食品安全信息。

3.国际组织、境外政府机构发布的风险预警信息及其他食品安全信息，以及境外食品行业协会等组织、消费者反映的食品安全信息。

4.其他食品安全信息。

国家出入境检验检疫部门应当对进出口食品的进口商、出口商和出口食品生产企业实施信用管理，建立信用记录，并依法向社会公布。对有不良记录的进口商、出口商和出口食品生产企业，应当加强对其进出口食品的检验检疫。

国家出入境检验检疫部门可以对向我国境内出口食品的国家（地区）的食品安全管理体系和食品安全状况进行评估和审查，并根据评估和审查结果，确定相应检验检疫要求。

第七节　食品安全事故的处置

一、食品安全事故处置机构和食品安全事故应急预案制定

国务院组织制定国家食品安全事故应急预案。

县级以上地方人民政府应当根据有关法律、法规的规定和上级人民政府的食品安全事故应急预案以及本行政区域的实际情况，制定本行政区域的食品安全事故应急预案，并报上一级人民政府备案。

食品安全事故应急预案应当对食品安全事故分级、事故处置组织指挥体系与职责、预防预警机制、处置程序、应急保障措施等做出规定。

食品生产经营企业应当制定食品安全事故处置方案，定期检查本企业各项食品安全防范措施的落实情况，及时消除事故隐患。

二、食品安全事故的报告

发生食品安全事故的单位应当立即采取措施，防止事故扩大。事故单位和接收病人进行治疗的单位应当及时向事故发生地县级人民政府食品药品监督管理、卫生行政部门报告。

县级以上人民政府质量监督、农业行政等部门在日常监督管理中发现食品安全事故或者接到事故举报，应当立即向同级食品药品监督管理部门通报。

发生食品安全事故，接到报告的县级人民政府食品药品监督管理部门应当按照应急预案的规定向本级人民政府和上级人民政府食品药品监督管理部门报告。县级人民政府和上级人民政府食品药品监督管理部门应当按照应急预案的规定上报。

任何单位和个人不得对食品安全事故隐瞒、谎报、缓报，不得隐匿、伪造、毁灭有关证据。

医疗机构发现其接收的病人属于食源性疾病病人或者疑似病人的，应当按照规定及时将相关信息向所在地县级人民政府卫生行政部门报告。县级人民政府卫生行政部门认为与食品安全有关的，应当及时通报同级食品药品监督管理部门。

县级以上人民政府卫生行政部门在调查处理传染病或者其他突发公共卫生事件中发现与食品安全相关的信息，应当及时通报同级食品药品监督管理部门。

三、食品安全事故的处理

（一）调查处理，防止或减轻社会危害措施

县级以上人民政府食品药品监督管理部门接到食品安全事故的报告后，应当立即会同同级卫生行政、质量监督、农业行政等部门进行调查处理，并采取下列措施，防止或者减轻社会危害：

1.开展应急救援工作，组织救治因食品安全事故导致人身伤害的人员。

2.封存可能导致食品安全事故的食品及其原料，并立即进行检验；对确认属于被污染的食品及其原料，责令食品生产经营者依照本法第六十三条的规定召回或者停止经营。

3.封存被污染的食品相关产品，并责令进行清洗消毒。

4.做好信息发布工作，依法对食品安全事故及其处理情况进行发布，并对可能产生的危害加以解释、说明。

（二）应急预案的启动

发生食品安全事故需要启动应急预案的，县级以上人民政府应当立即成立事故处置指挥机构，启动应急预案，依照前款和应急预案的规定进行处置。

（三）卫生处理

发生食品安全事故，县级以上疾病预防控制机构应当对事故现场进行卫生处理，并对与事故有关的因素开展流行病学调查，有关部门应当予以协助。县级以上疾病预防控制机构应当向同级食品药品监督管理、卫生行政部门提交流行

病学调查报告。

（四）食品安全事故的调查处理

发生食品安全事故，设区的市级以上人民政府食品药品监督管理部门应当立即会同有关部门进行事故责任调查，督促有关部门履行职责，向本级人民政府和上一级人民政府食品药品监督管理部门提出事故责任调查处理报告。

涉及两个以上省、自治区、直辖市的重大食品安全事故由国务院食品药品监督管理部门依照前款规定组织事故责任调查。

调查食品安全事故，应当坚持实事求是、尊重科学的原则，及时、准确查清事故性质和原因，认定事故责任，提出整改措施。

调查食品安全事故，除了查明事故单位的责任，还应当查明有关监督管理部门、食品检验机构、认证机构及其工作人员的责任。

食品安全事故调查部门有权向有关单位和个人了解与事故有关的情况，并要求提供相关资料和样品。有关单位和个人应当予以配合，按照要求提供相关资料和样品，不得拒绝。任何单位和个人不得阻挠、干涉食品安全事故的调查处理。

第八节　食品安全监督管理

一、食品安全监督管理机构

县级以上人民政府食品药品监督管理、质量监督部门根据食品安全风险监测、风险评估结果和食品安全状况等，确定监督管理的重点、方式和频次，实施风险分级管理。

县级以上地方人民政府组织本级食品药品监督管理、质量监督、农业行政等部门制定本行政区域的食品安全年度监督管理计划，向社会公布并组织实施。

二、食品安全监督重点

食品安全年度监督管理计划应当将下列事项作为监督管理的重点：

（1）专供婴幼儿和其他特定人群的主辅食品。

（2）保健食品生产过程中的添加行为和按照注册或者备案的技术要求组织生产的情况，保健食品标签、说明书以及宣传材料中有关功能宣传的情况。

（3）发生食品安全事故风险较高的食品生产经营者。

（4）食品安全风险监测结果表明可能存在食品安全隐患的事项。

三、食品安全监督检查内容

县级以上人民政府食品药品监督管理、质量监督部门履行各自食品安全监督管理职责，有权采取下列措施，对生产经营者遵守本法的情况进行监督检查：

(1)进入生产经营场所实施现场检查。

(2)对生产经营的食品、食品添加剂、食品相关产品进行抽样检验。

(3)查阅、复制有关合同、票据、账簿以及其他有关资料。

(4)查封、扣押有证据证明不符合食品安全标准或者有证据证明存在安全隐患以及用于违法生产经营的食品、食品添加剂、食品相关产品。

(5)查封违法从事生产经营活动的场所。

四、食品安全监督方法

(一)制定食品安全标准

对食品安全风险评估结果证明食品存在安全隐患，需要制定、修订食品安全标准的，在制定、修订食品安全标准前，国务院卫生行政部门应当及时会同国务院有关部门规定食品中有害物质的临时限量值和临时检验方法，作为生产经营和监督管理的依据。

(二)抽查检测食品

县级以上人民政府食品药品监督管理部门在食品安全监督管理工作中可以采用国家规定的快速检测方法对食品进行抽查检测。

对抽查检测结果表明可能不符合食品安全标准的食品，应当依照新《食品安全法》第八十七条的规定进行检验。抽查检测结果确定有关食品不符合食品安全标准的，可以作为行政处罚的依据。

(三)建立食品安全信用档案

县级以上人民政府食品药品监督管理部门应当建立食品生产经营者食品安全信用档案，记录许可颁发、日常监督检查结果、违法行为查处等情况，依法向社会公布并实时更新；对有不良信用记录的食品生产经营者增加监督检查频次，对违法行为情节严重的食品生产经营者，可以通报投资主管部门、证券监督管理机构和有关的金融机构。

(四)约谈食品安全隐患负责人

食品生产经营过程中存在食品安全隐患，未及时采取措施消除的，县级以上人民政府食品药品监督管理部门可以对食品生产经营者的法定代表人或者主要负责人进行责任约谈。食品生产经营者应当立即采取措施，进行整改，消除隐患。责任约谈情况和整改情况应当纳入食品生产经营者食品安全信用档案。

（五）接受咨询、投诉、举报并处理

县级以上人民政府食品药品监督管理、质量监督等部门应当公布本部门的电子邮件地址或者电话，接受咨询、投诉、举报。接到咨询、投诉、举报，对属于本部门职责的，应当受理并在法定期限内及时核实、答复、处理；对不属于本部门职责的，应当移交有权处理的部门并书面通知咨询、投诉、举报人。有权处理的部门应当在法定期限内及时处理，不得推诿。对查证属实的举报，给予举报人奖励。

有关部门应当对举报人的信息予以保密，保护举报人的合法权益。举报人举报所在企业的，该企业不得以解除、变更劳动合同或者其他方式对举报人进行打击报复。

（六）加强食品安全法律、法规、标准、专业知识和执法能力培训

县级以上人民政府食品药品监督管理、质量监督等部门应当加强对执法人员食品安全法律、法规、标准和专业知识与执法能力等的培训，并组织考核。不具备相应知识和能力的，不得从事食品安全执法工作。

食品生产经营者、食品行业协会、消费者协会等发现食品安全执法人员在执法过程中有违反法律、法规规定的行为以及不规范执法行为的，可以向本级或者上级人民政府食品药品监督管理、质量监督等部门或者监察机关投诉、举报。接到投诉、举报的部门或者机关应当进行核实，并将经核实的情况向食品安全执法人员所在部门通报；涉嫌违法违纪的，按照本法和有关规定处理。

（七）各级地方人民政府的食品安全监督职责

县级以上人民政府食品药品监督管理等部门未及时发现食品安全系统性风险，未及时消除监督管理区域内的食品安全隐患的，本级人民政府可以对其主要负责人进行责任约谈。

地方人民政府未履行食品安全职责，未及时消除区域性重大食品安全隐患的，上级人民政府可以对其主要负责人进行责任约谈。

被约谈的食品药品监督管理等部门、地方人民政府应当立即采取措施，对食品安全监督管理工作进行整改。

责任约谈情况和整改情况应当纳入地方人民政府和有关部门食品安全监督管理工作评议、考核记录。

（八）建立统一食品安全信息平台，统一公布食品安全信息制度

国家建立统一的食品安全信息平台，实行食品安全信息统一公布制度。国家食品安全总体情况、食品安全风险警示信息、重大食品安全事故及其调查处理信息和国务院确定需要统一公布的其他信息，由国务院食品药品监督管理部门统一公布。食品安全风险警示信息和重大食品安全事故及其调查处理信息的影

响限于特定区域的，也可以由有关省、自治区、直辖市人民政府食品药品监督管理部门公布。未经授权不得发布上述信息。

县级以上人民政府食品药品监督管理、质量监督、农业行政部门依据各自职责公布食品安全日常监督管理信息。

公布食品安全信息，应当做到准确、及时，并进行必要的解释说明，避免误导消费者和社会舆论。

县级以上地方人民政府食品药品监督管理、卫生行政、质量监督、农业行政部门获知本法规定需要统一公布的信息，应当向上级主管部门报告，由上级主管部门立即报告国务院食品药品监督管理部门；必要时，可以直接向国务院食品药品监督管理部门报告。

县级以上人民政府食品药品监督管理、卫生行政、质量监督、农业行政部门应当相互通报获知的食品安全信息。

任何单位和个人不得编造、散布虚假食品安全信息。

县级以上人民政府食品药品监督管理部门发现可能误导消费者和社会舆论的食品安全信息，应当立即组织有关部门、专业机构、相关食品生产经营者等进行核实、分析，并及时公布结果。

县级以上人民政府食品药品监督管理、质量监督等部门发现涉嫌食品安全犯罪的，应当按照有关规定及时将案件移送公安机关。对移送的案件，公安机关应当及时审查；认为有犯罪事实需要追究刑事责任的，应当立案侦查。

公安机关在食品安全犯罪案件侦查过程中认为没有犯罪事实，或者犯罪事实显著轻微，不需要追究刑事责任，但依法应当追究行政责任的，应当及时将案件移送食品药品监督管理、质量监督等部门和监察机关，有关部门应当依法处理。

公安机关商请食品药品监督管理、质量监督、环境保护等部门提供检验结论、认定意见以及对涉案物品进行无害化处理等协助的，有关部门应当及时提供，予以协助。

第九节　法律责任

新《食品安全法》中对违反该法规定的情形，详细列出应承担的法律责任，其中主要涉及的是行政责任。

第一百二十二条　违反本法规定，未取得食品生产经营许可从事食品生产经营活动，或者未取得食品添加剂生产许可从事食品添加剂生产活动的，由县级以上人民政府食品药品监督管理部门没收违法所得和违法生产经营的食品、食品添加剂以及用于违法生产经营的工具、设备、原料等物品；违法生产经营的食品、食品添加剂货值金额不足一万元的，并处五万元以上十万元以下罚款；货值金额一万元以上的，并处货值金额十倍以上二十倍以下罚款。

明知从事前款规定的违法行为，仍为其提供生产经营场所或者其他条件的，由县级以上人民政府食品药品监督管理部门责令停止违法行为，没收违法所得，并处五万元以上十万元以下罚款；使消费者的合法权益受到损害的，应当与食品、食品添加剂生产经营者承担连带责任。

第一百二十三条　违反本法规定，有下列情形之一，尚不构成犯罪的，由县级以上人民政府食品药品监督管理部门没收违法所得和违法生产经营的食品，并可以没收用于违法生产经营的工具、设备、原料等物品；违法生产经营的食品货值金额不足一万元的，并处十万元以上十五万元以下罚款；货值金额一万元以上的，并处货值金额十五倍以上三十倍以下罚款；情节严重的，吊销许可证，并可以由公安机关对其直接负责的主管人员和其他直接责任人员处五日以上十五日以下拘留：

（一）用非食品原料生产食品、在食品中添加食品添加剂以外的化学物质和其他可能危害人体健康的物质，或者用回收食品作为原料生产食品，或者经营上述食品。

（二）生产经营营养成分不符合食品安全标准的专供婴幼儿和其他特定人群的主辅食品。

（三）经营病死、毒死或者死因不明的禽、畜、兽、水产动物肉类，或者生产经营其制品。

（四）经营未按规定进行检疫或者检疫不合格的肉类，或者生产经营未经检验或者检验不合格的肉类制品。

（五）生产经营国家为防病等特殊需要明令禁止生产经营的食品。

（六）生产经营添加药品的食品。

明知从事前款规定的违法行为，仍为其提供生产经营场所或者其他条件的，由县级以上人民政府食品药品监督管理部门责令停止违法行为，没收违法所得，并处十万元以上二十万元以下罚款；使消费者的合法权益受到损害的，应当与食品生产经营者承担连带责任。

违法使用剧毒、高毒农药的，除依照有关法律、法规规定给予处罚外，可以由公安机关依照第一款规定给予拘留。

第一百二十四条　违反本法规定，有下列情形之一，尚不构成犯罪的，由县级以上人民政府食品药品监督管理部门没收违法所得和违法生产经营的食品、食品添加剂，并可以没收用于违法生产经营的工具、设备、原料等物品；违法生产经营的食品、食品添加剂货值金额不足一万元的，并处五万元以上十万元以下罚款；货值金额一万元以上的，并处货值金额十倍以上二十倍以下罚款；情节严重的，吊销许可证：

（一）生产经营致病性微生物、农药残留、兽药残留、生物毒素、重金属等污染物质以及其他危害人体健康的物质含量超过食品安全标准限量的食品、食品添加剂。

（二）用超过保质期的食品原料、食品添加剂生产食品、食品添加剂，或者经营上述食品、食品添加剂。

（三）生产经营超范围、超限量使用食品添加剂的食品。

（四）生产经营腐败变质、油脂酸败、霉变生虫、污秽不洁、混有异物、掺假掺杂或者感官性状异常的食品、食品添加剂。

（五）生产经营标注虚假生产日期、保质期或者超过保质期的食品、食品添加剂。

（六）生产经营未按规定注册的保健食品、特殊医学用途配方食品、婴幼儿配方乳粉，或者未按注册的产品配方、生产工艺等技术要求组织生产。

（七）以分装方式生产婴幼儿配方乳粉，或者同一企业以同一配方生产不同品牌的婴幼儿配方乳粉。

（八）利用新的食品原料生产食品，或者生产食品添加剂新品种，未通过安全性评估。

（九）食品生产经营者在食品药品监督管理部门责令其召回或者停止经营后，仍拒不召回或者停止经营。

除前款和本法第一百二十三条、第一百二十五条规定的情形外，生产经营不符合法律、法规或者食品安全标准的食品、食品添加剂的，依照前款规定给予处罚。

生产食品相关产品新品种，未通过安全性评估，或者生产不符合食品安全标准的食品相关产品的，由县级以上人民政府质量监督部门依照第一款规定给予处罚。

第一百二十五条　违反本法规定，有下列情形之一的，由县级以上人民政府食品药品监督管理部门没收违法所得和违法生产经营的食品、食品添加剂，并可以没收用于违法生产经营的工具、设备、原料等物品；违法生产经营的食品、食品添加剂货值金额不足一万元的，并处五千元以上五万元以下罚款；货值金额一万元以上的，并处货值金额五倍以上十倍以下罚款；情节严重的，责令停产停业，直至吊销许可证：

（一）生产经营被包装材料、容器、运输工具等污染的食品、食品添加剂。

（二）生产经营无标签的预包装食品、食品添加剂或者标签、说明书不符合本法规定的食品、食品添加剂。

（三）生产经营转基因食品未按规定进行标示。

（四）食品生产经营者采购或者使用不符合食品安全标准的食品原料、食品添加剂、食品相关产品。

生产经营的食品、食品添加剂的标签、说明书存在瑕疵但不影响食品安全且不会对消费者造成误导的，由县级以上人民政府食品药品监督管理部门责令改正；拒不改正的，处二千元以下罚款。

第一百二十六条　违反本法规定，有下列情形之一的，由县级以上人民政府食品药品监督管理部门责令改正，给予警告；拒不改正的，处五千元以上五万元以下罚款；情节严重的，责令停产停业，直至吊销许可证：

（一）食品、食品添加剂生产者未按规定对采购的食品原料和生产的食品、食品添加剂进行检验。

（二）食品生产经营企业未按规定建立食品安全管理制度，或者未按规定配备或者培训、考核食品安全管理人员。

（三）食品、食品添加剂生产经营者进货时未查验许可证和相关证明文件，或者未按规定建立并遵守进货查验记录、出厂检验记录和销售记录制度。

（四）食品生产经营企业未制定食品安全事故处置方案。

（五）餐具、饮具和盛放直接入口食品的容器，使用前未经洗净、消毒或者清洗消毒不合格，或者餐饮服务设施、设备未按规定定期维护、清洗、校验。

（六）食品生产经营者安排未取得健康证明或者患有国务院卫生行政部门规定的有碍食品安全疾病的人员从事接触直接入口食品的工作。

（七）食品经营者未按规定要求销售食品。

（八）保健食品生产企业未按规定向食品药品监督管理部门备案，或者未按备案的产品配方、生产工艺等技术要求组织生产。

（九）婴幼儿配方食品生产企业未将食品原料、食品添加剂、产品配方、标签等向食品药品监督管理部门备案。

（十）特殊食品生产企业未按规定建立生产质量管理体系并有效运行，或者未定期提交自查报告。

（十一）食品生产经营者未定期对食品安全状况进行检查评价，或者生产经营条件发生变化，未按规定处理。

（十二）学校、托幼机构、养老机构、建筑工地等集中用餐单位未按规定履行食品安全管理责任。

（十三）食品生产企业、餐饮服务提供者未按规定制定、实施生产经营过程控制要求。

餐具、饮具集中消毒服务单位违反本法规定用水，使用洗涤剂、消毒剂，或者出厂的餐具、饮具未按规定检验合格并随附消毒合格证明，或者未按规定在独立包装上标注相关内容的，由县级以上人民政府卫生行政部门依照前款规定给予处罚。

食品相关产品生产者未按规定对生产的食品相关产品进行检验的，由县级以上人民政府质量监督部门依照第一款规定给予处罚。

食用农产品销售者违反本法第六十五条规定的，由县级以上人民政府食品药品监督管理部门依照第一款规定给予处罚。

第一百二十七条　对食品生产加工小作坊、食品摊贩等的违法行为的处罚，依照省、自治区、直辖市制定的具体管理办法执行。

第一百二十八条　违反本法规定，事故单位在发生食品安全事故后未进行处置、报告的，由有关主管部门按照各自职责分工责令改正，给予警告；隐匿、伪造、毁灭有关证据的，责令停产停业，没收违法所得，并处十万元以上五十万元以下罚款；造成严重后果的，吊销许可证。

第一百二十九条　违反本法规定，有下列情形之一的，由出入境检验检疫机构依照本法第一百二十四条的规定给予处罚：

（一）提供虚假材料，进口不符合我国食品安全国家标准的食品、食品添加剂、食品相关产品。

（二）进口尚无食品安全国家标准的食品，未提交所执行的标准并经国务院卫生行政部门审查，或者进口利用新的食品原料生产的食品或者进口食品添加剂新品种、食品相关产品新品种，未通过安全性评估。

（三）未遵守本法的规定出口食品。

（四）进口商在有关主管部门责令其依照本法规定召回进口的食品后，仍拒不召回。

违反本法规定，进口商未建立并遵守食品、食品添加剂进口和销售记录制度、境外出口商或者生产企业审核制度的，由出入境检验检疫机构依照本法第一百二十六条的规定给予处罚。

第一百三十条　违反本法规定，集中交易市场的开办者、柜台出租者、展销会的举办者允许未依法取得许可的食品经营者进入市场销售食品，或者未履行检查、报告等义务的，由县级以上人民政府食品药品监督管理部门责令改正，没收违法所得，并处五万元以上二十万元以下罚款；造成严重后果的，责令停业，直至由原发证部门吊销许可证；使消费者的合法权益受到损害的，应当与食品经营者承担连带责任。

食用农产品批发市场违反本法第六十四条规定的，依照前款规定承担责任。

第一百三十一条　违反本法规定，网络食品交易第三方平台提供者未对入网食品经营者进行实名登记、审查许可证，或者未履行报告、停止提供网络交易平台服务等义务的，由县级以上人民政府食品药品监督管理部门责令改正，没收违法所得，并处五万元以上二十万元以下罚款；造成严重后果的，责令停业，直至由原发证部门吊销许可证；使消费者的合法权益受到损害的，应当与食品经营者承担连带责任。

消费者通过网络食品交易第三方平台购买食品，其合法权益受到损害的，可以向入网食品经营者或者食品生产者要求赔偿。网络食品交易第三方平台提供者不能提供入网食品经营者的真实名称、地址和有效联系方式的，由网络食品交易第三方平台提供者赔偿。网络食品交易第三方平台提供者赔偿后，有权向入网食品经营者或者食品生产者追偿。网络食品交易第三方平台提供者做出更有利于消费者承诺的，应当履行其承诺。

第一百三十二条　违反本法规定，未按要求进行食品贮存、运输和装卸的，由县级以上人民政府食品药品监督管理等部门按照各自职责分工责令改正，给予警告；拒不改正的，责令停产停业，并处一万元以上五万元以下罚款；情节严重的，吊销许可证。

第一百三十三条　违反本法规定，拒绝、阻挠、干涉有关部门、机构及其工作人员依法开展食品安全监督检查、事故调查处理、风险监测和风险评估的，由有关主管部门按照各自职责分工责令停产停业，并处二千元以上五万元以下罚款；情节严重的，吊销许可证；构成违反治安管理行为的，由公安机关依法给予治安管理处罚。

违反本法规定，对举报人以解除、变更劳动合同或者其他方式打击报复的，应当依照有关法律的规定承担责任。

第一百三十四条　食品生产经营者在一年内累计三次因违反本法规定受到责令停产停业、吊销许可证以外处罚的，由食品药品监督管理部门责令停产停业，直至吊销许可证。

第一百三十五条　被吊销许可证的食品生产经营者及其法定代表人、直接负责的主管人员和其他直接责任人员自处罚决定做出之日起五年内不得申请食品生产经营许可，或者从事食品生产经营管理工作、担任食品生产经营企业食品安全管理人员。

因食品安全犯罪被判处有期徒刑以上刑罚的，终身不得从事食品生产经营管理工作，也不得担任食品生产经营企业食品安全管理人员。

食品生产经营者聘用人员违反前两款规定的，由县级以上人民政府食品药品监督管理部门吊销许可证。

第一百三十六条　食品经营者履行了本法规定的进货查验等义务，有充分证据证明其不知道所采购的食品不符合食品安全标准，并能如实说明其进货来源的，可以免予处罚，但应当依法没收其不符合食品安全标准的食品；造成人身、财产或者其他损害的，依法承担赔偿责任。

第一百三十七条　违反本法规定，承担食品安全风险监测、风险评估工作的技术机构、技术人员提供虚假监测、评估信息的，依法对技术机构直接负责的主管人员和技术人员给予撤职、开除处分；有执业资格的，由授予其资格的主管部门吊销执业证书。

第一百三十八条　违反本法规定，食品检验机构、食品检验人员出具虚假检验报告的，由授予其资质的主管部门或者机构撤销该食品检验机构的检验资质，没收所收取的检验费用，并处检验费用五倍以上十倍以下罚款，检验费用不足一万元的，并处五万元以上十万元以下罚款；依法对食品检验机构直接负责的主管人员和食品检验人员给予撤职或者开除处分；导致发生重大食品安全事故的，对直接负责的主管人员和食品检验人员给予开除处分。

违反本法规定，受到开除处分的食品检验机构人员，自处分决定做出之日起十年内不得从事食品检验工作；因食品安全违法行为受到刑事处罚或者因出具虚假检验报告导致发生重大食品安全事故受到开除处分的食品检验机构人员，终身不得从事食品检验工作。食品检验机构聘用不得从事食品检验工作的人员的，由授予其资质的主管部门或者机构撤销该食品检验机构的检验资质。

食品检验机构出具虚假检验报告，使消费者的合法权益受到损害的，应当与食品生产经营者承担连带责任。

第一百三十九条　违反本法规定，认证机构出具虚假认证结论，由认证认可监督管理部门没收所收取的认证费用，并处认证费用五倍以上十倍以下罚款，认证费用不足一万元的，并处五万元以上十万元以下罚款；情节严重的，责令停业，直至撤销认证机构批准文件，并向社会公布；对直接负责的主管人员和负有直接责任的认证人员，撤销其执业资格。

认证机构出具虚假认证结论，使消费者的合法权益受到损害的，应当与食品生产经营者承担连带责任。

第一百四十条　违反本法规定，在广告中对食品做虚假宣传，欺骗消费者，或者发布未取得批准文件，广告内容与批准文件不一致的保健食品广告的，依照《中华人民共和国广告法》的规定给予处罚。

广告经营者、发布者设计、制作、发布虚假食品广告，使消费者的合法权益受到损害的，应当与食品生产经营者承担连带责任。

社会团体或者其他组织、个人在虚假广告或者其他虚假宣传中向消费者推荐食品，使消费者的合法权益受到损害的，应当与食品生产经营者承担连带责任。

违反本法规定，食品药品监督管理等部门、食品检验机构、食品行业协会以广告或者其他形式向消费者推荐食品，消费者组织以收取费用或者其他牟取利益的方式向消费者推荐食品的，由有关主管部门没收违法所得，依法对直接负责的主管人员和其他直接责任人员给予记大过、降级或者撤职处分；情节严重的，给予开除处分。

对食品做虚假宣传且情节严重的，由省级以上人民政府食品药品监督管理部门决定暂停销售该食品，并向社会公布；仍然销售该食品的，由县级以上人民政府食品药品监督管理部门没收违法所得和违法销售的食品，并处两万元以上五万元以下罚款。

第一百四十一条　违反本法规定，编造、散布虚假食品安全信息，构成违反治安管理行为的，由公安机关依法给予治安管理处罚。

媒体编造、散布虚假食品安全信息的，由有关主管部门依法给予处罚，并对直接负责的主管人员和其他直接责任人员给予处分；使公民、法人或者其他组织的合法权益受到损害的，依法承担消除影响、恢复名誉、赔偿损失、赔礼道歉等民事责任。

第一百四十二条　违反本法规定，县级以上地方人民政府有下列行为之一的，对直接负责的主管人员和其他直接责任人员给予记大过处分；情节较重的，给予降级或者撤职处分；情节严重的，给予开除处分；造成严重后果的，其主要负责人还应当引咎辞职：

（一）对发生在本行政区域内的食品安全事故，未及时组织协调有关部门开展有效处置，造成不良影响或者损失。

（二）对本行政区域内涉及多环节的区域性食品安全问题，未及时组织整治，造成不良影响或者损失。

（三）隐瞒、谎报、缓报食品安全事故。

（四）本行政区域内发生特别重大食品安全事故，或者连续发生重大食品安全事故。

第一百四十三条　违反本法规定，县级以上地方人民政府有下列行为之一的，对直接负责的主管人员和其他直接责任人员给予警告、记过或者记大过处分；造成严重后果的，给予降级或者撤职处分：

（一）未确定有关部门的食品安全监督管理职责，未建立健全食品安全全程监督管理工作机制和信息共享机制，未落实食品安全监督管理责任制。

（二）未制定本行政区域的食品安全事故应急预案，或者发生食品安全事故后未按规定立即成立事故处置指挥机构，启动应急预案。

第一百四十四条　违反本法规定，县级以上人民政府食品药品监督管理、卫生行政、质量监督、农业行政等部门有下列行为之一的，对直接负责的主管人员和其他直接责任人员给予记大过处分；情节较重的，给予降级或者撤职处分；情节严重的，给予开除处分；造成严重后果的，其主要负责人还应当引咎辞职：

（一）隐瞒、谎报、缓报食品安全事故。

（二）未按规定查处食品安全事故，或者接到食品安全事故报告未及时处理，造成事故扩大或者蔓延。

（三）经食品安全风险评估得出食品、食品添加剂、食品相关产品不安全结论后，未及时采取相应措施，造成食品安全事故或者不良社会影响。

（四）对不符合条件的申请人准予许可，或者超越法定职权准予许可。

（五）不履行食品安全监督管理职责，导致发生食品安全事故。

第一百四十五条　违反本法规定，县级以上人民政府食品药品监督管理、卫生行政、质量监督、农业行政等部门有下列行为之一，造成不良后果的，对直接负责的主管人员和其他直接责任人员给予警告、记过或者记大过处分；情节较重的，给予降级或者撤职处分；情节严重的，给予开除处分：

（一）在获知有关食品安全信息后，未按规定向上级主管部门和本级人民政府报告，或者未按规定相互通报。

（二）未按规定公布食品安全信息。

（三）不履行法定职责，对查处食品安全违法行为不配合，或者滥用职权、玩忽职守、徇私舞弊。

第一百四十六条　食品药品监督管理、质量监督等部门在履行食品安全监督管理职责过程中，违法实施检查、强制等执法措施，给生产经营者造成损失的，应当依法予以赔偿，对直接负责的主管人员和其他直接责任人员依法给予处分。

第一百四十七条　违反本法规定，造成人身、财产或者其他损害的，依法承担赔偿责任。生产经营者财产不足以同时承担民事赔偿责任和缴纳罚款、罚金时，先承担民事赔偿责任。

第一百四十八条　消费者因不符合食品安全标准的食品受到损害的，可以向经营者要求赔偿损失，也可以向生产者要求赔偿损失。接到消费者赔偿要求的生产经营者，应当实行首负责任制，先行赔付，不得推诿；属于生产者责任的，经营者赔偿后有权向生产者追偿；属于经营者责任的，生产者赔偿后有权向经营者追偿。

生产不符合食品安全标准的食品或者经营明知是不符合食品安全标准的食

品，消费者除要求赔偿损失外，还可以向生产者或者经营者要求支付价款十倍或者损失三倍的赔偿金；增加赔偿的金额不足一千元的，为一千元。但是，食品的标签、说明书存在不影响食品安全且不会对消费者造成误导的瑕疵的除外。

第一百四十九条　违反本法规定，构成犯罪的，依法追究刑事责任。

思考题

1.《中华人民共和国食品安全法》立法宗旨是什么？

2.食品的基本卫生要求有哪些？

3.预包装食品的包装上应当有标签，标签应当标明哪些内容？

4.违反法律规定，未经许可从事食品生产经营活动，或者未经许可生产食品添加剂的，如何处罚？

5.在当前形势下，国家修订发布《中华人民共和国食品安全法》有何重大意义？

第十六章 化妆品卫生监督法律制度

教学目的

1. 掌握化妆品卫生监督的法律依据，掌握化妆品的基本卫生要求。

2. 掌握化妆品卫生监督的具体实施步骤、程序。

3. 了解化妆品卫生监督的基本含义以及化妆品卫生监督制度的法律发展概况。

案例分析

2009年某月，卫生监督员在对某化妆品生产企业进行日常性卫生监督检查时，发现该企业正在生产的小黄瓜原液和碧萝芷原液说明书、千纤草丝瓜水外包装宣传特殊用途并标注医疗术语、宣传疗效。经调查证实：以上三种化妆品未领取特殊用途化妆品卫生许可批件，该行为违反了《化妆品卫生监督条例》第十条第一款的规定："生产特殊用途的化妆品，必须经国务院卫生行政部门批准，取得批准文号后方可生产。"以上产品由该化妆品生产企业的合作单位某化妆品有限公司负责制作网页，通过淘宝网中的近百家网店发布产品销售信息，由该化妆品生产企业负责生产、发货、收款，但该生产企业未提供原始销售凭证。卫生监督员通过登录淘宝网仅查得以上产品最近三个月的销售记录，违法所得共计人民币7000余元，但无法查见所有的销售数量。该化妆品生产企业根据淘宝网的销售记录提供一份销售情况相符的说明材料。卫生监督所根据《化妆品卫生监督条例》第二十五条"生产未取得批准文号的特殊用途化妆品……没收产品及违法所得，处违法所得三到五倍的罚款，并且可以责令该企业停产或者吊销化妆品卫生许可证"的规定，给予该化妆品生产企业"没收产品及违法所得人民币7000余元，处以违法所得三倍罚款"处罚，罚款人民币二万余元。根据《化妆品卫生监督条例实施细则》第四十五条第一款第三项的规定，对于以上产品宣传疗效、标注医疗术语的违法行为给予了警告处罚。

化妆品(cosmetics)在人类生活中的重要作用日益凸显出来，从无证可考的古代人类制作使用的纯天然的油彩，到现代科技发展制作精良的琳琅满目的化妆品，人们使用化妆品不仅能够扮美生活，同时更能够增强自信。改革开放之初，我国受到西方美学的冲击以及经济利益的诱惑，化妆品的生产日新月异，生产企业如雨后春笋般出现，由于法律法规的不健全，监管力度不够，质量不合格的化妆品不仅给人们造成面部皮肤的损伤，也给使用者的心灵蒙上了极大的阴影。因此加强对化妆品的卫生监督是保障人民健康、使化妆品企业良性发展、增强企业竞争力的重要手段。（来源：戴心声，《一起网络销售化妆品行政处罚案例分析》，《中国公共卫生管理》2012 年第 28 期）

第一节　化妆品卫生监督法律制度概述

一、化妆品的基本知识

（一）化妆品的定义

《化妆品卫生监督条例》（以下简称《条例》）第二条规定："本条例所称的化妆品是指以涂擦、喷洒或者其他类似的方法，散布于人体表面（皮肤、毛发、指甲、口唇等），以达到清洁、清除不良气味、护肤、美容和修饰目的的日用化学工业产品。"

（二）化妆品的分类

化妆品种类繁多，分类也比较繁杂，许多国家按生产工艺、产品配方、使用目的（部位）或剂型的不同，将化妆品分为不同类型，如头发用化妆品、芳香化妆品、药效化妆品等。我国对化妆品的分类还没有明确统一的分类方法，有按功效和卫生管理要求分类的，也有按化妆品的用途分类的。若按卫生管理要求分类，分为特殊用途化妆品和非特殊用途化妆品。其中非特殊用途化妆品按用途分为：护肤类化妆品、益发类化妆品、美容修饰类化妆品和芳香类化妆品。

1. 护肤类化妆品。该化妆品具有清洁和保护皮肤的作用，主要有：

（1）清洁皮肤用品：如香皂、洗面奶、清洁霜、浴液等。

（2）保护皮肤用品：如雪花膏、冷霜、乳液、防裂霜等。

（3）营养皮肤用品：如珍珠霜、银耳霜、人参护肤霜、维生素 E 霜等。

2. 益发类化妆品。该类化妆品主要起到清洁、保护和美化毛发的作用，主要有：

（1）清洁毛发用品：如各种洗发香波、洗发膏和剃须膏等。

（2）护发整发用品：如各种发油、护发素、发乳、喷雾发胶、摩丝等。

（3）美化毛发用品：如各种染发剂和冷烫剂等。

3. 美容修饰类化妆品。主要是指用来修饰颜面皮肤或眼周、口唇、指甲等部位，达到美化作用的用品。如香粉、底粉、眉笔、睫毛膏、唇膏、脱毛剂、指甲油等。

4.芳香类化妆品。

该类化妆品主要用来消除或掩蔽不良气味,有香水、古龙水、花露水,此外还有乳化香水、固体香水等。

5.特殊用途化妆品。

是指具有育发、染发、脱毛、烫发、美乳、健美、除臭、祛斑、防晒和祛除粉刺等功能用途的特殊化妆品。

2013 年 12 月 16 日,国家食品药品监督管理总局通告调整化妆品注册备案管理有关事宜,将美白化妆品纳入去斑类化妆品管理。

二、化妆品卫生监督的法律依据

化妆品已经成为现代社会人们不可或缺的重要生活用品,并且呈现出生产种类日渐增多日渐丰富,需求量逐年增长的趋势。然而,化妆品使用不当会给接触人群的健康带来有害影响。因此,为了消除化妆品给人群健康造成的不利影响,保障人群健康,必须制定和逐渐完善有关化妆品卫生安全的法规和与之相适应的卫生标准。

我国对化妆品的卫生安全问题十分重视,在进行了大量的调查和研究的基础上,首先起草了化妆品卫生标准系列,即《化妆品卫生标准》《化妆品卫生标准化学检验方法》《化妆品微生物标准检验方法》和《化妆品安全性评价程序和方法》,并经过征求意见和多次修改后,国家原卫生部于 1987 年 5 月 28 日正式颁布,同年 10 月 1 日开始实施。我国化妆品标准体系的建立,其意义在于:有利于提高我国化妆品的质量;有利于化妆品卫生检验结果之间的相互比较;为化妆品卫生质量仲裁提供了依据;也为制定相关的卫生法规奠定了基础。

在上述标准基础上,为保证化妆品的生产和销售过程中进行卫生监督时有章可循、有法可依,1989 年 9 月,国务院发布国函〔1989〕62 号文件,批准《化妆品卫生监督条例》,并由原卫生部发布实施。同年 11 月,原卫生部发布第三号令,《化妆品卫生监督条例》(以下简称《条例》)自 1990 年 1 月 1 日起施行。又于 1991 年发布了《化妆品卫生监督条例实施细则》(以下简称《实施细则》),以保证《条例》的贯彻执行,标志着我国化妆品的卫生监管走上了法制化轨道。2005 年,原卫生部对《实施细则》进行修订。2013 年 9 月,国家食品药品监督管理总局启动了《化妆品卫生监督条例》的修订工作,2014 年 11 月 8 日通过官方网站发布了《化妆品监督管理条例(征求意见稿)》,以加强化妆品监管制度设计的科学性和有效性。1997 年,第八届全国人大五次会议修订了《中华人民共和国刑法》,其中第一百四十八条规定了生产和销售不符合卫生标准的化妆品而造成严重损害的,追究法律责任。2000 年 4 月 1 日国家出入境检验检疫局发布了《进出口化妆品监督检验管理办法》，对进出口化妆品提出了监督管理办法。为了更好地适应化妆品生产、管理、监督的实际，2007 年 2 月 13 日，原卫生部发布实施新的《化妆品卫生规范》(2007 年版)(以下简称《规范》)，促使我国化妆品管理工作进一步与国际接轨。2007 年 5 月 31 日，原卫生部印发《化妆品生产企业卫生规范》(2007 年版)并即日实施，进一步明确了化妆品生产企业获取生产卫生许可必须达到的标准。上述的法规以及国家卫生标准的诞生，意味着我国已将化妆品的生产和销售纳入了法制化轨道，同时，也为化妆品生产和销售的卫生监督管理、保障消费人群的身体健康提供了法律依据。

近几年来，欧、美、日等国家和地区化妆品协会共同倡导化妆品法规国际一体化。原则是生产企业和进口商对其产品安全和质量负责；政府主管部门对产品的监督管理重点应放在产品上市以后，建立和完善化妆品生产企业和进口商基本情况和生产经营品种的备案制度；基于企业自律的原则，提倡以备案制度取代审批制度，各国统一化妆品定义和范围，无论是否标识产品的功效均采用普通化妆品的管理模式；各国标准中化妆品原料的禁、限用物质采用统一要求；统一产品标签标识的标注要求。基于这些原则，我国现行的《化妆品卫生监督条例》与国际通行的规定还存在一定差异，应参照国际惯例，对化妆品的管理模式进行相应的调整。

为了保证化妆品的卫生质量和使用安全，加强化妆品的卫生监督管理，《实施细则》第二条规定："各级地方人民政府要加强对化妆品卫生监督工作的领导。县级以上卫生行政部门要认真履行化妆品卫生监督职责，加强与有关部门的协作，健全化妆品卫生监督检验机构，增强监督检验能力，提高化妆品卫生监督人员素质，保证《条例》的贯彻实施。"其具体任务是：审查批准化妆品生产企业卫生许可证；对化妆品的卫生质量和使用安全实施卫生监督；对进口化妆品进行卫生管理；对已经取得化妆品生产企业卫生许可证的企业实施经常性卫生监督；对违反《条例》和法规的行为进行处罚。

三、食药监管系统的化妆品监管新职能

2008 年 7 月中旬，《国家食品药品监督管理局主要职责内设机构和人员编制规定》获得国务院审批通过，该方案首次将原卫生部化妆品卫生监督管理的职责划入原国家食品药品监督管理局。随着全国各级食品药品监管系统机构改革的完成，食品药品监管系统成了化妆品卫生监督管理的行政执法主体。食品药品监管系统对化妆品监管的职能内容为：

1. 承担化妆品生产企业卫生许可管理工作。

2. 拟定化妆品行政许可的有关规范。

3.拟定化妆品卫生标准和技术规范,依法承担化妆品新原料使用、国产特殊用途化妆品生产、国外化妆品首次进口等审批工作。

4.依法承担有关化妆品安全性评审工作及安全性风险监测。

5.承担化妆品质量的卫生监督抽验工作。

6.开展国产非特殊用途化妆品备案管理。

7.开展化妆品卫生检验机构资格认定及管理工作。

四、化妆品的基本卫生要求

化妆品安全性首先依赖于化妆品的各项卫生指标的安全性。原卫生部发布的《化妆品卫生标准》(GB7916-87)及《化妆品卫生规范》(2007 年版)均对化妆品提出了基本的卫生学要求。

(一)一般卫生要求

1.化妆品必须外观良好,不得有异臭。

2.不得对皮肤、黏膜产生刺激和损伤作用。

3.必须无感染性,使用安全。

(二)对原料的要求

1.规定了禁止使用的 1286 种禁用组分,如乙酰胆碱及其盐类、二硫化碳、雌激素类等。这些物质有的是剧毒或有明显慢性毒性的物质,有的对皮肤、黏膜有刺激性。

2.化妆品组分中限制使用物质 73 种,规定了在化妆品中最大允许浓度、限制使用范围、必备条件和标签上的必要说明。

3.规定了限制使用防腐剂 56 种。

4.规定了限制使用防晒剂 28 种。

5.规定了限制使用着色剂 156 种。按照允许使用范围分为四类:

(1)各种化妆品可以使用。

(2)除眼部用化妆品之外的其他化妆品可以使用。

(3)专用于不与黏膜接触的化妆品。

(4)专用于仅和皮肤暂时接触的化妆品。

(三)对产品的要求

1.化妆品的微生物学质量应符合下列规定:

(1)眼部、口唇、口腔黏膜用化妆品及婴儿、儿童用化妆品的细菌总数不得大于 500CFU/mL 或 500CFU/g。

(2)其他化妆品中的细菌总数不得大于 1000 CFU/mL 或 1000CFU/g。

(3)每克或每毫升产品中不得检出粪大肠菌群,绿脓杆菌和金黄色葡萄球菌。

(4)化妆品中霉菌和酵母菌总数不得大于 100 CFU/mL 或 100CFU/g。

2. 对有毒有害物质的规定：

(1)汞不得超过 1.0mg/kg(含有机汞防腐剂的眼部化妆品除外)。

(2)铅(以铅计)不得超过 40 mg/kg(含乙酸铅的染发剂除外)。

(3)砷(以砷计)不得超过 10 mg/kg。

(4)甲醇不得超过 2000mg/kg。

(四)对包装材料的要求

化妆品的直接接触容器材料必须无毒，不得含有或释放可能对使用者造成伤害的有毒物质。

(五)对标识的要求

化妆品标签上应该用中文注明产品名称、生产企业、产地，包装上要注明批号。对含药物化妆品或可能引起不良反应的化妆品还须注明使用方法和注意事项。

第二节　化妆品卫生监督要点

一、化妆品原料和产品监督管理

(一)化妆品原料监督管理

化妆品现已成为美化人们生活不可缺少的生活用品，其使用的安全性和卫生质量的可靠性是人们普遍关心的问题，而化妆品使用的安全性很大程度上取决于化妆品原料。如果使用了大量的有毒有害原料，便会大大降低化妆品的使用安全性，对消费人群造成健康损害，甚至造成更严重的后果。因此，为了保证化妆品的卫生安全，必须对化妆品原料进行监督和管理。

据统计，大约有 7000 多种化学物质可作为化妆品的原料，这些原料按其用途和性能大体上可分为两大类，一种是基质原料，是化妆品的主要成分，如油脂、蜡质、表面活性剂等，在化妆品中主要起到护肤、美容等功用；还有一种是辅助原料，在化妆品中的使用量不多，但它们可以提高化妆品的稳定性，赋产品以色、香及其他特殊性能。按其作用性质常将其分为以下几类：油脂类；表面活性剂；防腐杀菌剂；抗氧化剂；着色剂；香料和香精；紫外线吸收剂；其他原料(氨基酸、维生素、保湿剂、中草药等)类。

实际工作中，食品药品监督管理部门应依据《化妆品卫生标准》及《化妆品卫生规范》(2007 版)，对生产企业使用的化妆品原料进行卫生监督。因此，除了检查禁用、限用原料使用情况以外，还要对使用的新原料进行检查，看其是否有国务院食品药品监督管理部门的批准。在国外已使用过，而在我国是第一次使用的原料也应由国务院卫生行政部门批准。

（二）化妆品产品的管理

《条例》第十条明确了特殊用途化妆品是指用于育发、染发、烫发、脱毛、美乳、健美、除臭、祛斑、防晒的化妆品。为了获得上述某种功能，常在其中加入一些实现功能的物质，这类物质有些是有毒有害的，如果加入量不合适或使用不当，会对人体健康造成不同程度的损害，甚至会导致化妆品毁容事件。如1988年贵州发生的化妆品毁容事件，该事件造成200多名消费者因使用“速效祛斑霜”而导致不同程度的面部烧伤，不但损害了人民健康，还造成了极大的社会影响。特殊用途化妆品应当经国务院食品药品监督管理部门批准后，方可生产和进口。

由于特殊用途化妆品比一般化妆品所含化学成分更加复杂，是目前引起人体不良反应最多的一类化妆品，因此，卫生监督部门对此类化妆品进行严格的卫生监督和管理尤为重要。

1. 对特殊用途化妆品生产的卫生要求：

（1）慎重选料，准确控制使用浓度。严禁使用《化妆品卫生标准》中规定的345种化学物质。

（2）在产品说明书中应标明正确的使用方法和注意事项，以防消费者使用不当造成意外损伤。

（3）特殊用途化妆品投放市场前必须进行产品卫生安全评价。

2. 特殊用途化妆品的审批程序：

（1）生产企业到所在地地、市级以上卫生行政部门领取并填写特殊用途化妆品卫生审查申请表一式三份，经企业主管部门同意后，向省、自治区、直辖市卫生行政部门提出申请，申请时提出下列资料和样品：①产品名称；②产品成分、限用物质含量；③制备工艺简述和简图；④育发、健美、美乳产品主要成分使用依据及文献资料；⑤产品安全性评价资料；⑥产品样品（五至十个小包装）及其检验报告书；⑦产品使用说明书（或其草案）、标签及包装设计、包装材料。

（2）由省、自治区、直辖市卫生行政部门进行初审，初审应在接到全部申报材料次日起三个月以内完成，并做出是否上报卫计委复审的函复。经初审同意的产品，报国务院卫生行政部门。

（3）国务院卫生行政部门接到初审材料和产品的人体试用或斑贴试验报告后，应于六个月以内组织化妆品安全性评审组复审，并于复审后两个月内做出是否批准的决定。对批准的产品，发给特殊用途化妆品批准文号和特殊用途化妆品证书；对未批准的产品，给予函复。

（4）特殊用途化妆品批准文号每四年重新审查一次。在期满前四至六个月由企业持原批件和下列资料重新向省、自治区、直辖市卫生行政部门申请，并填写申请表一式三份。内容为①产品成分是否有改变的说明；②生产工艺是否有改变的说明；③产品投放市场后使用者发生不良反应的调查总结报告；④如果产品使用说明书、标签、包装材料有改变的，提供改变后的样式。

（5）省、自治区、直辖市卫生行政部门同意后，报国务院卫生行政部门批准。获准产品可以继续使用原批准文号。超过期限未申请者，原批准文号作废。省、自治区、直辖市卫生行政部门应在接到全部申报材料次日起一个月以内提出意见。国务院卫生行政部门应在接到全部申报材料次日起三个月以内做出是否批准的决定。

（6）特殊用途化妆品批准文号为该产品的生产凭证，不得涂改、转让，严禁伪造、倒卖。特殊用途化妆品证书是研制凭证，可用于该产品的技术转让。

3.非特殊用途化妆品产品备案程序。

2014 年 6 月 1 日，国务院食品药品监督管理总局发布了《国产非特殊用途化妆品备案管理办法》，非特殊用途化妆品产品备案程序如下：

非特殊用途化妆品备案人应当在产品上市前向化妆品备案信息管理系统报送以下信息：（1）备案人及生产企业基本信息；（2）产品基本信息；（3）产品原料成分信息；（4）产品安全评价资料；（5）产品标准以及检验报告；（6）产品标签和说明书样稿。

4.进口化妆品的卫生监督。

（1）进口化妆品的审批程序：

①首次进口的化妆品，国外厂商或代理商必须在进口地、市以上卫生行政部门领取并填写进口化妆品卫生许可申请表一式三份，直接向国务院卫生行政部门申请，申请时须提供以下资料和样品：a.产品名称、种类；b.产品成分、限用物质含量；c.产品质量标准及检验方法，并附中文译本（各三份）；d.产品在生产国（地区）批准生产和销售的证明文件（复印件三份）；e.产品在其他国家（地区）注册和批准销售的证明文件（复印件三份）；f.产品在生产国（地区）和其他国家（地区）通过生产、注册、销售批准审查的评价报告，并附中文译本（各五份）；g.产品卫生安全性评价资料或产品卫生质量检验报告（五份）；h.产品标签、使用说明书，并附中文译本（各三份）；i.完整包装的产品样品（三个小包装）。

②国务院卫生行政部门在收到全部申报资料后，应于六个月内组织化妆品安全性评审组对申报产品进行审查，并在两个月以内做出是否批准的决定。审查通过的产品，经国务院卫生行政部门批准后发给“进口化妆品卫生许可批件”

和批准文号。同时将审批情况通知进口地省、自治区、直辖市卫生行政部门。

③进口化妆品的产品卫生安全性评价和产品卫生质量检验必须由国务院卫生行政部门认证的单位进行。免除卫生安全性评价或卫生质量检验的产品由国务院卫生行政部门核定。

④“进口化妆品卫生许可批件”只对该批件载明的品种和生产国家、厂商有效。国外厂商或其代理商凭“进口化妆品卫生许可批件”按国家有关规定办理进口手续。

(2)对进口化妆品的卫生监督内容:

①进口化妆品必须经国家出入境检验检疫局按照《进出口化妆品监督检验管理办法》(2000)进行检验,检验合格者方准予进口。

②卫生监督部门应严格按《条例》进行监督,无“进口化妆品卫生许可批件”的进口化妆品,严禁在我国市场销售。

③“进口化妆品卫生许可批件”有效期为四年。期满前四到六个月应向国务院卫生行政部门申请换发,申请时可不附资料。超过有效期的申请者,按无批件处理。

④检查“进口化妆品卫生许可批件”(复印件),查看进口化妆品品种、名称与“进口化妆品卫生许可批件”所载明的品种、名称是否相符。

⑤“进口化妆品卫生许可批件”和批准文号不得涂改、转让,严禁伪造、倒卖。

卫生监督机构应做好进口化妆品的监督工作,以防止国外的一些化妆品厂商向我国倾销劣质化妆品,并对已获准进口的化妆品实施经常性卫生监督,应将此项工作作为重点的卫生监督内容之一。

二、化妆品生产监督管理

(一)生产企业的卫生许可制度

《条例》第五条规定:“对化妆品生产企业的卫生监督实行卫生许可证制度。”化妆品生产企业卫生许可证由省、自治区、直辖市卫生行政部门批准并颁发。化妆品生产企业卫生许可证有效期四年,每两年复核一次。未取得化妆品生产企业卫生许可证的单位,不得从事化妆品生产。

1. 卫生许可证的申领。

根据《条例》及《化妆品生产企业许可管理办法》的规定,申请生产化妆品卫生许可的生产企业应符合下列条件:

(1)有与化妆品品种相适应的生产场地、环境条件、生产设施设备:生产企业应当建在清洁区域内,与有毒、有害场所保持符合卫生要求的间距。生产企业厂房的建筑应当坚固、清洁。车间内天花板、墙壁、地面应当采用光洁建筑材料,应当具有良好的采光(或照明),并应当具有防止和消除鼠害和其他有害昆虫及其滋生条件的设施和措施。生产企业应当设有与产品品种、数量相适应的化妆品原料、加工、包装、贮存等厂房或场所。生产车间应当有适合产品特点的相应的生产设施,工艺规程应当符合卫生要求。

(2)有与化妆品生产相适应的专业技术人员。

(3)有对生产的化妆品进行微生物检验的检验人员以及检验设备。

(4)有保证化妆品安全的管理制度。

(5)化妆品生产企业卫生规范规定的其他要求。

2. 卫生许可证的审批发放程序。

(1)化妆品生产企业到地市级以上卫生行政部门领取并填写化妆品生产企业卫生许可证申请表一式三份,提交以下资料并保证资料真实:企业营业执照副本复印件或者工商行政管理部门出具的企业名称预先核准通知书复印件;申请企业法定代表人(企业负责人)身份证明复印件;生产管理、产品质量安全管理人员及检验人员一览表,包括人员名单、学历和职称、培训情况;厂区总平面图(包括厂区周围30米范围内环境卫生情况)、生产场所平面图(包括生产车间、仓库、检验室、留样室等,并标明人流、物流及有关图例)、生产设备配置图;主要生产设备及检验设备清单(含设备名称、数量等);拟生产类别和主要品种;申请生产类别主要品种的生产工艺简述及流程图;申请生产类别主要品种一个批次试生产产品的生产记录和检验报告复印件;管理文件目录,包括生产管理、产品质量安全管理和人员管理等文件;检测报告。其中检测报告一般应当包括:①生产用水卫生质量检测报告;②车间空气细菌总数检测报告;③生产眼部用护肤类、婴儿和儿童用护肤类化妆品的生产企业应当提供30万级洁净室(区)的检测报告;④生产车间和检验场所工作面混合照度的检测报告。省级食品药品监督管理部门规定的其他材料。

经省级企业主管部门同意后,向地市级以上卫生行政部门提出申请。申请化妆品生产企业卫生许可证的具体办法由各省、自治区、直辖市卫生行政部门制定,报卫计委备案。

(2)经省、自治区、直辖市卫生行政部门审查合格的企业,发给化妆品生产企业卫生许可证。卫生行政部门应在接到申请表次日起三个月内做出是否批准的函复,对未批准的,应当说明不批准的理由。

(3)化妆品生产企业卫生许可证采用统一编号,有效期四年。省、自治区、直辖市卫生行政部门应依据原申报材料每两年对企业复核一次。

(4)化妆品生产企业卫生许可证有效期满前三个月应当按本《实施细则》第三条规定重新申请。

(5)申请获批准的，换发新证，可继续使用原化妆品生产企业卫生许可证编号。

(6)已获化妆品生产企业卫生许可证的企业增加生产新类别的化妆品，须报省、自治区、直辖市卫生行政部门备案。

(7)跨省、自治区、直辖市联营的化妆品生产企业，分别在所在地申请办理化妆品生产企业卫生许可证。化妆品生产企业迁移厂址、另设分厂或者在厂区外另设车间，应按规定向省、自治区、直辖市卫生行政部门申请办理化妆品生产企业卫生许可证。化妆品生产企业卫生许可证应注明分厂(车间)。

(8)化妆品生产企业卫生许可证不得涂改、转让，严禁伪造、倒卖。

(二)生产人员健康的监督管理

化妆品常含有丰富的营养物质，会给微生物的生长繁殖提供良好的条件。而化妆品又是直接涂抹于人体皮肤表面的，一旦受到微生物污染，会导致各种疾病。如果直接从事化妆品生产的人员自身还有某些传染性疾病，便有可能通过使用产品在消费人群中造成疾病的传播。按照《条例》和《化妆品生产企业卫生规范(2007 版)》的规定：

1.直接从事化妆品生产人员(包括临时人员)，必须每年进行健康检查，取得健康证后，方可从事化妆品的生产活动。

2.凡患有手癣、指甲癣、手部湿疹、发生于手部的银屑病或者鳞屑、渗出性皮肤病的人员，不得直接从事化妆品生产活动，必须在治疗后，经原体检单位检查证明已痊愈，方可恢复原工作。

3.患有痢疾、伤寒、病毒性肝炎、活动性肺结核等传染病的人员，按国家《传染病防治法》有关规定执行，即在治愈或排除传染嫌疑前，不得从事规定禁止的易使传染病扩散的工作。

4.在实际工作中，企业自身要建立管理规章制度，加强对生产人员的卫生监督和管理，加强对生产人员卫生知识的培训，以自觉提高生产人员的卫生意识，如不随地吐痰、戴口罩、勤洗勤换工作服等，使其在卫生制度的约束下从事生产活动。

(三)化妆品容器、包装材料的监督管理

目前应用于化妆品的容器和包装材料主要有以下几种：

1.纸制品。主要有蜡光纸、玻璃纸、牛皮纸等。纸制品易受潮发霉，保管不当可影响化妆品的卫生质量。

2.玻璃制品。因其具有一定的化学稳定性和热稳定性，所以是重要的包装材料，但易破碎，使用时应有一定的强度，还要注意其化学组分不致影响化妆品质量。

3. 金属制品。主要是一些金属合金、不锈钢制品等，应该注意其有害物质的析出，造成化妆品的卫生质量下降。

4. 塑料制品。是目前使用最多的包装材料，塑料制品中含有多种化学物质，有的可以溶进化妆品中对人体产生危害。常用的包装塑料是聚乙烯，其本身毒性极低，卫生学上属于最安全的塑料。但有一些低分子量的聚乙烯可溶入油脂中，使油脂产生异味。所以若作为化妆品的包装材料，应谨慎使用。

另外，还应注意一些容器、包装材料中使用的添加剂的毒性问题，如一些增塑剂、着色剂，陶瓷制品容器在酸性条件下可溶出铅或镉等金属。《条例》第八条规定："生产化妆品所需的原料、辅料以及直接接触化妆品的容器和包装材料必须符合国家卫生标准。"要求容器和包装材料必须清洁、无毒。

（四）化妆品生产卫生质量的监督管理

化妆品的卫生质量与多种因素有关，除受原料质量的影响外，还与微生物的污染以及一些化学物质有关。化妆品中常见的微生物有金黄色葡萄球菌、链球菌、绿脓杆菌、白色念珠菌等，一旦受到这些微生物的污染，可引起化妆品的酸败或霉变等，甚至引起消费人群的感染性疾病。化学性污染则包括一些重金属（如汞、铅）、砷以及酸碱性有毒有害物质。

《条例》规定，生产企业在化妆品投放市场前，必须按照国家标准对产品进行卫生质量检验，对质量合格的产品应当附有合格标记。未经检验或不符合标准的产品不得出厂。

卫生监督部门对化妆品质量进行定期或不定期的检查。其检查办法按《实施细则》第三十条规定执行。主要检查企业生产过程中的卫生状况；企业是否在生产化妆品时使用了国家规定的禁用物质或超量使用了限用物质；出厂前每批产品的卫生质量检验记录；产品的卫生质量检查以及样品的微生物和卫生化学检验。亦可对重点项目进行重点检查，如检查未报省、自治区、直辖市卫生行政部门备案的产品，企业新投放市场的产品，卫生质量不稳定的产品，有可能引起人体健康不良反应的产品和消费者投诉的产品等。

三、化妆品经营的监督管理

同国际化妆品的销售形势一样，我国的化妆品销售势头也在逐渐上升。虽然满足了人们美化生活的需求，但是一些不符合卫生标准的化妆品也充斥市场，特别是在较高额利润的驱使下，销售有严重质量问题的假冒伪劣化妆品，给消费人群造成了很大的影响，有的甚至造成了严重伤害。化妆品进入流通领域成为商品后的卫生监督属于经常性卫生监督，做好此监督工作，不仅可以防止伪劣化妆品损害人体健康，同时也有利于化妆品经营单位或个人严格按照《条例》的规定开展化妆品的正常经营活动。因此，加强对化妆品销售经营市场的卫生监督和执法检查也是卫生行政管理中的一项重要任务。

（一）普通化妆品经营的监督

1.产品经营的卫生要求。

① 生产企业向经营单位推销化妆品，应出示化妆品生产企业卫生许可证（复印件）。经营单位应检查其产品标签上的化妆品生产企业卫生许可证编号和厂名是否同所持的《化妆品生产企业卫生许可证》（复印件）相符。

②化妆品经营者（批发、零售）必须遵守《条例》第十三条规定。

③出售散装化妆品尤其应注意清洁卫生，防止二次污染。散装化妆品的卫生质量除了受出厂产品的卫生质量的影响较大外，销售器具和销售过程也是影响化妆品卫生质量的重要因素。还要检查销售的产品是否变质和超过使用期限。

④从事化妆品批发、零售的工作人员，凡患有《条例》第七条规定的疾病者，不宜担任直接从事化妆品批发、零售业务，以防止通过经营业务活动传播疾病。

⑤卫生监督机构对经营者实行不定期检查。对化妆品经营的监督目的是动员化妆品经营者和消费者能够识别和阻止违法生产的化妆品进入流通市场，防止假冒伪劣化妆品损害人体健康，对故意经营和销售不符合国家有关规定生产的化妆品的单位或个人的行为及时进行制止，并对违法行为做出及时的、相应的处罚。

2.经营销售的化妆品。

《条例》第十三条规定，化妆品经营单位或个人不得销售下列化妆品：

① 未取得化妆品生产企业卫生许可证的企业生产的化妆品。

② 无质量合格标记的化妆品。

③ 标签、小包装或说明书不符合《条例》第十二条规定的化妆品。

④ 未取得文号的特殊用途化妆品。

⑤ 超过使用期限的化妆品。

3.化妆品广告宣传的监督。

依据《条例》和《化妆品广告管理办法》，化妆品广告的内容必须真实、健康、科学、准确，不得以任何形式欺骗和误导消费者。所以，化妆品的广告宣传不得有下列内容：

① 化妆品名称、制法、效用或性能有虚假夸大的。

② 使用他人名义保证或以暗示方法使人误解其效用的。

③ 宣传医疗作用的。

④ 有贬低同类产品内容的。

⑤ 使用最新创造、最新发明、纯天然制品、无副作用等绝对化语言的。

⑥ 有涉及化妆品性能或功能、销量等方面数据的。

⑦ 违反其他法律、法规规定的。

四、化妆品标签与广告的监督管理

(一)化妆品标签的监督管理

化妆品的标签可反映产品的特征、性能及有关卫生监督方面的信息，消费者也可通过标签从各方面来了解产品的质量。根据《条例》的规定，化妆品标签应符合以下要求：

1. 化妆品标签应当真实、完整、规范、清晰，不得有印字脱落或者粘贴不牢等现象，不得以粘贴、剪切、涂改等方式进行修改或者补充。

2. 一个完整、正确的标识应至少包括以下内容：

(1)产品名称。

(2)生产者名称和地址。

(3)实际生产加工地。

(4)化妆品生产企业许可证编号以及产品标准号。

(5)化妆品注册证编号或者备案编号。

(6)全成分表。

(7)保质期限。

(8)净含量。

(9)法律、法规或者国务院食品药品监督管理部门规定应当标注的其他内容。

3. 除注册商标标识、境外企业的生产地址及约定俗称的化妆品专业术语外，以上的标识内容必须采用规范汉字在产品包装的可视面进行标注，必须使用外文字符或者其他符号方能准确表达其含义的，应当在可视面用中文予以说明。

4. 化妆品标签禁止标注、宣称的内容包括：

(1)明示或者暗示具有医疗作用。

(2)夸大功能、虚假宣传、贬低同类产品或容易给消费者造成误解或者混淆的内容。

(3)违反社会公序良俗的内容。

(4)其他法律、法规、规章禁止标注的内容。

5. 产品宣称经功效验证机构测试并出具报告的，产品标签中可以标注相关验证信息；未经验证的，应当在描述宣称的功效作用内容结尾标注“上述功效未经验证”等字样，字体应当不小于功效宣称内容的标识字体。

(二)化妆品广告的监督管理

依据《条例》和《化妆品广告管理办法》,化妆品广告的内容必须真实、健康、科学、准确,不得以任何形式欺骗和误导消费者。所以,化妆品的广告宣传不得有下列内容:

1.化妆品名称、制法、效用或性能有虚假夸大的。

2.使用他人名义保证或以暗示方法使人误解其效用的。

3.宣传医疗作用的。

4.有贬低同类产品内容的。

5.使用最新创造、最新发明、纯天然制品、无副作用等绝对化语言的。

6.有涉及化妆品性能或者功能、销量等方面数据的。

7.违反其他法律、法规规定的。

五、化妆品监督管理机构的职责

依据《条例》和《实施细则》的规定,国务院、省、自治区、直辖市及县级以上卫生行政部门是化妆品卫生监督的法定机构。国务院卫生行政部门主管全国的化妆品卫生监督工作,县以上各级地方人民政府的卫生行政部门主管本辖区内的化妆品卫生监督工作。2008年国家机构改革后,国务院、省、自治区、直辖市及县级以上食品药品监督管理部门是化妆品卫生监督的法定机构。国家食品药品监督管理总局主管全国的化妆品卫生监督工作,县以上各级地方人民政府的食品药品监督管理部门主管本辖区内的化妆品卫生监督工作。

(一)国务院卫生行政部门化妆品卫生监督机构的职责

1.制定全国化妆品卫生监督工作的方针、政策,检查、指导全国化妆品卫生监督工作。

2.组织经验交流。

3.组织研究制定化妆品卫生标准。

4.进口化妆品、特殊化妆品和化妆品新原料的安全性评审。

5.化妆品新原料的使用、特殊用途化妆品的生产和国外化妆品的首次进口。

6.对国务院卫生行政部门认定的化妆品卫生重大案件的调查处理,依照《条例》和《实施细则》决定行政处罚。

(二)省、自治区、直辖市卫生行政部门化妆品卫生监督机构的职责

1.主管辖区内化妆品的卫生监督工作,负责检查、指导地区、市、县级卫生行政部门的化妆品卫生监督工作并组织经验交流。

2.对辖区内的生产企业实施预防性卫生监督,审核发放和更换化妆品生产企业卫生许可证,审批化妆品宣传广告。

3. 初审特殊用途化妆品的卫生质量，负责一般化妆品的备案。

4. 对省、自治区、直辖市卫生行政部门认定的辖区内化妆品卫生较大案件的调查处理。

（三）地、市级卫生行政部门化妆品卫生监督机构的职责

1. 主管辖区内化妆品卫生监督工作，负责检查、指导县、区级卫生行政部门的化妆品卫生监督监测工作，并组织经验交流。

2. 负责辖区内的化妆品生产企业卫生的初审和化妆品宣传广告的审批。

3. 对辖区内化妆品卫生的一般案件的调查处理。

（四）县、区级卫生行政部门化妆品卫生监督机构的职责

主管辖区内化妆品卫生监督工作；负责辖区内化妆品生产企业从业人员的健康体检和卫生知识培训。

（五）化妆品卫生监督员及其职责

化妆品卫生监督员由省、自治区、直辖市卫生行政部门和国务院卫生行政部门从符合条件的卫生专业人员中聘任，经考核合格者发给证章和证件。在卫生监督过程中代表国家行使化妆品卫生监督权利，执行化妆品卫生监督工作。

化妆品卫生监督员行使以下职责：

1. 新建、扩建和改建化妆品生产企业的选址和设计的卫生审查及竣工验收。

2. 对化妆品生产企业和经营单位进行卫生监督检查，索取相关资料，调查处理因化妆品导致的健康损害事故。

3. 对违反法律法规的单位和个人提出处罚建议。

六、法律责任

（一）行政责任

卫生行政处罚可分为：警告；限期改进；停产或停止经营；没收产品及违法所得；罚款；吊销化妆品生产企业卫生许可证；撤销特殊用途化妆品批准文号和进口化妆品批准文号等。县级以上卫生行政部门可依法对违反法规的企事业单位或个人进行卫生行政处罚。上述的行政处罚可单独使用，也可合并使用，其中的吊销化妆品生产企业卫生许可证的处罚由省级卫生行政部门决定，撤销特殊用途化妆品批准文号和进口化妆品批准文号的处罚应由国务院卫生行政部门决定。

1. 责令限期改进。

有下列行为之一的，处以警告，并责令其限期改进：

(1)违反《条例》第六条规定之一项的行为者。其规定为：①生产企业应建在清洁区，与有毒有害场所保持符合卫生要求的间距。②厂房清洁，有良好的采光

或照明，有防鼠和其他消除有害昆虫的设施和措施。③应有合适的储存场所。④有相应的生产设施，工艺规程应当符合卫生要求。⑤有进行微生物检验的仪器和检验人员。

(2)直接从事化妆品生产的人员患有《条例》第七条所列疾病(手足癣、指甲癣、手部湿疹、发生在手部的银屑病或鳞屑、渗出性皮肤病以及痢疾、伤寒、病毒性肝炎、活动性肺结核等传染病)之一，未调离者。

(3)违反《条例》第十三条规定，有下列行为之一者：①销售无质量合格标记的化妆品。②销售标签和小包装或说明书不符合规定的化妆品。

(4)涂改化妆品生产企业卫生许可证者；

(5)涂改特殊用途化妆品批准文号者；

(6)涂改进口化妆品卫生审查批件或批准文号者；

(7)涂改卫生监督者。

2.处以停产或停止经营化妆品三十天以内的处罚，对经营者并可处没收违法所得及违法所得二到三倍的罚款的处罚。

(1)经警告处罚，责令限期改进后仍无改进者；

(2)具有违反《条例》第六条规定之两项以上行为者；

(3)具有违反《条例》第十三条中下列规定之一者：①销售未取得化妆品生产企业卫生许可证的企业所生产的化妆品；②销售未取得批准文号的特殊用途化妆品；③销售超过使用期限的化妆品。

(4)经营单位转让、伪造、倒卖特殊用途化妆品批准文号者。

3.吊销化妆品生产企业卫生许可证的处罚。

(1)经停产处罚后仍无改进，确不具备化妆品生产卫生条件者；

(2)转让、伪造、倒卖化妆品生产企业卫生许可证者。

4.撤销批准文号。

有下列行为之一者，没收违法所得及违法所得二到三倍的罚款的处罚，并可撤销特殊用途化妆品批准文号或进口化妆品批准文号。

(1)生产企业转让、伪造、倒卖特殊用途化妆品批准文号者；

(2)转让、伪造、倒卖进口化妆品卫生审查批件或批准文号者。

5.没收产品按下列规定分别处理。

对尚未取得化妆品生产企业卫生许可证的企业生产的产品，或未取得批准文号的特殊用途化妆品，或使用未经批准的化妆品新原料生产的化妆品，或未经批准或检验的进口化妆品，经检验合格的，待其按《条例》的有关规定办理批准手续后，准予出售。对没收的使用禁用原料生产的化妆品，由卫生部门监督销毁。对没收的不符合《化妆品卫生标准》的产品，应由生产企业进行技术处理，经检验合格的，由企业报所在地或销售地、市卫生行政部门审查备案后，可投放市场。仍不合格的，由卫生行政部门监督销毁。

（二）民事责任

对违反《条例》规定造成人体损伤或者发生中毒事故的，具有直接责任的生产企业和经营单位或个人应负损害赔偿责任。

（三）刑事责任

1. 化妆品卫生监督员有以权谋私、滥用职权、弄虚作假、出具伪证、行贿受贿、泄露企业提供的技术资料等违法行为的，经查证属实，没收受贿所得财物，由卫生行政部门视情节轻重给予行政处分，撤销其化妆品卫生监督员资格，造成严重后果，构成犯罪的，则由司法机关依法追究刑事责任。

2.《刑法》第一百四十八条规定："生产不符合卫生标准的化妆品，或者销售明知是不符合卫生标准的化妆品，造成严重后果的，处三年以下有期徒刑或者拘役，并处或者单处销售金额百分之五十以上二倍以下罚金。"

思考题

1. 简述化妆品的基本卫生要求。

2. 化妆品卫生监督主要包括哪几个方面？

3. 特殊用途化妆品的申请程序有哪些环节？

4. 从事化妆品生产的人员职业禁忌的疾病有哪些？

第十七章　公共场所卫生监督法律制度

教学目的

1. 掌握公共场所卫生监督制度。

2. 熟悉《公共场所卫生管理条例实施细则》(2011)对公共场所卫生监督工作的改进。

3. 了解《公共场所卫生管理条例》缺陷及其修订内容。

案例分析

持伪造的公共场所卫生许可证(复印件)从事网吧的公共场所经营案

案情介绍:2012 年 3 月 1 日和 3 月 26 日,某市卫生监督所卫生监督员就辖区内某网吧"未依法取得公共场所卫生许可证擅自营业、安排未获有效健康合格证明的从业人员从事直接为顾客服务工作"案送达行政处罚事先告知书、行政处罚听证告知书和行政处罚决定书过程中,该网吧先后两次出示同一公共场所卫生许可证复印件证明其已进行整改,已取得了公共场所卫生许可证,可从事网吧的公共场所经营活动。该网吧在收到行政处罚事先告知书、行政处罚听证告知书后,逾期未进行陈述和申辩、未要求举行听证并在接到卫生监督员的电话就挂断的情况下,卫生监督员与该公共场所卫生许可证复印件上载明的发证部门进行了沟通,得到初步答复是没有发放过此发证时间、经营地址、编号的公共场所卫生许可证。卫生监督员在送达行政处罚决定书时,本着认真负责态度和职业敏感精神,现场制作了证据先行登记保存决定书将该公共场所卫生许可证复印件予以证据保存;询问网管并制作了询问笔录;在负责人说没有办法到达网吧现场,又不到卫生监督部门接受调查询问的情况下,通过该网吧座机电话对负责人询问相关事宜,对方陈述了办理公共场所卫生许可证的时间、发证部门,并说明公共场所卫生许可证原件就在家里但不给出示。电话询问过程中,卫生监督员进行了录音取证。卫生监督员随后到该市民服务中心卫生局窗口进行核实。经发证部门查验确认,并未发放过该公共场所卫生许可证。卫生监督员据此完成了确认其伪造公共场所卫生许可证(复印件)从事网吧的公共场所经营活动的违法行为。(来源:作者单位实际监督案例)

第一节　公共场所概述

一、公共场所的概念及特征

公共场所，是人群聚集，并供公众从事各种社会活动（学习、社交、娱乐、医疗、休息和旅游等）使用的一切有维护结构的公用建筑物、场所或设施的总称。它对公众来说是人工生活环境，对从业人员来说则是劳动环境。

公共场所卫生具有如下特征。

（1）人员流动性大，人员密集，易传播疾病。

（2）环境和物品容易被污染。

（3）影响健康的致病因素多、复杂、传播快。

（4）从业人员素质低，缺乏卫生知识。

（5）内部卫生组织难建立，制度难健全、难落实。

（6）建筑和布局难合理，卫生设施难到位。

（7）场所主管部门和经营单位自身管理意识较差。

二、公共场所的范围

根据《公共场所卫生管理条例》的规定，公共场所包括供公众从事学习、社交、娱乐、医疗、休息和旅游等活动的七类二十八种场所：

（1）宾馆、饭馆、旅店、招待所、车马店、咖啡馆、酒吧、茶座。

（2）公共浴室、理发店、美容店。

（3）影剧院、录像厅（室）、游艺厅（室）、舞厅、音乐厅。

（4）体育场（馆）、游泳场（馆）、公园。

（5）展览馆、博物馆、美术馆、图书馆。

（6）商场（店）、书店。

（7）候诊室、候车（机、船）室、公共交通工具。

《公共场所卫生管理条例实施细则》（卫生部令第 80 号）规定："公共场所卫生监督的具体范围由省、自治区、直辖市人民政府卫生行政部门公布。"据此，部分省、市卫生行政部门对七类二十八种公共场所的概念和涵盖范围做出了具体规定，部分省市已经正式发文，公共场所卫生监督的具体范围扩大到了足浴、网吧、婴儿游泳、棋牌室等场所。

根据《国务院关于第六批取消和调整行政审批项目的决定》（国发〔2012〕52号），国务院决定取消的行政审批项目目录第五十八项，取消县级以上地方人民政府卫生行政部门审批的“公园、体育场馆、公共交通工具卫生许可”。

第二节　公共场所卫生监督法律概述

一、公共场所卫生监督法律法规立法概述

国务院于1987年4月1日发布了《公共场所卫生管理条例》，是新中国建立以来第一部公共场所卫生管理法规。为了更好地实施《条例》，加强公共场所卫生监督管理，同年9月15日，原卫生部发布了《公共场所卫生管理条例实施细则》(1987)。1989年2月21日，第七届全国人民代表大会常务委员会第六次会议通过《中华人民共和国传染病防治法》，在法律层面提出了对公共场所卫生的要求、管理及法律责任。1991年原卫生部对《公共场所卫生管理条例实施细则》(1987年)进行了修订，重新发布《公共场所卫生管理条例实施细则》(1991年)以适应当时的公共场所卫生监督管理工作。

随着我国社会主义市场经济不断发展，新类型公共场所不断涌现，经营范围更为复杂，卫生监督体制改革不断深化，法制建设不断完善，二十几年前颁布的条例已不能适应新形势下公共场所卫生监督管理的需要，与陆续出台的法律法规(如：《中华人民共和国传染病防治法》(2004修订)、《行政处罚法》(1996)、《行政复议法》(1999)、《突发公共卫生事件应急条例》(2003)、《艾滋病防治条例》(2006)等)相抵触或脱轨，急需新的相关法律法规出台适应法制社会的需要，2011年3月10日原卫生部再次修订发布了《公共场所卫生管理条例实施细则》(2011年)，从规章层面上重新规定了公共场所卫生要求、监督管理和法律责任等。

二、公共场所监督卫生标准规范立法概述

公共场所卫生标准规定了各类公共场所环境质量和公共用品卫生质量的限值以及对环境相应的卫生要求，以预防公共场所中的各种有害环境因素对人群健康的影响。公共场所卫生标准是为了贯彻《公共场所卫生管理条例》而制定的标准，是一种强制性的国家标准，具有立法意义。公共场所经营单位及其他有关单位都要从设计、建设、经常性卫生管理等方面严格执行卫生标准，确保人群在公共场所活动时的卫生安全。

公共场所卫生限值标准包括，国家强制标准二十项：涉及旅店业、文化娱乐、公共浴室、理发美容、游泳、商场、候诊候车、公共交通工具等(GB 9663～73-1996，GB 16153-1996)；卫生行业标准一项：《公共场所用品卫生标准》(WS 205-

2001)(已于2010年废止);公共场所卫生检验方法标准:三十一项国家标准(GB/T 18204-2000,GB/T 17220-1998)、二项卫生行业标准(WS/T 199-2001,WS/T 206-2001);公共场所卫生规范(卫生要求和检验方法)六项:《住宿业卫生规范》《沐浴场所卫生规范》《美容美发场所卫生规范》《公共场所集中空调通风系统卫生规范》《公共场所集中空调通风系统清洗规范》《公共场所集中空调通风系统卫生学评价规范》。目前,国家正积极组织,综合参考国内外现有的标准和结合国内实际情况,对十二项限值标准(GB 9663～9673-1996,GB 16153-1996),31项方法标准(GB/T 18204.1～30-2000)进行修订,审议通过后,即将向社会发布。

三、《公共场所卫生管理条例》的缺陷

(一)执法主体与监督体制改革不配套

近年来,我国的卫生监督事业及其体制发展到现在已基本形成了与行政事业分开,综合执法的格局。公共卫生监督工作是政府卫生行政部门依据公共卫生法规的授权,由卫生行政部门的卫生监督机构承担,是符合行政法原理的一种政府行政行为,是政府公共职能的体现。卫生监督主体是政府卫生行政部门的卫生监督机构,这是法律赋予政府卫生行政部门的职责与义务。我国的卫生事业改革在不断地深化,卫生防疫机构已分离成卫生监督机构与疾病预防控制机构。《公共场所卫生管理条例》自1987年发布到现在已沿用二十几年,《公共场所卫生管理条例》中所指的主体"卫生防疫机构",现大部分地区已经成了疾病预防控制中心和卫生监督所两个部门,造成在公共场所监督执法过程中实际执法主体与《公共场所卫生管理条例》所指主体不一致。这种状况在日常监督中没有出现什么问题,但如果发生行政争议,出现了行政复议、行政诉讼等,就会造成卫生监督机构的被动局面。

(二)适用范围不完善

《公共场所卫生管理条例》规定的七类二十八种公共场所,主要是一些有具体名称及适当规模的公共场所,没有对公共场所给予明确的定义。随着我国的社会主义市场经济得以迅猛发展,人民生活水平提高,社会文明进步,人们的社会化活动也日趋频繁,工作之外的娱乐、休闲、交往、购物等已成为当今社会生活中不可逆转的共性需求。随之新兴的行业不断涌现,原有《公共场所卫生管理条例》中所列的录像厅、车马店等已基本不复存在,取而代之的是网吧、足浴、健身房、婚纱影楼等,各种新型的娱乐服务场所不时地涌现出来。这些行业具有公共场所的特点,人群流动性大、人口密度大、接触频繁、用品用具公用等,假如卫生管理不善,卫生状况恶劣,同样可能造成疾病的流行和传播。因此应该纳入公共

场所卫生监督范围。但在《公共场所卫生管理条例》中没有将这些行业列入其中，造成了监管空白。

(三)处罚力度不够或缺失

《公共场所卫生管理条例》及《公共场所卫生管理条例实施细则》(1991)的规定对公共场所经营单位的违法行为可实施的行政处罚种类只有警告、罚款、停业整顿、吊销卫生许可证等四种，对罚款只做了原则性规定，无详细的罚款幅度，处罚力度有限。相对于当今的经济发展，处罚力度明显太轻，起不到教育和惩戒作用，不能达到预防违法行为发生、保障大众健康的目的，有损卫生行政执法的威严性。

对“集中空调通风系统”这一卫生新问题缺乏法律的约束力，管理效力甚微。《公共场所集中空调通风系统卫生管理办法》第十六条规定：卫生行政部门在履行监督职责时发现集中空调通风系统不符合规定的，应当责令改进；经责令仍无改进的，予以公示。第十七条规定：可依据《中华人民共和国传染病防治法》和《公共场所卫生管理条例》的有关规定进行处罚，《公共场所卫生管理条例》中没有相关具体规定。

(四)部分规定与新颁布的法律、法规不一致

近年来国家制定了《行政处罚法》《行政复议法》《行政许可法》等法律，《公共场所卫生管理条例》中关于法律责任的规定、时限规定等与相关法律规定不一致，缺乏可操作性，严重影响卫生监督执法力度和行政管理效率。

(五)有些条款的可操作性不强

《公共场所卫生管理条例》第八条和《公共场所卫生管理条例实施细则》(1991)第七条都规定公共场所卫生许可证两年复核一次，没有规定有效期，造成执行时无所适从，各地许可证有效期不统一，必然影响公共场所监督执法的严肃性，给卫生监督机构带来负面效应。

《公共场所卫生管理条例实施细则》(1991)第二十一条规定：新、改、扩建项目选址、设计应符合有关标准和要求，但没有规划、城建等部门审查这些项目时必须有卫生部门意见的规定。实践中绝大多数公共场所在建成后，基本装修完备(如宾馆没有消毒间，歌舞厅没有吸烟室)，才到卫生部门办理卫生许可证。这些问题造成公共用品消毒难以落实，给经常性监督带来了隐患。

商场、书店面积规定不合理。《公共场所卫生管理条例实施细则》(1991)第二十七条规定：商场书店城市营业面积三百平方米以上，县、乡、镇营业面积在二百平方米以上属于公共场所监督范围，也就是在这不同地域有这两种面积以上的才能属于监督范围以内，从业人员才可进行体检，公共卫生监督才可实施。实际工作中，小面积商场的从业人员同样直接接触顾客，同样可以在频繁接触中与

顾客有可能出现交叉传染疾病，且二百、三百平方米具体数值在实际操作中很难界定。

（六）职责含糊不清，卫生要求不细

《公共场所卫生管理条例》中对公共场所经营单位的职责、义务及卫生管理等要求不够，不利于经营单位自律经营和诚信体系的形成。对卫生行政部门及卫生执法人员的职责和义务规定不够明确，不利于公共场所卫生监督工作和公正执法。

四、《公共场所卫生管理条例》修订历程

鉴于以上问题，1995 年原卫生部将《公共场所卫生管理条例》的修订列入立法计划，组织成立了修订小组，对《公共场所卫生管理条例》的实施情况进行了广泛深入的调研论证，于 2003 年向国务院法制办上报了《公共场所卫生管理条例（修改草案）》，主要修订内容如下：

（一）关于执法主体问题

《公共场所卫生管理条例》规定："各级卫生防疫机构，负责管理范围内的公共场所卫生监督工作。"《公共场所卫生管理条例（修改草案）》将其修改为"县级以上地方政府卫生行政部门，在管辖范围内行使公共场所卫生监督职责"；将"卫生防疫机构"统一改为"卫生行政部门"。

（二）关于适用范围问题

《公共场所卫生管理条例（修改草案）》将适用范围修改为"本条例适用于中华人民共和国领域内从事公共场所经营活动的单位和个人"，具体哪些场所由公共场所分类列出。

（三）分类管理

《公共场所卫生管理条例（修改草案）》提出了分类管理的原则，对于与公众健康密切相关的甲类公共场所实行卫生许可制度，而对于与公众健康密切程度相对低一些的乙类场所实行备案制度。减少卫生许可管理范围，加强对高风险公共场所的管理。

（四）公共场所分类问题

《公共场所卫生管理条例》列出七类二十八种公共场所，《公共场所卫生管理条例（修改草案）》修改为根据我国的公共场所状况按行业分甲、乙类。与公众接触时间长的、接触介质（空气、水）多的、公众公用物品多的、病媒传播渠道多的、传染病易于流行的列为甲类公共场所，其他的列为乙类公共场所。

（五）关于卫生要求

对公共场所中涉及的公共卫生问题，从环境（室内外环境卫生）到设施（消

毒、通风、废弃物），从介质（空气、水）到产品（化妆品、涉水产品、消毒产品），从用品用具到建筑装饰装修材料均做出了详细要求，有利于条例的有效实施。

（六）关于卫生管理

明确了卫生行政部门在公共场所新、改、扩建工程“三同时”审查验收、卫生许可证申请审批、公共场所备案时的职责范围和工作时限；明确了使公共场所满足有关卫生标准和卫生要求是公共场所建设者、经营者不可推卸的责任和义务。

（七）关于公共场所传染病预防控制

明确提出了在公共场所预防和控制传染病发生流行的要求，在总则、卫生管理、法律责任的章节中均增加了相应条款。

（八）关于卫生监督

明确了公共场所卫生监督职责、职权及卫生监督人员道德要求。进一步规范了卫生行政部门和卫生执法人员的执法责任和执法程序。

（九）关于法律责任

加大了处罚力度，进一步明确了行政法律责任的违法情形；增加了卫生行政部门罚则。

2011 年 2 月，原卫生部对《公共场所卫生管理条例实施细则》（1991）进行了第二次修订，并予以发布，同年 5 月 1 日实施执行，使之更加完善和更具操作性。

五、《公共场所卫生管理条例实施细则》进步

2011 年 5 月 1 日，新的《公共场所卫生管理条例实施细则》（2011）（以下简称《细则》）如期实施。原卫生部修订后的《细则》较之前同名规章在执法主体、许可期限、经营者责任、处罚力度等方面有诸多变化和新的规定。

（一）公共场所的范围增加

根据《公共场所卫生管理条例》的规定，纳入法律调整的公共场所共有七类二十八种，包括宾馆、饭馆、旅店、招待所、车马店、咖啡馆、酒吧、茶座；公共浴室、理发店、美容店；影剧院、录像厅（室）、游艺厅（室）、舞厅、音乐厅；体育场（馆）、游泳场（馆）、公园；展览馆、博物馆、美术馆、图书馆；商场（店）、书店；候诊室、候车（机、船）室、公共交通工具。《公共场所卫生管理条例实施细则》（2011）新增了三条规定：

1. 室内装修规定。

公共场所室内装饰装修期间不得营业；进行局部装饰装修的，经营者应当采取有效措施，保证营业的非装饰装修区域室内空气质量合格。

2. 公共场所吸烟规定。

《细则》规定，室内公共场所禁止吸烟。公共场所经营者应当设置醒目的禁

止吸烟警语和标志；室外公共场所设置的吸烟区不得位于行人必经的通道上；公共场所不得设置自动售烟机；公共场所经营者应当开展吸烟危害健康的宣传，并配备专（兼）职人员对吸烟者进行劝阻。

3. 卫生指标的检测。

（1）公共场所经营者应当按照卫生标准、规范的要求对公共场所的空气、微小气候、水质、采光、照明、噪声、顾客用品用具等进行卫生检测；经营者不具备检测能力的，可以委托检测。

（2）检测每年不得少于一次。

（3）检测结果不符合卫生标准、规范要求的应当及时整改。

（4）公共场所经营者应当在醒目位置如实公示检测结果。

（二）加大了处罚力度

1. 对未按照规定对公共场所进行卫生检测的，由县级以上地方人民政府卫生行政部门责令限期改正，给予警告，并可处以二千元以下罚款；逾期不改正，造成公共场所卫生质量不符合卫生标准和要求的，处以二千元以上二万元以下罚款；情节严重的，可以依法责令停业整顿，直至吊销卫生许可证。

2. 对未按照规定对顾客用品用具进行清洗、消毒、保洁，或者重复使用一次性用品用具的，由县级以上地方人民政府卫生行政部门责令限期改正，给予警告，并可处以二千元以下罚款；逾期不改正，造成公共场所卫生质量不符合卫生标准和要求的，处以二千元以上二万元以下罚款；情节严重的，可以依法责令停业整顿，直至吊销卫生许可证。

3. 对未按照规定办理公共场所卫生许可证复核手续的公共场所经营者，由县级以上地方人民政府卫生行政部门责令限期改正；逾期不改的，给予警告，并处以一千元以上一万元以下罚款；情节严重的，可以依法责令停业整顿，直至吊销卫生许可证。

4. 对拒绝监督的公共场所经营者处以一万元以上三万元以下罚款。

5. 公共场所经营者安排未获得有效健康合格证明的从业人员从事直接为顾客服务工作的，由县级以上地方人民政府卫生行政部门责令限期改正，给予警告，并处以五百元以上五千元以下罚款；逾期不改正的，处以五千元以上一万五千元以下罚款。

6. 公共场所经营者隐瞒、缓报、谎报健康危害事故的，由县级以上地方人民政府卫生行政部门处以五千元以上三万元以下罚款；情节严重的，可以依法责令停业整顿，直至吊销卫生许可证。构成犯罪的，依法追究刑事责任。

（三）公共场所经营者在卫生安全方面的责任

1. 设立卫生管理部门或者配备专（兼）职卫生管理人员，建立健全卫生管理制度和卫生管理档案。

2.组织从业人员每年进行健康检查和卫生培训。

3.保证公共场所空气、水、采光照明、噪声及公共用品用具符合国家卫生标准。

4.制定公共场所危害健康事故应急预案或者方案并认真落实,发生危害健康事故的,按照规定处置并报告。

5.公共场所的法定代表人或者负责人是其经营场所卫生安全的第一责任人。

(四)有关办理卫生许可证和健康合格证要求

1.公共场所经营者取得卫生许可证后,方可向工商行政管理部门申请登记,办理营业执照;公共场所经营者变更经营项目、经营场所地址的,应当向县级以上地方人民政府卫生行政部门重新申请卫生许可证;公共场所经营者不论试营业还是正式营业,都必须首先取得卫生许可证。

2.公共场所经营者应当组织从业人员每年进行健康检查,从业人员在取得有效健康合格证明后方可上岗;患有痢疾、伤寒、甲型病毒性肝炎、戊型病毒性肝炎等消化道传染病的人员,以及患有活动性肺结核、化脓性或者渗出性皮肤病等疾病的人员,治愈前不得从事直接为顾客服务的工作。同时,根据2010年2月10日,人力资源和社会保障部、教育部、原卫生部联合发布《关于进一步规范入学和就业体检项目维护乙肝表面抗原携带者入学和就业权利的通知》规定,除经核准的乙肝表面抗原携带者不得从事的职业(如特警职位、民航空勤人员等)外,用人单位招用人员,不得强行将乙肝病毒血清学指标作为体检标准,不得以传染病病原携带者为由拒绝录用。

(五)有关卫生检验、检测、评价、监督抽检的规定

1.开展公共场所等业务的技术服务机构,应当具有相应专业技术能力,按照有关卫生标准、规范的要求开展工作,不得出具虚假检验、检测、评价等报告。

2.技术服务机构的专业技术能力由省、自治区、直辖市人民政府卫生行政部门组织考核。

3.公共场所经营者应当按照卫生标准、规范的要求对公共场所的空气、微小气候、水质、采光、照明、噪声、顾客用品用具等进行卫生检测,检测每年不得少于一次;检测结果不符合卫生标准、规范要求的应当及时整改。

4.公共场所经营者不具备检测能力的,可以委托检测。

5.公共场所经营者应当在醒目位置如实公示检测结果。

6.公共场所经营者申请卫生许可证时,应当提交公共场所卫生检测或者评价报告。

7.县级以上人民政府卫生行政部门应当加强公共场所卫生监督抽检，并将抽检结果向社会公布。

（六）有关公共场所禁止吸烟的规定

1.室内公共场所禁止吸烟。

2.公共场所经营者应当设置醒目的禁止吸烟警语和标志。

3.室外公共场所设置的吸烟区不得位于行人必经的通道上。

4.公共场所不得设置自动售烟机。

5.公共场所经营者应当开展吸烟危害健康的宣传，并配备专（兼）职人员对吸烟者进行劝阻。

（七）监督权职权划分更合理

1.公共场所卫生监督的具体范围由省、自治区、直辖市人民政府卫生行政部门公布。

2.技术服务机构的专业技术能力由省、自治区、直辖市人民政府卫生行政部门组织考核。

（八）整合公共场所卫生法律与公共场所相关卫生标准、规范，使之相辅相成，形成有机整体，更好发挥效能

（九）《细则》存在的问题

1.《细则》法律位阶较《条例》低。

新的《细则》规定县级以上地方各级人民政府卫生行政部门负责本行政区域的公共场所卫生监督管理工作，调整了公共场所卫生监督执法主体，由原来的“卫生防疫站”统一修改为“卫生行政部门”，卫生监督机构承担具体监督执法任务。但《条例》规定的执法主体仍为“各级卫生防疫机构”。《条例》是行政法规，《细则》仅是部门规章，其效力远在条例之下，给实际监督中公共场所违法行为的查处带来不便，甚至出现只有责任执法，但又“无权可行使”、无法实施卫生行政处罚的两难局面。

2.没有明确归纳公共场所的共性定义。

虽将公共场所卫生监督范围交由省级人民政府卫生行政部门制定解释，但随着社会经济发展，新的公共场所形式不断涌现，经营项目和类别上不断翻新，如：足浴、洗头房、氧吧、按摩房、减肥院以及证券交易所、邮政（或电信）服务大厅等等，这些行业具有公共场所的特点，即人群流动性大、停留时间短、人口密度大、人员复杂、接触频繁、用品用具公用等，假如卫生管理不善，卫生质量堪忧，但这些场所仍处于监管空白地带。

3.《细则》卫生管理要求与法律责任不相对应。

部分卫生要求和规范缺少对应的法律责任、制约手段，使得可操作性、威慑

力度大打折扣。如:禁烟令具体处罚条款缺乏,预防性监督工作严格规程缺乏。

4.量化分级管理标准无城乡之分。

目前推行的公共场所卫生监督量化分级管理,将公共场所分为ABC三个等级,按照其评定的级别分别予以诸如监督频次不同的管理方式,目的是利用企业的自律与监管部门的监督及社会监督相结合来保障公共场所卫生安全,提高公共场所整体水平,减少群体健康危害事件的发生,保护公众健康。但由于公共场所量化分级管理城乡标准统一,对于条件较好的城市一级公共场所来说,着实起到了积极的推动作用,实现了公共场所卫生监督管理的最高目标,在预防传染病和保障公众健康及公共场所卫生安全方面做出了卓越的贡献,但对条件差的农村一级的小理发店、小旅店、小浴室等"小行业"来说,由于标准过细,不便于操作,再加上要求过高,执行起来难度较大,公共场所经营单位的持证率难以保证。

5.预防性卫生监督工作缺乏严格规程,难以执行。

卫生行政部门对新、改、扩建公共场所的选址、设计、竣工验收方面的卫生执法监督权未得到认可和落实的情况仍未改善。缺少行之有效的法律层面的严格规程,行政干预卫生管理现象突出,各地为了招商引资,营造投资环境、办企业搞三产,政府部门领导干部等干预正常的卫生监督工作,使公共场所预防性卫生监督工作贯彻落实难以执行,预防性卫生监督覆盖率偏低。

6.未明确对技术服务机构的制约机制。

公共场所的卫生是否达到标准,通常需要经过客观、公正、中立的第三方技术服务机构进行专业清洗、检验、检测、评价,但是,检验检测结果易受到人为因素影响。《细则》规定的省、自治区、直辖市人民政府卫生行政部门负责对技术服务机构的技术服务能力进行考核。"考核"做得"深"了就涉嫌行政审批,"浅"了制约力度不够,很难规范技术服务机构的服务行为。

7.违法行为列入统一处罚条款,办理案件实际操作不便。

《细则》第三十七条规定情形中,违反一项和违反多项相比,实际执行时并无太大差别,使自由裁量工作困难,影响过罚相当、减轻处罚力度。

8.卫生监督监测脱节。

卫生监督工作缺少自己的监测力量和队伍,社会上的监测机构有限,或监测项目不全,无法满足社会和卫生监督的需要。例如游泳场所水质现场监测具有即时性,卫生监督检查中可依据自己的现场监测结果对判定违法提供科学依据,使卫生监督执法更加有效、便捷、科学。

六、公共场所集中空调通风系统卫生规范

20世纪80年代,我国公共场所开始普遍使用集中空调,由于空调通风系统

的污染及不合理的使用，已经成为建筑室内空气污染的主要来源之一，造成对人体健康的损害。因为引发的疾病作用时间长、潜伏期长、因果关系隐藏性大，一直不被关注和重视，直到2003年的SARS流行，才使得社会深刻地意识到了集中空调通风系统污染问题的严重性。集中空调系统内污染物是指在集中空调系统内部生成或积聚的污染物，按性质可分为物理性、化学性和生物性。能引起人体健康损害和疾病种类达几十种，主要可分为三类疾病：传染性疾病（如军团菌病、流行性感冒、SARS）、过敏性疾病（过敏性鼻炎、哮喘）和不良建筑综合征。

2003年8月原卫生部颁布了《公共场所集中空调通风系统卫生规范》（卫法监发〔2003〕225号）。为了进一步加强公共场所集中空调通风系统卫生管理，建立公共场所集中空调通风系统卫生管理体系，2006年2月原卫生部在此基础上修订和颁布了《公共场所集中空调通风系统卫生管理办法》及《公共场所集中空调通风系统卫生规范》《公共场所集中空调通风系统清洗规范》《公共场所集中空调通风系统卫生学评价规范》。以"预防空气传播性疾病在公共场所的传播，保障公众健康"为主线，条文规范、可操作性强、卫生要求具体明确、指标参考国内外相关标准进行量化。2011年原卫生部将公共场所集中空调通风系统卫生管理工作正式写入《公共场所卫生管理条例实施细则》（2011版），推动促进公共场所集中空调通风系统卫生管理工作，保证公共场所卫生质量，预防和控制传染病传播流行。

第三节　公共场所卫生监督法律规定

一、公共场所卫生监督主体

根据《公共场所卫生管理条例》《公共场所卫生管理条例实施细则》（2011）的规定，卫计委主管全国公共场所卫生监督管理工作。负责具体卫生监督工作的内容主要包括：

（一）县级以上地方各级人民政府卫生行政部门，具体负责本行政区域的公共场所卫生监督管理工作。

（二）出入境检验检疫机构，具体负责对国境口岸及出入境交通工具的卫生监督管理工作。

（三）铁路部门所属的卫生主管部门，具体负责对管辖范围内的车站、等候室、铁路客车以及主要为本系统职工服务的公共场所的卫生监督管理工作。

二、公共场所卫生监督依据

目前，公共场所卫生监督依据的法律法规有：《传染病防治法》（2004年）、

《行政处罚法》、《行政复议法》、《行政强制法》等法律,《公共场所卫生管理条例》(1987年)、《公共场所卫生管理条例实施细则》(2011年)、《公共场所集中空调通风系统管理办法》(2006年)等法规,卫计委和各省、自治区、直辖市人民政府及卫生行政部门制定发布的规范性、指导性文件。

三、公共场所卫生监督职责

公共场所卫生监督是指卫生监督机构对经营单位所进行的督促检查。

(一)对公共场所进行卫生监测与监督,核发卫生许可证。

(二)对监督工作中发现的卫生问题进行技术指导。

(三)监督从业人员进行健康检查,指导有关部门对从业人员进行卫生知识教育和培训。

(四)对新建、扩建、改建的公共场所的选址和设计进行卫生审查,并参加竣工验收。

(五)对违反《公共场所卫生管理条例》《细则》等要求的单位或个人进行行政处罚。

四、公共场所卫生监督制度

(一)卫生行政许可证制度

1.实施许可的主体。

县级以上地方人民政府卫生行政部门负责卫生许可事宜,公共场所经营者应当按照规定向其提出颁发卫生许可证的申请。

2.初次申请卫生许可时应提交的材料。

(1)卫生许可证申请表。申请表为制式表格,一般包括以下内容:单位名称、法定代表人或者负责人姓名、经营项目、经营场所、联系方式等。

(2)法定代表人或者负责人身份证明。

(3)公共场所地址方位示意图、平面图和卫生设施平面布局图。通过对建筑项目(包括扩建和改建项目)进行卫生监督,把影响人体健康的因素和不卫生问题消除在规划设计、项目实施的过程中。其目的是把对人体健康有害的因素阻隔在公共场所建成投入使用之前,即在设计、施工、竣工验收三个阶段进行公共场所卫生监督,包括工程项目的图纸审查、施工中的监督、竣工时的验收等,对不符合卫生要求的,要通过卫生监督意见书向被监督单位提出卫生要求和改进意见,令其改进,这是最积极有效的预防措施。

(4)公共场所卫生检测或者评价报告。一般由第三方出具卫生检测或者评价报告,内容包括:可能存在的卫生问题,拟采取的措施,预期效果或者现场检测结果、分析评价等，使用集中空调通风系统的，应提供集中空调通风系统卫生检测或者评价报告。

(5)公共场所卫生管理制度。卫生管理责任制度，培训制度，健康检查制度，档案管理制度，检测制度，应急处理制度等。

(6)省、自治区、直辖市卫生行政部门要求提供的其他材料。

3.许可程序。

县级以上地方人民政府卫生行政部门自受理公共场所卫生许可申请之日起二十日内，对申报资料进行审查，对现场进行审核，符合规定条件的，做出准予公共场所卫生许可的决定，并颁发公共场所卫生许可证。许可证应当载明编号、单位名称、法定代表人或者负责人、经营项目、经营场所地址、发证机关、发证时间、有效期限。

对不符合规定条件的，县级以上地方人民政府卫生行政部门应做出不予行政许可的决定并书面说明理由。

4.许可证有效期。

公共场所卫生许可证有效期限为四年，每两年复核一次。需要延续卫生许可证的，应当在卫生许可证有效期届满三十日前，向原发证卫生行政部门提出申请。

5.重新申请。

公共场所经营者变更经营项目、经营场所地址的，应当向县级以上地方人民政府卫生行政部门重新申请卫生许可证。

6.变更登记。

公共场所经营者变更单位名称、法定代表人或者负责人的，应当向原发证卫生行政部门办理变更手续。

(二)日常监督制度

公共场所的日常监督即对公共场所实行公共场所量化分级管理。公共场所量化分级管理制度适用于已获得卫生许可证的公共场所的日常卫生监督检查。量化分级管理是将公共场所卫生监督管理模式向风险过度管理转变的一种方式，几乎涵盖了经营者应履行法定义务的各方面。同时，通过建立公共场所卫生信誉度评价体系，向社会提供公共场所卫生信誉度等级信息。

1.评价标准。

根据卫生法律、法规和规范，确定评价内容、项目、分值等，原卫生部制定的量化分级指南有四个，《住宿业卫生监督量化分级评分表》《游泳场所卫生监督量化分级评分表》《沐浴场所卫生监督量化分级评分表》和《美容美发场所卫生监督量化分级评分表》。各地可以根据自身情况制定具体标准，但不得低于原卫生部指南确定的标准。

2. 卫生信誉度等级的确定。

根据公共场所卫生监督量化分级评分表评价，按 100 分标化后，总得分在 90 分以上的，卫生状况为优秀，卫生信誉度为 A 级；总得分在 70～89 分的，卫生状况为良好，卫生信誉度为 B 级；总得分在 60～69 分的，卫生状况为一般，卫生信誉度为 C 级；总得分低于 60 分的，责令限期整改，并依法处理。

公共场所内发生传染病疫情或因空气质量、水质不符合卫生标准，用品用具或设施受到污染导致的群体性健康损害事件的，其卫生信誉度定为 C 级。

3. 卫生监督频次的确定。

公共场所日常监督频次参照其卫生信誉度等级确定。等级越高，监督频次应越低。关于不同卫生信誉等级的最低监督频次，各地应根据实际，合理调整监督频次。

监督频次的基本要求是：A 级不少于 1 次/两年；B 级不少于 1 次/年；C 级不少于 2 次/年。但由于行政任务和处理投诉举报而需要进行监督时不受此频次限制。

（三）卫生行政措施

1. 健康危害因素监测、分析。

县级以上人民政府卫生行政部门应当组织对公共场所的健康危害因素进行监测、分析，为制定法律法规、卫生标准和实施监督管理提供科学依据。县级以上疾病预防控制机构应当承担卫生行政部门下达的公共场所健康危害因素监测任务。

2. 卫生检查。

县级以上地方人民政府卫生行政部门对公共场所进行监督检查，应当依据有关卫生标准和要求，采取现场卫生监测、采样、查阅和复制文件、询问等方法，有关单位和个人不得拒绝或者隐瞒。

县级以上人民政府卫生行政部门应当加强公共场所卫生监督抽检，并将抽检结果向社会公布。

3. 健康事故处理。

县级以上地方人民政府卫生行政部门对发生危害健康事故的公共场所，可以依法采取封闭场所、封存相关物品等临时控制措施。经检验属于被污染的场所、物品，应当进行消毒或者销毁；对未被污染的场所、物品或者经消毒后可以使用的物品，应当解除控制措施。

（四）卫生行政处罚

经营者违反本条例及《细则》的规定，县级以上卫生行政机关依据卫生法律、法规、规章，对应受制裁的违法行为做出警告、罚款、没收违法所得、责令停产停业、吊销许可证以及卫生法律、行政法规规定的其他行政处罚。

五、公共场所卫生监督的法律责任

（一）行政责任

1.对未依法取得公共场所卫生许可证擅自营业的，由县级以上地方人民政府卫生行政部门责令限期改正，给予警告，并处以五百元以上五千元以下罚款；有下列情形之一的，处以五千元以上三万元以下罚款：

（1）擅自营业曾受过卫生行政部门处罚的；

（2）擅自营业时间在三个月以上的；

（3）以涂改、转让、倒卖、伪造的卫生许可证擅自营业的。

对涂改、转让、倒卖有效卫生许可证的，由原发证的卫生行政部门予以注销。

2.公共场所经营者有下列情形之一的，由县级以上地方人民政府卫生行政部门责令限期改正，给予警告，并可处以二千元以下罚款；逾期不改正，造成公共场所卫生质量不符合卫生标准和要求的，处以二千元以上二万元以下罚款；情节严重的，可以依法责令停业整顿，直至吊销卫生许可证：

（1）未按照规定对公共场所的空气、微小气候、水质、采光、照明、噪声、顾客用品用具等进行卫生检测的；

（2）未按照规定对顾客用品用具进行清洗、消毒、保洁，或者重复使用一次性用品用具的。

3.公共场所经营者有下列情形之一的，由县级以上地方人民政府卫生行政部门责令限期改正；逾期不改的，给予警告，并处以一千元以上一万元以下罚款；对拒绝监督的，处以一万元以上三万元以下罚款；情节严重的，可以依法责令停业整顿，直至吊销卫生许可证：

（1）未按照规定建立卫生管理制度、设立卫生管理部门或者配备专（兼）职卫生管理人员，或者未建立卫生管理档案的；

（2）未按照规定组织从业人员进行相关卫生法律知识和公共场所卫生知识培训，或者安排未经相关卫生法律知识和公共场所卫生知识培训考核的从业人员上岗的；

（3）未按照规定设置与其经营规模、项目相适应的清洗、消毒、保洁、盥洗等设施设备和公共卫生间，或者擅自停止使用、拆除上述设施设备，或者挪作他用的；

（4）未按照规定配备预防控制鼠、蚊、蝇、蟑螂和其他病媒生物的设施设备以及废弃物存放专用设施设备，或者擅自停止使用、拆除预防控制鼠、蚊、蝇、蟑螂和其他病媒生物的设施设备以及废弃物存放专用设施设备的；

(5)未按照规定索取公共卫生用品检验合格证明和其他相关资料的；

(6)未按照规定对公共场所新建、改建、扩建项目办理预防性卫生审查手续的；

(7)公共场所集中空调通风系统未经卫生检测或者评价不合格而投入使用的；

(8)未按照规定公示公共场所卫生许可证、卫生检测结果和卫生信誉度等级的；

(9)未按照规定办理公共场所卫生许可证复核手续的。

4.公共场所经营者安排未获得有效健康合格证明的从业人员从事直接为顾客服务工作的，由县级以上地方人民政府卫生行政部门责令限期改正，给予警告，并处以五百以上五千元以下罚款；逾期不改正的，处以五千元以上一万五千元以下罚款。

5.公共场所经营者对发生的危害健康事故未立即采取处置措施，导致危害扩大，或者隐瞒、缓报、谎报的，由县级以上地方人民政府卫生行政部门处以五千元以上三万元以下罚款；情节严重的，可以依法责令停业整顿，直至吊销卫生许可证。

6.公共场所经营者违反其他卫生法律、行政法规规定，应当给予行政处罚的，按照有关卫生法律、行政法规规定进行处罚。

(二)刑事责任

1.公共场所经营者对发生的危害健康事故未立即采取处置措施，导致危害扩大，或者隐瞒、缓报、谎报构成犯罪的，依法追究刑事责任。

2.县级以上人民政府卫生行政部门及其工作人员玩忽职守、滥用职权、收取贿赂的，由有关部门对单位负责人、直接负责的主管人员和其他责任人员依法给予行政处分。构成犯罪的，依法追究刑事责任。

思考题

1.公共场所的范围包括哪些？

2.公共场所监督法律规定有哪些？

3.《公共场所卫生管理条例实施细则》的立法进步有哪些？

第十八章　学校卫生监督法律制度

教学目的

1. 掌握学校卫生监督的职责。
2. 了解学校卫生监督的内容。
3. 熟悉学校卫生监督的监督要点。

案例分析

案例 1：

学校建筑不符合卫生学要求案

某市民反映，学校在新建、扩建、改建时根本不经卫生行政部门审批，市卫生防疫站对 1984 年以来新建的 10 栋教学楼进行卫生学调查，无一栋完全符合卫生要求。窗上缘与天花板距离符合卫生要求的只有 22.2%；窗间墙距符合卫生要求的只占 33.3%。某路小学新建楼主要采光侧与对面 5 层楼间距只有 13m，严重影响采光和通风。

学校建筑不符合卫生要求的现象在各地普遍存在。该案例违反了《学校卫生工作条例》的有关规定。《学校卫生工作条例》第六条规定，学校教学建筑、环境噪声、室内微小气候、采光、照明等环境质量以及黑板、课桌椅的设置应当符合国家有关标准。新建、改建、扩建校舍，其选址、设计应当符合国家的卫生标准，并取得当地卫生行政部门许可。竣工验收应当由当地卫生行政部门参加。违反该条例的行政处罚可以依据《学校卫生工作条例》第三十二条规定，违反本条例第六条第二款规定，未经卫生行政部门许可新建、扩建、改建校舍的，由卫生行政部门给予警告，责令停止施工或限期改建。第三十二条规定，违反本条例第六条第一款，第七条和第十条规定的，由卫生行政部门对直接责任单位或者个人给予警告并责令限期改进。情节严重的，可以同时建议教育行政部门给予行政处分。该条例是经国务院批准，由国家教委和卫生行政部门发布的。实施过程中，卫生行政部门方面要加大监督力度，还需要加强与教育行政部门的协调。（来源《公共卫生监督执法案例评析》，转引自：樊立华主编：《卫生监督学》，人民卫生出版社 2005 年版）

案例2：

学校饮用水污染案

2008年4月2日晚7时30分内蒙古自治区卫生厅卫生监督所接到举报电话称：内蒙古医学院主校区学生公寓自来水中有红色小虫，且水质浑浊，要求调查。内蒙古自治区卫生厅卫生监督所，呼市卫生局卫生监督所立即派监督员组成联合调查组赶赴呼和浩特市金山开发区，对内蒙古医学院学生生活区、食堂用水卫生及该校其他饮用水供水管道设施进行现场调查，经初步调查分析确定污染来源后，迅速采取措施控制了水污染，有效地避免了水污染对院校师生健康的影响，现将调查处理结果报告如下：

1. 基本情况。

内蒙古医学院主校区于2006年10月建成使用，占地面积1407亩，现有在校生6300名，教师600名。院校区生活饮用水在正常情况下主要由金山自来水厂供给，由于近期金山自来水厂水压不足，学校启用自备井(深190米)和农灌井(深120米)用以补给，其供水占供水总量的50%以上。

2. 现场调查及采取的控制措施。

(1)现场调查。对供水水源井、自来水入口处及生活区所有用水点进行现场检查发现：学校自备井水质浑浊，有泥沙等杂物，农灌井水中有杂质，而金山自来水厂入口处水质感官指标无异常。在学生生活区饮用水取水点发现有少量小红虫，约1mm长线样虫，水中有细泥沙且水质浑浊发黄。联合调查组现场决定在上述各处确定采样点并进行污染指标检测，同时要求院方对在校师生近期胃肠道发病情况进行观察。通过对现场调查情况初步分析认为：本次水污染系学院启用农灌井、自备井而引起。

(2)控制措施。①立即关停农灌井、自备井的配水。②公告住校学生不得饮用学生宿舍楼自来水。③在查明原因之前，学校须保证供应学生饮用符合国家卫生标准的饮用水。④在卫生监督部门的指导下，院方应采取积极有效的措施，尽快查明原因，以便及时采取相应的控制措施。⑤对供水管道设施进行冲洗消毒处理。⑥密切观察师生胃肠道患病情况，发现异常立即治疗。⑦继续采样观察水质动态，检测合格方可供给饮用。

3. 饮用水监测结果。

对校园区饮用水现场采样，送呼和浩特市疾病控制中心进行检验，结果如下：4月3日至4月8日连续6日对内蒙古医学院学生生活区、食堂，各类水源及饮用水取水点采样监测41份，主要监测感官、理化、细菌学指标。从监测结果看，未采取控制措施前采样16份，其中11份不合格，占样品量的70%，不合格项目：氨氮、肉眼可见物色度、浑浊度。采取关停污染的水源井，冲洗消毒供水管道系统后,4 月 4 日至 4 月 8 日测得结果:25 份样品感官指标、理化、细菌学指标均合格,各采样点再未发现水里有小红线虫。

4. 采取有效措施。

为保障供给合格的饮用水,经过卫生监督人员监督指导,院方组织人员力量积极采取措施,对院校区饮用水及供水设施进行彻底地消毒处理,消除污染隐患,有效落实各项卫生要求。连续四批样品检测结果全部合格后,卫生监督部门下达了恢复使用饮用水及供水设施的意见书,4 月 8 日之后内蒙古医学院主校区饮用水恢复正常使用。

5. 处罚。

依据《生活饮用水卫生监督管理办法》对造成医学院饮用水污染事故的责任单位,处以四千元罚款、责令限期改进违法行为的行政处罚。

6. 下一步改进意见。

将农灌井、自备井管道系统与自来水彻底分离,该类水可作非生活饮用的其他用途,使生活饮用水成为独立的系统;定期对生活饮用水管道设施清洗消毒,定期进行水质检测,确保供给的饮用水符合《生活饮用水卫生标准》。(来源:http://www. 39kf. com/cooperate/qk/practicalmedication/0807/2008-12-27-541876. shtml)

案例 3:

学生用品抽检案

2010 年第三季度,深圳市市场监督管理局组织对深圳市生产销售的学生用品开展了监督抽查。共抽查了 26 家企业生产销售的 55 批次样品,检验合格 49 批次,抽样合格率为 89.09%。其中,在生产领域抽查企业生产的样品 6 批次,合格产品 6 批次,抽样合格率为 100%;在流通领域抽查销售的样品 49 批次,检验合格 43 批次,抽样合格率为 87.76%。

本次抽查依据《学生用品的安全通用要求》(GB21027-2007)以及经备案现行有效的企业标准及产品明示质量要求,对抽查的学生用品中有毒芳香胺,可迁移元素,甲醛、苯、氯代烃、总挥发性有机物、甲苯和二甲苯含量、白度,笔的上帽安全、边缘、尖端等项目进行了检验,样品主要包括涂改制品、书写笔、绘图文具、卷削文具、本册、美术用品、橡皮擦、纺织文具、记号笔、胶粘剂、文具盒等。

本次抽查发现的主要不合格项目是可迁移元素(铅)、苯、边缘、尖端等项目。铅是一种有累积性、多亲和性的有毒重金属,苯是一种挥发性强的化学物质,长期接触均会对人体产生一定程度的危害。

针对在流通领域质量监测中发现的质量问题,市场监督管理局已采取积极措施,在全市范围内开展专项清查行动,将存在以上质量问题的不合格商品清出市场并依法对经营单位进行处理。对经监测判定为不合格的商品，被监测人应当立即停止销售，并采取有效措施告知消费者。

（来源：http://www.szaic.gov.cn/xxgk/cpzl/cpcc/201009/t20100906_1564524.htm 深圳市市场监督管理局网站）

案例 4：

巢湖多校两病预防不到位案

巢湖市疾控中心会同市教育局联合对全市中小学校常见病、传染病防治工作开展了一次督导检查。检查的主要内容有：学校传染病和常见病防治的组织机构、相关制度是否健全；传染病报告管理，常见病防治工作开展情况；传染病、常见病知识知晓率调查等。检查发现，部分学校“两病”预防工作没有落实到位。首先，报告管理不规范。对于在校生实行晨检制度，是对在校生进行健康保障、疾病预防，特别是传染病预防的一种有效手段。然而，从这次检查看，有的学校传染病报告管理工作不规范。该负责人说，部分学校晨检、因病缺课登记和统计工作基本没有开展。绝大多数学校无传染病等报告登记簿。其次，常见病防控不力。除了传染病的检查预防外，对于常见病的防控，学校也应承担起预防工作。该负责人说，有的学校对于常见病的防控工作未落到实处。多数学校未制定常见病工作计划，也未将视力不良等常见病防治工作纳入学校年度工作计划中。未落实专（兼）职人员负责学校常见病防治工作。学校虽然开设健康教育课，但教案中缺少常见病防治知识内容。部分学校虽然开展了学生年度健康体检工作，但资料未整理汇总分析，未能及时掌握学生视力不良、肥胖、龋齿等患病率情况。随着检查的深入，上述这些不足还不在少数，针对在检查中暴露的问题和不足之处，检查组及时指导各校加以整改，要求全市各类学校按规范要求，切实做好学校常见病、传染病防治工作，教育学生养成良好的个人卫生习惯，提高学生的自我保健意识和防范能力。

据巢湖市疾控中心相关负责人介绍，有的学校传染病、常见病防治组织、制度不健全。许多学校未成立常见病防控领导组，少数学校未成立传染病防控领导组，没有落实专（兼）职人员负责学校传染病、常见病防控工作。部分学校传染病疫情报告、学生晨检缺课登记、健康教育等相关制度没有制定或制定不全。

（来源：http://ah.anhuinews.com/system/2012/10/25/005278819.shtml）

第一节　学校卫生监督法律制度概述

一、概述

学校卫生监督是卫生监督工作的一个重要组成部分。学校卫生监督中的学校，是指普通中小学、农业中学、职业中学、中等专业学校、技工学校、普通高等学校。学校卫生监督是指卫生监督主体依据卫生法律、卫生法规对学校的学生健康状况、学校卫生环境、教学卫生条件以及传染病、学生常见病的预防和治疗进行监督检查，对不符合法律规定的行为追究其法律责任的卫生行政执法活动。

二、学校卫生监督的法律依据

学校卫生监督是一项综合性的、涉及多学科知识的工作。其中涉及的法律、法规、规章、规范和标准有很多。从法律、法规的层面来说，学校卫生监督的法律依据主要是 1990 年 4 月 25 日国务院批准，1990 年 6 月 4 日国家教育委员会令第 10 号、卫生部令第 1 号发布的《学校卫生工作条例》。它是我国学校卫生工作领域颁布的第一部行政法规，是学校卫生监督工作的主要法律依据。除此之外，还有一些专项法律中涉及学校卫生监督的相关规定，如 1989 年 2 月 21 日第七届全国人民代表大会常务委员会第六次会议通过，2004 年 8 月 28 日第十届全国人民代表大会常务委员会第十一次会议修订的《中华人民共和国传染病防治法》，该法在传染病防治工作方面为学校卫生提供了法律依据。1991 年 9 月 4 日第七届全国人民代表大会常务委员会第二十一次会议通过，2006 年 12 月 29 日第十届全国人民代表大会常务委员会第二十五次会议修订的《中华人民共和国未成年人保护法》，该法作为以保障未成年人权益为目的的法律制度，其第三章专章规定了学校保护的相关法律制度，为学校卫生监督提供了新的法律依据。从规章的层面，涉及学校卫生监督的主要有：《中小学幼儿园安全管理办法》《生活饮用水卫生监督管理办法》《消毒管理办法》《食物中毒事故处理办法》等。此外，国家根据学校卫生保健情况，专门制定了很多规范和卫生标准，内容涉及建筑设计、身体发育、学习时间、教室卫生及常见病预防等。如：《中小学校建筑设计规范》(GB50099-2011)，《中小学教室采光和照明卫生标准》(GB7793-1987)，《儿童少年脊柱弯曲异常的初筛》(GB/T16133-1995)，《小学生一日学习时间卫生标准》(GB/T17233-1998)，《中学生一日学习时间卫生标准》(GB/T17234-1998)，《中小学生健康教育规范》(GB/T18205-2000)，《儿童少年屈光检测要求》(WS/T202-2001)，《儿童少年矫正眼镜卫生要求》(WS219-2015)等。

三、学校卫生监督的对象

学校卫生工作涉及的对象较特殊，是正在生长发育的青少年和儿童，所以对教育设施和环境的要求不仅要满足教育受教育对象，增加其知识储备，同时还需要符合青少年和儿童的生理特点和心理特点。因此，学校卫生监督工作涉及范围广泛，涉及：①对教学卫生环境的监督。如：对新建、改建、扩建校舍的选址、设计的监督。②针对人群聚集的情况，以常见病、传染病防治等为对象的学生健康管理的监督。如：对近视眼、弱视、沙眼、龋齿、寄生虫、营养不良、贫血、脊柱弯曲、神经衰弱等学生常见疾病的群体预防和矫治工作的卫生监督。③对教学过程中的卫生监督。如：对学校应当合理安排学生的学习时间的监督。学生每日学习时间（包括自习），小学不超过六小时，中学不超过八小时，大学不超过十小时。④对学生卫生习惯的监督。如：对供学生使用的文具、娱乐器具、保健用品必须符合国家有关卫生标准的卫生监督。

四、学校卫生监督的主体及职责

按照《学校卫生工作条例》的规定，学校卫生工作分为学校卫生工作要求、学校卫生工作管理和学校卫生工作监督三个部分。同时条例明确了各级教育行政部门负责学校卫生工作管理，卫生行政部门负责对学校卫生工作的监督指导，县以上卫生行政部门对学校卫生工作行使监督职权。

根据《学校卫生工作条例》第二十八条规定，县以上卫生行政部门对学校卫生工作行使监督职权。其职责是：

（一）对新建、改建、扩建校舍的选址、设计实行卫生监督。

（二）对学校内影响学生健康的学习、生活、劳动、环境、食品等方面的卫生和传染病防治工作实行卫生监督。

（三）对学生使用的文具、娱乐器具、保健用品实行卫生监督。

国务院卫生行政部门可以委托国务院其他有关部门的卫生主管机构，在本系统内对前款所列第（一）（二）项职责行使学校卫生监督职权。同时，行使学校卫生监督职权的机构设立学校卫生监督员，由省级以上卫生行政部门聘任并发给学校卫生监督员证书。学校卫生监督员执行卫生行政部门或者其他有关部门卫生主管机构交付的学校卫生监督任务。

第二节　学校设施的卫生监督

一、新建、改建、扩建校舍的监督

（一）监督要求

新建、改建、扩建校舍，其设计、选址应当符合国家的卫生标准，竣工验收应当有当地卫生行政部门参加。具体而言，卫生监督机构应根据2012年1月1日开始生效实施的《中小学建筑设计规范》（GB50099-2011）对新建、改建、扩建的校舍进行卫生监督。

（二）监督要点

1.场地的要求。

（1）中小学校应建设在阳光充足、空气流动、场地干燥、排水通畅、地势较高的宜建地段。校内应有布置运动场地和提供设置基础市政设施的条件。

（2）中小学校严禁建设在地震、地质塌裂、暗河、洪涝等自然灾害及人为风险高的地段和污染超标的地段。校园及校内建筑与污染源的距离应符合对各类污染源实施控制的国家现行有关标准的规定。

（3）中小学校建设应远离殡仪馆、医院的太平间、传染病院等建筑。与易燃易爆场所间的距离应符合现行国家标准《建筑设计防火规范》（GB50016）的有关规定。

（4）城镇完全小学的服务半径宜为500m，城镇初级中学的服务半径宜为1000m。

（5）学校周边应有良好的交通条件，有条件时宜设置临时停车场地。学校的规划布局应与生源分布及周边交通相协调。与学校毗邻的城市主干道应设置适当的安全设施，以保障学生安全跨越。

（6）学校教学区的声环境质量应符合现行国家标准《民用建筑隔声设计规范》（GB50118）的有关规定。学校主要教学用房设置窗户的外墙与铁路路轨的距离不应小于300m，与高速路、地上轨道交通线或城市主干道的距离不应小于80m。当距离不足时，应采取有效的隔声措施。

（7）学校周界外25m范围内已有邻里建筑处的噪声级不应超过现行国家标准《民用建筑隔声设计规范》（GB50118）有关规定的限值。

（8）高压电线、长输天然气管道、输油管道严禁穿越或跨越学校校园。当在学校周边铺设时，安全防护距离及防护措施应符合相关规定。

2.用地的要求。

中小学校用地应包括建筑用地、体育用地、绿化用地、道路及广场、停车场用地。有条件时,宜预留发展用地。其中,中小学校的体育用地应包括体操项目及武术项目用地、田径项目用地、球类用地和场地间的专用甬路等。设400米环形跑道时,宜设8条直跑道。中小学校校园内的道路及广场、停车场用地应包括消防车道、机动车道、步行道、无顶盖且无植被或植被不达标的广场及地上停车场。用地面积计量范围应界定至路面或广场、停车场的外缘。校门外的缓冲场地在学校用地红线以内的面积应计量为学校的道路及广场、停车场用地。

3.总平面要求。

各类小学的主要教学用房不应设在四层以上,各类中学的主要教学用房不应设在五层以上。普通教室冬至日满窗日照不应少于2小时。中小学校至少应有1间科学教室或生物实验室的室内能够在冬季获得直射阳光。各类教室的外窗与相对的教学用房或室外运动场地边缘间的距离不应小于25米。中小学校应在校园的显要位置设置国旗升旗场地。

中小学校的体育用地的设置需要满足:运动场地平整,在其周边的同一高程上应有相应的安全防护空间;室外田径场及足球、篮球、排球等各种球类场地的长轴宜南北向布置。长轴南偏东宜小于20°,南偏西宜小于10°。相邻布置的各体育场地间应预留安全分隔设施的安装条件;中小学校设置的室外田径场、足球场应进行排水设计。室外体育场地应排水通畅。中小学校体育场地应采用满足主要运动项目对地面要求的材料及构造做法。气候适宜地区的中小学校宜在体育场地周边的适当位置设置洗手池、洗脚池等附属设施。

(三)监督程序

当新建、改建、扩建校舍的情况发生时,中小学校或者教育行政部门需要向当地卫生行政部门提出申请,填写建设项目卫生审查申请书,并提交下列材料:建筑物的选址、环境情况;设计图纸(地形图、总平面图、剖面图、平面图、立面图、透视图);卫生专篇,包括设计依据、卫生问题、卫生措施、卫生设施及预期效果等。卫生监督部门受理相关材料后按照卫生法律、法规、规范的要求进行审查。审查合格后发给建设项目设计审查认可书,若审查结果为不符合要求,则出具卫生监督意见书,提出改进意见。在新建、改建、扩建校舍的过程中,学校建设项目应该严格按照建设项目设计审查认可书的要求施工,竣工后提交项目竣工卫生验收申请书,卫生监督机构派两名以上卫生监督员参加现场验收。符合要求的发给建设项目竣工卫生验收认可书,不符合要求的出具卫生监督意见书,并提出整改意见。

(四)法律责任

未经卫生行政部门许可新建、改建、扩建校舍的,由卫生行政部门对直接责任单位或者个人给予警告，责令停止施工或者限期改建。

二、学校教学环境质量和教学设施的监督

（一）监督要求

学校教学建筑、环境噪声、室内微小气候、采光、照明等环境质量以及黑板、课桌椅的设置应当符合国家有关标准。

（二）监督要点

1. 教室面积。

教室人均面积应当符合国家标准要求：小学不少于 1.15 平方米，中学不少于 1.22 平方米，师范、幼师不少于 1.37 平方米。

2. 室外环境。

教室外环境噪声不大于 50 分贝，外环境对普通教室产生的噪声不高于 50 分贝，教室布局符合国家标准要求。

3. 室内空气。

室内微小气候符合国家标准要求。室内通风换气良好，采取各种有组织的自然通风设施。室内二氧化碳浓度低于 0.15%，冬季采暖期室温在 16℃—18℃之间。

4. 教室采光。

教室采光的光线应该自学生座位的左侧射入，教室课桌面上的采光系数不低于 1.5%，教室窗地面积比不低于 1∶6。

5. 照明设施。

学校建筑均应安装人工照明设施，照度均匀度不应低于 0.7，教室灯具排列应符合国家标准要求，灯管排列长轴垂直于黑板面，灯具距桌面的悬挂高度不应低于 1.7 米，以 1.7 米至 1.9 米为宜。

6. 教学设备。

黑板的尺寸应符合国家标准，中学不小于 1×4 平方米，小学不少于 1×3.6 平方米，同时黑板书写面的光泽度应在 12%以下，无眩光，无破损。课桌、课椅要达到每人一席。小学课桌椅的排距不宜小于 850 毫米，中学不宜小于 900 毫米。前排边座的学生与黑板远端形成的水平视角不应小于 30°。教室后部应设置不小于 600 毫米的横向走道，教室纵向走道宽度均不应小于 550 毫米。

（三）法律责任

违反法律规定的，由卫生行政部门对直接责任单位或者个人给予警告并责令进行限期改进。

三、学校生活服务用房及设施的监督

(一)监督要求

学校应当建立卫生制度,加强对学生个人卫生、环境卫生以及教室、宿舍卫生的管理。学校应当按照有关规定为学生设置厕所和洗手设施。寄宿制学校应当为学生提供相应的洗漱、洗澡等卫生设施。学校应当为学生提供充足的符合卫生标准的饮用水。

(二)监督要点

按照2012年1月1日生效实施的《中小学建筑设计规范》(GB50099-2011)的要求,监督要点主要包括:

1.生活服务。

中小学校应建设饮水处、厕所、食堂、停车场地或车库、设备用房等生活服务用房。宜设置淋浴室。寄宿制学校应设学生宿舍及值班教师宿舍。

2.饮用水。

教学用房内应在每层设饮水处,按每40—45人一个饮水口设置,饮水处前应有学生等候的空间,不应占用走道的疏散空间。学校饮用水包括供水和学生饮水。供水类别包括市政供水、自建设施供水、二次供水、分质供水、分散式供水等多种形式,学生饮水类别包括开水、桶装水、净化水、沙滤水、现制现售水等多种方式。监管时应按照不同供水类别和饮水方式分类进行监督管理。学校饮用水应该按规定进行水质卫生检验。

3.厕所。

教学用房每层均应分设厕所。每层均应设置无障碍厕位或厕所。学生厕所应采用自然采光、自然通风,并应安置排气管道。有条件的应采用水冲式厕所。同时,学校食堂应设立工作人员专用厕所。

4.卫生器具。

教学用房的建筑内学生厕所中卫生器具的数量应符合下列规定:①男生每40人设1个大便器(或1.00m长大便槽);每40人设1.00m长小便槽或每20人设1个小便斗;女生每20人设1个大便器(或1.00m长大便槽);②每40—45人设1个洗手盆;③学生大便槽的最大宽度为0.18m;④厕所附近(或在厕所内)应设污水池;⑤厕所应设地漏。

(三)法律责任

涉及学校生活服务用房及设施出现问题时,需要承担的法律责任如下:

学校生活饮用水卫生监督违法案件案由参考表

案由	违法行为	违反条款	处罚条款	处罚
1. 供水单位未取得卫生许可证擅自供水案	集中式供水单位未取得县级以上地方人民政府卫生行政部门签发的卫生许可证	《生活饮用水卫生监督管理办法》第七条	《生活饮用水卫生监督管理办法》第二十六条第三项	责令限期改进；处二十元以上五千元以下的罚款
2. 未取得体检合格证或患有饮用水卫生疾病的人员从事直接供、管水案	(1)直接从事供、管水人员未取得体检合格证明上岗工作 (2)患有痢疾、伤寒、甲肝、戊肝、活动性肺结核、化脓性或渗出性皮肤病及其他有碍饮用水卫生的疾病和病原携带者，直接从事供、管水工作	《生活饮用水卫生监督管理办法》第十一条	《生活饮用水卫生监督管理办法》第二十五条	责令限期改进；处二十元以上一千元以下的罚款
3. 供水水质不符合国家卫生标准案	学校供应的饮用水不符合生活饮用水卫生标准	《传染病防治法》第二十九条第一款	《传染病防治法》第七十三条第一款第一项	责令限期改正，没收违法所得，可以并处五万元以下罚款
		《生活饮用水卫生监督管理办法》第六条	《生活饮用水卫生监督管理办法》第二十六条第四项	责令限期改进；处二十元以上五千元以下的罚款
		《学校卫生工作条例》第七条第二款	《学校卫生工作条例》第三十三条	警告并责令限期改进；情节严重的，可以同时建议教育部门给予行政处分
4. 拒绝卫生监督案	拒绝或者妨碍学校卫生监督员依照《条例》实施卫生监督	《学校卫生工作条例》第三十条第二款	《学校卫生工作条例》第三十六条	对直接责任单位或者个人给予警告。情节严重的，可以建议教育行政部门给予行政处分或者处以二百元以下的罚款

续 表

案由	违法行为	违反条款	处罚条款	处罚
5.学校饮用水供应量不足	学校未向学生提供充足的饮用水	《学校卫生工作条例》第七条第二款	《学校卫生工作条例》第三十三条	警告并责令限期改进;情节严重的,可以同时建议教育部门给予行政处分

(引自卫生部监督局,《卫生监督员手册——学校卫生分册》征求意见稿)

第三节　学生健康卫生监督

《学校卫生工作条例》的第二条规定,学校卫生工作的主要任务是:监测学生健康状况;对学生进行健康教育,培养学生良好的卫生习惯;改善学校卫生环境和教学卫生条件;加强对传染病、学生常见病的预防和治疗。因此,学校卫生监督的重点主要也围绕着这几个方面,来监督其实施效果。

一、学生健康教育的监督

(一)监督要求

学生健康教育具体而言包括参加劳动、劳动时间、学习时间、健康管理、学习用品、学生个人卫生。

(二)监督要点

1.学校应当根据学生的年龄,组织学生参加适当的劳动,并对参加劳动的学生进行安全教育,提供必要的安全和卫生防护措施。普通中小学校组织学生参加劳动,不得让学生接触有毒有害物质或者从事不安全工种的作业,不得让学生参加夜班劳动。普通高等学校、中等专业学校、技工学校、农业中学、职业中学组织学生参加生产劳动,接触有毒有害物质的,按照国家有关规定,提供保健待遇。学校应当定期对他们进行体格检查,加强卫生防护。

2.学校在安排体育课以及劳动等体力活动时,应当注意女学生的生理特点,给予必要的照顾。

3.学校应当把健康教育纳入教学计划。普通中小学必须开设健康教育课,普通高等学校、中等专业学校、技工学校、农业中学、职业中学应当开设健康教育选修课或者讲座。学校应当开展学生健康咨询活动。

4.学校应当建立学生健康管理制度。根据条件定期对学生进行体格检查,建立学生体质健康卡片,纳入学生档案。学校对体格检查中发现学生有器质性疾病的应当配合学生家长做好转诊治疗。学校对残疾、体弱学生，应当加强医学照顾和心理卫生工作。

（三）法律责任

违反相关规定，致使学生健康受到损害的，由卫生行政部门对直接责任单位或者个人给予警告，责令限期改进。

二、学生用品的卫生监督

（一）监督要求

供学生使用的文具、娱乐器具、保健用品，必须符合国家有关卫生标准。

（二）监督要点

对学生用品的监督主要围绕着安全性和卫生质量两方面进行。具体而言：

1. 对学生用品的生产单位进行卫生监督。

卫生监督部门依照有关卫生法律、法规围绕着产品的安全性和卫生质量对产品进行监督检查。对合格生产单位依法颁发卫生许可证或评审结论。

2. 对学生用品销售单位进行卫生监督。

卫生监督人员依法对销售学生用品单位进行卫生监督，依法索取其学生用品的卫生许可证或有关评审法规的证件。

（三）法律责任

违反相关规定的，由卫生行政部门对直接责任单位或者个人给予警告。情节严重的，可以会同工商行政部门没收其不符合国家有关卫生标准的物品，并处以非法所得二倍以下的罚款。

三、传染病防控的卫生监督

（一）监督要求

学校应当认真贯彻执行传染病防治法律、法规，做好急性、慢性传染病的预防和控制管理工作，同时做好地方病的预防和控制管理工作。各级各类学校应当对学生进行健康知识和传染病预防知识的教育。医学院校应当加强预防医学教育和科学研究，对在校学生以及其他与传染病防治相关人员进行预防医学教育和培训，为传染病防治工作提供技术支持。托幼机构、学校在办理入托、入学手续时，应当查验预防接种证，未按规定接种的儿童应当及时补种。

（二）监督要点

1. 学校应成立专门的传染病防控管理机构负责本单位传染病疫情等突发公共卫生事件的预防与控制管理工作，指定专人或兼职教师负责学校传染病疫情报告以及本单位学生晨检、因病缺课等健康信息的收集、汇总与报告工作。

2.学校应将传染病防控工作和健康教育纳入年度计划，并且制定有传染病突发事件防控工作应急预案，组织开展对本单位教职工和学生的健康知识和传染病预防知识的教育。

3.学校应建立学生晨检制度和学生因病缺勤与病因追查登记制度。当发现学生有传染病早期症状、疑似传染病患者或因病缺勤等情况时，及时报告给学校传染病疫情报告人，及时进行排查，并将情况记录登记。

4.学校应建立针对入学新生的预防接种证查验登记工作，对未按规定接种的无证或漏种儿童有预防接种证补证、补漏种记录。

四、学生常见病和身体健康的监督

(一)监督要求

学校应当积极做好近视眼、弱视、沙眼、龋齿、寄生虫、营养不良、贫血、脊柱弯曲、神经衰弱等学生常见疾病的群体预防和矫治工作。学校应当配备可以处理一般伤病事故的医疗用品。学校应当合理安排学生的学习时间。学生每日学习时间(包括自习)，小学不超过六小时，中学不超过八小时，大学不超过十小时。学校或者教师不得以任何理由和方式，增加授课时间和作业量，加重学生学习负担。

(二)监督要点

1.视力低下防治。

开展预防视力低下的宣传教育；严格遵守学习时间的规定，合理安排休息时间，学生每日学习时间(包括自习)，小学不超过六小时，中学不超过八小时，大学不超过十小时；坚持做好眼保健操，上下午各一次。

2.沙眼防治。

加强个人卫生教育，养成良好卫生习惯；使用流水洗手设施；发现患病学生，及时与家长配合治疗。

3.龋齿防治。

宣传口腔保健知识，培养良好卫生习惯；定期组织学生进行口腔疾病查治。

4.寄生虫防治。

开展宣传，普及寄生虫病防治知识；教育学生养成良好卫生习惯，饭前便后洗手；为学生提供符合国家规定的厕所和洗手设施，为学生提供充足的符合卫生标准的饮用水。

5.营养不良防治。

开展平衡膳食的宣传、指导；提倡课间加餐，营养午餐；定期查治。

6. 贫血防治。

加强平衡膳食的宣传、指导；提倡课间加餐、营养午餐；定期查治，观察疗效；查找病因，从源头消灭病因。

五、学校卫生保健机构设置与人员配备情况的卫生监督

（一）监督要求

普通高等学校、中等专业学校、技工学校和规模较大的农业中学、职业中学、普通中小学，可以设立卫生管理机构，管理学校的卫生工作。普通高等学校设校医院或者卫生科。校医院应当设保健科（室），负责师生的卫生保健工作。

（二）监督要点

1. 依据《中小学校、幼儿园卫生室（医务室、保健室）、卫生保健所设置要求》，寄宿制学校必须设立卫生室，非寄宿制学校可视学校规模设立卫生室或保健室。

2. 城市普通中小学、农村中心小学和普通中学设卫生室，按学生人数六百比一的比例配备专职卫生技术人员。中等专业学校、技工学校、农业中学、职业中学，可以根据需要，配备专职卫生技术人员。学生人数不足六百人的学校，可以配备专职或者兼职保健教师，开展学校卫生工作。

3. 应当具备有效的医疗机构执业许可证，医师应当持有医师资格证书、医师执业证书，护士应当持有护士执业证书。校医院的建筑面积要大于 40 平方米，并且设有诊室、处置室、治疗室，同时配备相应设备，如诊察床、诊察桌、诊察椅、压舌板、注射器、出诊箱等等。保健室的建筑面积要大于 15 平方米，并具备相应的设备，如视力表灯箱、身高坐高计、血压计、听诊器、急救箱等。

4. 经本地区卫生行政部门批准，可以成立区域性中小学卫生保健机构。区域性的中小学卫生保健机构的主要任务是：(1)调查研究本地区中小学生体质健康状况；(2)开展中小学生常见疾病的预防与矫治；(3)开展中小学卫生技术人员的技术培训和业务指导。

（三）法律责任

学校卫生监督违法案件案由参考表

案由	违法行为	违反条款	处罚条款	处罚
1. 学生用品不符合国家卫生标准案	供学生使用的文具、娱乐用品、保健用品不符合国家卫生标准的	《学校卫生工作条例》第二十七条	《学校卫生工作条例》第三十五条	警告 情节严重的，可以会同工商行政部门没收其不符合国家有关卫生标准的物品，并处以非法所得二倍以上的罚款

续　表

案由	违法行为	违反条款	处罚条款	处罚
2.学校卫生设施不符合卫生要求案	(1)学校未按照有关规定为学生设置厕所和洗手设施 (2)寄宿制学校未提供相应的洗漱、洗澡等卫生设施	《学校卫生工作条例》第七条第一款	《学校卫生工作条例》第三十三条	警告、责令限期改进 情节严重的,同时建议教育行政部门给予行政处分
3.未取得公共场所卫生许可证擅自营业案	未取得公共场所卫生许可证擅自营业	《公共场所卫生管理条例》第八条	《公共场所卫生管理条例》第十四条第一款第四项;《公共场所卫生管理条例实施细则》第二十三条第四项第四目	警告 罚款二百至八百元 停业整顿 吊销卫生许可证
4.公共场所从业人员违反健康管理制度案	(1)从业人员未获得健康合格证即上岗直接为顾客服务的 (2)从业人员未按时进行健康检查,继续在岗直接为顾客服务的 (3)从业人员患有《条例》第七条规定疾病,未及时调离直接为顾客服务工作岗位的	《公共场所卫生管理条例》第七条 《公共场所卫生管理条例实施细则》第五条	《公共场所卫生管理条例》第十四条第一款第二项 《公共场所卫生管理条例实施细则》第二十三条第一项第二目,第二项第一、三目,第三项第一、二目	警告 从业人员未获得"健康合格证"即上岗直接为顾客服务的,罚款二十至二百元;一次罚款后无改进者,罚款一百至四百元 从业人员未按时进行健康检查,继续在岗直接为顾客服务的,罚款二十至二百元;一次罚款后无改进者,罚款一百至二百元 从业人员患有《条例》第七条规定疾病,未及时调离直接为顾客服务的工作岗位的,罚款一百至四百元;一次罚款后无改进者,罚款二百至八百元
5.拒绝卫生监督案	拒绝或者妨碍学校卫生监督员依照《条例》实施卫生监督	《学校卫生工作条例》第三十条第二款	《学校卫生工作条例》第三十六条	对直接责任单位或者个人给予警告 情节严重的,可以建议教育行政部门给予行政处分或者处以二百元以下的罚款

(引自卫生部监督局,《卫生监督员手册——学校卫生分册》征求意见稿)

思考题

1. 当学校内发生食物中毒等突发卫生应急事件时，应该如何处理和应对呢？
2. 应当如何预防学校内突发公共卫生事件？
3. 学校卫生监督如何提高质量？

第十九章　生活饮用水卫生监督法律制度

教学目的

1. 掌握饮用水卫生标准和卫生规范。
2. 熟悉饮用水卫生监督相关概念。
3. 了解国内外饮用水监督法律。

案例分析

案例 1：

关于供水单位违法供水并导致群体健康损害案

2004 年 6 月 18 日，长春市卫生局卫生监督所接到电话举报：吉林省某大学多数学生出现腹泻症状。卫生监督所接到举报后立即派出执法人员赴现场调查。现场调查得知：该校生活饮用水为自备集中式供水，蓄水设施为地下水池，供水部门为吉林省某物业公司，该水源及地下贮水池未经卫生行政部门审查和验收，未取得卫生许可证擅自供水。贮水池所设溢流管直接与雨水阀门井相通，水井浸泡在污水中，雨水井在水源防护区内距蓄水池约 5 米。上水管线所在地沟灌满了污水，上水管线浸在污水中。现场检测：贮水池及末梢水样余氯均＜0.05mg/L。实验室检测结果显示：学生宿舍末梢水总大肠菌群（172MPN/100ml）、粪大肠菌群（9MPN/100ml）等指标不符合国家生活饮用水水质卫生规范。流行病学调查结果显示：2004 年 6 月 18 日—22 日，在医疗机构就诊人数为 179 人，其中学生 171 人，员工 8 人，患病学生均住在学生集体宿舍，生活饮用水源为吉林省某物业公司提供的自备集中式供水。经现场卫生学及流行病学调查，综合分析认为，该案为吉林省某物业公司管理的自备集中式供水系统受到严重污染，水质微生物指标严重超标，造成用水学生感染性腹泻病暴发。

根据传染病防治法规定，卫生行政部门对饮用水集中式供水单位进行卫生监督并实行卫生许可制度，要审查城乡每个集中式供水水厂是否依法获得卫生许可证，消除不合格供水隐患。全面审查新建、改建、扩建饮用水供水工程项目是否经过卫生部门审查和竣工验收，对不符合规定的供水单位严格按照有关规定进行查处。根据《生活饮用水卫生监督管理办法》，监督检查供水单位日常水质检测报送制度的落实情况，严肃查处涉及饮用水卫生安全的违法违规行为。

(1)供水单位违反《生活饮用水卫生监督管理办法》第二十五条，安排未取得体检合格证的人员从事直接供、管水工作或安排患有有碍饮用水卫生疾病的或病原携带者从事直接供、管水工作的，县级以上地方人民政府卫生行政部门应当责令限期改进，并可对供水单位处以二十元以上一千元以下的罚款；

(2)在饮用水水源保护区修建危害水源水质卫生的设施或进行有碍水源水质卫生的作业的；新建、改建、扩建的饮用水供水项目未经卫生行政部门参加选址、设计审查和竣工验收而擅自供水的；供水单位未取得卫生许可证而擅自供水的，县级以上地方人民政府卫生行政部门应当责令限期改进，处以二十元以上五千元以下的罚款；

(3)供水单位供应的饮用水不符合国家规定的生活饮用水卫生标准的，县级以上地方人民政府卫生行政部门应当责令限期改进，并处以二十元以上五千元以下的罚款；

(4)饮用水供水单位供应的饮用水不符合国家卫生标准和卫生规范的，或涉及饮用水卫生安全的产品不符合同家卫生标准和卫生规范的，导致或者可能导致传染病传播、流行的，由县级以上人民政府卫生行政部门按《传染病防治法》第七十三条的要求责令限期改正，没收违法所得，可以并处五万元以下的罚款；已取得许可证的，原发证部门可以依法暂扣或者吊销许可证；构成犯罪的，依法追究刑事责任。(来源：作者单位实际监督案例)

案例 2：

2001 年 2 月 9 日下午，某市卫生监督所接到群众电话举报，称饮用该市某净水技术研究所生产的“××”牌净水机过滤的水后出现腹泻，怀疑该净水机有卫生质量问题，要求调查。接到群众举报后，监督所随即派 3 名卫生监督员前往某净水技术研究所进行执法检查。现场检查发现有 5 名工人正在生产、组装“××”牌高级步进式净水机和“××”牌中央净水机。经清查，有灌好滤料的“××”牌净水机半成品 500 余台、已组装好的“××”牌高级步进式净水机 560 余台和中央净水机 110 余台。卫生监督员对其正在生产的半成品、成品共计 1170 余台就地封存。该单位不能出示卫生部涉水产品卫生许可批准文件。卫生监督员到该单位专销点进行检查，发现有卫生部涉水产品卫生许可批件(复印件)，经核查，该批件系伪造上海一家净水器生产企业的批件。当地卫生监督部门根据《生活饮用水卫生监督管理办法》第二十七条规定，对该研究所给予了行政处罚，并责令在取得卫生部涉水产品卫生许可批准文件前，不准生产和销售该净水机。该案件是一起违法生产销售涉及生活饮用水卫生安全产品的案件，适用规章正确，程序合法，处罚得当。(来源：作者单位实际监督案例)

思考题：违法生产经营净水机案在处罚过程中还应注意什么，卫生行政部门在做出行政处罚决定后，还应做些什么？

饮用水（又称生活饮用水）是指人们的饮水和生活用水，主要通过饮水和食物经口摄入体内，并可通过洗漱、洗涤用品、沐浴等生活用水接触皮肤或呼吸摄入体内。饮用水是人类生存的基本需求，饮用水与人体健康和生活质量密切相关。饮用水卫生安全是保障公众健康的重要基础，关系千家万户的幸福。

生活饮用水卫生监督是指饮用水卫生行政执法主体对卫生行政管理相对人遵守饮用水卫生法律、法规、规章以及其他规范性文件和行政处理决定的情况所进行的监督和检查活动。适用于集中式供水单位，二次供水单位，分质供水单位和涉及饮用水卫生安全产品。

本章将重点介绍饮用水卫生监督法律制度基础以及饮用水卫生监督的工作范畴、职责和任务，以增加广大学生和饮水卫生监督人员理论知识，提高饮水卫生监督工作实践能力。

第一节　概　述

一、我国饮用水卫生监管现状

近年来，中央和地方加大了城乡饮用水安全保障工作的力度，采取了一系列工程和管理措施，解决了一些城乡居民的饮水安全问题，城乡饮用水卫生安全状况得到很大改善。但是，在当前和今后一个时期，饮用水卫生安全形势依然十分严峻，我国饮用水卫生安全面临着监管难题：目前我国没有立法层次高的饮用水专业性的法规；国家饮用水标准沿用 20 年才做修订；政府对饮用水的行政管理或是多部门交叉重复，或是空白；饮用水监测能力滞后、保障不到位、协调机制及相关制度有待完善、监督监测力度需要加大等，饮用水卫生监督管理工作尚处于起步阶段。

为保障居民能饮用安全、卫生和优质的饮水，几十年来，饮用水卫生监督一直是环境卫生工作的重点和常规工作内容。党中央、国务院对饮用水安全保障工作高度重视，几届国家领导人多次做出重要批示，国务院、原卫生部相继制定下发了《国务院办公厅关于加强饮用水安全保障工作的通知》和《卫生部关于加强饮用水卫生监督监测工作的指导意见》等文件，要求各地、各部门加强饮用水卫生管理，保障人民群众身体健康。各卫生行政部门能够依据有关卫生法律、法规和标准对辖区供、用水单位、供水点、供水设施进行卫生管理，以保证居民饮用符合卫生要求的饮水，对违反有关法律法规的相对人实施卫生行政处罚。各饮用水供水单位能认真按照要求保证饮用水卫生，从而保证了人群身体健康。

二、饮用水卫生监督法律的历史沿革

饮用水卫生法制是依法治水的前提，是饮用水卫生监督工作的依据，是饮用水标准的制定和实施的保障。饮用水法律法规规定了饮用水卫生监督机构的性质和职责，从法律上保证饮用水卫生监督工作的开展。

中华人民共和国成立之后的饮用水卫生法制可以分为三个阶段：1949～1989 年以卫生标准为主要手段的行政管理阶段；1989～1996 年为饮用水卫生法律体系孕育阶段；1997 年至今为饮用水卫生法律体系逐步成熟阶段。

（一）1949—1989 年以卫生标准为主要手段的行政管理阶段

饮用水卫生法制起步于饮用水卫生标准的制定与执行。原卫生部于 1955 年首次发布《自来水水质暂行标准（修正稿）》，在北京、上海等 12 个城市试用。1956 年 8 月，建设部、原卫生部联合颁发《关于城市规划和城市建设中有关卫生监督工作的联合指示》，在这份法规性文件中，把“给水、排水、水源保护的卫生问题”明确列入卫生监督审查的内容之一，首次提出饮用水“卫生监督”问题。同年，国家建设委员会、原卫生部颁布了《集中式生活饮用水水源选择及水质评价暂行规则》。过后，建设部和原卫生部相继颁布了《生活饮用水卫生规程》三章、十五条、十七项水质标准，1959 年 11 月施行；《生活饮用水卫生标准》（TJ20-76 试行）五章、二十一条、二十三项水质标准，1976 年 12 月 1 日起施行；《生活饮用水卫生标准》（GB5749-1985），五章、二十二条、三十五项水质标准，1986 年 10 月 1 日起施行。在上述这些标准中，形成了我国早期的饮用水卫生监督形式和内容，所做的卫生要求和规定对提高饮用水质量发挥了重要作用。

1983 年 5 月 6 日原卫生部颁布了《改水防治地方性氟中毒暂行办法》，为预防和控制地方性氟中毒提出了目标，对改水防氟的建设、管理等做了明确分工。

我国的饮用水卫生起步较晚，很长一段时间对饮用水的管理工作主要通过行政手段进行调整。1997 年 7 月 1 日建设部、原卫生部《生活饮用水卫生监督管理办法》施行前，各级卫生部门主要根据《生活饮用水卫生标准》和《全国卫生防疫工作规范》进行城市、农村集中式供水和分散式供水的监督管理和水源水、出厂水和管网水的监测。

（二）1989—1996 年为饮用水卫生法律体系孕育阶段

原国家环境保护局、原卫生部、建设部、水利部、地质矿产部 1989 年 7 月 10 日发布《饮用水水源保护区污染防治管理规定》，对饮用水水源的管理做出具体规定。规定卫生部门的职责是协助环境保护部门做好饮用水水源保护区的污染防治工作，与环境、水利等部门共同划定用水水源保护区，结合自己的职责参与对饮用水水源保护区污染防治实施监督管理，参与饮用水水源污染的调查与处理。

1989年9月1日起施行的《传染病防治法》规定了地方政府职责，要求供水单位供应的饮用水必须符合国家规定的卫生标准，明确法律责任。

（三）1997年至今为饮用水卫生法律体系逐步成熟阶段

为加强对饮用水及相关产品的卫生监督管理，建设部、原卫生部于1996年7月联合发布了《生活饮用水卫生监督管理办法》，并于1997年1月1日开始施行（后原卫生部通知集中式供水单位卫生许可证推迟到1997年7月1日；1998年7月1日起，经营单位不得销售未取得卫生许可批准文件的涉及饮用水卫生安全产品；涉及饮用水卫生安全产品的产品许可，后延期至1999年1月1日）。至此，我国的饮用水卫生管理工作走上了法制化管理的道路。

2001年，原卫生部鉴于《生活饮用水卫生标准》（GB5749-85）已实施16年，存在水质指标少、某些标准值偏宽、指标要求一刀切、复审周期长、与国际先进标准差距大，已不适应民众对改善水质的要求的国情，组织专家修订并于2001年6月7日发布了《生活饮用水卫生规范》（卫法监发〔2001〕161号文），其中《生活饮用水水质卫生规范》包括常规检验项目三十四项，非常规检验项目六十二项。但由于该规范以卫生部文件形式颁布，供水单位未予严格执行，并相继发布了其他行业标准。因此，国务院办公厅于2005年8月17日下发了《关于加强饮用水安全保障工作的通知》（国办发〔2005〕45号），文中要求："国务院有关部门要尽快制定既符合我国国情，又与国际先进水平接轨的饮用水国家标准，积极开展相关检测方法和标准的制（修）订工作"。后来，修订后的《生活饮用水卫生标准》由原卫生部和国家标准化委员会于2006年12月29日发布，并于2007年7月1日正式实施。

三、国内外相关饮用水卫生法律法规

（一）国内外相关饮用水卫生法律法规

目前，世界上主要的发达国家从20世纪70年代开始，就陆续制定了饮用水安全法或者条例，大多数上世纪初就已经有相关立法。欧盟成员国的饮用水法律法规内容上基本类似，饮用水水质主要依据欧盟饮用水规程。加拿大、澳大利亚、新西兰和美国不仅制定了联邦饮用水安全法，州或省也制定了地方饮用水安全法规。加拿大、澳大利亚、新西兰同时将饮用水安全法纳入卫生法典。美国1974年制定了饮用水安全法并进行了二次修订。

(二)台湾地区《饮用水管理条例》

我国台湾地区《饮用水管理条例》于 1972 年 11 月 10 日首次公布，目前已经进行了三次修订，现全文共六章三十一条。香港特别行政区水务署主管香港饮用水，饮水质量执行世界卫生组织标准，没有专门的饮用水卫生监督法律法规，散见于各项条例中。澳门饮用水主要法律为《澳门供排水规章》，于 1996 年 7 月 19 日核准，原澳门市政厅根据 WHO1993 年版饮水卫生指南制定了饮用水指引(标准)。

(三)国内饮用水卫生法律法规

我国大陆目前没有制定卫生法典或者水法典。有关水安全的法律规定主要散见于环境、水利、建设与卫生等法律法规中。目前饮用水有关的法律法规和规范性文件有:《环境保护法》《水法》《水污染防治法》《传染病防治法》《固体废物污染环境防治法》《水污染防治法实施细则》《城市供采条例》《生活饮用水卫生监督管理办法》《饮用水水源保护区污染防治管理规定》等。环境与水资源法主要涉及饮用水水源的保护;建设部门执行的饮用水法律法规局限于城市供水水源、制水和供水，没有考虑广大农村饮用水管理。因此，水安全法律体系缺乏一个系统完整的法学理论指导，法律法规之间内容不配套。分段管理，交叉重复多。

我国现行的饮用水法规的内容分散。目前我国有关饮用水最重要的法律是 2004 年 8 月 28 日第十届全国人民代表大会常务委员会第十一次会议修订的《传染病防治法》，共九章八十条，其中十条与饮用水密切相关。其内容明确了法定介水传染病的种类，规定了各级政府及其卫生行政部门、供水单位、涉水产品生产企业的法定职责以及失职应负的法律责任。

1996 年 7 月 9 日原建设部、原卫生部颁布的《生活饮用水卫生监督管理办法》作为我国第一部饮用水行政规章，基本上体现了供水各环节的一体化法制管理，适用于集中式供水、二次供水和涉及饮用水卫生安全产品的卫生监督管理。《生活饮用水卫生监督管理办法》明确规定了县级以上人民政府卫生行政部门主管本行政区域内饮用水卫生监督工作;明确了饮用水卫生监督中的管辖、职责、对象以及卫生监督员的要求;规定供水单位和涉水产品必须实行卫生许可制度;规定饮用水水源地必须设置水源保护区;规定供应的饮用水必须符合国家卫生标准;同时对二次供水设施选址、设计、施工及所用材料进行了明确要求，对涉及饮用水卫生安全产品许可审批、生产经营等要求进行了细化说明;明确了供水单位直接从事供、管水的人员卫生要求;同时还规定了行政管理相对人的行政法律责任。但《生活饮用水卫生监督管理办法》的颁布还存在一些问题:主要表现在法律层次低，现有规章未明确政府对饮用水安全的责任，卫生监管模式局限于卫生许可，执法随意性大，执法主体有时有交叉，很难将卫生监督和卫生管理截然分开，并未较好地解决存在的饮用水卫生安全问题。我国的饮用水安全形势受到越来越多的关注，制定一部饮用水安全法或者条例进一步保障饮用水安全显得尤为必要。

除法律、法规、规章外，有关饮用水的标准和规范也是饮用水法制的组成部分。广大学员和饮用水卫生监督员应认真学习、重点掌握、充分运用我国现行的与饮用水卫生相关的法律、法规与规章。

四、饮用水卫生相关概念

（一）集中式供水

是指由水源集中取水，经统一净化处理和消毒后，由输水管网送至用户的供水方式。包括公共供水和单位自建设施供水。

（二）二次供水

是指将来自集中式供水的管道另行加压、贮存，再送至水站或用户的供水方式。包括客运船舶、火车客车等交通运输工具上的供水（有独自制水设施者除外）。

（三）涉及饮用水卫生安全的产品

是指凡在饮用水生产和供水过程中与饮用水接触的连接止水材料、塑料及有机合成管材、管件、防护涂料、水处理剂、除垢剂、水质处理器及其他新材料和化学物质。

（四）生活饮用水输配水设备

是指生活饮用水接触的输配水管、蓄水容器、供水设备、机械部件（如阀门、水泵、水处理剂加入器等）；防护材料是指与生活饮用水接触的涂料、内衬等。与饮用水接触的水处理材料（如水质处理器滤芯、膜组件、活性炭等）的卫生安全评价方法同生活饮用水输配水设备及防护材料。

（五）生活饮用水化学处理剂

是指用于混凝、絮凝、助凝、消毒、氧化、pH 调节、软化、灭藻、除垢、除氟、除砷、氟化、矿化等用途的化学处理剂。

（六）生活饮用水水质处理器

是指以市政自来水或其他集中式供水为原水，经过进一步处理，旨在改善饮水水质，降低水中有害物质或增加水中某些对人体有益成分为目的的饮用水水质处理装置。水质处理器按制水工艺和目的可分为一般水质处理器、矿化水器和反渗透处理装置。

（七）饮用水管道直饮水

是指利用过滤、吸附、氧化、消毒等装置对需要改善水质的集中式供水（或其他水源水）做进一步的净化处理，通过独立封闭的循环管道输送，供直接饮用的水。

（八）管道饮用纯净水

是通过反渗透、蒸馏等净化处理方法（脱盐率＞95％）制成的管道直饮水。

（九）管道饮用净水

是通过微滤、超滤、纳滤等净化处理方法制成的管道直饮水。

（十）管道直饮水供水单位

是从事管道直饮水管理、供水、维护、检验、经营等工作的单位。

（十一）直接从事供、管水的人员

是指从事净水、取样、化验、二次供水卫生管理及水池、水箱清洗人员。

第二节　饮用水卫生标准和卫生规范

一、饮用水卫生标准定义

饮用水卫生标准和涉及饮用水卫生安全产品卫生标准是从保护人群身体健康出发，对水环境及接触的涉水产品中影响人群健康或感官的各种因素（物理、化学、生物），以法律形式做出的量值规定，以及为实现量值所做的法定行为规范，经国家有关主管部门批准，并以一定的法定形式发布的卫生标准。从法律上提供了保障人群健康和生活质量的依据；为饮水水质的检测评价、为卫生行政部门和监督部门的监督检查提供了依据；为饮用水供水单位、涉水产品生产企业及其主管部门、设计、生产、经营、使用等部门的自身管理和行业管理提供了依据。

饮用水卫生标准属强制性标准，其法律效力在《刑法》《传染病防治法》和《生活饮用水卫生监督管理办法》等法律、法规、规章中做了明确规定。

二、生活饮用水卫生标准

《生活饮用水卫生标准》（GB 5749-85）已于 2006 年由原卫生部责成中国疾病预防控制中心环境卫生所主持修订，于 2007 年 7 月 1 日实施。修订后的《生活饮用水卫生标准》调整了法定量的限值中的常规水质指标和非常规水质指标数量，即四十二项常规指标和六十四项非常规指标；规定了法定的行为规范，包括：生活饮用水水源水质、集中式供水单位、二次供水、涉水产品卫生要求和水质监测、水质检验方法等。

在生活饮用水卫生标准水质指标的实际应用中，应合理确定常规指标与非常规指标，对该地区饮水中检出频率高，甚至超标，已造成危害或潜在危害大的水质非常规指标，应由当地县级以上供水行政主管部门和卫生行政部门协商确定，根据实际情况列为常规指标。此外，还应掌握为达到法定水质限值的法定的行为规范的内容，并深入掌握主要水质指标的卫生意义和制定依据，使《生活饮用水卫生标准》GB 5749-2006 成为饮用水卫生安全性的技术依据。

我国现行的饮用水卫生相关标准共有饮用水水质标准五个；饮用水水源水质标准三个；二次供水标准一个；涉及饮用水卫生安全产品标准两个，规范一个；饮用水集中式供水单位卫生规范一个；涉水产品生产企业卫生规范一个；饮用净水水质标准一个；水质标准检验方法两个。

2004 年世界卫生组织修订的“饮用水水质准则”所提出的各项指标的制定依据具有权威性和代表性，主要根据卫生学意义提出水质指标，依次分为微生物指标、化学物质指标、放射性指标及由于感官可能引发消费者不满的指标等。世界卫生组织制定的“饮用水水质准则”、美国联邦环境保护局制定的“国家饮用水基本规则和二级饮用水规则”、欧洲共同体制定的“饮用水指令”、日本制定的“饮用水水质标准”等为世界高水平的饮用水水质标准，为各国制定饮用水水质标准提供了基础的参考文件。

三、饮用水供水单位卫生规范

饮用水供水单位卫生规范包括集中式供水、二次供水、管道分质直饮水单位卫生规范等，它们是卫生标准的重要组成部分，是为实现卫生标准中法定量的限值所规定的法定行为规范。

由原卫生部 2001 年制定的《生活饮用水集中式供水单位卫生规范》，是为保证集中式供水单位供应的水质达到法定量的限值，集中式供水单位从卫生管理、建筑布局、卫生设施、水源选择及卫生防护、净化消毒设施、生产过程卫生要求，污染事故报告处理、水质检验、从业人员卫生要求等方面法定的行为规范。该规范的实施就是自来水企业的良好生产规范（GMP）管理模式。

由国家质量技术监督局 1997 年颁布的国家标准《二次供水设施卫生规范》（GB 17051-1997），规定了二次供水的水质、设施、设计、施工和日常管理的卫生要求和水质检验，凡从事二次供水的设计、设施加工、施工及日常管理的单位和个人必须遵守本规范，地方各级人民政府卫生行政部门在各自的职责范围内负责监督本规范的实施。

原卫生部于 2003 年起草了《生活饮用水管道分质直饮水卫生规范》，并于 2004 年由全国环境卫生标准委员会通过。《生活饮用水管道分质直饮水卫生规范》规定了管道直饮水水质卫生要求、水质检验要求、制水间和设备的卫生要求、供水单位管理的卫生要求等。已颁布地方标准管道分质直饮水卫生规范的广东、江苏等省市，应以具有法律效力的地方标准为准。

四、涉及饮用水卫生安全产品的卫生规范

涉及饮用水卫生安全的产品（以下简称涉水产品），指凡在饮用水生产和供水过程中与饮用水接触的连接止水材料、塑料及有机合成管材、管件、防护涂料、水处理剂、除垢剂、水质处理器及其他新材料和化学物质。由于涉水产品在饮用水生产和供水过程中与饮用水密切接触，以下两个卫生学特点直接影响饮用水水质：一是卫生安全性，涉水产品本身含的有害物质在与水接触过程中可能会溶解到饮用水中去，造成二次污染；二是净化水的功能，部分涉水产品（例如水处理剂、水质处理器等）有净化水、去除水中有害物质的功能。通过涉水产品卫生安全评价，防止其对饮用水的二次污染，保证涉水产品的卫生安全；并可验证部分涉水产品净化水的效率，以保证饮用水质量。

我国行政规章规定"涉及饮用水卫生安全的产品，必须进行卫生安全性评价"。原卫生部于2001年颁布了法定的生活饮用水输配水设备及防护材料、化学处理剂、水质处理器、消毒剂和消毒设备等各类涉水产品的卫生安全评价规范，还颁布了为保证达到上述法定的涉水产品的卫生安全或净化功能而制定的法定行为规范《涉及饮用水卫生安全产品生产企业卫生规范》。

第三节　饮用水卫生监督职责

一、饮用水卫生监督机构职责的法律依据

原卫生部主管全国饮用水卫生监督工作，县级以上人民政府卫生行政部门主管本行政区域内饮用水卫生监督工作。铁道、交通、民航行政主管部门设立的卫生监督机构，行使原卫生部会同国务院有关部门规定的饮用水卫生监督职责。其法律依据为：

（一）《传染病防治法》第五十三条规定，"县级以上人民政府卫生行政部门对传染病防治工作履行下列监督检查职责"，其中第四款为："对饮用水供水单位从事生产或者供应活动以及涉及饮用水卫生安全的产品进行监督检查"。

（二）《生活饮用水卫生监督管理办法》第三条规定："卫生部主管全国饮用水卫生监督工作。县级以上地方人民政府卫生行政部门主管本行政区域内饮用水卫生监督工作。"

（三）《生活饮用水卫生监督管理办法》第十六条规定，县级以上人民政府卫生行政部门负责本行政区域内饮用水卫生监督监测工作。供水单位的供水范围

在本行政区域内的，由该行政区人民政府卫生行政部门负责其监督监测。供水单位的供水范围超出其所在行政区域的，由供水单位所在行政区域的上一级卫生行政部门负责监督监测；超出其所在省、自治区、直辖市的，由该供水单位所在省、自治区、直辖市卫生行政部门负责监督监测；铁路、交通、民航行政主管部门设立的卫生监督机构，行使卫计委会同国务院有关部门规定的饮用水卫生监督职责。

（四）《生活饮用水卫生监督管理办法》第二条规定，该行政规章适用于集中式供水、二次供水单位（简称供水单位）和涉及饮用水卫生安全的产品的卫生监督管理。

原卫生部卫监督发〔2005〕191 号文件《卫生部关于分质供水卫生许可证发放问题的批复》中明确："分质供求是集中供水的一种形式，应当属于供水单位卫生许可范围。"这个行政解释明确了"供水单位"的含义除行政规章中已有明文规定的集中式供水单位、二次供水单位外，还包括分质供水单位。

二、饮用水卫生监督机构的主要职责

（一）饮用水预防性卫生监督

对新建、改建、扩建集中式供水项目进行预防性卫生监督，负责本行政区域内饮用水的水源水质监测和评价。

（二）饮用水经常性卫生监督检查

对已取得卫生许可证的单位和个人以及取得卫生许可批准文件的涉及饮用水卫生安全的产品进行日常监督检查和水质监测评价，发现已不符合卫生许可证颁发条件或不符合卫生许可批准文件颁发要求的，原批准机关有权收回有关证件或批准文件。

（三）负责供水单位卫生许可证的颁发、复核和延续

饮用水供水单位从事生产或者供应活动，应当依法取得卫生许可证。供水单位（含集中式供水单位、二次供水单位、分质供水单位）卫生许可证由设区的市级、县级人民政府卫生行政部门按规定的管理范围发放，有效期四年，每年复核一次。有效期满前六个月重新提出申请换发新证[依据：《生活饮用水卫生监督管理办法》第二十条；《国务院关于第六批取消和调整行政审批项目的决定》（国发〔2012〕52 号文件）中有关国务院决定调整的行政审批项目目录；原卫生部卫监督发〔2005〕191 号文件；根据《行政许可法》应在到期前一个月申请延续]。

（四）负责涉及饮用水卫生安全产品卫生许可批准文件的审批

涉及饮用水卫生安全产品，必须进行卫生安全性评价。与饮用水接触的防护涂料、水质处理器以及新材料和化学物质，由省级卫生监督机构进行涉水产品

生产企业卫生条件审核，并在现场随机采样封样，经卫生行政部门认可的检验机构进行产品检验，直接向卫计委申报卫生行政许可。其他涉及饮用水卫生安全的产品，由省、自治区、直辖市人民政府卫生行政部门审批，报卫生部备案。凡涉及饮用水卫生安全的进口产品，须经卫生部审批后，方可进口和销售。

（五）负责饮用水污染事故对人体健康影响的调查和处理

县级以上地方人民政府卫生行政部门负责本行政区域内饮用水污染事故对人体健康影响的调查。当发现饮用水污染危及人体健康，须停止使用时，对二次供水单位应责令其立即停止供水，对集中式供水单位应当会同城市建设行政主管部门报同级人民政府批准后停止供水。

（六）行政处罚

对违反生活饮用水有关卫生法律、法规和行政规章的单位和个人依法进行行政处罚。

三、饮用水卫生监督员及其职责

饮用水卫生监督员必须符合卫生部《卫生监督员管理办法》规定的资格和条件，由县级以上卫生行政部门颁发卫生监督员证书。铁路、交通、民航的饮用水卫生监督员，由其上级行政主管部门发给证书。饮用水卫生监督员负责饮用水卫生监督工作，其职责为：

（一）参加对新建、改建、扩建饮用水供水工程项目选址设计的卫生审查和竣工验收；

（二）参加对管辖范围内供水单位和涉及饮用水卫生安全产品企业进行卫生监督检查；

（三）参加对供水单位和涉及饮用水卫生安全产品的卫生许可受理、审核等工作；

（四）参加饮用水污染事故对人体健康影响的调查和处理；

（五）根据有关规定对违反法律、法规、行政规章有关条款的单位和个人提出处罚建议；

（六）执行卫生行政部门交付的其他任务。

卫生监督员在执行任务时，应统一着装、佩戴证章、出示证件。卫生监督员执行公务时必须秉公执法，忠于职守，不得利用职权谋取私利。

四、饮用水卫生检查员及其职责

根据《生活饮用水卫生监督管理办法》规定：县级卫生行政部门可聘任饮用水卫生检查员，协助饮用水卫生监督员负责乡镇饮用水卫生检查工作。饮用水卫生检查员由县级卫生行政部门颁发证书。

第四节　饮用水卫生监督要点

根据《行政许可法》《传染病防治法》和《生活饮用水卫生监督管理办法》(以下简称《管理办法》)的有关规定,各级卫生行政部门对饮用水供水单位(集中式供水单位、二次供水、管道分质直饮水单位)进行预防性卫生监督、卫生许可、经常性卫生监督检查等工作,对相应违法行为责令改正,并依法进行行政处罚。

一、饮用水集中式供水单位卫生监督

集中式供水是由水源集中取水,经输配水管网送给用户的供水方式。根据《传染病防治法》规定,县级以上卫生行政部门对生活饮用水集中式供水单位实施预防性卫生监督和经常性卫生监督并实行卫生许可制度。

(一)饮用水集中式供水单位预防性卫生监督

饮用水集中式供水单位预防性卫生监督是对新、改、扩建的供水单位进行监督审查。包括供水企业填报建设项目卫生审查申请书、卫生行政部门审核填发建设项目设计卫生审查认可书和建设项目竣工卫生验收认可书等。

依集中式供水管理责任单位(申请人)申请,卫生行政部门在受理后十个工作日内,派卫生监督员依据《生活饮用水卫生监督管理办法》《生活饮用水集中式供水单位卫生规范》、《建筑给水排水设计规范》(GB 50015)、《室外给水设计规范》(GBJl3)、《城市给水工程规划规范》(GB 50282)、《生活饮用水卫生标准》(GB 5749)等标准规范和内容进行资料和现场审阅。现场审核内容主要包括:厂址与周围环境、水源选择、水源卫生防护、水厂总体设计和取水构筑物的审查、水处理的设计审查、输配水管网审查和水质检验室。审核合格相继发放建设项目设计卫生审查认可书和建设项目竣工卫生验收认可书。

(二)饮用水集中式供水卫生许可

饮用水集中式供水单位卫生许可是供水单位向卫生行政部门提出许可申请,包括供水企业填报卫生许可证申请书和相应申报资料,经卫生行政部门审查,在规定的时限内发放卫生许可证。

供水企业向卫生行政部门提交集中式供水卫生许可所需的申请材料后,卫生行政部门在受理后指定两名卫生监督员对申请材料进行核实,依据《生活饮用水卫生标准》(GB 5749)和《生活饮用水集中式供水单位卫生规范》,从水源卫生、水处理及卫生设施运转情况、供方资料、从业人员情况、检验室情况等方面进行现场审查。对符合规定的,由卫生监督员当场出具现场监督笔录,进入下一步

办证程序。对于不符合标准的，当场出具现场监督笔录和卫生监督意见书，申办人在规定时间内进行整改(在此期间申请人不得从事供应生活饮用水，违反者按无证经营予以处罚)，经监督员复验，合格者按符合标准进入办证程序，对不符合者于复验后次日起，依据申办人两次现场监督笔录和卫生监督意见书的情况，进入不予许可决定的程序。

卫生行政部门应在受理之日起二十个工作日内书面做出卫生行政许可决定，不能做出决定的，经卫生行政部门负责人批准，可以延长十日，并应当将延长期限的理由告知申请人。卫生行政部门做出准予卫生行政许可决定的，应当在做出决定后十日内向申请人发放卫生许可证，并予以公开。卫生行政部门做出不予卫生行政许可决定的，应并书面告知申请人，说明理由，告知申请人有申请行政复议或者提起行政诉讼的权利。

卫生许可延续、变更、撤销、注销、补发等程序本节暂不予介绍。

(三)集中式供水单位经常性卫生监督

饮用水经常性卫生监督包括对饮用水集中式供水单位的现场监督、对水质进行监督监测以及对违法行为进行行政处罚等。

1.经常性卫生监督程序。

经常性卫生监督程序：各级卫生监督机构根据各自的职责，对辖区内生活饮用水集中式供水单位开展经常性卫生监督工作。监督频次每年不少于两次。对符合《卫生规范》的有关要求，由卫生监督员当场出具现场监督笔录，供卫生许可延续的依据。对于不符合要求的，卫生监督员当场出具现场监督笔录和卫生监督意见书，责令供水单位在规定时间内进行整改。对违反《管理办法》者，按有关程序进行行政处罚。

2.经常性卫生监督内容。

(1)水处理工艺和卫生设施与申报卫生许可时是否一致，是否已更改。有无供水设施未经卫生许可，有无违反《管理办法》第七条的事实。

(2)水源卫生检查。检查水源地卫生防护情况，是否按相关要求做好水源卫生防护工作。有无违反《管理办法》第十三条的事实。

(3)检查水厂饮用水卫生管理规章制度和质量保证体系情况。检查水厂的质量保证体系是否有效运转。现场询问相应管理人员和制水人员，对其水质净化消毒过程中相关问题处理和反应能力，判断其是否按有关规章制度执行(《卫生规范》〔2001〕第十三、十四条)。

(4)检查水处理及卫生设施运转情况。检查水处理及卫生设施是否完善、运转情况是否正常，混凝是否达到效果，待滤水浊度情况，滤后水质情况，加氯消毒情况，查看水厂记录与实际检查内容是否一致，能否保证水处理运转正常，能够保持日常安全供水(《卫生规范》〔2001〕第十六条、二十四条)。

(5)检查供方的资料。检查水厂所用与饮用水接触材料合格供方(卫生许可批件、厂方生产条件、质量保证体系等)资料是否齐全,现场抽查涉及饮用水卫生安全产品是否从合格供应商进货,进货后是否进行验收,有无验收记录。判断使用的材料是否卫生安全。(《卫生规范》〔2001〕第十八条、第十九条)。

(6)检查从业人员。供、管水人员是否经过卫生知识培训,健康体验不合格人员是否及时调离,有无违反《管理办法》第十一条的事实。检查不同工作岗位的从业人员持有效专业资格证书和卫生知识培训情况,其专业水平是否可胜任相应工作。判断员工素质能否保证供水卫生安全(《卫生规范》〔2001〕第十四条、第三十七条、第三十八条)。

(7)水质和检验室的检查。检查检验室水质检验是否进行全过程质量控制、采样点与检验频率是否符合要求,水质检验记录是否完整清晰,档案资料是否保存完好,有无按要求上报水质资料。对出厂水进行现场监督检测,有无违反《管理办法》第六条的事实。

(8)检查水厂的防污染事故和应急措施。是否有防止污染措施和应急事故处理方案,污染事件报告制度是否健全(《卫生规范》〔2001〕第二十八条、第二十九条)

(9)检查输配水系统。集中式供水单位应加强管网的维修,管网渗漏率应严格控制在国家允许范围之内,其他各项应按《卫生规范》(2001)(第十七条、第二十条、第二十二条)执行。

3.水质监测。

各地卫生行政应加强对饮用水水源、水厂供水、二次供水和用水点的水质卫生监督监测。全面查清当地饮用水质量和主要卫生安全问题。及时全面掌握饮用水供水单位日常检测数据,掌握水质动态变化。开展经常性的饮用水卫生监督监测,对取水、制水、供水全过程的卫生安全监督监测每季度不少于一次,及时掌握城乡饮用水水源环境、供水水质状况,注意已发生的问题和隐患问题,督促有关部门及时采取有效措施。

各地结合《传染病防治法》《生活饮用水卫生监督管理办法》和新修订的《生活饮用水卫生标准》,建立中央、省、地市和县组成的饮用水水质和水源性疾病监测网,建立饮用水水质和水源性疾病数据库,掌握生活饮用水动态变化规律。

各级卫生监督机构按当地和上级卫生行政部门的年度抽检计划或根据实际情况确定采样点、检验项目和频率,对各类供水单位供应的出厂水、末梢水水质进行卫生监督、监测。

卫生监督监测时的水质评价应结合供水单位的设施设备运行和水源水质情

况进行，按生活饮用水中是否有病原微生物、毒理学指标和放射性物质是否超过GB5749标准限值(当超过标准时，应进行核素分析和评价)，从而判定该饮用水能否可以饮用。不符合标准要求的判定为不合格水。

当确定饮用水存在不安全因素时，供水部门应解决不安全因素，经再次检测后，判断不安全因素是否已经消除。

4.行政处罚(处罚程序、原则见第三章)。

二、饮用水二次供水卫生监督

二次供水是集中式供水在入户之前经再度储存、加压、消毒或深度处理，通过管道或容器输送给用户的供水方式。国家法规规定县级以上卫生行政部门对生活饮用水二次供水单位实施卫生监督，它包括了二次供水单位的预防性卫生监督、卫生许可和经常性卫生监督等工作。

(一)饮用水二次供水预防性卫生监督的程序和内容

饮用水二次供水预防性卫生监督是依据《生活饮用水卫生监督管理办法》、《二次供水设施卫生规范》(GBl 7051)、《建筑给水排水设计规范》(GB 50015)对新、改、扩建的二次供水单位进行监督审查，包括供水企业填报建设项目卫生审查申请书、卫生行政部门审核填发建设项目设计卫生审查认可书和建设项目竣工卫生验收认可书等。

审查内容包括：

1.地址与周围环境。

施工现场位置与申请管理责任单位所报资料必须相符，外蓄水池(水箱)周围10m以内不得有渗水坑、化粪池、垃圾堆和有毒有害物品等污染源；周围2m内不得有污水管道；出口应高出地面20cm—50cm，并设有防护设施，不宜毗邻电房和居住用房或其下方，高位水池宜设置在水箱间内，防止热污染。不得利用建筑物本体结构作为水池(箱)的壁板、底板及顶板。

2.二次供水水箱(贮水容器、蓄水池)设计卫生审查。

高位水箱的容积可按最高日供水量的15%—20%计算，低位水箱可按20%—25%计算。

二次供水的水箱应是专用水箱。特殊情况下与消防用水合用时，合用水箱或蓄水池的设计应保证其中水体不产生死水层。

水箱应有相应的透气管和罩，入孔的位置和大小要满足水箱内部清洗消毒工作的需要。入孔应高于水箱表面5cm，设有爬梯。

水箱必须安装在有排水设施的底盘上，放空管应设在水箱的底部。放空管与溢水管均不得直接与下水道连通。

在建筑物内的水箱，其顶部与房屋顶部之间距离应大于80cm。建筑物的内墙不能作为水箱的箱面。水箱四壁与建筑物墙体之间的距离应大于50cm。便于水箱的维护和检查。

二次供水使用的水箱，净化、软化、消毒等设备和药剂，输配水设备与防护涂料等必须有省级以上（含省级）卫生行政部门颁发的卫生许可批件或卫生安全证明。

输配水设施不得与市政供水或自建供水管道直接连通。特殊情况下需要连通时，须设不承压水箱；不得与非饮用水管网相连通。

供水管线出现间断供水（如变频调速、停电起泵）时，不能造成水质污染。高位水池的进水管不得兼作出水管。溢流管管径应大于进水管径一级，管顶采用喇叭口集水。

水池容积48小时内不能得到更新时，应设置饮用水消毒装置。

建设项目设计卫生审查认可书和建设项目竣工卫生验收认可书审核发放方式同集中式供水的有关章节。

（二）二次供水卫生许可

饮用水二次供水卫生许可是指二次供水单位向卫生行政部门提出许可申请，包括供水企业填报卫生许可证申请书和相应申报资料，经卫生行政部门审查，在规定的时限内发放卫生许可证。

（三）二次供水单位的经常性卫生监督内容

1.监督检查供水设施周围环境卫生是否良好。

2.监督检查供水设施所使用的供水设备和有关产品应具有省级以上卫生行政部门颁发的卫生许可批准文号。

3.监督检查供水设施是否加盖上锁，溢流管是否有防蚊措施，是否与下水道相连。

4.二次供水设施是否完备，运行良好，水池内部是否清洁卫生。

5.水池是否定期清洗消毒，清洗、消毒后水质是否经检验合格。

6.供水设施产权单位是否取得主管卫生行政部门颁发的卫生许可证，是否按要求复核、换证。

7.供、管水人员是否经过卫生知识培训，健康体检不合格人员是否及时调离。

三、饮用水管道分质直饮水卫生监督

饮用水管道分质直饮水（简称管道直饮水）是指利用过滤、吸附、氧化、消毒等装置对需要改善水质的集中式供水（或其他水源水）做进一步的净化处理，通过独立封闭的循环管道输送，供直接饮用的水。管道分质直饮水是特殊情况下的集中式供水，国家法规规定县级以上卫生行政部门对生活饮用水管道分质直饮水单位实施卫生监督，包括直饮水供水单位的预防性卫生监督、卫生许可和经常性卫生监督等工作。

（一）饮用水管道分质直饮水供水单位预防性卫生监督的程序和内容

管道分质直饮水预防性卫生监督是依据《生活饮用水卫生监督管理办法》、《生活饮用水管道分质直饮水卫生规范》、《建筑给水排水设计规范》(GB50015)，对新、改、扩建的管道分质直饮水供水单位进行监督审查，包括供水企业填报建设项目卫生审查申请书、卫生行政部门审核填发建设项目设计卫生审查认可书和建设项目竣工卫生验收认可书等。

预防性卫生监督审查内容主要包括：

1. 选址。

周围 10m 范围内保持良好卫生状况，不得堆放垃圾、粪便、废渣，不得有渗水厕所，不得有粉尘、工业废气、放射污染。相邻房间无中水、污水处理设施、无垃圾、污染物堆放。

2. 布局。

应设置制水间、更衣间、检验室、制水材料储存与操作管理室。制水间面积应满足生产工艺要求，建筑物结构完整。制水间应独立封闭设置，进水制水间前应配置更衣室，室内应有衣帽柜、鞋柜等更衣设施和流动水洗手设施。

3. 设施。

地面、墙壁、天花板应使用防水、防腐、防霉、易消毒、易清洗的材料铺设。地面材料还应防渗漏、防滑、地面有一定的坡度（1.0%—1.5%为宜）便于排水，有良好的排水系统。墙壁用浅色瓷砖或相当的建材砌至房顶，顶角、墙角呈弧形，便于清洗。天花板表面涂层牢固且无毒，结构上减少凝结水滴落。门窗不变形，应为耐腐蚀材料，如有内窗台，应下斜 45°，并有上锁装置。

三防设施。制水间内有防蚊蝇、防鼠、防虫等设施，门应能自动关闭。

通风和消毒设备。制水间、检验室等场所应配备机械通风设备和空气消毒装置，采用紫外线空气消毒者，紫外线灯按 $30w/10m^2$—$30w/15m^2$ 设置，离地 2m 吊装。

4. 制水设备和管网。

水处理工艺和设备应根据进水水质和出水标准进行配备，必须有净化和消毒设备。

管道直饮水的输水管道不得直接与市政或自建供水系统相连。管网系统应有水质采样口，自动排气阀，管网系统应为循环形状系统，循环回水经净化消毒后再行进入分质供水系统。

成品贮水箱应为全封闭的防二次污染的水箱,并有空气过滤装置和水满保护装置,若设置溢流管应有空气隔断装置。不准使用不易清洁消毒的内部有支架的方形水箱。

供水系统与饮用水接触的设备和材料应具有省级以上卫生行政部门的卫生许可批件或检验合格报告。

(二)饮用水管道分质直饮水卫生许可

管道直饮水供水单位向卫生行政部门提出许可申请,包括供水企业填报卫生许可证申请书和提交相应申报资料,经卫生行政部门审查,在规定的时限内发放卫生许可证。受理、审查同集中式供水。

(三)管道直饮水供水单位经常性卫生监督

1.监督检查管道直饮水设施周围环境卫生是否良好,生产场所是否改变,卫生设施是否完善。

2.监督检查管道直饮水设施所使用的供水设备和有关产品是否有省级以上卫生行政部门颁发的卫生许可批件。

3.监督检查供水设施是否完备,运行良好,处理效果是否达到设计要求。是否使用申报时的水处理设备和材料。

4.水处理材料是否定期更换,供水管网是否定期清洗消毒,清洗、消毒后的水质是否经检验合格。

5.管道直饮水单位是否取得主管卫生行政部门颁发的卫生许可证,是否按要求复核、换证。

6.供、管水人员是否经过卫生知识培训和健康体检,体检不合格人员是否及时调离。

四、涉及饮用水卫生安全产品的卫生监督

目前,《传染病防治法》和《生活饮用水监督管理办法》明确规定了关于涉及生活饮用水卫生安全产品的管理要求。《传染病防治法》第二十九条规定,涉及饮用水卫生安全的产品应当符合国家卫生标准和卫生规范;第五十三条规定,县级以上人民政府卫生行政部门对涉及饮用水卫生安全的产品进行监督检查;第七十三条规定,明确了涉及饮用水卫生安全的产品不符合国家卫生标准和卫生规范的法律责任。《生活饮用水监督管理办法》第二十一条、第二十二条对涉水产品的卫生安全评价、卫生许可和监督检查做了具体规定。各级人民政府卫生行政部门依据上述法律法规规章的规定,对涉水产品实施预防性卫生监督、卫生许可和经常性卫生监督。

（一）涉及饮用水卫生安全产品预防性卫生监督

卫生行政部门实施预防性卫生监督工作，主要是通过对建设项目的规划、选址、设计审查和竣工验收，贯彻卫生要求和卫生标准，使之在建成投入使用后不发生局部不良环境危害或污染外界环境，成为保护人民身体健康，有利于生产、工作和生活的项目。

建设项目的预防性卫生监督工作程序必须与基本建设程序协调一致，和建委、计委、经委等有关部门配合，理顺卫生部门与各有关单位的工作关系，才能做好预防性卫生监督工作。我国建设程序大体为：项目建议书、可行性研究、初步设计、施工设计、施工、竣工验收六个阶段。其中第一阶段一般由建设单位向上级主管部门申报提出建设方案，经审核批准后转当地计划管理部门，即可编制可行性研究报告并向当地规划管理部门提出选址申请，涉水产品企业向卫生行政部门申请并填报建设项目卫生审查申请书，按规定提供相关资料，卫生行政部门进行有关选址和设计的审核，以及竣工验收的卫生审核。其中设计审核是预防性卫生监督的关键阶段，卫生监督机构对涉水产品企业建设单位提供的资料进行审核，同时进行现场勘察：主要包括厂址选址、车间布局、生产经营场所内外环境、卫生防护等是否符合卫生要求。最终根据现场审核验收情况决定是否填发项目竣工卫生验收认可书。

（二）涉及饮用水卫生安全产品卫生许可

据《生活饮用水监督管理办法》的规定，我国于 1997 年起，国家对涉水产品实行卫生许可制度。生产涉水产品的单位和个人，必须按规定向政府卫生行政部门申请办理产品卫生许可批准文件，取得批准文件后，方可生产和销售。任何单位和个人不得生产、销售和使用无批准文件的涉水产品。2004 年国务院第 412 号令《国务院对确需保留行政审批项目设定行政许可的决定》，保留涉及饮用水卫生安全的产品卫生许可。

涉水产品的卫生许可审批程序：根据《卫生部关于印发〈健康相关产品卫生行政许可程序〉的通知》（卫监督发〔2006〕124 号文）和《卫生部关于印发〈健康相关产品卫生行政许可程序〉配套文件的通知》（卫监督发〔2006〕191 号文）附件一《健康项目产品生产企业卫生条件审核规范》和附件四《卫生部涉及饮用水卫生安全产品卫生行政许可申报受理规定》相关要求，省级人民政府卫生行政部门及以上部门对涉及饮用水安全产品进行审批。具体审批程序和现场审查内容暂不予介绍。

同时《国务院关于第六批取消和调整行政审批项目的决定》（国发〔2012〕52 号）规定：国务院决定取消原卫生部、省级人民政府卫生行政部门对部分涉及饮用水卫生安全产品的卫生许可项目。取消的部分涉及饮用水卫生安全产品包括：水处理材料中的无烟煤、骨炭、二氧化钛、聚丙烯、聚氯乙烯、碘树脂、电解槽、电极产品；化学处理剂中的水解苯丙酰胺、聚二甲基二烯丙基氯化铵、硫酸铝铵（铵明矾）、pH 调节剂、灭藻剂、次氯酸钙（漂白粉）、二氯异氰尿酸钠、三氯异氰尿酸产品；水质处理器中的陶瓷净水器，饮用水 pH 调节器，氧化电位水发生器，除氟、除砷净水器产品。

（三）涉及饮用水卫生安全产品经常性卫生监督

根据《传染病防治法》和《生活饮用水卫生监督管理办法》的规定，县级以上人民政府卫生行政部门主管本行政区域内涉水产品卫生监督工作，任何单位和个人不得生产、销售和使用无批准文件的涉水产品，任何用于传染病防治的涉及饮用水卫生安全的产品，都应当符合国家卫生标准和卫生规范。

1. 涉水产品卫生监督程序与监督内容。

（1）对涉水产品生产企业的卫生监督检查。

根据《生活饮用水卫生监督管理办法》《涉水产品生产企业卫生规范》和《卫生部健康相关产品命名规定》等规定，对涉水产品批件和标签、生产企业布局、企业生产情况、质量控制情况、原材料和成品贮存情况以及人员情况进行监督检查。

在对涉水产品生产企业进行监督检查时，如发现生产企业生产的涉水产品无卫生许可批准文件，应进一步调查产品生产企业的违法所得，通过核查产品的生产量、销售量、库存量、销售单位来取证。生产企业生产的涉水产品卫生质量不符合国家卫生规范，根据《卫生部涉水产品检验规定》对生产的涉水产品进行抽检。

（2）对涉水产品经营（使用）单位的卫生监督检查。

根据《生活饮用水卫生监督管理办法》《生活饮用水卫生标准》和《卫生部健康相关产品命名规定》的要求，对经营（使用）单位进行监督检查。主要针对经营（使用）涉水产品卫生许可批准文件持证情况以及对经营（使用）的涉水产品卫生质量抽样检验。

2. 行政处罚。

（1）涉及饮用水卫生安全的产品不符合国家卫生标准和卫生规范的，导致或者可能导致传染病传播、流行的，由县级以上人民政府卫生行政部门依据《传染病防治法》第七十三条的规定，责令限期改正，没收违法所得，可以并处五万元以下的罚款；已取得许可的，原发证部门可以依法暂扣或者吊销许可证，构成犯罪的，依法追究刑事责任。

（2）生产或者销售无卫生许可批准文件的涉及饮用水卫生安全的产品的，县级以上地方人民政府卫生行政部门依据《生活饮用水卫生监督管理办法》第二十七条规定，责令改正，并可处以违法所得三倍以下的罚款，但最高不超过三万元，或处以五百元以上一千元以下的罚款。

第五节　饮用水污染事件的应急处理

饮用水污染事件是指有一定数量的饮用水用户、饮用者个人，发现饮用水水质感官性状异常，饮用后身体出现不适反应和症状表现的事件，包括饮用水生物性污染事件（介水传染病和藻类污染）、饮用水化学性污染事件和饮用水物理性（热、放射性）污染事件。

饮用水污染主要源于在取水、制水、输配水、贮水等过程中，由于生活污水、工业废水、生活废弃物（垃圾）或工业固体废弃物（废渣）的乱排放、忽视水源卫生防护、水净化和消毒不彻底、输配水和贮水环节的卫生管理差等各种原因，造成污染物进入水中，使水质理化特性和生物种群的特性、组成发生改变，造成水质恶化，危害人体健康。

《生活饮用水卫生监督管理办法》第十九条规定："县级以上地方人民政府卫生行政部门负责本行政区域内饮用水污染事故对人体健康影响的调查。当发现饮用水污染危及人体健康，需停止使用时，对二次供水单位应责令其立即停止供水；对集中式供水单位应当会同城市建设行政主管部门报同级人民政府批准后停止供水。"《传染病防治法》第五十五条和六十六条也做了相应规定，并规定了卫生行政部门由此相关的失职、渎职的法律责任。

一、饮用水污染的种类和原因

饮用水污染包括生物性污染事件（介水传染病和藻类污染）、饮用水化学性污染事件和饮用水物理性（热、放射性）污染事件。

饮用水介水传染病是指通过饮用或接触受病原微生物污染的水而传播的疾病，又称水性传染病。一般以肠道传染病为多见。

饮用水化学性污染事件是指水体受到大量有害化学物质污染后，通过饮水或食物链传递引起人群发生急、慢性中毒，甚至引起公害病或诱发癌症的事件。

饮用水物理性污染事件包括热污染和放射性污染。热污染是指大量的含热废水（如冷却水）不断排入水体，使水温升高，影响水质，危及水生物的生产和繁殖，从而直接或间接影响人体健康。放射性污染是指水体中来自地球中放射性元素及其衰变产物的天然放射性物质进入水体，或含有人工放射性物质污染水体，对人体健康产生影响。

饮用水污染发生的原因和途径主要包括水源污染、供水污染和二次供水设施污染。

二、饮用水污染事件的处理原则

饮用水污染事件处理是应急处理，时间非常紧迫，需要不同的部门和相当的人力和物力，因此需要遵循和贯彻统一、快速和科学的原则。

（一）总原则

反应及时，措施果断、统一领导、协调配合、依法处置。

（二）基本处理原则

1. 停水。

停止供应可疑被污染的饮用水，迅速提供符合卫生要求的饮用水，劝阻可疑污染的供水区域内的居民不饮、不用可疑污染水。

2. 救治病人。

在原因不明的情况下，一切救治措施应该采取隔离的办法，特别是对有消化道、呼吸道症状和表现的罹患者，更应该注意隔离。病人多时，要组织输送救护，对重症患者要组织抢救。

3. 保护易感者。

对可疑供水污染区域内的易感者，进行预防性用药，必要时进行医学观察。

4. 病因调查。

对罹患者进行流行病学调查，包括个案调查、采集水样，人体排泄物及人体生物材料（粪便、尿、血液等）进行必要的检验，以确定可疑病因和对人体健康产生危害的程度。

5. 水质污染的调查。

对可疑污染的饮用水水源水、出厂水、管网水和二次供水进行水质检测，并对其他相关情况进行调查，以确定主要污染源和主要污染物。

6. 停止排放废水（污水）。

对调查后确定的可疑污染源，停止使用可疑原料，停止排放不达标的工业废水和生活污水。

7. 冲洗、消毒被污染的管网。

对调查确定的被污染的管网和渗漏、破损的管网，应将管网内的污染水抽净，然后截断、更改线路或更换渗漏和破损的管网。最后用较高浓度的含氯消毒剂，对污染管网进行冲洗、消毒。

三、饮用水污染事件的处理程序

（一）报告

饮用水污染事件发生后，必须以最快的方式逐级上报。《生活饮用水集中式供水单位卫生规范》第二十九条规定："遇生活饮用水水质污染或不明原因水质突然恶化及水源性疾病暴发事件时，集中式供水单位发现上述情况后立即采取应急措施，以最快的方式报告当地卫生行政部门、建设行政部门。并及时进行水质检测，报送处理报告。"

根据国务院《突发公共卫生事件应急条例》的规定：因饮用水污染事件而"发生或者可能发生传染病暴发、流行的""发生或者发现不明原因的群体疾病的""突发事件监测机构、医疗卫生机构和有关单位"发现有上述情况之一者，"应当在两小时内向所在地县级人民政府卫生行政主管部门报告；接到报告的卫生行政主管部门应当在两小时内向本级人民政府报告，并同时向上级人民政府卫生行政部门和国务院卫生行政主管部门报告。""任何单位和个人对生活饮用水污染事件，不得隐瞒、缓报、谎报或者授意他人隐瞒、缓报、谎报。"

饮用水污染事件报告内容包括：事件发生的时间；发生的详细地址；事件详细情况（用户和饮用者的反映、饮用水水质情况、饮用者的健康状况）；罹患者的主要症状和表现；发病人数和死亡人数；病人救治情况（在家人数、住院人数）；报告者姓名、住址、单位、联系方式等。

（二）核实

饮用水污染事件发生地的卫生行政部门，应当在最短的时间内，指派卫生监督员，迅速赴事件发生地现场，核实有关情况。包括：1. 饮用水污染现状，如污染性质、污染的范围（污染的饮用水供水范围和饮用者的分布）等；2. 饮用者的健康状况，如饮用者的发病情况、罹患者的主要症状和表现、罹患者的大致人数、病情的严重情况、有无死亡病例、病人的处理情况；3. 饮用者对水质的反映，如感官性状反映、饮用后的身体不适反映和症状反映；4. 采样留验。

（三）现场调查的准备

在对饮用水污染事件进行现场调查前，应事先准备：

1. 采样器材，如采样器、采样瓶等。

2. 现场监测仪器，如 pH 计、温度计等。

3. 取证工具。

4. 必要时选择对照区，即饮用水未被污染的相关地区。

（四）水质污染的调查

通过询问、监测等方法调查饮用水水质污染的情况，对污染事件进行评估，判断污染事件的性质和类别，同时提出污染调查和确证的建议，以便及时采取必要的预防和控制措施。包括：水源污染调查、集中式供水单位污染调查、供水管网污染的调查、二次供水污染的调查。通过细致调查，找出主要污染源进行重点调查，最后确定污染源和污染途径，以便采取恰当的处理措施。

（五）饮用者健康状况（发病）调查

调查首发病例、续发病例、罹患者等的发病情况、主要症状、饮水习惯、饮水量等有关信息。

（六）撰写饮用水污染事件调查和处理报告

饮用水污染事件调查处理结束后，要及时总结上报。报告应包括以下内容：1.基本情况，包括事件发生的基本情况：发生的日期、时间、地点、污染的严重程度，发病人数、情况和原因，当地过去和现在的水质状况，污染发展过程和表现，所采用的应急措施；2.现场调查情况，包括饮用水用户和罹患者反映的情况，供水设施、水源、水管的检查情况；3.实验室检验结果及诊断；4.污染原因分析，包括饮用水污染事件发生的直接和间接原因；5.结论性意见，包括采取的措施和处理意见等。

思考题

1. 我国饮用水安全形势面临的难题是什么？
2. 如何进一步完善饮用水卫生监督法律制度？

第三编

卫生监督法律实务典型案例解析

案例一：医政监督典型案例
(卫生技术人员监督)

武汉同济医院内“黑救护车”运送病人致死案

案情介绍

2010年6月27日早上4点，张华钢突然感觉身体不适，其妻李玉莲和儿子张洵将张华钢送到附近医院进行救治。经医生抢救后病情稍微得到控制，但医生告诉家属张华钢得的是主动脉夹层破裂，以他们医院的能力没有办法救治，必须尽快转院。李玉莲家住在湖北省黄石市，黄石离武汉有两个小时的车程。当天上午张华钢就被转院到武汉同济医院，下午4点50分开始进行手术，一直到第二天凌晨2点才完成手术。教授出来告知家属手术很顺利，让家属放心，患者还需要一个恢复的过程。张华钢在武汉同济医院住院期间一共花费16万余元，李玉莲母子为了节省开支，在征得医生同意后，准备将张华钢接回黄石进行治疗。

7月2日下午，李玉莲来到医院院内的外科楼楼下，楼下停靠着许多辆救护车，她就找了一辆看起来还可以的“救护车”，上面床铺等设施齐全。李玉莲与司机讲好第二天早上送一个病人到黄石，并告知对方这个病人情况有点严重，对方声称没有问题，车上有医生、护士，并且设备齐全，转运费用2000元，李玉莲支付了200元押金。7月3日早上8时左右，“救护车”来病房接人了。让李玉莲疑惑的是，来的人不是医生也不是护士，就像民工，推个车子，拿个氧气袋就上楼来了。病人被抬上车后家属发现车上并没有医生和护士，只有抬病人的司机负责，李玉莲询问医生和护士怎么没有来，对方声称一会儿医护人员就来了。当车开出一段时间后，家属发现这辆车并不是真正的救护车，于是要求司机安排医护人员，或者改派正规的救护车。因为车上没有医护人员等问题双方发生争执，“救护车”在开出同济医院后不久便在路边停靠下来。由于时间被拖延，病人的病情突然发生变化，黑车司机慌忙拨通了武汉迅康救护站的电话，这是武汉市唯一一家从事院前急救工作的民营医疗机构，在当地被称为“迅康120”。当时出车的刘医生已从事院前急救工作10余年的时间，救护车到达现场时，病人已经在“黑救护车”上拖延了两个小时，出现昏迷并处于临终状态，没有办法移动，刘医生只能把自己上的急救设备搬上了这辆“黑救护车”。刘医生和她的同事又积极抢救了两个小时，最后仅靠药物来维持病人的生命体征，后来病人出现呼吸、心跳停止的状况，最终抢救无效，死在了这辆“黑救护车”车上。病人去世后，家属将病人的尸体拉回黄石料理后事，事后同济医院扣留了这辆“黑救护车”的行驶证。

此事经中国之声报道后引起社会各界的广泛关注，中央台记者白宇在调查过程中发现救护车市场存在正规救护车数量不足、各管理部门权责不清等问题，并连续做了三期后续报道。时任国务院副总理的李克强同志专门做出批示，明确了由卫生局、交管局、运管处三方共同监管“黑救护车”的职责。与此同时相关部门也联合开展了针对“黑救护车”的专项打击行动，不仅肃清了武汉“黑救护车”市场，正规救护车的配比数量也得到了相应提高。

2011 年 10 月，死者家属把华中科技大学附属同济医院和“黑救护车”车主李晶告上了法庭。历时半年多的审理后，2012 年 4 月，湖北省武汉市硚口区法院依法对“武汉同济医院内黑救护车运送病人致死”案中被告人黑救护车车主李晶、华中科技大学附属同济医院进行一审公开宣判：被告李晶在本判决生效之日起十五日内赔偿原告张洵、李玉莲 188103 元，驳回原告张询、李玉莲其他诉讼请求。（来源：中国广播网，www.cnr.cn，熊静，白宇报道）

案情分析

问题一：本案中“黑救护车”车主是否违法，应当承担什么法律后果？

首先，分析一下“黑救护车”车主是否存在违法行为，与患者张华钢的死亡是否存在因果关系。

根据迅康 120 刘医生回忆，她当时来到救护现场看到的是一辆很不起眼的小破面包车，病人已经是叹息样呼吸，“黑救护车”上面有一个很破旧的心电监护仪，只能显示心率和血氧饱和度，不能显示血压和呼吸，而呼吸机也很破旧，20 世纪七八十年代的。病人出院的时候带了 4 个微量泵，因为“黑救护车”上没有医生和护士，所带的药品就没有用上，微量泵只是摆设。当天武汉的最高气温是 36 摄氏度，刘医生在抢救的过程中发现车厢内特别闷热，空调也没有开，病人就在这样高温的环境下被炙烤了两个多小时，最终抢救无效，死在了这辆“黑救护车”上。由此可见，因这辆“黑救护车”上并没有专业的医护人员，病人离开医院身上开通的 4 条输液通道只是一个摆设，并且在高温的车厢内烘烤了两个多小时，最终因延误病情而导致死亡。“黑救护车”车主明知道自己的这辆所谓的“救护车”并不是真正的救护车，不具备实施医疗行为的资质，但仍然在医院楼下招揽生意，“黑救护车”车主李晶已构成行为的违法性，并且其违法行为和患者张华钢的死亡结果之间存在因果关系。

根据国家卫生标准规定，救护车是用于紧急医疗服务以及突发性公共卫生事件医疗救援的机动车辆，它有驾驶室、医疗舱、双向无线通信装置，以及必要的基本的抢救、抢险、防疫或转运设备。救护车的设计和制造应满足安全、可靠、舒适、操作简便、快捷的要求，能够保障开展医疗急救活动基本需求以及突发公共卫生事件医疗救援的基本需要。正规的救护车需要配备心电监护仪、体外心脏起搏器、除颤仪、便携式呼吸机等专业的仪器设备，还需有随车的专业医护人员、药品及通信器材，并有严格的急救与转送医疗管理规章制度。而本案中的“黑救护车”不具备以上条件和资质，既没有专业的医护人员，也没有专业的抢救设备，无法提供包括急救与护理在内的医疗服务，延误病情最终导致病人抢救无效死亡。

其次，分析一下“黑救护车”车主的违法行为是否构成“非法行医”。

根据《刑法》第三百三十六条规定，非法行医罪是指未取得医生执业资格的人非法行医，情节严重的行为。非法行医罪构成要件：(1)非法行医罪的主体是未取得医师执业资格的自然人或组织，如未经批准的个体行医者。(2)非法行医罪的主观方面是故意，即明知自己不具备行医资格，仍然从事医疗活动。(3)非法行医罪所侵犯的客体是国家对医疗机构的管理制度及公众的生命健康安全。(4)非法行医罪的客观方面需要具备“情节严重”的要件，而“造成就诊人死亡或者严重损害就诊人身体健康”，是非法行医罪的加重情节。依据《刑法》第三百三十六条规定及非法行医罪构成要件，本案中“黑救护车”车主李晶的行为已经构成了非法行医罪。第一，这辆“黑救护车”并非经过卫生行政部门批准的正规急救车辆，车上也没有专业的医护人员，仅有一个司机在上面负责，而这个司机并不具备医师执业资格。第二，车主李晶主观方面表现为故意，即明知道自己不具备相关资质而从事医疗活动。第三，车主李晶用“黑救护车”运营牟利的行为已严重侵犯了我国正常的医疗卫生管理秩序和公众的生命健康安全。第四，车主李晶的违法行为最终导致了患者张华钢的死亡，造成了非常严重的后果。因此，本案中“黑救护车”车主李晶的违法行为已构成非法行医罪，根据《刑法》规定可追究其刑事责任。

为了更好地保障人民群众的身体健康和生命安全，各级卫生行政部门应加强医疗市场监管力度，严厉打击非法行医行为。非法行医主要表现为以下十种情形：(1)没有取得医师执业证书的人从事医疗服务活动。(2)取得医师执业证书的人在医疗机构外从事医疗服务活动的个人行为。(3)取得医师执业证书的人在超出登记注册的执业地点、执业类别、执业范围等的情况下从事的医疗服务活动。(4)没有取得医疗机构执业许可证的机构从事的医疗服务活动。(5)取得医疗机构执业许可证的机构从事超出登记许可诊疗范围的医疗服务活动。(6)医疗机构虽取得医疗机构执业许可证，但其从业人员是没有执业证书的人从事医疗服务活动。(7)医疗机构虽取得医疗机构执业许可证,但其从业人员是由跨专业的人员从事的医疗服务活动。(8)利用封建迷信及所谓的“特异功能”从事的诊治活动。(9)利用电脑程序从事的所谓诊断及治疗活动。(10)其他非法行医情形。

最后,分析一下“黑救护车”车主应承担哪些法律责任。

法院认为,被告“黑救护车”车主李晶在本案中对患者张华钢进行转运的行为并非简单的承运行为,而是医疗行为的延伸,存在明显过错,对患者张华钢死亡结果的发生作用较大。综合各项原因,法院进行一审判决:被告“黑救护车”车主李晶赔偿原告张洵、李玉莲 188103 元,认为被告李晶应对患者张华钢的死亡结果承担 50%的责任。笔者认为,“黑救护车”的存在严重侵犯了我国正常的医疗卫生管理秩序,这种非法行医的行为是导致患者死亡的直接原因,虽然家属在患者死亡后未进行法医鉴定,但可以由转出医院的医生及“迅康 120”的医生提供证据证明患者病情与患者死亡的因果关系比例,被告李晶应对患者张华钢的死亡结果承担 60%—70%的责任。本案中“黑救护车”车主李晶应承担相应的民事责任,患者家属也可追究其刑事责任。民事责任方面,因已造成病人死亡,人身损害赔偿方面主要由三部分组成:死亡赔偿金、丧葬费和精神抚慰金。死亡赔偿金应按照受诉法院所在地武汉市上一年度城镇居民人均可支配收入为标准,按二十年计算。丧葬费应按照受诉法院所在地武汉市上一年度职工月平均工资标准,以六个月总额计算。患者家属因患者张华钢的死亡而遭受一定程度的精神损害,还可向人民法院请求赔偿精神损害抚慰金。

问题二:本案中“黑救护车”停靠在同济医院院内的外科楼楼下,同济医院对患者张华钢的死亡是否应该承担相应责任?

法院认为,患者张华钢出院时,被告同济医院已告知原告须使用救护车对患者进行转运,且向其推荐被告同济医院的救护车辆。同时,被告同济医院住院部均设有善意提醒患者及家属“请勿租用黑救护车”的标志,故被告同济医院在本案中已经尽到合理限度范围内的注意义务。虽然“黑救护车”当时就停靠在同济医院院内的外科楼楼下,但原告在选择救护车辆上存在过失,系其自身未能尽到充分的谨慎义务导致的,因此法院对原告的请求不予支持,即被告同济医院对张华钢死亡事件不承担责任。

笔者认为,被告同济医院对患者张华钢死亡事件没有尽到相关应尽的义务,应该承担轻微责任。因为,本案中患者家属不了解同济医院院内存在“黑救护车”的事实,而主治医生仅简单告知家属不要租用“黑救护车”,并未明确指出医院内停靠的有一些是“黑救护车”。对于从外地来同济医院就医的患者家属来说,并不了解医院内存在“黑救护车”的真相,因此医生简单的告知并未尽到注意义务。而且，患者张华钢的病情较为严重，刚刚做完手术不到一周，术后还出现肾功能不全，一直住在重症监护室里，属于重症患者。这种重症患者的转院不同于一般患者的转院，虽然我国法律中规定转诊义务履行的前提是对限于设备或者技术条件不能诊治的病人应当及时转诊，但本案中的患者虽然不具备出院要求，因家属无法承担高额的医疗费用，不得不进行转院治疗。而作为医疗行为实施者的医疗机构应对危重患者在转院的过程中承担安全运送的义务，在转院的过程中应派救护车护送，并有医护人员陪同，以防备和及时处置路途中的意外情况。而本案中患者的主治医生仅简单告知患者家属只能使用本医院的救护车，并没有主动帮其联系转院救护车辆，也没有从患者本身疾病严重性的角度考虑，告知“黑救护车”的“黑医生”路上应尽的注意事宜，因此存在过错。医疗机构及其医务人员在提供医疗服务的过程中应充分尽到应尽的义务，否则一个微小的失误就可以导致患者的损害甚至死亡。综上，笔者认为本案中的医疗机构同济医院对患者张华钢的死亡应该承担10%左右的轻微责任。

问题三：本案中患者家属在患者张华钢的死亡上是否存在一定的过失，应当承担多少责任？

法院认为，原告明知张华钢出院时神志不清、病情重，需要专业救护车承担转运工作，却选择了一辆无任何救护标志的普通面包车，致使张华钢出院后未能得到及时有效的护理和治疗，加速了病情的恶化，未能尽到充分的谨慎及注意义务，存在过失。同时患者张华钢出院时虽然生命体征、心率及血压平稳，但手术后恢复并不顺利，病情较重，所以张华钢自身的疾病也是死亡结果发生的原因之一。患者家属在患者死亡后将其尸体火化，没有进行法医鉴定，对案件的审理产生了一定的影响。因此，综合各项原因，法院认为患者家属应对患者张华钢的死亡结果承担50%的责任。

笔者认为，患者家属的确存在一定过失，与张华钢的死亡结果之间存在因果关系，也未进行法医鉴定，但并不应该承担一半的责任。根据患者家属李玉莲的回忆，当时医生告诉她在路上要带医生和护士，必须要找他们医院的救护车，并让她自己去联系。然后李玉莲就在医院住院部的楼门口找到那辆“黑救护车”，她认为在医院里找的就是医院的救护车。虽然这辆最终导致患者死亡的“黑救护车”是由患者家属自己联系的，但从医院未尽到注意义务和转诊义务的角度考虑，可视为告知无效。另外，如果使用正规的救护车进行转院是不会导致患者张华钢死亡的。“迅康120”刘医生和同济医院心胸外科护士均表示，如果是正常的救护车，配有设备和医生护士，就不会发生这样的事情。虽然患者张华钢当时病情较重，但正处于疾病的恢复期，只要得到及时的救治是不会危及生命的。因此，患者本身所患疾病的原因应从“黑救护车”违法行为和同济医院未尽到相应义务角度去考虑，不应由家属来承担其后果。而在患者死亡后家属没有进行法医鉴定，的确对案件的审理产生了一定的影响，这个责任应由家属承担。因此，综合以上几方面因素，患者家属应对患者张华钢的死亡结果承担20％—30％的责任。

法律依据

1.《中华人民共和国刑法》第三百三十六条规定：未取得医生执业资格的人非法行医，情节严重的，处三年以下有期徒刑、拘役或者管制，并处或者单处罚金；严重损害就诊人身体健康的，处三年以上十年以下有期徒刑，并处罚金；造成就诊人死亡的，处十年以上有期徒刑，并处罚金。

2.《中华人民共和国侵权责任法》第十六条规定：侵害他人造成人身损害的，应当赔偿医疗费、护理费、交通费等为治疗和康复支出的合理费用，以及因误工减少的收入。造成残疾的，还应当赔偿残疾生活辅助具费和残疾赔偿金。造成死亡的，还应当赔偿丧葬费和死亡赔偿金。

3.《武汉市人民政府关于加强救护车管理的通告》(武政规〔2010〕19号)中规定：(1)禁止非医疗机构、个人擅自配置救护车为患者提供医疗救护和转运服务。(2)禁止利用未经道路旅客运输经营许可的车辆为患者及其家属提供旅客运输服务。(3)禁止未取得执业资格的机构或者人员提供医疗救护服务。(4)医疗机构配置的救护车不得擅自转让或者改变用途；确需转让或者改变用途的，应当向公安交通管理部门申请办理相应登记手续，并按照规定改变车辆外观、拆除标志灯具和警灯、警报器。(5)本行政区域内各医疗机构应当加强对本单位管理范围内救护车的使用管理，建立内部巡查制度，及时制止假冒救护车违法转运患者的行为并向卫生行政管理部门报告；采取措施防止内部员工出卖病员信息或者诱导病员使用假冒救护车；加强宣传，引导患者选择安全的转运方式；根据需求增加救护车数量，提高服务质量，及时为患者提供医疗救护服务。(6)违反通告规定的，由卫生、公安、道路运输管理等部门按照职责分工依法予以处理。造成人身和财产损失的，由责任人依法承担赔偿责任；构成违反治安管理行为的，由公安部门依照《中华人民共和国治安管理处罚法》的有关规定予以处罚；构成犯罪的，由司法机关依法追究刑事责任。

案例二:食品安全监督典型案例

温岭市繁昌油脂厂违法生产“地沟油”案

案情介绍

2006年7月28日,台州市卫生监督所接一举报人反映,温岭市繁昌油脂厂利用地沟油、饭店泔水油为原料生产加工精练食用猪油,日产6吨,产品销往台州、温州等地的快餐店、食堂,严重危害群众健康。对此,市监督所领导高度重视,当天下午约见了举报人,了解详细情况和具体细节。第二天,根据举报人提供的线索,向椒江一个二级批发商购买了100公斤繁昌油脂厂生产的食用油,送到市疾控中心检验,结果表明两项油脂的主要指标“酸价”和“过氧化值”超过国家标准16倍和7.8倍。在查处过程中,该企业将部分原料油运出厂区,被执法人员当场截获,并在加工现场查获成品油5300公斤,毛油37600公斤,三级(工业级)棕榈油1800公斤。进一步检查发现,该企业生产环境极差,地面污秽不洁,毛油车间内散发阵阵恶臭,使用的原料用水为非生活饮用水,所用的原料油均系来路不明,无商品名、厂名、厂址及产品检验检疫合格证,生产工艺极为简单,“原料油”抽入反应锅,加入白土吸附,加入“火炼碱”进行酸碱中和,加入棕榈油起结冻作用,最后作为精练食用猪油销往台州与温州市场。当事人应福明否认自己使用“地沟油”,但承认自己的原料是“垃圾油”,并使用过工业级的棕榈油,原料油主要向上海、宁波、温州、温岭等地收取油渣等下级料的人收购。

据当事人的交代及对现场证据的收集表明:台州市食用猪油每天的使用量为20吨左右,其中温岭市繁昌油脂厂占1/4,每天平均生产量为6吨,最大生产能力为每天10吨,该企业的销售范围以快餐店、农贸市场、学校、企事业单位食堂为主,并部分销往温州市场。

案发后,卫生局成立了以局长为组长的专案组,对该生产厂进行查封,做进一步调查取证,并向9个县市区发出查处该厂产品的紧急通知。8月10日,市疾控中心出具了15份产品检测报告,结果显示繁昌油脂厂的产品均不符合国家卫生标准,部分原料油“酸价”指标超出国家标准50多倍,8份样品送往上海市产品质量研究院检测,丙二醛指标均超过国家标准。

省疾控中心专家组通过对繁昌油脂厂产品的检测认定:食用该产品将可能导致食物中毒和严重的食源性疾患。8月11日,经合议认为,温岭市繁昌油脂厂应福明使用来路不明的“垃圾油”作为原料充当食用猪油大量生产销售，产品经检测均不符合国家卫生标准，已涉嫌构成生产销售不合格食品卫生标准罪，于8月11日全案移送台州市公安局追究当事人的刑事责任。市检察院已于9月6日将当事人依法逮捕。

2007年1月19日，因涉嫌生产大量“地沟油”而被公诉的浙江省温岭市繁昌油脂厂业主应福明被温岭市人民法院以生产、销售不符合卫生标准的食品罪判处有期徒刑二年，并处罚金人民币八万元。（来源：新华网，http//news.xinhuanet.）

案情分析

问题一：当事人的行为是否涉嫌犯罪？具体罪名什么？

分析：本案中，当事人为了获取非法利润，置广大人民群众的身体健康与生命安全于不顾，使用来路不明的“垃圾油”作为原料充当食用猪油大量生产销售，产品经检测均不符合国家卫生标准，侵害了不特定多数人的健康权利和生命安全，且涉案金额巨大，已涉嫌犯罪。

早在1995年我国颁布了《中华人民共和国食品卫生法》（以下简称《食品卫生法》），当事人的行为违反了《食品卫生法》第九条第十二项的规定，依据《食品卫生法》第三十九条第二款，《行政处罚法》第二十条、第二十二条的规定，以及《刑法》第一百四十三条规定的生产销售不符合卫生标准的食品罪，构成司法移送的条件。

第一，生产销售不符合卫生标准的食品罪的犯罪对象，是《食品卫生法》规定的不符合卫生标准的食品，主要是指《食品卫生法》第九条规定的禁止生产经营的食品。当事人行为违反了《食品卫生法》相关规定，侵害了不特定多数人的健康权利和生命安全，本罪侵犯的客体是双重客体，包括国家的食品卫生监督制度和消费者的健康权利和生命安全。这是构成犯罪的前提。

第二，本罪在客观方面表现为违反国家食品卫生管理法规，生产、销售不符合卫生标准的食品，造成严重食源性疾患，对人体造成严重危害的行为。

第三，本罪犯罪的主体为一般主体。

第四，本罪犯罪的主观方面只能由故意构成，这种故意表现为明知所生产和销售的食品不符合卫生标准而继续生产和销售，其中行为人对严重危害结果的态度，既可能是放任的心理，也可能是过失的心理。

问题二：在认定当事人的行为构成“生产销售不符合卫生标准的食品罪”时需注意什么？

分析：在认定本罪中“不符合卫生标准的食品”时，应当注意：掺入有毒、有害的非食品原料的食品本来也是本罪的犯罪对象，但是立法者考虑到其具有特殊的危害性，将生产销售有毒、有害食品的犯罪行为单独定罪。

生产、销售不符合安全标准的食品罪与生产、销售有毒、有害食品罪之间存在竞合关系，实践中对于不符合安全标准的食品与有毒、有害的食品的区分也比较混乱。可以从以下几点认定：

第一，对病死猪肉进行加工销售的，应评价为生产、销售不符合安全标准的食品罪，但对于用毒药（灭鼠药、敌敌畏等）毒死后加工销售的，应认定为生产、销售有毒、有害食品罪；

第二，添加非食品添加剂（如含亚硝酸盐的“硝”）加工食品后销售的，应评价为生产有毒、有害食品罪，过量添加食品添加剂的，应评价为生产、销售不符合安全标准的食品罪；

第三，因为没有安装纱门、纱窗等生产卫生条件差或销售时间过长等原因，导致食品含有对人体有害的某种细菌，以及出现了结块、出虫等现象仍进行加工销售的，应评价为生产、销售不符合安全标准的食品罪；

第四，明知系未标明品名、产地、厂名、生产日期、保质期限等内容，没有检验检疫合格证，仍进行销售的，应评价为销售不符合安全标准的食品罪；

第五，将非食品冒充食品出售（如将工业用猪油冒充食用猪油、工业酒精冒充食用酒精、工业用盐冒充食盐），以及明知有毒、有害（如河豚）还加工销售的，应认定为生产、销售有毒、有害食品罪。

问题三：2009年《中华人民共和国食品安全法》颁布施行，对于类似案件的规定是怎样的？《刑法修正案（八）》将刑法的第一百四十三条规定的“生产、销售不符合卫生标准的食品罪”做了怎样修改？

分析：《食品安全法》是适应新形势发展的需要，为了从制度上解决现实生活中存在的食品安全问题，更好地保证食品安全而制定的，其中确立了以食品安全风险监测和评估为基础的科学管理制度，明确食品安全风险评估结果作为制定、修订食品安全标准和对食品安全实施监督管理的科学依据。

《食品安全法》第二十八条规定：“禁止生产经营下列食品：（一）用非食品原料生产的食品或者添加食品添加剂以外的化学物质的食品，或者用回收食品作为原料生产的食品；（二）致病性微生物、农药残留、兽药残留、重金属、污染物质以及其他危害人体健康的物质含量超过食品安全标准限量的食品；（三）营养成分不符合食品安全标准的专供婴幼儿和其他特定人群的主辅食品；（四）腐败变质、油脂酸败、霉变生虫、污秽不洁、混有异物、掺假掺杂或者感官性状异常的食品；（五）病死、毒死或者死因不明的禽、畜、兽、水产动物肉类及其制品；（六）未经动物卫生监督机构检疫或者检疫不合格的肉类，或者未经检验或者检验不合格的肉类制品;(七)被包装材料、容器、运输工具等污染的食品;(八)超过保质期的食品;(九)无标签的预包装食品;(十)国家为防病等特殊需要明令禁止生产经营的食品;(十一)其他不符合食品安全标准或者要求的食品。"

《刑法修正案(八)》将刑法的第一百四十三条规定的"生产、销售不符合卫生标准的食品罪"修改为"生产、销售不符合安全标准的食品罪"。从"卫生标准"到"安全标准",一方面是将刑法罪名的确定与食品安全法相衔接,另一方面也是对食品安全要求的提升。

法律依据

1.《食品安全法》第二十八条。

"禁止生产经营下列食品:(一)用非食品原料生产的食品或者添加食品添加剂以外的化学物质的食品,或者用回收食品作为原料生产的食品;(二)致病性微生物、农药残留、兽药残留、重金属、污染物质以及其他危害人体健康的物质含量超过食品安全标准限量的食品;(三)营养成分不符合食品安全标准的专供婴幼儿和其他特定人群的主辅食品;(四)腐败变质、油脂酸败、霉变生虫、污秽不洁、混有异物、掺假掺杂或者感官性状异常的食品;(五)病死、毒死或者死因不明的禽、畜、兽、水产动物肉类及其制品;(六)未经动物卫生监督机构检疫或者检疫不合格的肉类,或者未经检验或者检验不合格的肉类制品;(七)被包装材料、容器、运输工具等污染的食品;(八)超过保质期的食品;(九)无标签的预包装食品;(十)国家为防病等特殊需要明令禁止生产经营的食品;(十一)其他不符合食品安全标准或者要求的食品。"

2.《食品安全法》第八十五条。

"违反本法规定,有下列情形之一的,由有关主管部门按照各自职责分工,没收违法所得、违法生产经营的食品和用于违法生产经营的工具、设备、原料等物品;违法生产经营的食品货值金额不足一万元的,并处二千元以上五万元以下罚款;货值金额一万元以上的,并处货值金额五倍以上十倍以下罚款;情节严重的,吊销许可证:(一)用非食品原料生产食品或者在食品中添加食品添加剂以外的化学物质和其他可能危害人体健康的物质,或者用回收食品作为原料生产食品;(二)生产经营致病性微生物、农药残留、兽药残留、重金属、污染物质以及其他危害人体健康的物质含量超过食品安全标准限量的食品;(三)生产经营营养成分不符合食品安全标准的专供婴幼儿和其他特定人群的主辅食品;(四)经营腐败变质、油脂酸败、霉变生虫、污秽不洁、混有异物、掺假掺杂或者感官性状异常的食品;(五)经营病死、毒死或者死因不明的禽、畜、兽、水产动物肉类,或者生产经营病死、毒死或者死因不明的禽、畜、兽、水产动物肉类的制品;(六)经营未经动物卫生监督机构检疫或者检疫不合格的肉类，或者生产经营未经检验或者检验不合格的肉类制品；(七)经营超过保质期的食品；(八)生产经营国家为防病等特殊需要明令禁止生产经营的食品；(九)利用新的食品原料从事食品生产或者从事食品添加剂新品种、食品相关产品新品种生产，未经过安全性评估；(十)食品生产经营者在有关主管部门责令其召回或者停止经营不符合食品安全标准的食品后，仍拒不召回或者停止经营的。"

3.《食品安全法》第九十八条。

"违反本法规定，构成犯罪的，依法追究刑事责任。"

4.《刑法》第一百四十三条。

"生产、销售不符合卫生标准的食品，足以造成严重食物中毒事故或者其他严重食源性疾患的，处三年以下有期徒刑或者拘役，并处或者单处销售金额百分之五十以上二倍以下罚金；对人体健康造成严重危害的，处三年以上七年以下有期徒刑，并处销售金额百分之五十以上二倍以下罚金；后果特别严重的，处七年以上有期徒刑或者无期徒刑，并处销售金额百分之五十以上二倍以下罚金或者没收财产。"

5.《刑法修正案(八)》第二十四条。

将刑法第一百四十三条修改为："生产、销售不符合食品安全标准的食品，足以造成严重食物中毒事故或者其他严重食源性疾病的，处三年以下有期徒刑或者拘役，并处罚金；对人体健康造成严重危害或者有其他严重情节的，处三年以上七年以下有期徒刑，并处罚金；后果特别严重的，处七年以上有期徒刑或者无期徒刑，并处罚金或者没收财产。"

案例三：化妆品卫生监督典型案例

“嘉氏堂商贸有限责任公司”违法销售化妆品案

案情介绍

2007年9月25日，某市卫生监督所接消费者投诉，称其在本市嘉氏堂商贸有限责任公司购买“欣奕抗疤原液”和“欣奕深层抗疤抚平精华露”化妆品，而后将购买的化妆品涂擦于孩子术后(1个月)伤疤，涂擦部位出现红肿、脱皮等过敏反应。经网上查询，无该化妆品名称的卫生许可批号，产品冒用其他普通化妆品批号，宣传对疤痕的治疗效果。在《化妆品标签、标识管理规范》中把“去疤”规定为化妆品标签、标识的禁用语。市卫生监督所执法人员经过深入调查，确认该化妆品经营单位的行为违反了《化妆品卫生监督条例》(下称《条例》)的有关规定，按照法定程序，对当事人依法做出没收违法所得，并给予违法所得二倍罚款的行政处罚。

在决定对这起违法案件实施处罚时，卫生监督人员在处罚依据的适用上有两种意见：第一种意见是，按照《化妆品卫生监督条例》第十三条第三项之规定，化妆品标签、小包装或者说明书上不得注有适应证，不得宣传疗效，不得使用医疗术语。依据《条例》第二十八条规定：“对违反本条例其他有关规定的，处以警告，责令限期改进；情节严重的，对生产企业，可以责令该企业停产或者吊销化妆品生产企业卫生许可证；对经营单位，可以责令其停止经营，没收违法所得，并且可以处违法所得二到三倍的罚款。”另一种意见是，按照《化妆品卫生监督条例实施细则》(下称《条例实施细则》)第四十五条第三项之规定，具有违反《条例》第十三条第一款第二项、第三项规定之一行为者，处以警告的处罚，并可同时责令其限期改进。在《条例》与《条例实施细则》对同一违法行为规定不一致的情况下，卫生监督人员认为《条例》规定的处罚较重，《条例实施细则》规定的处罚较轻，最终选择了按《条例》规定进行处罚，目的是更有效地震慑其违法行为。(来源：何玲，顾士圻，《从一起化妆品违法案例处罚谈法律的正确适用》，《中国公共卫生管理》2009年第4期)

案情分析

问题：卫生监督人员在处罚依据适用上的两种不同意见说明什么？怎样纠

正认识的误区？

分析：从以上卫生监督人员在处罚依据适用上的两种不同意见可以看出，同一违法行为《条例》和《条例实施细则》规定的处罚程度不同，即前者处罚较重，后者处罚较轻。由于《条例》和《条例实施细则》规定的冲突，给执法工作带来了一定的困难。在实施行政处罚时，遇到不同层级法律规定之间的冲突，处罚程度不是决定法律正确适用的原则。当地执法人员以法律的处罚程度决定法律的适用，是在法律适用认识上存在一定的误区，有必要加以纠正。根据卫生行政执法实践和有关法律的规定，实施行政处罚时遇到法律之间的冲突，有以下几种处理情况。

第一，法律、法规和规章均有明确规定的直接适用法律、法规，可以不适用规章。对某些违法行为及其法律责任，法律、法规和规章均做出了明确规定，此时适用法律、法规的规定。

第二，法律、法规有原则规定，规章有具体规定的，应同时适用法律、法规和规章。由于卫生行政部门管理事务错综复杂，一般而言，卫生法律、法规不可能都进行详细的规定，而是仅做出原则性、笼统性规定。为了准确贯彻法律、法规，需要对法律、法规的有关条款进行细化、解释，有关部门制定规章就是要解决这些问题的，如《食品卫生行政处罚办法》第十四条第二款对原《食品卫生法》第九条第十二项“其他不符合食品卫生标准和卫生要求的”（现《食品安全法》第二十八条第十一项“其他不符合食品安全标准或者要求的”）食品的范围做出了细化。在这种情况下，同时适用法律和规章，卫生行政处罚才显得有法有据，严谨合理。

第三，法律、法规没有规定的，可直接适用规章。根据法律、法规的授权有规章制定权的国务院有关部委或地方人民政府为实施法律、法规而制定的规范性文件叫实施性规章。实施性规章设定的行政处罚不得超出法律、法规规定的给予行政处罚的行为、种类和幅度的范围。尚未制定法律、法规的，有规章制定权的国务院有关部委或地方人民政府可以制定自主性规章，自主性规章对违反行政管理秩序的行为，可以设定警告和一定数量罚款的行政处罚。处罚的限额由省、自治区、直辖市人民代表大会常务委员会规定。自主性规章是卫生行政机关或卫生法律、法规授权的组织进行行政处罚的依据。也就是说法律、法规对行政处罚没有规定的，可直接适用规章（自主性规章）。

第四，规章与法律、法规相冲突，优先适用法律、法规的规定。理论上讲，规章与法律、法规不能相冲突，但在规章制定过程中，由于立法机关把关不严，审查不认真，导致规章与法律、法规相抵触。在这种情况下应遵循下位法服从上违法的原则，不适用规章而适用法律、法规的具体规定。综上所述，上述案例法律正确适用问题就容易解决了。《条例》是国务院颁布的行政法规，《条例实施细则》

是国务院卫生行政部门(原卫生部)颁布的部委规章,当《条例》与《条例实施细则》相抵触时,按照下位法服从上位法的原则,理应选择适用《条例》的具体规定,不能以处罚轻重来决定所选择的法律、法规或规章。

法律依据

1.《中华人民共和国立法法》第八十条。

国务院各部、委员会、中国人民银行、审计署和具有行政管理职能的直属机构,可以根据法律和国务院的行政法规、决定、命令,在本部门的权限范围内,制定规章。

部门规章规定的事项应当属于执行法律或者国务院的行政法规、决定、命令的事项。没有法律或者国务院的行政法规、决定、命令的依据,部门规章不得设定减损公民、法人和其他组织权利或者增加其义务的规范,不得增加本部门的权力或者减少本部门的法定职责。

2.《中华人民共和国立法法》第九十五条。

地方性法规、规章之间规定不一致时,由有关机关依照下列规定的权限做出裁决:

(1)同一机关制定的新的一般规定与旧的特别规定不一致时,由制定机关裁决;

(2)地方性法规与部门规章之间对同一事项的规定不一致,不能确定如何适用时,由国务院提出意见,国务院认为应当适用地方性法规的,应当决定在该地方适用地方性法规的规定;认为应当适用部门规章的,应当提请全国人民代表大会常务委员会裁决;

(3)部门规章之间、部门规章与地方政府规章之间对同一事项的规定不一致时,由国务院裁决。

根据授权制定的法规与法律规定不一致,不能确定如何适用时,由全国人民代表大会常务委员会裁决。

案例四:血液及血液制品监督典型案例

医院输血致患者感染丙肝病毒医疗损害赔偿案

案情介绍

1996年9月3日,丁某出生于某市第一人民医院(以下简称“市一院”)。14天后,丁某因新生儿高胆红素血症又入住市一院接受治疗。市一院分别于同年9月17日、9月18日、9月24日分三次为丁某输血浆各35ml。所输血浆由某市中心血站(以下简称“中心血站”)提供,由丁某的亲属从中心血站领取。丁某在市一院住院期间,市一院于9月19日、9月20日为其注射白蛋白针两次,分别为3g和10g。经治疗,丁某于1996年9月29日出院,医院医嘱为科学喂养,多晒太阳,并没有发现其身体有其他异常。

事隔11年后的2008年1月31日,丁某随同父母到某医专附属医院做体检,体检结果显示其丙肝抗体呈阳性。丁某的父母不相信这个结论,于2008年2月18日又专程到某省人民医院检查,检查结果为:丁某的父母丙肝抗体均呈阴性,丁某的丙型肝炎病毒定量为1.12×106 IU/ml(正常参考值应<1×103 IU/ml)。专家提示:丁某的病情若不及时治疗,最终会导致肝硬化、肝癌,20岁之前即将面临死亡的结果。为进一步诊断,2008年7月3日,丁某入住解放军三〇二医院。2008年7月8日,解放军三〇二医院出具诊断证明,诊断结果为:丙肝携带者。

2009年4月16日,丁某的家属把市一院和中心血站告上法庭。案件经过一审、二审和再审,历经一年多的审理后,2011年7月29日,该省高级人民法院依法对本案中的被告人该市第一人民医院、该市中心血站进行一审公开宣判:“限被告某某市第一人民医院和某市中心血站在本判决生效后十日内,分别按50%的责任比例各自支付给原告丁培医疗费、营养费、交通费、住宿费、精神抚慰金等损失83048.93元,共计166097.85元,二被告互负连带责任,驳回原告丁培的其他诉讼请求。”(来源:某市人民法院)

案情分析

根据《医疗事故处理条例》第二条规定,医疗事故是指医疗机构及其医务人员在医疗活动中,违反医疗卫生管理法律、行政法规、部门规章和诊疗护理规范,过失造成患者人身损害的事故。从该规定可以看出，在医疗活动中，只要医疗机构及其医务人员主观上存在过错，客观上造成患者人身损害的事实，医疗行为与损害结果之间存在因果关系，就属于医疗事故。根据医疗损害赔偿纠纷案件实行举证责任倒置的证据规则，医疗机构就医疗行为与损害结果之间不存在因果关系及不存在医疗过错承担举证责任。即发生医疗纠纷后，只要医方不能举证证明自己在诊疗过程中无过错，其所提供的医疗行为与患者损害事实之间不存在因果关系，就应当承担相应的民事责任。

本案中，丙型肝炎的传播主要经血液传播，包括经输血和血液制品传播以及经破损的皮肤和黏膜传播两种方式，另外还有性传播、母婴传播等方式。白蛋白和血浆均属血液制品。丁某因患新生儿高胆红素而入住市一院，并接受市一院和中心血站的输血治疗以及市一院的白蛋白注射治疗，即与市一院和中心血站形成了医患关系。现丁某患有丙肝，而其父母均未患该病，故排除了母婴传播因素。因此，分析市一院和中心血站的法定义务，判断其医疗行为是否存在过错，以及其所提供的医疗行为与患者感染丙肝事实之间是否存在因果关系是判定二者是否应承担医疗损害赔偿责任的基础和关键。

问题一：中心血站在采供血行为过程中是否具有过错，应当承担什么法律责任？

第一，该案中，中心血站在采供血行为过程中存在明显过错，不能证明其给丁某所输的血液不携带有丙肝病毒，应当承担民事赔偿责任。

在我国，血站是最主要的采血与供血机构，是医疗机构临床用血的主要途径。根据《中华人民共和国献血法》《血站管理办法》等血液与血液制品相关法律、法规的规定，中心血站在采供血行为过程中应当承担以下义务：(1)身份核实义务。在采血前血站应当对献血者身份进行核对并进行登记，严禁采集冒名顶替者的血液。(2)健康检查义务。血站应当按照国家有关规定对献血者进行健康检查和血液采集。健康检查不合格的，不得采集其血液。(3)保证血液质量的义务。血站应当保证发出的血液质量符合国家有关标准，其品种、规格、数量、活性、血型无差错；未经检测或者检测不合格的血液，不得向医疗机构提供。(4)保存原始记录和档案的义务。献血、检测和供血的原始记录应当至少保存十年，法律、行政法规和卫计委另有规定的，依照有关规定执行。

那么，中心血站在采供血行为过程中是否存在过错呢？根据中心血站提供的献血人员卡片和发血登记表的记载，三次为丁某提供血浆的献血人分别为“冯××”(献血卡登记地址为“陕西宝鸡”)和“王××”(献血卡登记地址为“方城袁店四里营村”)二人。经调查，方城县袁店乡四里村无“王××”此人。而且，中心血站未能提供有关丁某的血型等用血手续档案。由此可以看出，中心血站在采血过程中，没有严格履行身份核实义务，在供血时，未对丁某的血型做出核对并予以记载，存在明显过错。由于其不能证明供给丁某的血浆是未感染丙肝病毒的合格产品，也不能提供丁某是因其他原因感染丙肝病毒的证据来排除因果关系，因此，对丁某承担民事赔偿责任。

第二，关于民事赔偿责任的范围。

我国《民法通则》第一百一十九条规定，侵害公民身体造成伤害的，应当赔偿医疗费、因误工减少的收入、残废者生活补助费等费用；造成死亡的，并应当支付丧葬费、死者生前扶养的人必要的生活费等费用。本案中，对丁某的民事赔偿范围包括丁某被输入携带有丙肝病毒的血液及之后的医疗费、护理费、营养费、住宿费、交通费等为治疗和康复支出的合理费用。另外，感染丙型肝炎的事实必将给丁某的学习、生活等方面造成严重影响，且对其成年以后在就业、工作、婚姻、社会交往等方面造成沉重的心理负担和极大的精神痛苦，故赔偿范围应当包括一定数额精神损害抚慰金。

第三，是否已过诉讼时效？

《最高人民法院关于贯彻执行〈中华人民共和国民法通则〉若干问题的意见》第一百六十八条的规定：人身损害赔偿的诉讼时效期间，伤害明显的，从受伤害之日起算，伤害当时未曾发现，后经检查确诊并能证明是由侵害引起的，从伤势确诊之日起算。丁某虽于2008年1月31日发现患有丙肝，但并未得到确诊，直到2008年7月2日医专附属医院才出具了原告患“病毒性肝炎、丙型慢性”的诊断意见。因此，丁某患有慢性丙型肝炎的确诊时间为2008年7月2日，于2009年4月6日起诉并未超过一年的诉讼时效期间。

问题二：市一院在诊疗过程中是否存在过错，应当承担什么法律责任？

第一，该案中，市一院在诊疗过程中存在明显过错，不能提供其为丁某注射的白蛋白属质量合格产品的相关证明，应当承担民事赔偿责任。

医疗机构临床用血，除了医疗机构开展的患者自身储血、自体输血外，应当由县级以上人民政府卫生行政部门指定的血站供给。医疗机构对临床用血必须进行核查，不得将不符合国家规定标准的血液用于临床。非同型血浆输注时应当做交叉配血试验，一方面，可以检验血型测定是否有误，另一方面，又能发现红细胞或血清中是否还存在其他不相容的凝集源或凝集素。交叉配血试验的结果是确定能否进行输血的重要依据。

市一院病历中关于所输血浆的献血人及血型等相关情况均未记载，也未将中心血站的供血手续存入病历备查。可以看出，市一院对丁某所输的血液并未按规定进行核查，而是将从中心血站调转过来的带有丙肝病毒的血液直接输入到了丁某体内，至少说市一院未提供任何证据证实其在给丁某输血前曾对所输的血液进行过核查。而且,根据市一院的病历记载,原告的血型是B型,中心血站提供给丁某的血液是王××的A型血浆、冯××的O型血浆。按照规定,非同型血浆输注时应当做交叉配血试验。但市一院病历中没有交叉配血试验情况的记载。

由此可以看出,市一院在诊疗过程中存在明显过错,其不能证明为丁某注射的白蛋白属质量合格产品,也不能提供丁某是因其他原因感染丙肝病毒的证据来排除因果关系,因此,对丁某承担民事赔偿责任。

第二,市一院和中心血站的法律责任应当如何承担?

本案中,市一院和中心血站均未按医疗卫生管理法律法规、部门规章和诊疗卫生管理规范、常规等规定去诊疗输血和采供血,将不符合国家质量标准的携带有丙肝病毒的血液输入到丁某体内,致使丁某感染上丙肝病毒,二者均有过错。同时,二者均不能证明丁某感染丙肝是其他原因引起的,故应负举证不能的法律后果。根据《侵权责任法》第十条的规定:二人以上实施危及他人人身、财产安全的行为,其中一人或者数人的行为造成他人损害,能够确定具体侵权人的,由侵权人承担责任;不能确定具体侵权人的,行为人承担连带责任。因此,本案中,市一院与中心血站构成共同侵权,应当对丁某因感染丙肝所造成的损失承担连带赔偿责任。

关于市一院和中心血站的责任比例,《侵权责任法》第十四条规定:连带责任人根据各自责任大小确定相应的赔偿数额;难以确定责任大小的,平均承担赔偿责任。

由于不能确定是市一院的白蛋白还是中心血站的血浆存在质量问题,或者是两者均有质量问题,致使丁某感染丙肝,二者的责任范围难以确定,故二者平均承担赔偿责任,即对丁某感染丙肝的损害后果各负50%的赔偿责任。

法律依据

1.《血站管理办法》第二十二条规定:血站应当按照国家有关规定对献血者进行健康检查和血液采集。血站采血前应当对献血者身份进行核对并进行登记。严禁采集冒名顶替者的血液。严禁超量、频繁采集血液。血站不得采集血液制品生产用原料血浆。

2.《血站管理办法》第二十八条规定:血站各业务岗位工作记录应当内容真实、项目完整、格式规范、字迹清楚、记录及时,有操作者签名。记录内容需要更改时,应当保持原记录内容清晰可辨,注明更改内容、原因和日期,并在更改处签名。献血、检测和供血的原始记录应当至少保存十年,法律、行政法规和卫计委另有规定的,依照有关规定执行。

3.《血站管理办法》第六十一条规定：血站有下列行为之一的，由县级以上地方人民政府卫生行政部门予以警告、责令改正；逾期不改正，或者造成经血液传播疾病发生，或者其他严重后果的，对负有责任的主管人员和其他直接负责人员，依法给予行政处分；构成犯罪的，依法追究刑事责任：(一)超出执业登记的项目、内容、范围开展业务活动的；(二)工作人员未取得相关岗位执业资格或者未经执业注册而从事采供血工作的；(三)血液检测实验室未取得相应资格即进行检测的；(四)擅自采集原料血浆、买卖血液的；(五)采集血液前，未按照国家颁布的献血者健康检查要求对献血者进行健康检查、检测的；(六)采集冒名顶替者、健康检查不合格者血液以及超量、频繁采集血液的；(七)违反输血技术操作规程、有关质量规范和标准的；(八)采血前未向献血者、特殊血液成分捐赠者履行规定的告知义务的；(九)擅自涂改、毁损或者不按规定保存工作记录的；(十)使用的药品、体外诊断试剂、一次性卫生器材不符合国家有关规定的；(十一)重复使用一次性卫生器材的；(十二)对检测不合格或者报废的血液，未按有关规定处理的；(十三)未经批准擅自与外省、自治区、直辖市调配血液的；(十四)未经批准向境外医疗机构提供血液或者特殊血液成分的；(十五)未按规定保存血液标本的；(十六)脐带血造血干细胞库等特殊血站违反有关技术规范的。血站造成经血液传播疾病发生或者其他严重后果的，卫生行政部门在行政处罚的同时，可以注销其血站执业许可证。

4.《血站管理办法》第六十三条规定：血站违反规定，向医疗机构提供不符合国家规定标准的血液的，由县级以上人民政府卫生行政部门责令改正；情节严重，造成经血液途径传播的疾病传播或者有传播严重危险的，限期整顿，对直接负责的主管人员和其他责任人员，依法给予行政处分；构成犯罪的，依法追究刑事责任。

5.《中华人民共和国献血法》第十三条规定：医疗机构对临床用血必须进行核查，不得将不符合国家规定标准的血液用于临床。

6.《中华人民共和国侵权责任法》第十六条规定：侵害他人造成人身损害的，应当赔偿医疗费、护理费、交通费等为治疗和康复支出的合理费用，以及因误工减少的收入。造成残疾的，还应当赔偿残疾生活辅助具费和残疾赔偿金。造成死亡的，还应当赔偿丧葬费和死亡赔偿金。

案例五:医政监督(医疗美容监督典型案例)

超女王贝美容整形死亡事件

案情介绍

2010年11月13日,2005年度超级女声成都赛区20强选手王贝在武汉市中墺医疗美容门诊部进行整形手术过程中发生医疗事故,因抢救无效不治身亡。王贝整形死亡事件的发生受到媒体广泛报道。对此湖北省卫生厅、武汉市卫生局、江岸区卫生局立即组织专家进行调查,并最终公布了调查结果。

经调查,王贝于2010年11月13日在武汉市中墺医疗美容门诊部进行颌面骨整形手术。手术上午10时开始,当进行3小时20分后,王贝逐渐出现烦躁不安、呼吸困难、生命体征不稳定等症状,随即手术医师采取面鼻加压给氧、人工胸外辅助呼吸、气管切开术、呼吸机辅助呼吸、静脉滴注等应急救治方法,但均未有显著效果。直至当日下午15时56分,王贝症状越发危重,中墺医疗美容门诊部对此突发情况已无法给出更有效的救助方法,因此,不得不将王贝转送至武汉市一六一医院抢救治疗。武汉市一六一医院接诊后,初步诊断患者王贝因面部整形术、气管切开术、心脏复苏术施术不善导致出现缺氧性脑病、呼吸循环衰竭、贫血等症状。经武汉市一六一医院全力抢救,王贝仅延长了两天的生命。2010年11月15日凌晨3时,王贝终因呼吸循环衰竭不治死亡。

此事件发生后,关于该案的医疗过程及王贝死亡原因众说纷纭。从武汉市卫生局通报王贝医疗事件的调查情况及媒体报道的客观资料,可以发现医疗机构明显存在一系列问题。

王贝事件主刀医生汪良明在接受采访时表示王贝并非在手术中出现意外。汪良明称其为王贝进行了颧骨颧弓降低术、埋线双眼皮等6项手术,手术时长一个多小时,当日上午11时30分左右便手术完毕,术中麻醉效果很好,过程中并未出现异常。出手术室后,王贝被送到病房,很快就恢复了意识,还自己整理过被子。约两个小时后,王贝才突然出现呼吸、血压和心跳异常的情况,医院随即对王贝采取了急救措施,急救无效后立即将王贝送至武汉市一六一医院,经过两天一夜抢救,王贝终因呼吸循环衰竭死亡。该案主刀医生汪良明持有医师资格证和医师执业证,但证件注册地系广州市远东美容医院,执业范围为外科专业,他通过在中墺整形医院门诊部办理会诊手续为患者进行手术。并且，中墺整形医院门诊部并不能出示汪良明的医疗美容主诊医师培训合格证。另外，汪良明此次手术中的助手汪福强持有该门诊部的医师执业证书及医疗美容主诊医师培训合格证，麻醉医生喻忠持有该门诊部的医师执业证书，手术护士郑梅芳持有该门诊部的护士执业证书。

上海一位整形界不愿透露姓名的医生表示："听说为王贝执行手术的医生以前在广东，后来出了点问题才去了武汉。不管是什么手术，总会有不同程度的风险。美容整形手术和其他一些外科手术相比，风险要小一些，但是面部轮廓整形的风险是其中比较高的，最容易出现的危险就是面动脉受到创伤，出现大出血。这有两种情况会导致生命危险，一是失血过多，二是血液流入气管导致窒息。正是因为手术的相对难度较高，所以上海规定此类手术的执业医生必须经过专家委员会的审核、答辩才能上岗，一般一家整形医院也就一两个医生有这样的资质。而且，为了避免出现意外，麻醉方式一般只能采用插管麻醉，不能用静脉麻醉，这样可以有效防止大出血后的窒息。"由于近年来该行业快速发展，而有资质的医生、专业管理人员数量无法跟上发展的速度，造成一些非专业的医生和管理人员进入这个行业，所以出现了很多潜规则和不公平竞争的情况。（来源：华商报，http://www.hsw.cn）

案情分析

问题一：武汉市中墺医疗美容门诊部应当承担什么责任？

该事件中武汉市中墺医疗美容门诊部除非有足够的证据证明其无任何过错，否则应该对王贝的家属承担民事赔偿责任。

根据《医疗事故处理条例》第二条规定：本条例所称医疗事故，是指医疗机构及其医务人员在医疗活动中，违反医疗卫生管理法律、行政法规、部门规章和诊疗护理规范，过失造成患者人身损害的事故。从该条规定可以看出，只要在医疗过程中具有违法、违章、违规的行为，过失致使患者的人身受到损害，都属于医疗事故的范围。王贝案中的中墺医疗美容门诊部对于王贝的死亡即存在过错。尸检结果显示，王贝在接受整容手术时因全身麻醉出现的心衰现象是致使其死亡的真正原因之一，而实际上中墺医疗美容门诊部并不具备全身麻醉手术的资质（根据2002年的《美容医疗机构基本标准》的规定，美容机构分为三类：美容医院、美容门诊部、美容诊所。只有第一类的机构〔即美容医院〕有麻醉科，另外两类都不设麻醉科）。因此，该门诊部的行为属于超范围操作，即违法行医，该事件属于医疗事故，应对王贝的死亡承担民事责任。

我国《民法通则》第一百零六条规定：公民、法人违反合同或者不履行其他义务的，应当承担民事责任。公民、法人由于过错侵害国家的、集体的财产，侵害他人财产、人身安全的，应当承担民事责任。第一百一十九条规定：侵害公民身体造成伤害的，应当赔偿医疗费、因误工减少的收入、残废者生活补助费等费用；造成死亡的，应当支付丧葬费、死者生前扶养的人必要的生活费等费用。所以，对于过错行为，只要造成损害，均应承担民事责任，更何况医疗事故所侵犯的对象一般都是人的生命健康权。因此，王贝的家属可以保留手术前的病历，并要求该门诊部提供相关的全部资料，包括检查报告、医生诊断意见、医疗收费凭证等，要求在鉴定结果做出之前保存当事人遗体。另外，请求赔偿的具体项目应包括死亡赔偿金、被扶养人生活费、误工费、丧葬费、鉴定费、交通费、精神损害赔偿金。

而对于请求医方负担上述责任，患者家属可以选择卫生部门处理或直接向被告所在地基层人民法院提起诉讼。如选择前者，则要先向医院所在地的卫生部门提出申请，由卫生部门根据情况决定是否要求当地医学会进行鉴定，然后根据鉴定结果对医患双方进行调解处理，对处理结果不服的，可以再向人民法院提起诉讼。如直接选择后者，由人民法院委托进行法医鉴定，再根据鉴定结果进行裁判。

问题二：王贝的主治医生应该承担什么责任？

根据我国的法律规定，医生应具有相应的资质才可以从事医疗活动，资质是指执业医师资格证、医师执业证等相关证明文件。如果医生不具备相关证明文件而从事医疗行为，并造成一定的损害结果，不仅需要承担民事赔偿责任，还需要承担刑事责任，比如，主治医务人员不具备相应的资格证书，就构成了刑法规定的“非法行医罪”。而即便主治医务人员具备医师执业资格，还要看医务人员在行医过程中是否存在严重不负责任的情况，如存在则构成了“医疗事故罪”。在王贝案中其主治医生是否应对该事件承担刑事责任呢？这一问题我们可以通过三种情形分析：其一，如果肇事医生并没有执业资格而进行非法行医，造成就诊人的健康损害或者死亡，这就构成非法行医罪，需要追究刑事责任；其二，医生虽然有执业资格，但由于严重不负责任，造成就诊人死亡或者严重损害就诊人身体健康的，构成医疗事故罪，需要追究刑事责任；其三，医生有合法的执业资格，但不是严重不负责任，而是由于患者的病情或者其体质特殊等其他原因而发生难以预料的后果，该情形属于医疗意外或普通的医疗事故，应属于民事赔偿的范围，不需要追究医生的刑事责任。

通过上述分析，我们可将其应用于王贝案中。首先，有证据显示，主治医生汪良明并不具备合法的执业资格，涉嫌非法行医罪。理由有二，其一，关于从事医疗美容手术医生的资质问题，《医疗美容服务管理办法》第十一条规定，负责实施医疗美容项目的主诊医师必须同时具备下列条件：（一）具有执业医师资格，经执业医师注册机关注册；（二）具有从事相关临床学科工作经历。其中，负责实施美容外科项目的医师应具有六年以上从事美容外科或整形外科等相关专业临床工作经历；负责实施美容牙科项目的医师应具有五年以上从事美容牙科或口腔科专业临床工作经历；负责实施美容中医科和美容皮肤科项目的医师应分别具有三年以上从事中医专业和皮肤专业临床工作经历；（三）经过医疗美容专业培训或进修并合格，或已从事医疗美容临床工作一年以上；（四）省级人民政府卫生行政部门规定的其他条件。其二，武汉市卫生局通报说明，手术医生汪良明持有医师资格证和医师执业证，但注册地为广州远东美容医院的执业医师，执业范围为外科专业，其与中墺医疗美容门诊部办理会诊手续后才为患者实施手术，且该门诊部并不能出示汪良明医疗美容主诊医师培训合格证。而按照规定，医学美容医师需要持有医师执业证和医疗美容主诊医师培训合格证双证才能执业。显然，从上述依据以及实际情况分析可以证明，王贝的主治医生汪良明并不具备合法的执业资格，其资质并不符合相关的法律以及地方政府规章的规定。其次，王贝的死因三家鉴定机构做出的鉴定结论各不相同，医生是否存在严重不负责任无法查清，其中也可能涉嫌主治医生构成医疗事故罪的问题。

问题三：对于“医疗风险协议书”法律应如何界定？

王贝的主治医生汪良明说：“王贝在接受整容手术前曾与中墺医疗美容门诊部签订了‘医疗风险协议书’，对手术可能造成的死亡、伤害等风险手术对象已完全知晓，且王贝亦明确表示理解明白。”这种当事人签订的手术风险协议是不是一种免责的标志呢？

一般的医疗风险协议书中都充满着晦涩难懂的专业术语，致使患者及家属根本无法理解其中的用意，而“发生意外概不负责”之类的条款，则是医疗部门将所有的手术风险，包括由于医院自身原因造成的医疗事故责任全都转移给患者的卑劣手段，这对患者极不公平，属于“霸王条款”。实际上，医方在医疗过程的业务注意义务是由法律、法规、规章、医疗操作规则明确规定的，是一种法定义务，具有强制性，根本不允许以任何方式变更或免除。发生医疗纠纷后，只要医方不能举证证明自己在诊疗过程中无过错，就必须承担相应的民事责任。

从医疗惯例来看，几乎所有的手术在术前都会与当事人签订手术风险协议。但是签订风险协议不能意味着医方免责。最终医院有无过错，该如何承担责任，最后还要由卫生行政部门的医疗事故鉴定结果来确定。另外，如果医方存在医疗机构资质或者人员资质不合格，以及在手术过程中存在不合法或明显过错等情况，这些情况下医方均须承担相应的责任。

问题四：对于医疗技术人员的法律规制在王贝事件中体现出的不足有哪些？

在我国对于医疗技术人员的法律规制存在于多部法律之中，而众多的法律仍有纰漏之处，例如在作为最后保障法的《刑法》之中，虽有对医疗技术人员的法律规制，但仍有不足，如《刑法》中规定的“非法行医罪”境遇便十分尴尬，这也是王贝事件中，难以解决的一个问题。在我国实际的司法实践中，医院的医生被认定构成非法行医罪的，全国尚无先例。所以，尽管《刑法》条文中规定一些规制医疗技术人员的罪名，但实际上由于立法、执法及法律之外诸多层面的障碍，医生在医疗过程中的犯罪行为却难以得到有效的预防和刑事上的追责，这已成为一条根深蒂固的“潜规则”，因此，有人引用“刑不上大夫”对此进行描述。而王贝事件便再一次突出地显现了这些问题。

所以，对于医疗技术人员的法律规制，仅靠这一行业内部的自律性是远远不够的。这需要相关法律、法规的进一步明确约束，需要相关部门加大监管力度。尽管《刑法》《民法通则》《侵权责任法》《医疗事故处理条例》《消费者权益保护法》甚至《合同法》等等对此均可以进行规制和调节，但如王贝事件所表现出来的，关于美容方面，特别是对于人体健康有巨大影响的医疗美容的专门法律、法规确实存在真空的情况。目前我国针对医疗美容的相关规章制度，只有 2002 年 1 月 22 日原卫生部制定的《医疗美容服务管理办法》，这单一的部门规章力度有限，并不能更好地协调各个相关法律之间的关系。

法律依据

1.《医疗事故处理条例》第二条：本条例所称医疗事故，是指医疗机构及其医务人员在医疗活动中，违反医疗卫生管理法律、行政法规、部门规章和诊疗护理规范，过失造成患者人身损害的事故。

2.《民法通则》第一百零六条：公民、法人违反合同或者不履行其他义务的，应当承担民事责任。公民、法人由于过错侵害国家的、集体的财产，侵害他人财产、人身的，应当承担民事责任。

3.《民法通则》第一百一十九条：侵害公民身体造成伤害的，应当赔偿医疗费、因误工减少的收入、残废者生活补助费等费用；造成死亡的，应当支付丧葬费，死者生前扶养的人必要的生活费等费用。

4.《医疗美容服务管理办法》第十一条：负责实施医疗美容项目的主诊医师必须同时具备下列条件：（一）具有执业医师资格，经执业医师注册机关注册；（二）具有从事相关临床学科工作经历。其中，负责实施美容外科项目的医师应具有六年以上从事美容外科或整形外科等相关专业临床工作经历；负责实施美容牙科项目的医师应具有五年以上从事美容牙科或口腔科专业临床工作经历；负责实施美容中医科和美容皮肤科项目的医师应分别具有三年以上从事中医专业和皮肤专业临床工作经历；（三）经过医疗美容专业培训或进修并合格，或已从事医疗美容临床工作一年以上；（四）省级人民政府卫生行政部门规定的其他条件。

5.《刑法》第三百三十六条：未取得医生执业资格的人非法行医，情节严重的，处三年以下有期徒刑、拘役或者管制，并处或者单处罚金；严重损害就诊人身体健康的，处三年以上十年以下有期徒刑，并处罚金；造成就诊人死亡的，处十年以上有期徒刑，并处罚金。未取得医生执业资格的人擅自为他人进行节育复通手术、假节育手术、终止妊娠手术或者摘取宫内节育器，情节严重的，处三年以下有期徒刑、拘役或者管制，并处或者单处罚金；严重损害就诊人身体健康的，处三年以上十年以下有期徒刑，并处罚金；造成就诊人死亡的，处十年以上有期徒刑，并处罚金。

6.《刑法》第三百三十五条：医务人员由于严重不负责任，造成就诊人死亡或者严重损害就诊人身体健康的，处三年以下有期徒刑或者拘役。

案例六：公共场所监督典型案例

一起公共场所公共卫生质量不达标案的调查与分析

案情介绍

2012年5月某市卫生监督所对某单位进行监督检查，发现布草间内刚清洗消毒后的床单包裹送回后就地存放，市卫生监督所当场下达了责令限期整改的卫生监督意见书，责令其一周内整改。同时该市疾控中心对该单位的公共用品用具又进行了采样检测，检测结果显示有一份浴巾的细菌总数超标。针对该单位存在的问题，当场对其下达了卫生监督意见书，责令其限期一周内整改。2012年6月市卫生监督所对该单位进行监督复查，并由该市疾病预防控制中心再次对其公共用品用具进行采样检测，结果显示：包括浴巾、毛巾在内仍有五项卫生指标不合格。依据《公共场所卫生管理条例实施细则》第三十六条“逾期不改正，造成公共场所卫生质量不符合卫生标准和要求的，处以二千元以上二万元以下罚款”及《某市卫生局行政处罚自由裁量权指导标准》第六十九条“逾期不改，有五项卫生指标不合格，给予罚款一万五千元以上二万元以下处罚”的规定，决定给予该单位罚款人民币二万元的行政处罚。

案情分析

问题一：布草间内刚清洗消毒后的床单包裹就地存放有何不妥？

根据《住宿业卫生规范》第十八条的规定，物品存放应当距离墙壁、地面均在10cm以上，并且棉织品宜存放于储藏柜中。同时该行为违反了《公共场所卫生管理条例实施细则》中规定的“公共场所经营者提供给顾客使用的用品用具应当保证卫生安全，可以反复使用的用品用具应当一客一换，按照有关卫生标准和要求清洗、消毒、保洁”。

问题二：第一次卫生检查细菌总数超标时为何不能当场进行处罚？

由于2011年5月1日实施的《公共场所卫生管理条例实施细则》没有对顾客用品用具不符合卫生标准和卫生要求的直接处罚的规定，并且监督与采样是同一日期，不属于逾期不改的违法行为，因此在检测结果反馈后，需要下达卫生监督意见书责令其限期整改。

问题三：2012年6月对该单位的卫生监督复查后该单位应当承担的法律责

任是什么？

监督复查的结果显示包括浴巾、毛巾在内等五项卫生指标不合格。因为就其公共用品用具保洁、检测的问题已下达过卫生监督意见书责令其限期整改，本次检测再次出现卫生指标不合格的行为，违反了《公共场所卫生管理条例实施细则》第十四条"公共场所经营者提供给顾客使用的用品用具应当保证卫生安全"及第十九条第一款"监测结果不符合卫生标准、规范要求的应当及时整改"的规定，属于典型的逾期不改，所以依据《公共场所卫生管理条例实施细则》第三十六条"逾期不改正，造成公共场所卫生质量不符合卫生标准和要求的，处以二千元以上二万元以下罚款"及《某市卫生局行政处罚自由裁量权指导标准》第六十九条"逾期不改，五项卫生指标不合格，给予罚款一万五千元以上二万元以下"之规定，由于该单位不仅逾期不改，且违法行为比第一次严重，故做出按照自由裁量的上限罚款二万元人民币的行政处罚。（来源：作者单位实际监督案例）

法律依据

1.《公共场所卫生管理条例实施细则》第三十六条。

公共场所经营者有下列情形之一的，由县级以上地方人民政府卫生行政部门责令限期改正，给予警告，并可处以二千元以下罚款；逾期不改正，造成公共场所卫生质量不符合卫生标准和要求的，处以二千元以上二万元以下罚款；情节严重的，可以依法责令停业整顿，直至吊销卫生许可证：

(1)未按照规定对公共场所的空气、微小气候、水质、采光、照明、噪声、顾客用品用具等进行卫生检测的。

(2)未按照规定对顾客用品用具进行清洗、消毒、保洁，或者重复使用一次性用品用具的。

2.《食宿业卫生规范》第十八条。

操作规范：

(1)住宿场所经营者应制定公共用品用具采购、储藏、清洗消毒、设备设施维护等操作规程。操作规程应具体规定工作程序。

(2)经营者应当认真组织从业人员学习卫生操作规程，从业人员应当熟悉本岗位卫生操作规程并严格按规程操作。

讨论与思考

1. 在公共场所卫生质量监督检查工作中因缺少技术支持，很多质量不达标情况因缺少现场技术支持得不到数据与标准比较，而无法认定为违法行为。特别是公共用品用具、水质等的卫生质量问题，存在即时性，当场不检测或不具备采样条件的，就会制约卫生监督执法工作。

2. 大部分对经营单位的卫生要求缺少法律约束手段。大部分公共场所的卫生要求是以规范性文件形式发布的，《条例》《细则》只对部分重要的卫生要求提出了法律责任。

3. 首次发案只能责令限期整改，不能直接进行行政处罚。

参考文献

[1] 王明旭.卫生事业管理学[M].北京:北京大学医学出版社,2011.

[2] 姚卫光,李贝,王丽芝.卫生事业管理学[M].广州:中山大学出版社,2012.

[3] 吴崇其.中国卫生法学[M].北京:中国协和医科大学出版社,2011.

[4] 赵同刚.卫生监督员手册——总论[M].北京:人民卫生出版社,2007.

[5] 樊立华.公共卫生法律法规与监督学[M].北京:人民卫生出版社,2007.

[6] 杨明亮.我国卫生监督体系框架概述[J].中国卫生监督杂志,2007(6):414-418.

[7] 余毅.卫生行政许可工作存在的问题分析[J].重庆医学,2006,35(17):1625.

[8] 陈兵.一起餐饮服务许可行政处罚案的思考[J].中国卫生监督杂志,2012,19(5):470-473.

[9] 朱宏伸,等.关于卫生行政执法中贯彻《行政强制法》有关问题的思考[J].中国卫生监督杂志,2012,19(3):293-296.

[10] 樊立华,刘金宝.卫生法律制度与监督学[M].北京:人民卫生出版社,2012.

[11] 陈炎.卫生监督理论与实践[M].上海:科学技术文献出版社,2011.

[12] 肖国兵.实用卫生监督[M].上海:复旦大学出版社,2007.

[13] 徐凯,陈晓冰,李春生.我国卫生体制改革的法学思考[J].中国卫生法制,2000(3):12-17.

[14] 于青,舒德峰,姚元庚,等.公共场所相关法律法规在卫生监督执法中的应用[J].现代预防医学,2006,33(4):646-647.

[15] 樊立华.公共卫生法律法规与监督学[M].北京:人民卫生出版社,2011.

[16] 孙东东.卫生法学[M].北京:高等教育出版社,2011.

[17] 罗豪才.行政法学[M].北京:北京大学出版社,2012.

[18] 中国卫生监督协会.卫生监督体系建设现状调查与分析报告[R].北京:法律出版社,2014.

[19] 赵同刚.卫生监督案例汇编[G].北京:法律出版社,2007.

[20] 应松年.行政诉讼法与行政复议法的修改与完善[M].北京:中国政法大学出版社,2013.

[21] 卢亮.采供血及输血管理学[M].北京:科学技术文献出版社,2011.
[22] 樊立华,王瑾.卫生监督学[M].北京:人民卫生出版社,2005.
[23] 李莉,李云梅.卫生监督学[M].北京:军事医学科学出版社,2010.
[24] 樊立华.医事法与问题解析[M].北京:人民卫生出版社,2010.
[25] 全国人大常委会法制工作委员会社会法室.《中华人民共和国职业病防治法》学习读本[M].北京:中国民主法制出版社,2012.
[26] 金泰廙.职业卫生与职业医学[M].5 版.北京:人民卫生出版社,2003.
[27] 达庆东,戴金增.卫生监督[M].上海:复旦大学出版社,2003.
[28] 樊立华.卫生法规与监督学[M].北京:人民卫生出版社,2003.
[29] 谢华维,齐国华,王义,等.中国卫生监督管理学[M].长春:吉林人民出版社,2006.
[30] 倪西柯,刘桂苓.劳动卫生管理[M].大连:大连出版社,1997.
[31] 国家安全生产监督管理总局.职业健康监督管理培训教材[M].北京:煤炭工业出版社,2011.
[32] 李春生,王丽,高星.《中华人民共和国职业病防治法》释疑百问[M].北京:法律出版社,2001.
[33] 郑成彬.浅谈可行性研究阶段的预防性劳动卫生监督[G]//第六届中华预防医学会劳动卫生分会学术论文汇编.1996:385.
[34] 李延平,蔡祖根.生活饮用水卫生标准实用指南[M].南京:东南大学出版社,2002.
[35] 郭新彪,刘君卓.突发公共卫生事件应急指引[M].北京:化学工业出版,2004.
[36] 中国营养学会.中国居民膳食营养素参考摄入量[M].北京:中国轻工业出版社,2000.
[37] 鄂学礼,凌波.饮用水深度净化与水质处理器[M].北京:化学工业出版社,2004.
[38] 秦钰慧,凌波,张晓健.饮用水卫生与处理技术[M].北京:化学工业出版社,2004.
[39] 蔡宏道.现代环境卫生学[M].北京:人民卫生出版社,1995.
[40] 杨克敌.环境卫生学[M].5 版.北京:人民卫生出版社,2004.
[41] 陈学敏.环境卫生学[M].北京:人民卫生出版社,2004.
[42] 申屠杭.我国饮用水安全法制定的构想[J].环境与健康杂志,2003,20(4):248-249.
[43] 申屠杭.台湾地区《饮用水管理条例》和《饮用水管理条例施行细则》评析

[G]//“新型饮水与健康”学术研讨会论文集,2003.
[44] 中华人民共和国卫生部,中国国家标准化管理委员会. 生活饮用水卫生标准:GB5749-2006[S]. 北京:中国标准出版社,2007.
[45] 中华人民共和国卫生部,中国国家标准化管理委员会. 生活饮用水标准检验方法:GB/T5750. 1-2006[S]. 北京:中国标准出版社,2007.
[46] 孙东东. 卫生法学[M]. 北京:高等教育出版社,2004.
[47] 樊立华. 卫生法学[M]. 北京:人民卫生出版社,2004.
[48] 中华人民共和国卫生部. 化妆品卫生标准:GB7916-87[S]. 北京:中国标准出版社,1988.
[49] 赵乃骥. 我国食品安全政府监管制度探讨[J]. 现代商贸工业,2010(9):70-71.
[50] 黄丹丹. 我国食品安全监管机构的问题及对策[J]. 法制与社会,2010(1):172-173.
[51] 项紫葳,朱美芬,张莉,等. 从功利主义看食品安全问题[J]. 轻工科技,2013(1):112-113.
[52] 温菊萍. 食品安全预防体系构建研究[J]. 北方经济,2012(2):87-89.
[53] 郗芙蓉,崔洋. 农村食品安全法律制度构建的难点与路径[J]. 安徽农业科学,2012,40(4):2490-2492.
[54] 冯天忠. 我国内销食品和出口食品安全监管的法律法规体系比较与分析[J]. 安徽农业科学,2012,40(6):3728-3731.
[55] 李然. 基于“逆选择”和博弈模型的食品安全分析——兼对转基因食品安全管制的思考[J]. 华中农业大学学报(社会科学版),2010(2):18-22.